The South English Legendary

EARLY ENGLISH TEXT SOCIETY

No. 236

1956 (for 1952), reprinted 1967
PRICE 50s.

The South English Legendary

EDITED FROM
CORPUS CHRISTI COLLEGE CAMBRIDGE MS. 145
AND BRITISH MUSEUM MS. HARLEY 2277
WITH VARIANTS FROM BODLEY MS. ASHMOLE 43
AND BRITISH MUSEUM MS.
COTTON JULIUS D. IX

BY

CHARLOTTE D'EVELYN

AND

ANNA J. MILL

VOLUME II

Published for
THE EARLY ENGLISH TEXT SOCIETY
by the
OXFORD UNIVERSITY PRESS
LONDON   NEW YORK   TORONTO

OXFORD

UNIVERSITY PRESS

Great Clarendon Street, Oxford OX2 6DP
United Kingdom

Oxford University Press is a department of the University of Oxford.
It furthers the University's objective of excellence in research, scholarship,
and education by publishing worldwide. Oxford is a registered trade mark of
Oxford University Press in the UK and in certain other countries

Published in the United States of America by Oxford University Press
198 Madison Avenue, New York, NY 10016, United States of America

British Library Cataloguing in Publication Data
Data available

Library of Congress Cataloging in Publication Data
Data available

Original Series, 236

ISBN 978-1-84-384165-4

CONTENTS

[ST. OSWALD THE KING]

Seint Oswold þe holy king · of þe on ende of Engelonde
Kyng was as uel þulke tyme · of al Norþhomberlond
Cristen man he was god · and mid al is poer
He huld up þe lawe of Cristendom · & teiʒte uer and ner
For he was king ar Cristendom · purlich istabled were 5
He broʒte þerto al is men · so wisliche he gan hom lere
¶ To þe princes he sende of Scotlond · & bede þat hi him
    sende
An wise clerk to wise is men · hore lif forto amende
Hi him sende an holyman · þat ihote was Aydan
Þat wende an[d] prechede al is lond · & turnde many a
    man   10
Þoru is p[re]chinge & seint Oswold · þat to alle godnesse
    him drou
Cristendom into al þe lond · stable was inou
¶ Seint Oswold made þis holiman · bissop inis londe
And made him al is conseiler · & herede Godes sonde
He nedude noþing wiþoute him · wiþ him he huld faste 15
And were here togadere al hore lif · & in heuene attelaste
¶ A day as he sat and et · seint Oswold þis holyman
And þis holyman bi him · þe bissop Aydan
A sergant sede þat wiþoute · poueremen þer were
And bede som god for Godes loue · & god was þat me hom
    bere ·   20
Þe king nom inou of is mete · þat biuore him stod
And sende þer of largeliche · hom þat bede god
A diss of seluer he nom ek · þat biuore him was ido
And brak him al to smale peces · and sende him out
    also
¶ Þe bissop sat and þis biheld · as he were in þoʒte 25
Bi þe hond þe king he nom · & a swete word out broʒte

Oswald the King. 2 al] *om.* A   4 Cristendom] holi church A
7 princes] prince A   *first* sende] wende A   10 an[d]] an C   is lond]
þat folc A   11 p[re]chinge] pchinge C   17 seint] *preceded by*
and C   20 som god] gode A

Ne rote he sede neuere þis hond · ac iblessed beo he sede
And euere hol and sond an eorþe · he beo þat dude so god
   a dede

¶ His bone was fol wel ihurd · for it fel attelaste
Þat heþenmen inis lond · worrede him wel uaste   30
He stod aȝen mid al is miȝte · so þat a day hi come
And imette hom wiþ hore ost · and bataille nome
Atte toune of Marsfeld · hy smite togadere faste
Ac seint Oswold þis holyman · aslawe was attelaste

¶ And imartired of þis luþer men · for oure Louerdes loue 35
Al hi tohewe is holy bodi · þo hi were aboue

f. 133ᵃ Ac hi nemiȝte for no þing · make none wonde
In noþer of is holi honde · ac smite is of hol & sonde
As hi beoþ ȝute of as uair hyu · as hi euere were
And for fair relike iholde · as me may ise[o] þere   40
He was of eiȝte and þritti ȝer · þo he imartred was
And nye ȝer he hadde king ibe[o] · bot lite wile it nas
Nou seint Oswold þe martir · oure erende so beode
Þat oure Louerd us sende is swete help · & alle þat habbeþ
   neode

De sancto
Laurencio
martire Seinte Laurence godman was · and in strang martirdom
He endede an eorþe is lif · and to ioie of heuene com
Decius þe emperor · þat luþer was inou
And Vallerian is Iustice · þat to al ssrewede drou
Hy wende and soȝte Cristene men · & wanne hi eni fonde 5
Hi defoulede hom wiþ tormens · and broȝte hom sone to
   gronde
Hi come and fonde þe bissop Sixt · þat hi slowe wiþ gret
   wou
Sein Laurence was is ercedekne · þat god man was inou

¶ Þo þe bissop ssolde inome be[o] · þat þere nas non oþer
   won
Sein Laurence is ercedekne · he let ofclupie anon   10
Al þe tresor of Holy Churche · þat he togadere drou

27 *first* he sede] *om.* A   þis] holi *add.* A   iblessed] heo *add.* A
38 *second* is] *om.* A   39 as] s *written above line* C   44 oure
Louerd] god A

Lawrence. 6 sone] *om.* A   7 H *begins here again*   8 ercedekne]
diakne H   9 bissop] godemon A

Sein Laurance in warde he tok · þat he weste it wel inou
¶ Þe tormentors þat þis iseie · hom boþe hi nome faste
Sein Sixt & sein Laurence ek · in strong prison hi caste
Sein Sixt hi ladde to hore false godes · & hore felawes
also 15
¶ & ssewede hom þe false ymages · and bede hom loute
þerto
Ac þo þis men it nolde do · ac on oure Louerd cride uaste
Hi smite of hore heueden sone · and hore bodies þere caste
¶ Þe emperor hi sende word · al þat hi hadde ido
And hou sein Laurence in prison was · & in strong bendes
also 20
And hou he al þe tresour hadde · of churche to him idrawe
Þat þe bissop him hadde itake · ar he were ibroȝt of dawe
¶ Þo þe emperor ihurde þis · glad he was and fawe
For he þoȝte al þat tresour habbe · þei it were aȝen lawe
Þis holyman he let vecche · and biuore him lede 25
He bihuld him sturneliche · and wroþliche to him sede
War is þat tresour of churche · þat þe was ibroȝt
Sein Laurence him stod wel stille · & ne answerede riȝt
noȝt
¶ Þo was þe oþer wroþ inou · for he ne ȝef him answere
Anon he wolde him habbe defouled · vnneþe he miȝte for-
bere 30
He let clupie Vallerian · þat was is heie Iustice
Nim he sede þisne þeof · vaste in alle wise
And win of him þat tresour · & make him do sacrefice f. 133ᵇ
Oþer bring him in such torment · þat him þer of agrise
¶ Þis Iustice nom þis holyman · & let him binde uaste 35
And bitok him Ipolit a kniȝt · in strong prison attelaste
He broȝte him in strong prison inou · & bilek him þere also
Wiþ þeues and wiþ luþermen · þat þe emperor hadde
misdo

13 þis] hem H   hom] om. H   14 ek] boþe H   15 hore . . .
also] his felawe also H ; is tuei felawes A   16 ssewede] de written
above line C   17 on . . . cride] honurede oure louerd crist H
20 also] ido A   21-22] reversed A   21 of churche to him]
to holi churche H   22] om. H   ibroȝt of] of lif A   34 him
þer of] he þerof H ; oþer of him A   36 attelaste] to caste A
37-38] om. A   38 misdo] þer inne ido H

An heþeneman þer was inne · Lucille was is name
Þat þer inne hadde so muche iwope · for sorwe & for
    ssame   40
Þat he wep out boþe is eiȝen · & purblind was bicome
Sein Laurence hadde reuþe of him · þat is siȝt him was
    binome
¶ Biluf he sede on Iesu Crist · þat for þe ssadde is blod
And vnderfong Cristendom · & þou sselt habbe siȝt god
Ich biluue quaþ þis seliman · on him mid al mi þoȝt 45
And forsake al þis false godes · þat ne mowe me helpe
    noȝt
¶ Sein Laurence him baptizede · and anon mid þe dede
His siȝte him com wel cler & god · þo gan he anon grede
Ihered beo oure Louerd Iesu Crist · þat here cudde is
    miȝte
And þoru is sergant sein Laurence · isend me haþ mi
    siȝte   50
For as ȝe witeþ euerichone · mi siȝt me was binome
And þoru Iesu Crist & sein Laurence · aȝen he is icome
¶ Þis tidinge sprong wel wide sone · so þat oþer inowe
Þat blinde were faste aboute · þuderward drowe
And biluuede on Iesu Crist · and hadde anon hore
    siȝte   55
Þo Ipolit þis isei þat oure Louerd · hadde such miȝte
¶ Merci he cride sein Laurence · and to Iesu Crist him nom
And he and al is meine ek · auenge Cristendom
Þer after sone Ualerian · as it com inis þoȝte
Sende to Ipolit þe kniȝte · þat he sein Laurence broȝte 60
¶ Nou Laurence quaþ Ypolit · forþ ich mot þe lede
Ȝe go we uorþ quaþ þis oþer · us ne ssel noþing drede
For þe ioie of heuene iȝarked is · to us boþe an alle wise
Ipolit him ladde uorþ · touore þis luþer Iustise
Þis Iustice Valerian [·] sein Laurence bihulde uaste 65
Bel amy he sede hou longe · ssel þi folie ilaste
Turn þi þoȝt ich rede sone · & ssewe us þe tresor
Of þe churche þat þe was bitake · & deliuere it þe emperor

40 hadde . . . iwope] makede so moche wop H   48 him com]
bicom HA   49 oure Louerd] he sede A   53 oþer] þer come
H   62 us] we H   64 luþer] heie A   67 sone] þe H

¶ Sir Iustice quaþ sein Laurence · ȝif þou vnderstode reson
Þou wost wel ich habbe longe · ileie in prison   70
So þat inabbe noȝt þe tresour · of churche her nou ȝare
Ȝif me þreo dawes uerst · þat ich mowe aboute uare
And ich it wole togadere bringe · and here biuore þe lede f. 134ᵃ
Glad was þo þis Iustice · of wordes þat he sede
For hope of þe grete tresour · and for non oþer þinge   75
Þreo dawes he ȝaf him respit · þat tresour forto bringe
He bitok him Ipolit in warde · [þat] he him aȝen broȝte
Forþ he wende wide aboute · and fair tresour soȝte
¶ Alle selimen þat he miȝte finde · þat pouere & feble were
In siknesse oþer miseise · togadere hi broȝte þere   80
He hudde hom in Ipolites house · & wende to the emperor
Þe emperor him esste anon · ware were þat tresour
¶ Sire sede sein Laurence · al ȝare it is anon
He wende out after þis selimen · & bad hom wiþ him gon
In þe paleis he ladde hom forþ · biuore þe emperor   85
Lo sire he sede ich habbe ibroȝt · Holi Chirches tresour
Þat tresour þat holi is · and euere ssel ilaste
Þat neuere ne ssal wanie · ac an eorþe wexe faste
Þat in eche londe iredi is · wuder so mon wende
Þer wiþ me may þe ioie of heuene · bugge wiþoute ende 90
¶ Peter me þincþ he sede soþ · pouere me mai ȝute finde
And ofte mo þanne me wolde · and ȝute stondeþ some
    bihinde
¶ A traitor quaþ þe emperor · is it icome her to
Hastou us þus to hoker idriue · namore ne sseltou so
Naked he let him strupe anon · & wiþ scorges him bete 95
Þe blod orn bi stremes anon · bi is limes longe & grete
Þo sede þis holyman · Louerd ich þonke þe
Þat among þin holy companie · þi wille is to bringe me
And þou wrecche luþer þing · in gret torment þou worst
    iwis
In wraþþe and in sorwe of herte · & noþewors me nis 100

69 quaþ sein Laurence] he seide H   73 togadere] gaderi & H
76 respit] furst H   77 [þat]] and C; *as given* HA   78 wide] ȝurne
H   81 hudde] dude H   88 an eorþe] euere H   90 bugge]
wynne A   96 stremes anon] stremes adoun H; is lymes adoun
A   bi is limes] bi his bodi H; þe stremes A   99 wrecche] r
written above line C   worst] art A

¶ A traitor quaþ þis luþerman · nelte non oþer synge
Alle maner tormens touore him · sone me let bringe
Hokes of ire and weoles ek · wiþ rasours al aboute
Beddes of ire wiþ kene pikes · al berninge wiþoute
Scorges of led & raketeies · and oþere manion   105
Þat we ne conne of no namę · for þer nis nou such non
Lo sede þis emperor · bihold nou al aboute
Oure godes honure ich rede anon · oþer þou sselt herto route
Alle þeos tormens þat þou sucst · & ȝute mo þerto
Bote þou turne þi þoȝt anon · in þi bodi ssolle be[o]
do   110
¶ Þou wrecche quaþ þis holymon · mi wille haþ euere ibe[o]
To come to such murie feste · as ich her ise[o]

f. 134ᵇ For wel more torment þanne here be[o] · to þe is mad al ȝare
In þe pine of helle wanne i ssal · to the ioie of heuene vare
¶ Decius þo þe emperor · ferde as he were wod   115
Þe companie of tormentors · wel prest biuore him stod
He het hom wiþ grete staues · legge him on to gronde
Þe tormentors him leidę on · and made him mony a wonde
As hi bete þis holi bodi · sein Lauerence sede
Þou wrecche nou þou miȝt iseo · þat inabbe of þe no
drede   120
¶ Nymeþ [him] anon quaþ þe emperor · & makeþ is torment
more
Preste were þe ssrewen alle · to don is luþer lore
Platen of ire al bernynge · inis wonden hi pulte sore
Swete Louerd quaþ þis holyman · ich bidde þe milce and ore
For þo þat ich was acused · i ne uorsok þe noȝt   125
Ac þo me asked ich was iknewe · of þe wiþ word & þoȝt
¶ Þo Decius hurde þis · for wraþþe he gan grede
He let nime grete scorgen · wiþ battes of lede
And let bete þis holyman · þat is bones borste some
And he was upe þe point of deþ · & is strengþe was al
bynome   130
¶ Louerd he sede Iesu Crist · þat þoledest deþ for me

103 weoles] eweles A   106 name] telle add. A   109 mo]
mote H   116 prest] ȝare H   stod] final e erased C   117 het] let
A   118 mony a] stronge H   121 [him]] om. C   122
ssrewen alle] luþer screwen A   129 some] sone H   130
strengþe was al] miȝte al mest H

Vnderuong wanne ich hanne wende · mi soule ich bidde þe
Þo com þer a swete uois · adoun fram heuene anon
And þeos wordes to him sede · as hi hurde echon
Ȝute þe beoþ for Godes loue · tormens to come wel mo 135
Þo Decius hurde þis · for wraþþe he gradde and wo
Lo he sede my barons · þat min conseilers beoþ
To conseile me of mi court · of þing þat ȝe yseoþ
Ȝe hureþ wel hou þe deuelen · wiþ him spekeþ here
For of þing þat we hureþ alle · nemay he him noȝt
    skere   140
Hi comeþ here & conforteþ him · as ȝe hureþ echon
Þat strong wicche is þat ne douteþ · of oure godes noȝt on
Ne he ne douteþ noþemo · of oure tormens non
Bi þe fei þat ich owe Mahon · anoþer it schel gon
¶ Oules he let nyme of ire · þat harde were inou 145
And is fleiss þat er was bileued · þer wiþ me todrou
Þo is fleiss was so todrawe · þat reuþe it was to se[o]
Þeof he sede ȝute þe sselt · in more torment be[o]
¶ His cheken & is mouþ aboute · hi lete bete wiþ stones
And dasste out is teþ of is heued · & debrusede þe oþer
    bones   150
He was an vuel dobbe dent · þer uore i ne rede ȝou noȝt
Hure him to deore to hele ȝoure teþ · i not ware ȝe habbe
    iþoȝt
He radde him euere turne is þoȝt · ar he þolede deþ   f. 135ᵃ
Sire emperor quaþ þis oþer · þer aboute þou spillest breþ
¶ Inelle honuri non oþer god · þanne Iesus in none wise 155
For soule itormented her · is Godes sacrefise
Þo Decius him hadde ido · al þat he couþe biþenche
Certes he sede he ssel be[o] ded · ne ssel he noȝt so blenche
Strong fur he let make & gret · & a gridil þer uppe sette
Þis holyman sein Laurence · þerto sone me vette 160
And along upe þe gridil · ouer þe fur him caste

133 uois] breþ H   136 and wo] þo A   142-3] om. A   142
wicche] he add. H   is] written above line C   þat] he add. H
144 owe] schal H   145 Oules] Scourgen A   150 debrusede]
breke H; al debrusede A   þe oþer] is A   151-2] om. A
151 He . . . dobbe dent] Hit . . . double dunt H   156 soule
itormented] torment of bodi A   159 gridil] gredire HA   160
sone me] he let A   161 gridil] gridire HA   ouer] in H

Þe tormentors stode al aboute · & blewe þat fur faste
Wiþ irene pikes hi helde him ek · and ssoue him uaste
aboue
Louerd muche was þe pine · þat he þolede for þi loue
Þat fur bineþe þat rostede him · al quik wiþ fleiss &
blode   165
Þe pikes of ire þat inis fleiss · so deope aboue wode
¶ Þo gan þis holyman to speke · to þe emperor he sede
Þou luþer wrecche nim nou ȝeme · þat þou dest a luþer
dede
Nim ȝeme þat þi furi coles · wel muche akeleþ me
And ssolleþ into þe stronge fure [·] of helle bringe þe   170
Louerd Iesus þou it wost · þat inabbe þe noȝt forsake
Al clanlich ich habbe al mi þoȝt · & al mi bodi þe itake
¶ Þo bihuld he þe emperor · wiþ fair semlant & lou
Þou wrecche he sede þou hast irosted · þulke side inou
Turn is upward & et is nou · for ȝare he[o] is þerto   175
Wend þe oþer side & roste is ek · forte he[o] be[o] inou also
Me specþ of mony stable heorte · ac me þincþ þer was on
Þat lou þo him stod afure · boþe fleiss and bon
¶ Þo [b]ihuld he up an hei · and to heuene is eien caste
Louerd he sede Iesu Crist · ich þonke þe wel uaste   180
Þat ich it habbe ofserued · in at þine ȝetes to wende
Bi þulke word he gan to deie · & broȝte is lif to ende
He deide to hondred ȝer · and nine and fifti riȝt
After þat oure swete Louerd [·] inis moder was aliȝt
¶ Ipolit þe gode kniȝt · þare he turnde to Cristendom   185
Þat him weste her in prison · swuþe sori bicom
Biniȝte he wende stilleliche · and þis holy bodi nom
And burede it wel priueliche · after al is harde dom
Louerd muche was þe pine · þat he þolede for þe here
Wel is it riȝt þat he beo · apostles is yuere   190
Nou Iesus for þe grete pine · þat Lauerance for þe hadde
Bring us to þulke ioie · þat þin angles him to ladde

170 into] in A   fure] pyne H   bringe] berne A   174 þulke] þis
one A   175 is . . . nou] hit vp for ȝar hit is H; hire uppard & et
hire nou A   for ȝare he[o]] & hot hit H; vor prest heo A   179
[b]ihuld] hi huld C; bihuld HA   183 nine] tuo H   185 þare
he] þat H; þat he A   186] After þat he was aslaweꞇ to þe stede
he com H   her] er A   189 here] þere H

Seinte Marie Godes moder · fram þe apostles nas noȝt
þo þe Holy Gost a Witesoneday · among hom was ibroȝt
Er he was on hure aliȝt · ac napeles he[o] was þere
He[o] ne dorste wende for þe Giwes · fram þe apostles for
fere
Ac suppe þo þe apostles wende · euerich inis side   5
To prechi aboute Cristendom · in þe lond wel wide
¶ Oure Leuedi was feble and old · he[o] nemiȝte hom siwi
noȝt
He[o] mournede ek muche for hure sone · on him was al
hure þoȝt
Biside þe hul of Cyon · into an hous he[o] wende
In hure beden he[o] wonede þer · forte oure Louerd after
hure sende   10
¶ Þe apostles come to hure ofte · hure confort to make
And nameliche sein Iohn þewangelist · for he[o] was him
bitake
He[o] þoȝte so muche on hure sone · þat wane he[o] miȝte
ise[o]
Eni stude and þernei come · þat he hadde on ibe[o]
Hure þoȝte heo was in ioie inou · þeruore he[o] wende
ofte   15
In studes as he hadde on ibe[o] · priueliche and softe
As men doþ ȝute a pilrenage · in gladnesse of hure mode
In stude as he was ibaptized · and ido on þe rode
In þe stude as he ibured was · and to heuene wende
Wanne he[o] to eny of þeos com · hure herte bigan to
amende   20
¶ Nci sikemen ofte he[o] was · to conforti hom of sore
Hure siwede ech godnesse · for heo was fol of milce &
ore
Such lif after hure sone deþ · twelf ȝer he[o] ladde ney
And euere he[o] was in gret mornynge · þat he[o] hure
sone nesei
As he[o] sat in hure boure a dai · hure com on a gret
wille   25
Forto ise[o] hure swete sone · sore he[o] wep & stille

f. 135ᵇ
De assump-
tione sancte
Marie matris
domini nostri
Iesu Christi

Assumption. 3 hure] erþe H   4 þe apostles] hem go A   20
þeos] stedes add. H   26 sore] sone H

¶ An angel þer com to hure adoun · cler wiþ alle & briȝt
As i[s] Leuedi vaire & wel · he grette hure as it was riȝt
Hail be[o] þou mi Louerdes moder · Leuedi of heuene also
Þi sone abid þe inis trone · þou sselt sone come him to 30
Þis branche of palm he haþ þe isend · fram heuene bi me
Þat me ssel bere biuore þi bere · and also biuore þe
For þi soule ssel þe þridde day · fram þi bodi wende
To heuene to þi swete sone · he wole þer after sende

¶ Glad was þo þis clene maide · he[o] nemiȝte gladdore
   be[o] 35
And mest for hope þat heo hadde · hure swete sone to
   se[o]
Ȝif ich mai he[o] sede leoue lif · such grace habbe of þe
Ich bidde þe for mi sone loue · þi name tel þou me
And mi leue sones & mi breþeren · þe apostles euerichone
Lete hom er here come to me · þat i ne beo noȝt al one 40

f. 136ᵃ   Þat ich hom mowe alle ise[o] · and touore hom alle wende
And þat hi mowe nei me be[o] · such þing bringe to ende
Milce and grace of one þinge [·] mine sone ich bidde and
   þe
Þat no luþer wiȝt ne mowe [·] come biuore me
Þat ich ne se[o] non of hom · ich crie þe milce & ore 45
And seie mi sone þat noþing nis · þat ich drede more
Mi Leuedi hende and heuene quene · þe angel aȝen sede
Wanne deuelen beoþ þoru þe ouercome · wi hastou of hom
   drede
Hy ne douteþ noþing more þanne þe · þou doutest hom
   mid vnriȝt
And wel þou wost hi fondede er · þi sone wiþ al hore
   miȝt 50
Hi nemiȝte noȝt nei him come · ne hi ne mowe nei þe be[o]
And naþeles wanne þi wille is such · þou ne sselt noȝt hom
   ise[o]

---

27 *margin*] Adventus angeli   wiþ alle] swiþe H   28 i[s]]
il C   32 biuore þi . . . þe] also ·' to fore þi bere & þe H
36 *margin*] Maria   hure . . . se[o]] þat heo miȝte hire sone ise A
40 er here] her H ; her ek A   41 *second* alle] henne *add.* A   46
more] so sore H   47 *margin*] Angelus   hende and] mylde H
50 er] euer A   51 Hi] *some letter erased after* Hi C ; Hi H   ne
hi . . . be[o]] ne noȝt þo beo H

¶ Ou Louerd wel aȝte we · of hom sore drede
Wanne [heo] þoru wam hi were ouercome · ho[m] dradde
   as heo sede
¶ Wi wilnest[ou] þe angel sede · my name forto wite   55
So hei he is & so gret · þat he nemay noȝt wel be[o] write
Þe apostles þat þin children beoþ · nemake of hom no
   mone
Hi ssolleþ her to day in þis place · biuore þe come echone
In þe lond hi beoþ wide isprad · and hider hi comeþ sone
And biuore hom þou sselt hanne wende · hi ssolleþ do al
   þi bone   60
¶ Þe angel wende to heuene aȝen · þe maide bileuede al one
Þe branche ssinde swuþe briȝte · and þe leues echone
Þe bowes were grete and briȝte · þe leues as sterren were
Hi ssinde al aboute so briȝte · þat murþe & ioie was þere
¶ As sein Ion stod þe ewangelist · in Ephecies londe   65
And prechede biuore al þat folk · þer com Godes sonde
In þondre þer com a wiȝt cloude · and sein Ion anhei nom
Op in þe lift sodeinliche · me nuste ware he bicom
Iset he was touore oure Leuedi dore · to uoluelle hure bone
Þis godeman þoȝte wonder gret · hou he com þuder so
   sone   70
Touore oure Leuedi he com in · ar he[o] it euere weste
Þe maide þe oþer grette · and wiþ ioie clupte & custe
Muche was þe ioie þat þere was · bitwene þe maidens tweie
Hi wondrede hou hi togadcre come · for ioie hi wope beie
¶ Leue sone quaþ oure Leuedi · ȝif þou riȝt vnderstode   75
Þou wost wel wat Iesus mi sone · to us sede in þe rode
Þat þou me helde aȝ þi moder · & as mi sone ich þe
Nou is þe time mi leoue sone · þat mi child comeþ after me
Þat ich ssel to him henne wende · mi bodi ich þe bitake
And þine breþeren ȝif hi comeþ · þat hi me noȝt forsake 80
Þe Giwes ofte bitwene hom · þeos wordes habbeþ ised   f. 136ᵇ
Abide we forte Iesus moder · Marie be[o] ded

53 sore drede] drede sore A   54 [heo]] om. C; heo H; hi A
ho[m]] hon C   ho[m] . . . sede] of hem hadde so gret fore A   55
wilnest[ou]] ou om. C; given HA   58 echone] sone H   59
sone] echone H   63 grete] grene HA   65 margin] Johannes
ewangelista   72 Þe] Þat o HA   · and] ofte.' H   75 margin]
Maria   80 hi me] hi þe H; ȝe me A

Hure body we ssolleþ to doste berne · & þanne we mowe
  ise[o]

Þe tricherie of hure false sone · þat we slowe on þe tre[o]

Þere uore ich bidde þe leue sone · tak þi[s] ȝeord to þe 85

And wanne ȝe me to eorþe bereþ · bereþ is biuore me

For ichot it nis noȝt for noȝt · þat mi sone is fram heuene
  sende

I nemiȝte bote ich þe tolde uore · ar ich fram þe wende

¶ Oure Louerd ȝeue quaþ sein Ion · þat þe apostles alle

Þat beoþ oure breþeren here were · ar þis ssolde biualle 90

Þe apostles were þo al tosprad · in þe londe wel wide

Wiþ þis worde a cloude nom · euerich inis side

And bar hom up into þe lift · & sette hom adoun anon

Riȝt biuore oure Leuedi dore · at o tyme euerichon

Hore euerich wondrede of him sulue · & ech of oþer also 95

And esste hou oure Louerd hom hadde · in o stude so ido

¶ Sein Ion com to hom anon · and eu[er]ich oþer custe

Þere me miȝte ioie ise[o] · woso neuere of ioie nuste

Oure Louerd wolde quaþ sein Ion · us alle hider sende

Oure Leuedi is swete moder · out of þe worle ssel wende 100

We mote þanne nei hure beo · & do þat þer is to done

Al ȝare we mote alle be[o] · hure time comeþ sone

Ac loke þat non of ȝou neweope · ne in mornynge ne be[o]

For þe Giwes us wolde scorne · ȝif hi it miȝte ise[o]

And segge þat we þer of lieþ · þat oure Louerd wole
  attenende   105

After oure deþ murie lif · in þe ioie of heuene us sende

Ȝif we weopeþ for hure deþ · hi wolleþ holde it lesinge

And liȝe us þer of to busmare · and in gret sclandre us bringe

¶ Þe apostles touore oure Louerdes moder · wende i[n]
  euerichone

Hi made hure fair semlant inou · and onurede hure al
  one   110

Sein Denis at þulke time · Sarazin was

Ȝute he seiþ he was þere · and isei al þis cas

¶ Oure Leuedi sat wel softe adoun · þo it com toward niȝte

---

85 þi[s]] þi C; þis HA   86 is] hit HA   biuore] wiþ H   87 is]
om. H; it A   94 tyme] toun H   96 hou] whi HA   97
eu[er]ich] er om. C   109 i[n]] ich C; in HA

Alle þe lampen and taperes · wiþ candlen he let liȝte
Mine leue breþeren he[o] sede · fram ȝou ich wende sone 115
Ne forsakeþ me noȝt ac beoþ here ney · to do wat is to done
Hi honurede echone · to don al hure wille
He[o] sat as he[o] were in þoȝte · among hom euere stille
¶ Atte þe þridde tide of þe niȝt · gret liȝt of heuene þer
    com
And al þe strengþe of þe eorþe liȝt · wel sone it bynom 120
Oure Louerd com to hure adoun · as riȝt was to do   f. 137ᵃ
And angles mid him inowe · and patriarcs also
Wel murie was þe song · þat hi among hom songe
Þeose wordes sede oure Louerd to hure · þoru is swete
    tonge
Com to me mi leoue moder · and in myn owe trone   125
For ich wilni þe ichelle þe sette · as mi riȝt is to done
¶ Mi leoue sone quaþ oure Leuedi · min heorte al ȝare is
Al ȝare he is and ichelle singe · in my ioie & in mi blis
¶ Þo sede þe oþer þis is þulke · þat neuere nuste of folie
Ne of foles wille þat is in bedde · Godes moder Marie 130
Alle kunrede oure Louerd sede · edy me holdeþ iwis
For he me haþ muche ido · þat al miȝti is
And is name is holy ek · and is milce al aboute
Fram kunne to kunne geþ to him · þat him wole doute
¶ Þo sede þe chantor of hom alle · com forþ here to me 135
Com here forþ mi lemman · icrouned þou sselt be[o]
Lo lo quaþ oure Leuedi þo · ich com anon to þe
For in þe heued of þe boc · iwrite it is of me
Þat ich ssolde þi wille do · [mi] God al one iwis

115 ȝou] *above line* C   116 ac . . . ney] þat beo her ; ne H
119 *margin*] Assumptio   of heuene] *om.* H   120 þe eorþe]
þurþe H; þe oþer A   126 *margin*] Paratum cor meum
dominus paratum cor meum. Cantabo et psallmam in gloria mea
þe ichelle þe sette] to þe sette A   128 my] mi sones H   in
mi] *om.* H   130 *margin*] Beatam me dicent omnes generaciones.
Quia fecit mihi magna qui potens est et sanctum nomen eius et
nomina eius a progenie in progenies timentibus eum. Veni dilecta
mea veni coronaberis   of] *repeated* C   foles] fole HA   131
Louerd] leuedi A   edy me holdeþ] leuedi beoþ H   134 geþ] hi
goþ H   135, 136 here] *om.* H   137 þo ·] · þo C   138 *margin*]
In capite libri scriptum est de me vt facerem uoluntatem tuam deus
meus. Exultauit spiritus meus in deo salutari meo   139 [mi]]
mid C; mi HA

For mi [soule] haþ ioie imad [·] in God þer min hele is 140
Mid þis word hure soule wende [·] into hure sones arme
Wiþoute euerich sor of deþ · and wiþoute euerich harme
¶ Oure Louerd sede to þe apostles · þat body nimeþ anon
And to þe ualeie of Iosaphat · þerewiþ ȝe solleþ gon
A niwe sepulcre ȝe ssolleþ þer finde · þereinne ȝe it do 145
And witeþ it forte þe þridde day · þat ich come þerto
Þo was þer swuþe swote smul · in al þe place þer
Þe swete angles murie songe · as hi oure Leuedies soule ber
¶ Woder woltou nou Leuedi wende · þe apostles sede
Þench on us wanne þou comst þer · as þi sone þe wole
    lede 150
Hy bihulde hou oure Louerd bar · is moder soule anhei
Hi ssinde so cler þat non of hom · for briȝte hure nesey
Þreo clene maidens wesse þat bodi · as clene as hi miȝte
Hi uelde it wel and neseie it noȝt · it ssinde so briȝte
¶ Þe apostles it nome wiþ gret honur · and in þe bere it
    leide 155
Peter þou most þis branche bere biuore hure · sein Ion sede
And also biuore hure bere · for oure Louerd þe haþ ido
And imad þe maister of Holy Churche · and of us also
¶ Leue broþer quaþ seinte Peter · þou sselt it bere iwis
For þou ert maide of God ichose · & god riȝt it is 160

f. 137ᵇ   Þat maidens baner maide bere · and so þou sselt leue
    broþer
Þou lenedest eke o[þ] Godes breste · & so ne dude non oþer
And wanne þou more honur vonge of þe sone · riȝt it is
Þat þou more honur þe moder do · þou sselt is bere iwis
And ichelle uorþ mid oþer bere · bihinde þis bere 165
Sein Ion and alle þe oþer dude · as seinte Peter hom gon
    lere
¶ For[þ] hi bere þis clene bodi · sein Ion þe branche biuore
Murie song hi songe inou · ar it were to ende ibore

140 [soule]] ioye C; soule HA   in God þer] þat in god H; in god
þat A   145 niwe] *om.* H   *second* ȝe] schulle *add.* H   146 it]
þer *add.* H   þat] forte H   150 sone] soule H   152 Hi] Heo
HA   cler] briȝte H   briȝte] briȝtnesse A   157 And also
biuore] Altofore H   þe] it A   162 o[þ]] of C; vpe HA   164
is] hit HA   167 *margin*] lacio corporis   For[þ]] For C; Forþ
HA

Anon so hi bere þat bodi forþ · a cloude þer com fle[o]
And ouercaste hom echone · þat me nemiȝte hom noȝt
   ise[o] 170
Swote smul þer com of · þat smulde aboute wide
Þat þe folk come eorne þuder · for ioie in eche side
Þat murie sang hi hurde alle · hi nemiȝte noþing ise[o]
Gret wonder hi hadde inou · wat it miȝte be[o]
So þat me tolde þe Giwes fore · þat oure Leuedi was ded
   þere 175
And þat þe song of þe apostles was · as hi to eorþe hure
   bere
¶ As armes bliue queþe þe ssrewen · for sle we wolleþ echon
And þe traitors moder brenne · boþe fleiss and bon
Þat echmon iseo is tricherie · ar hi wende henne
For as we slowe him ssenfoliche · is moder we wolleþ
   brenne 180
¶ Þo þe ssrewen iarmed were · after hi wende faste
And siwede þis holymen · þat were of hom lite agaste
Þoru song and smul wiþoute siȝt · to hom hi come atte-
   laste
Hore maister prince boþe is honde · on þe bere caste
Þo cleuede hi faste on þe bere · þat he nemiȝte awei is
   drawe 185
Hi bicome ek stiue wiþ palsie · þat he nemiȝte hom enes
   wawe
His bodi sok al for angwiss · he cride wiþ reulich bere
Alle þe Giwes þat siwede him ek · ablend echone were
Reulich cri among hom was · for angwise and for fere
Dai þat recche ich segge for me · wat wolde þe ssrewe
   þere 190
¶ A Peter Peter quaþ þe maister · þou haue merci of me
And help me nou in þisse neode · as ich halp enes þe
Vnderstond þe atte domes halle · ich halp þe þo me sede
Þat þou wiþ þulke Iesus were · & þou forsoke him for
   drede

172 eorne] faste add. H   175 margin] Iudei   fore] om.
H   179 wende henne] reversed H   180 brenne] brende H
185 hi] boþe add. H   is] hem HA; noȝt add. H   186 hom] om.
H   187 sok] stod H; om. A al for] uol of A   189–90] om. A
191 þe maister] þat oþer H

¶ We ne mowe noȝt quaþ seinte Peter · aboute þe in none
　　wise   195
　　For aboute oure Leuedi we þencheþ so muche · & aboute
　　hure seruise
　　And naþeles biluf on him · þat he[o] in hure wombe bar
　　And on is moder & þou worst hol · ac be[o] efsone iwar
¶ Certes quaþ þe oþer so ich do · ich bidde him milce & ore
　　He is honden nom to him · þat hi ne cleuede namore   200

f. 138ᵃ　Ac naþeles hi were stiue and dede · þat he ne weld hom
　　noȝt
　　Euere he cride on seinte Peter · þat hi were to hele ibroȝt
¶ Seinte Peter him let wiþ mouþe segge · þat he biluuede
　　þere
　　In Iesus þat he[o] in hure wombe ber · & custe also þe bere
　　Anon so he hadde þis ido · is honden þat dede were   205
　　Bicome hole wiþ þe word · holore neuere hi nere
¶ Nim þe branche of palm quaþ seinte Peter · þat sein Ion
　　berþ anhonde
　　And touche þer wiþ þe ablendemen · & wo so wole vnder-
　　stonde
　　And biluue on him þat þou dest · habbe he ssel is siȝte
　　Þo þe Giu hadde þus ido · me miȝte iseo Godes miȝte   210
　　For al þat wolde in Gode bileue · god siȝt hadde anon
　　And wo so nolde bileuede forþ · as blind as þe ston
　　Þere were iheled of blindemen · þritti þousond & mo
　　And wo so nolde in God biluue · al blind he gan hom go
　　Þe apostles as oure Louerd hom bad · þe holy body bere 215
　　In þe uaire sepulcre hi it leide · þat hi fonde þere
¶ Þe þridde day oure Louerd com · wiþ angles a uair verhede
　　As he hom hadde er bihote · pais beọ wiþ ȝou he sede
　　Gret heinesse quaþ þe apostles · Louerd wiþ þe be[o]
　　Þat al one miracle dest · as echmon miȝte ise[o]   220

195 noȝt] beo H   þe] om. H; be add. A   201 weld] felde HA
209 biluue] de add. C; bileoue HA   210] For alle þat wolde on god
bileoue; hi seȝ þurf his miȝte H, see l. 211   me miȝte iseo] he sei A
211–12] om. Λ   211 god . . . anon] hi seȝ þurf his miȝte H, see
variant l. 210   212 bileuede forþ] bileoue on him; leuede forþ H
first as] om. H   ston] add. line: As blynd as he þider cam; hamward
he gan gon H, see l. 214   215 holy] om. H   body] forþ hi add. H;
uorþ add. A   216 leide] dude A   217 margin] Dominus
218 hom, beo] om. H

Wat honur is riȝt quaþ oure Louerd · þat ich mi moder do
Þat me in þis worlde bar · and norisside also
¶ Certes Louerd quaþ þe apostles · us þincþ euerichone
Þat as þou sist man and God · in þi trone al one
Þat þou also þi moder soule · to þe body aȝen sende   225
Ac lete boþe body and soule · wiþ þe to heuene wende
¶ To soþe me þincþ quaþ oure Louerd · þat it is wel to done
Sein Michel com wiþ þe soule · fram heuene wel sone
Þo sede oure Louerd to is moder · moder com to me
Mi swete lemman mi wonnynge · com here ich bidde
  þe   230
¶ As þi body neuere iwemmed nas · here of mannes ymone
Wiþoute wem also of rotynge · hit schel arise of stone
Mi lemman aris mi swete moder · aȝen kunde þei it be[o]
Mid þis word þe holy soule · to þe holy body gan fle[o]
And he[o] aros to hure sone · as þe apostles alle iseie 235
Þe angles hure bere anon · to þe blisse of heuene heie
Of hure holy body here an eorþe · noþing bileued þer nis
Þer of nabbe we no relike · for in þe ioye of heuene it is
¶ Ac of hure milk & hure here · and of hure cloþes also
Among us for relikes beoþ · and in gret nobleie ido   240
Sixti ȝer he[o] was old · þo he[o] to heuene wende   f. 138ᵇ
And of fortene ȝer þo oure Louerd · þe angel to hure sende
Mid hure sone heo was afterward · þreo & þritti ȝer ney
Twelf ȝer heo liuede suþþe her · suþþe oure Louerd to
  heuene stei
So þat he[o] was of sixti ȝer · þo he[o] was henne inome 245
Nou God us granti forþ wiþ hure · to þe ioie of heuene
  come

Sein Bartelmeu þe apostel · com of kinges blode   De sancto
Swuþe uair man and noble he was · of glade & swete Bartholomeo
  mode

226 wiþ þe] aȝen H   227 quaþ] *above line* C   229 com] aȝe
add. H   232 rotynge] fretinge H   of stone] eftsone H; also
fram þe stone A   234 *second* holy] *om.* HA   body] aȝe *add.* H
235 aros] vp *add.* HA   239 milk . . . also] suete here: & of hire
mylc also A   244 liuede] was A   suþþe her] *crossed out* H;
suþþe *om.* A
  Bartholomew. 2 and noble, & swete] *om.* H   of] & of H

Oure Louerd he siwede an eorþe her · ar he deide on þe rode

And isei is priuetes · wiþ oþere apostles gode

Þo oure Louerd was to heuene iwend · he prechede of him faste 5

And wide wende in mani a lond · þi wile is lyf ilaste

So þat to þe lond of Inde · he com þoru Godes wille

Atte on ende of þe lond · he bileuede wel stille

As a strang pilgrim [·] he ȝeode up and doun

He ne sede noþer on [ne] þe oþer · bote bihuld þane toun 10

¶ A fals god þer was in þe temple · a maumet luþer inou

Þerinne was þe deuel of helle · & muche folk to him drou

Þe maumet hi clupede Astrot · þat þoru þe deueles miȝte

Answerie men ofte wolde · & monie bynime hore siȝte

Hore speche & ofte hore limes · & wroȝte wowe inou 15

And wanne he aȝen eni sikman · of is vuel wiþdrou

Þe sikman was þanne hol anon · as he moste nede amende

Wanne he nadde oþer uuel mon · bote as þe ssrewe him sende

¶ And he wiþdrou him of is uuel · he moste nede hol be[o]

Þe ssrewe tolde þanne men · þat is wonder miȝte ise[o] 20

Þat he hadde þe man iheld · wiþ is holy miȝte inou

Wanne þe ssrewe nedude non oþer god · bote of is vuel wiþdrou

Þeruore sikemen aldai · wel þicke aboute him soȝte

And cride on him deoluoliche · þat he to hele hom broȝte

Of þing þat was ek to come · me esste him uer and ner 25

And he hom tolde of alle þing · þoru þe deueles poer

¶ Þat folk com þicke aboute him · bidaie and biniȝte

And he answerede hom of alle þing · muche is þe deueles miȝte

Ac after þat sein Bartelmeu · to þulke cite com

Þe poer of þis false god · wel clanliche he bynom 30

6 wende] om. H   9 doun] In to al þe toun add. A   10 [ne]] om.
C; given HA   bote . . . toun] bote eode up & doun A   12
margin] Astarot   15 ofte hore] here oþer H; oþer A   wowe]
sorewe H   16 aȝen] of A   wiþdrou] aȝen wiþ him drouȝ A
17–22] om. H   24 hele] helle with second l erased C   26
þing] noþing C; as given HA   30 clanliche] sone A

For he nemiȝte after þulke time · for nomon speke riȝt
noȝt
Ne ȝiue answere of noþing · so he was bineþe ibroȝt
¶ Þat folk com þicke aboute him · to wite at him hore wille
Of þinges þat hi were iwoned · & euere þe schrewe was
stille
Wonder þere was þer of inou · deol and sor also   35   f. 139ᵃ
Hi dradde þat hi were forlore · oþer þat hi hadde oȝt
misdo
¶ To a toun hi wende þere biside · þoru hore alre wit
To anoþer maumet is felawe · þat hi clupede Berit
Hi cride on him deoluoliche · þat he hom tolde uore
Wi ȝare owe god Asterot · is speche hadde forlore   40
¶ Ȝe ȝe quaþ þis luþer best · ȝe nute noȝt hou it is
Wiþ stronge cheynen al furi · he is ibonde iwis
For Godes sergant Bartelmeu · þat is þuder icome
And in þe cite geþ stilleliche · is poer him haþ binome
And so faste him haþ ibonde · þat he nemai drawe is
breþ   45
And as clene is ouercome · as he hadde ipoled deþ
¶ Wat is he þulke Bartelmeu · þis oþer him esste anon
Þat mai make oure miȝte god · as ded as þe ston
¶ He is quaþ þis maumet · of gret poer as ȝe seoþ
He mai do wiþ us wat he wole · for bineþe him we beoþ 50
Ech day an hondred siþe · and oþer such biniȝte
He kneoleþ to is God in god entente · þat him ȝifþ al is
miȝte
Angles he haþ wiþ him inowe · ware þoru he mai do
Al þat he wole wiþ us alle · and al þis he wot also
For he wot nou þere as he is · al oure speche & al oure
þoȝt   55
Þere fore ich rede ȝou wel · þat ȝe ne wraþþi him noȝt
Ech maner speche þat is he knouþ · and spekþ also
Bote at o word alle þing · he wot þat is ido
Ȝif ȝe him secheþ þei ȝe come [·] riȝt bi him as he is
Ȝe ne ssolleþ him noȝt iseo · bote he wole him sulf iwis 60

38 hi] men H; was A   clupede] icluped A   40 owe] om. HA
42 he . . . iwis] faste ibounde he is H   48 oure . . . god] oure godes
A   54 Al] þing add. A   alle] om. A   þis] þing A

¶ Ac þus ȝe him mowe iknowe · ȝif ȝe him mowe ise[o]
He is swuþe long of body · of swuþe fair forme and fre[o]
Opriȝt he geþ & euene inou · swuþe wit is is ble[o]
Is her broun & swuþe crips · crispore ne may non be[o]
Muchel eiȝene & euene nose · istreiȝt adoun along   65
Þe berd long & sid inou · & somdel hor among
In a wiȝt golion he geþ · he naþ cloþes namo
Al þis sixe and twenti ȝer · he haþ þer inne igo
Þat fram him neuer eft hi[t] necom · hit ne apeireþ noȝt
    of hiwe
Ne foroldeþ noȝt wiþ alle · ac euere is iliche niwe   70
Wel he wot wat we spekeþ · & wat ȝe doþ nou here
Þeruore ȝif he esseþ oȝt · ȝe ne mowe ȝou noȝt skere
Ac ȝif he him wole ssewe so · þat ȝe him mowe yse[o]
Biddeþ him for is Louerdes loue · þat he milde to me be[o]

f. 139ᵇ   Þat he ne come noȝt here nei me · þat ich beo to gronde
    ibroȝt   75
And itormented as mi felawe · for inelle misdo him noȝt
¶ Þo þis folemen þis ihurde · hi were in grete þoȝt
Hom þoȝte longe ar hi hadde · sein Bartelmeu isoȝt
Hi wende aȝen to hore owe temple · ac hi were al blinde
For tweie dawes hi soȝte him faste · ac hi nemiȝte him
    finde   80
¶ In a dai as al þis folk · to þe temple was ibroȝt
Forte honure hore false godes · þat nemiȝte hom helpe
    noȝt
A gidi man þer com ek · þat þe deuel hadde ibeo inne
    longe
Wiþinne him & bynome is wit · & tormentede him stronge
Anon so þis godeman · into þis temple com   85
Þe deuel þat wiþinne him was · greot deol to him nom
Wel loude he gradde sein Bartelmeu · ich biseche þe
Þin orisons me brenneþ al · haue merci of me
¶ Þis holymon stod þer biside · he answerede him stille
    anon

61 *margin*] Discriptio   66] Þe berd syd & somdel long ⁊ & hor
euere among H   69 hi[t]] him C; hit HA   70 Ne] neuer
add. A   71 ȝe] we HA   73 he] *written above* ȝe *crossed out* C
80 *second* him] noȝt *add*. HA   85 gode-] gidi A   87 loude]
ȝurne H

Beo dombe he sede ich þe rede · & þat þou out of him
   gon   90
Þe deuel flei wiþ þulke word · out of him in þe place
And þe sike werþ hol & sond · anon þoru Godes grace
Þat folk stod in gret wonder · þo hi seie þis cas
And bihelde þe holyman · þat of such poer was
And tolde wide þe holi dede · þat nemiȝte noȝt be[o]
   ihud   95
In þis manere sein Bartelmeu [·] in Inde was ferst ikud
¶ Pollimius het þe king · þat of þulke contreie was
Þe tidinge sone to him com · of þis holi cas
A doȝter he hadde lunatik · þat þe deuel hadde wiþ to done
And made hure wod euerich monþe · as it fel bi þe
   mone   100
He sende to þis holiman · sein Bartelmeu wel sone
Þat he hadde of is doȝter reuþe · & helde hure þoru is bone
¶ Þuder wende þis holyman · & þis maide he fonde
Bitinge al þat nei hure come · & grenninge faste ibonde
Þis holyman stod & biheld · þane deuel he made out
   wende   105
Hure riȝte wit he[o] hadde anon · and to hure liues ende
Welle glad was hure uader þo · & elles it were wou
He let vecche forþ riche cloþes · and gold and seluer inou
And chargede camailes þer wiþ · and wiþ ȝimmes also
To presenti wiþ þis holyman · þat such dede hadde ido 110
¶ Ac þer nas non þat miȝte him finde · þo hi come mid al
   þis prute
Þer by hy miȝte vnderstonde · þat hi tolde þerof lute
Þo nomon nemiȝte him finde · hit of þoȝte sore þe kinge
Ac naþeles þis holyman · neforȝet him no þinge
As he lay a niȝt inis bed · and on him uaste þoȝte   115 f. 140ᵃ
Þis holyman stod him biuore · he nuste wo him broȝte
¶ Sire king he sede wat was þe · to sende me such prute
Þou ne paidest me riȝt noȝt · ich tolde þerof lute
Ac þe tresour þat ich of telle · þat is heuene riche

---

95 dede] cas H   96 manere] dede H   100 wod] *above line* C;
biwitte H; biwit A   102] *om.* H   104 grenninge] *written*
gren̄ C; grenninge H   109 *second* wiþ] *om.* HA; riche A
112 Þer by] Þo H; Þer A   118 riȝt] þer wiþ H

Þat ne apeireþ neuere ne rousteþ · ac is euere iliche   120
Forto teche ȝou þulke lawe · hider ich am ibroȝt
And to bileue ȝoure false godes · þat nemowe helpe noȝt
And ȝif þou nelt of þisse þinge · ileoue þat it soþ be
Com wiþ me to ȝoure false god · & þou sselt þat soþe ise
¶ Þe king wende þo forþ wiþ him · to hore false god anon 125
Hi fonde þere of luþer prestes · biuore him monion
And dude to hom hore sacrefise · as hi were iwoned to done
Þe deuel þat wiþ inne him was · wel loude gradde sone
Wrecches he sede bileueþ anon · ne onureþ me riȝt noȝt
Leste ȝe be[o] in such torment · as ich am on ibroȝt   130
For Iesu Cristes angles · þat þe Giwes to deþe broȝte
Faste beoþ her aboute me · & bryngeþ me to noȝte
For mid berninge raketeies · hi habbeþ me faste ibonde
Þoru poer of hore heie Louerd · þat þe Giwes ȝaf deþes
    wonde
And he þer after þe þridde day · so weilawei þe stonde 135
Fram deþe to liue aros · and broȝte us alle to gronde
And in eche side is apostles sende · to prechi is holy name
And on of hom is nou her · þoru wam ich habbe such
    ssame
¶ Þat folk stod & bihuld aboute · & nuste wuch it was
Sein Bartelmeu stod & siȝte · & sede alas alas   140
Nou ȝe moweþ alle ise[o] · wuch lif ȝe ledeþ her
And in wuche godes ȝe biluueþ · & wuch is hore poer
Ȝif ȝe wolleþ þat ich bidde for ȝou · mi Louerd þat us boȝte
And draweþ adoun ȝoure maumet · & brekeþ him al to
    noȝte
¶ Þo þe king hurde þis · his men he het echon   145
Aboute him caste stronge ropes · and adoun him drawe
    anon
Iredi was þat folk þo · and caste ropes inowe
Ac hi nemiȝte him noȝt enes wawe · for al þat hi drowe
¶ Abideþ quaþ sein Bartelmeu · ȝoure ropes nymeþ adoun

121 teche] bringe A   þulke] to riȝte A   122 And to] Þat ȝe
H   123 þinge] wise A   soþ] so A   124 Com] forþ *add*. H
þat soþe] sone A   126 monion] good won A   129 me riȝt] ȝe
me A   132 bryngeþ] brenneþ H   133–4] *om*. A   134
heie] *om*. H   136 alle] *om*. H   141 ledeþ] alle *add*. H   144
And draweþ] And *om*. HA ; þroweþ A

Þo hi hadde þis ssrewe vnbunde · he sede is orison   150
Þou deuel he sede þat bitraist · þus monimen echon
Ʒif þou wolt þat i nemake þe noʒt · to þe put of helle gon
Wend out anon of þulke forme · & brek it al to noʒte
Þe deuel anon mid þis word · wel narwe is wei soʒte
And debrusede þe wrecche maumet · and wende out þer **f. 140ᵇ**
   of anon   155
And al þe maumes of þe temple · he todasste echon
¶ Þat folk stode alle and þis iseie · wel loude hi gonne to crie
Þer nis bote on almiʒti God · ibore of þe maide Marie
Sein Bartelmeu cride on God · and bad is orison
An angel com so briʒt so sonne · fram heuene liʒt adoun 160
To þe four heornes he flei aboute · and in euerich he drou
Wiþ is finger a uair crois · apert and cler inou
¶ Mi Louerd he sede me send hidere · & as he me sede
Þis temple ichelle biuore ʒou alle clansy · of eche foulhede
And ichelle nou uerst þane deuel · ʒou alle ssewi iwis 165
Þat ʒe mowe þat soþe ise[o] · wuch ʒoure bileue is
Ac þei he be[o] grislich to biholde · nabbeþ þerof no doute
Ac such signe as ich habbe imad · in þis four heornes
   aboute
Makeþ þulke sulue signe · in ʒoure forheued echon
And ech luþer þing and luþer drede · fram ʒou ssel anon
   gon   170
¶ Þo made hi alle in ʒare front · þe forme of þe rode
And þe angel hom ssewede al abrod · þene deuel as hi
   stode
Þe forme of a grislich man · þat al forbroide were
Swartore þanne eny blouman · wiþ wel grislich chere
Ssarp face he hadde & al forcroked · is berd grislich &
   long   175
Þe eiʒen brode and al bernynge · red & swart among
His her tilde to is fet · and after þe ssrewe drou
His honden bihinde at is rug · hi were þere god inou
Berninge spelden al stinginge · out at is mouþ he blaste

151 þus moni-] þes ulke A   163–70] *om.* A   165 nou . . .
deuel] euerech del her H   171 forme] signe H   172 þene deuel]
þe deuelen H   179 spelden] sparclun A   stinginge] stinkinge
HA

And fur of brymston out at is nose · þat stonk also wel
    uaste   180
Croked was is nose & mouþ · wrecched was is bone
Bote þis were an hende bacheler · abid forte efsone
Nou day þat habbe such louerding · and al þat him wel
    loue
Þei þe ssrewe habbe to muche miȝte · euere God is aboue
¶ Þou luþer þing quaþ þis angel · þat here ert vnder me 185
For þou dest Bartelmeu is heste · ichelle habbe reuþe of þe
And vnbinde þe and lete þe fle[o] · an eorþe in eche ende
Forte þe dai of dome come · þat þou to helle wende
Þo þe ssrewe vnbonde was · wiþ wel grislich bere
He flei awei among hom alle · and necom neuere eft
    þere   190
Þo þe angel hadde al þis ido · to heuene he flei anhei
Ȝeorne cride al þat folk · þat þis wonder isei
And herede God & þe angel · þat þere among hom com
And cride on sein Barthelmeu · þat he ȝeue hom Cristen-
    dom
f. 141ᵃ ¶ Þe king Pollimius wiþ is quene · al is children nom 195
And let hom baptise of þe apostel · & suþþe al is kynedom
So þat to Cristendom · þat lond was ibroȝt
Þe king forsok al is lond · and ne tolde þerof noȝt
And siwede sein Bartelmeu · & prechede wiþ him faste
And bicom wel holyman · & bissop attelaste   200
¶ A broþer herre king þanne he · he was of grete prute
Astriages was is name · þer biside a lite
Þe tiþinge of sein Bartelmeu · wel sone to him com
Hou he turnde Pollimius [·] is broþer to Cristendom
A Louerd muche is þi miȝte · as þou ssowedest in þin
    hine   205
Þat eni bodi miȝte aliue · an eorþe þol[ie] such pine
A þousond men yarmed wel · after him he sende
To enqueri into al þe lond · wuderward he wende
Hy wende and soȝte him steorneliche · he was sone ifonde

181–4] *om.* A   181 *first* was is] he hadde H   bone] lone H
189–90] *om.* A   191 al þis] þus H   flei] wende A   195 Þe] Þo
þe H   wiþ] *om.* H   al] & H   201 broþer] he hadde *add.* H
he was] þat was H; he hadde A   205–6] *om.* A   205 ssowedest
in] sendest H   206 aliue] *om.* H   þol[ie]] þolede C; *as given* H

And biuore Astriages þe kyng · ibroȝt faste ibonde   210
¶ Bel amy quaþ þe king · hou hastou on itake
   Ymad my broþer wiþ tricherie [·] myne godes forsake
   Bi þe fei þat ich owe Mahon · ichelle serui þe also
   Make þe bileue þi false god · oþer in strong deþe þe do
   And ȝute þeof more ssame up oþer · as by mannes sawe 215
   Þou hast oure godes ellesware · defouled and todrawe
¶ Sire quaþ sein Bartelmeu · þou ne seist noȝt as þe hende
   Þat ich ssolde mid tricherie · þin broþer heorte wende
   I newende him wiþ no tricherie · ac mid soþnisse &
     riȝte
   Ich broȝte him out of misbileue · to him þat haþ al
     miȝte   220
   Fram godes þat beoþ al miȝtles · as is þe dede tre[o]
   Þat ich let al todrawe · and þat þou þat soþe ise[o]
¶ Bring me to þin oþer god · and ȝif ich mai do such dede
   Biluf þat he is miȝtles · and for sak him ich rede
   Ac mid þe God þat ich on biluue · ȝif þou miȝt on so
     take   225
   Ich þe bihote triweliche · þat ich him wole forsake
   And ȝif þou miȝt him noþing do · & ich þin ouercome
   Forsak hom as hi beoþ worþe · for hore miȝte hom is
     bynome
   Nadde he bote þis word ised · þat þer necom to þe kinge
   A messager þat him broȝte · a sori typinge   230
   Þat Berit is owc god · þat he wel ofte soȝte
   Of þe temple was ifalle adoun · & idasst al to noȝte
   Þo þe king hurde þis · sori he was inou
   IIe uerde as witlcs man · and al is cloþes to drou
   He let nyme sein Bartelmeu · and tormenti him wel f. 141ᵇ
     uaste   235
   And wiþ stronge stanes leide him on · þe wile hi wolde
     ilaste
   Þo hi him hadde defouled so · þat reuþe it was to wite
   As we findeþ in som stude · of is lif iwrite

---

210 ibroȝt] hi brouȝte him H   215 ȝute þeof] þu H; ȝuf þef A
mannes] mi maumetes H   221 al miȝtles] wiþþoute miȝte A
232 ifalle] Inome A   236 leide] legge HA   hi wolde] his bones H;
is lif A

¶ He let him do on þe rode · is heued toward þe gronde
Vet and honde to þe treo · inailed oþer ibonde   240
¶ And suþþe to do him more pine · as it is iwrite also
Þo he hadde þeron longe ihonge · adoun he let him do
And hulde is fel fram þe uleiss · al quik mid kene knyue
As me hult an oxe ded · me hulde him aliue
Alas hou miȝte hi habbe þe heorte · alas þe deoluol pine 245
Ȝute nemiȝte hi mid al þis wo · bring is lif to fine
¶ Attelaste þo he was ihuld · as we findeþ iwrite also
Hi smite of is holy heued · ar hi miȝte him to depe do
His bodi was þoru Cristenmen · ibured faire inou
Wel þicke also as hi derste · þat folk þuder drou   250
Oure Louerd anon for is loue · fair miracle sende
Ware þoru þe godemen · aboute wel þicke þuder wende
¶ Þe luþer king Astriages · þat him let so quelle
Of þe miracle sore dradde · þo he hurde þerof telle
Þe þritteþe dai þer after · þat he let him martri þere 255
He nom wiþ him al þe grete maistres · þat of þe temple
    were
And to þe tombe hi wende alle · þer þis body lay
As sone as hi þuder come · as al þat folk ysay
¶ Þe deuel þat hore maister was · tormented hom anon
For wrecche of þe holymon · hi bicome gidie echon 260
And as wrecches so hi deide · he nelet on no leng gon
He nom wiþ him þe soule forþ · & bileuede fleiss & bon
Þe tidinge was sone wide ikud · hi dradde hom alle sore
Þat of misbiluue were · h[i] ne dorste þo namore
Ac forsoke hore false lawe · and cride oure Louerdes
    ore   265
And let hom cristni echon · þoru sein Bartelmeu is lore
¶ Pollimius þat was king · þat to oure Louerd him nom
Bissop hi made ouer hom alle · to holde up Cristendom
Bissop [he] was twenti ȝer · ar he gonne henne wende
He wende to þe ioie of heuene · atte twenti ȝeres ende 270
Þer was of sein Barthelmeu · miracle euere inou

240 oþer] þer H   246 wo] pyne A   248] *couplet add.* A
251 Oure] For oure HA   252 gode-] gidi A   256 grete maistres]
knyȝtes H   261 on] *above line* C ; hem HA   264 were] hi were
H   h[i]] he C ; hi HA   267 Louerd] louerdes lawe HA   him
nom] com H   269 [he]] *om.* C ; *given* HA   271–306] *om.* A

And þat folk euere þicke aboute · to is tombe drou
Ȝute þere were luþermen · þat hadde þerto envie
Þat ne biluuede noȝt þat oure Louerd were · ibore of
    Marie
¶ A uetles hy made al of led · and þerinne hi caste   275 f. 142ᵃ
Þis holi bodi wel uilliche · and dutte is suþþe uaste
And caste it amidde þe se · to deliueri hom so
Ac ȝute oure Louerd cudde is miȝte · as he haþ ofte ido
For þat led aȝen is kunde · þei it uuel were is riȝte
Bigan to vleote aboue þe water · þer was Godes miȝte 280
For þe water nadde poer non · to holde him bineþe at
    gronde
To þe toun it flet of Lippari · þere it was ferst ifonde
And inome up of Cristen men · and faire an eorþe ibroȝt
Þei he were þer oure Louerd ȝute · ne forȝet him noȝt
¶ For miracles he sende riue · aboute þat bodi þere   285
Attelaste somme luþer men · þat in þe londe were
Hadde þerto strong envie · a time hi stele þerto
A[nd] nom upe þe bones fram þe stude · þat hi were on
    ido
And in þe countreie aboute is bere · and caste euerich inis
    side
Somme in o stude and somme in oþere · and tospradde is
    so wel wide   290
For hi ne ssolde neuere togadere come · miracle to do
Longe as Godes wille was · defouled hi were so
¶ Sein Bartelmeu com suþþe him sulf · to a monk þere
    biside
Mine bones he sede beoþ icast · and tosprad wel wide
Inelle namore þat hi beo so · þeruore þou most gon   295
To niȝt aboute þer as hi beoþ · & bringe is togadere echon
¶ A sire merci quaþ þis oþer · hou ssolde ich knowe nou
Fol wel quaþ þis holyman · & ichelle þe telle hou
Ech of hom þere as hi liggeþ · þer it derk niȝt beo
Ssyneþ so cler so þe sonne · þat feor þou sselt hom iseo 300

272 euere] com *add.* H   to is tombe drou] & drouȝ H   274 of]
maide *add.* H   276 is] hit H   279 uuel were] nere H   281
him bineþe] hit H   287 strong] gret H   288 A[nd]] A C
upe] *om.* H   289, 290, 296 is] hem H

Þis monk wende forþ biniȝte · he ne fond of hom noȝt on
Þat ne ssinde so cler so sonne · and so he gaderede echon
¶ In a ssip he broȝte is in þe se · wiþ gret onur attenende
  Þat woder·is swete wille were · oure Louerd hom ssolde
    sende
A wind þer com and drof þat ssip · softe and euene
  inou   305
So þat to þe lond of Apille · þat ssip euene drou
Þere were þe bones uaire auonge · & faire in ssrine ido
Moni uair miracle þer com suþþe · & ȝute þer doþ also
Nou bidde we ȝeorne sein Bartelmeu · þat hei apostel is
Þat we þe watloker þoru is bone · come to heuene blis 310

Sancti
Egidii con-
fessoris et
abbatis

Sein Gilis þe holyman · ne louede noþing sunne
At Attenes he was ibore · he com of kinges kunne
As he wende to Holy Churche · inis ȝonghede a day
A sik man þat bad of is god · amidde þe strete lay

f. 142ᵇ   Sein Gile strupte of is cu[r]tel · and dude on þis sik man
  þer   5
And holmon he bicome anon · as he was euer er
¶ Sein Giles was is fader eir · of gret eritage & god
Anon after is fader deþe · þis godeman him vnderstod
Oure Louerd he ȝef is eritage · as is wille was to done
Al he delde it pouere men · & hadde ido wel sone   10
He vnderstod wel þat me nemiȝte · twei louerdes serui
  noȝt
Oure Louerd and þis wrecche world · bote he turnde fram
  þe on is þoȝt
¶ As he was in churche a day · is beden to bidde þer inne
A gidi man þer was ibonde · þat þe deuel was wiþinne
He cride and made so gret noise · þat þere nemiȝte non 15
For him ariȝt is beden bidde · ac out hi wende echon

303 is] *om.* H   307] In þe lond of apulle.ʲ s. berthelmeu is in
scrine ido A   308 þer com suþþe] com þoru him A   310
watloker] raþer A
  Giles. 1 holyman] confessour H   4 þat] þer H   of is] him
H; *om.* A   amidde] þat in H; bi A   5 cu[r]tel] cultel C
6 anon] þo H; *om.* A   8 him] *om.* HA   9 as] al A   was] *om.* A
13–28] *om.* A   14 gidi] wod H

¶ Þo sein Gile þis isei · he bad hom ȝute abide
To þe gidiman he ȝeode as he lay · þat so loude cride
Þane deuel he drof out of him · þat in siknesse him
  broȝte
And he hadde is wit god inou · of dede & ek of þoȝte 20
Bi þe se as he wende a day · a ssip þer inne he sey
Þoru weder and strong tempest · þat he adreinte wel ney
Reulich hi cride [on sein Gile ·] þat þere inne were
Sein Giles bad oure Louerd for hom · þat hi adreint nere
Anon so he sede is orison · þe tempest wiþdrou 25
And þe ssip was al sauf in pes · and þat weder murie
  inou
Þis men þonkede sein Gile · þat to liue hom hadde ibroȝt
Serui and siwi him hi wolde · ac hi nemoste for him noȝt
¶ Sein Gilis isei þane world so luþer · þat he nadde þerto no
  wille
And into a wildernesse · a dai he wende wel stille 30
In an hongri lond he com · hard lif forto lede
Al þe contreie liuede hore lif · in honger and in wrechede
Gret reuþe hadde þe godeman · ȝif he miȝte þer of rede
He het al þe lond aboute · to porueie hom of sede
And tilie hore lond & sowe it wel · so þat þe lond ber 35
Þat beste corn of al þat lond · þoru is bede ech ȝer
And þe contreie bicom riche & god · and of gret plente mid
  alle
And þonkede of alle god sein Gile · þat hom was biualle
. ¶ Sein Gile wende into a wode · uer in wildernesse
To lede is lif out of þe world · al one in clannesse 40
Þat abit he nom of blak monk · & wende to a þicke place
In a deop ualeie he astunte · & liuede þoru Godes grace
Ar he hadde longe þer inne ibeo · an hinde þer com gon
Wilde and swuþe milch wiþ alle · to sein Giles he[o] com
  anon

17 ȝute] *in diff. hand and ink over erasure* C; þe ȝut H   19 drof]
brouȝte H   21 *margin*] Nauis   22 þat he] *om.* H   23 [on
. . . Gile ·]] on oure louerd · sein gile C; oure louerd *om.* H   30
And] Al one HA   a dai] *om.* H   wende] him *add.* H   31–38]
om. A   33 þer of] oȝt *add.* H   35 þe lond] hit corn H   36
corn] *om.* H   bede] rede H   38 of alle] *om.* H   god] & *add.* H
44 he[o] com] *om.* H; heo wende A

f. 143ᵃ   And bad him hure odren mildeliche · to nyme þerof is
mete   45
He milkede þis wilde best · þat milk he gan to ete
Þo sein Giles hadde iȝete · þat best gan to him loute
And wende to is mete aȝen · in þe wode aboute
¶ Amorwe he[o] com eft þulke tyme · & þis godeman out-
soȝte
And euerich dai at one tyme · milk inou he[o] him broȝte 50
Wanne þe godman hadde iȝete inou · to hire mete heo
wende also
Þere ne bileuede noȝt o day · þat þis best nolde þus do
So þat þis godeman þere liuede · al bi þis beste
And þere non oþer mete ne et · & hadde hure to is heste
¶ Þe kinges hontes wende a day · anhonteþ þere aboute 55
So þat hi fonde þis seli hinde · among oþer in þe route
Þe hondes þat ssolde þe bestes cacche · bileuede þe oþer
echone
And orne after þis seli hinde · to cacche hure al one
Þis best flei þe wile heo miȝte · weri he[o] was wiþ alle
To sein Giles hure louerd heo com · and at is fet gan
ualle   60
¶ Þis holyman isei is norise · wery and eþi so faste
He wolcomede hure & hadde wonder · wat þing hure so
.   agaste
Ac non hond bi a stones þreu · nedorste come him ney
Þis godeman biheld aboute · and þeos hondes isey
Louerd he sede þat wille hast · þat ich serui here þe   65
Mi norise þat þou me hast ilend · ich bidde saue me
Wanne þou hure senst to uede me · ich bidde þi swete
wille
Þat non of þis hondes poer nabbe · myn norise to spille
¶ Þis hondes alle mid þisse worde · gonne to ȝolle anon
And ȝollinge turnde aȝen · to hore louerd echon   70
Gret wonder þoȝte þe honten alle · ac hi nolde noleng
bileue

45 odren] ordren C; vdderne H; oddre A   51–52] *om.* A
53 þere] þerbi H   al bi] mid H   54] & nadde non oþer mete þer.'
bote lyuede al bi þat beste H, *see l.* 53   55 hontes] houndes H
62 wat þing hure] ho hire hadde H   65 *first* þat] if þu H   71
þoȝte] hadde HA

To ofseche wat þe hondes deode · for it was al at eue
¶ Amorwe he greiþede hom efsone · to hore honting also
Þis seli hinde hi fonde efsone · as hi hadde er ido
Þis hondes hure siwede faste anon · þis hinde gan eft
    fleo   75
To sein Giles hure leoue louerd · þat he ssolde hure warant
    be[o]
¶ Þe hondes orne anon aȝen · ȝollinde as hi dude er
Þe honten com hom wiþoute preie · for noþing necaȝte hi
    þer
Þe king esste war hi hadde ibe[o] · so longe out for noȝt
And ware hi leie þat hi nadde · noþing hom ibroȝt   80
¶ Hi tolde him þei hi necaȝte noȝt · wuch game hi miȝte
    finde
And hou hi boþe þe dawes were · bigiled of an hinde
Gret wonder poȝte þe king þerof · he swor he wolde iwite
Hou it of þulke beste were · ȝif he miȝte out vnderȝite
Þe bissop he nom wiþ him amorwe · to wode hi wende f. 143ᵇ
    beie   85
To seche after þis seli best · wiþ hondes forto pleie
Þis seli best was sone ifonde · þe hondes after anon
Ac anon þo it com to sein Gilis · þe hondes astunte echon
Reulich aȝen ȝollinge hi orne · ac an honte þer was ney
Leine to sein Giles barme · þis seli best he sei   90
An arwe he nom þis hinde to ssete · ac þe arwe gan mis-
    fle[o]
And hutte þis selyman sein Giles · almest þoru þe kne[o]
¶ Þis godeman was wel uuel ihurt · ac þerof lite him poȝte
Þe honten come þicke aboute · & after þis wonder soȝte
So þat hi seie þis holyman · sitte biside a tre[o]   95
Old and hor in monkes cloþes · þe hinde lenie to is kne[o]
Hi wende anon & tolde uore · þe bissop & eke þe kynge
Al one hi wende boþe auote · to wite here of tidynge
Þe king esste at þis holyman · þo he him hadde out
    ifonde

72 deode] dude H; driue A   al at] nei A   73 to hore] an A
76 leoue] owe A   79 *margin*] Rex Gothorum   80 leie] dai after
daie *add.* A   nadde] *om.* A   84 out] *om.* HA   94 wonder]
hynde H

Wi he were in such wildernesse · & wo him ȝeue þulke
wonde   100

¶ Here ich habbe quaþ þis godeman · in Godes seruise ibe[o]
Inabbe no confort bote of þis best · as ȝe mowe here ise[o]
And here aboute ȝe habbeþ ibe[o] · to binyme it me
And þo it nuste non oþer red · hider it gan forto fle[o]
And þe on honte it wolde ssete · & hutte me on þe
kne[o]   105
For God wot þat me is leuere · þanne he hadde islawe
be[o]

¶ Þe honte sat akneo & bad forȝifnesse · of þe wonde
Þe king bihet him leches gode · to hele him in a stonde
Nai certes quaþ þis godeman · þat nis bote dwele
Ichot þat Godes grace is more · in siknesse þan i[n]
wele   110
Þeruore ich bidde mi swete Louerd · for is wonden viue
Þat [he] ne ȝiue me þerof neuere hele · þe wile ich am aliue
So wole euerich of ȝou bidde · þat iwonded were so sore
Ac for Gode ich wene ich liȝe · þere fore i nesegge namore

¶ Ac þou broþer þat ssote me þus · al be[o] it þe for ȝiue 115
And grante me þis best in pes · þat vint me biliue
Þe king fel adoun akne[o] · and gret tresor him gan beode
Nai certes quaþ þis godeman · inabbe þerto no neode
Ac nim al þat & rere þerwiþ · an abbei here biside
And God wole þi wile ȝulde wel · & þe bet þe ssel bitide 120

¶ Þe king dude as he him bad · an abbei he let rere
And so he bad þis holyman · þat þe ferste abbot he was
þere
His couent he weste swuþe wel · of him me spak wide
For is miracles suþþe me com · wel þicke go and ride

f. 144ᵃ ¶ Þe king of France þat was þo · Charles was is name   125
In a sunne he was þat he nemiȝte · noman telle for ssame

101 *margin*] iij annos   102 of] *om.* HA   here] nou H   106
wot ... is] hit wot me were H; wot so me is A   þanne ... be[o]]
þat he hadde aslawe me H   107 sat] adoun *add.* A   108 gode]
Inowe A   110 siknesse] sorwe A   i[n] wele] iwele C; *as given*
HA   112 [he]] *om.* C; *given* HA   113–14] *om.* A   113 So
wole] þat wolde H   114] Fewe ich wene ich beo þerfore; ac
ynesigge nou no more H   116 þat vint] to fynde H   me] mi
add. HA   124 suþþe] þider HA   wel ... ride] þicke in eche side
H   126 noman] *om.* H   telle] hit *add.* H

Of sein Gilis·he hurde telle · þat he godman was
He wende to him & bad him ȝeorne · to helpe him of þat
   cas
Ich habbe he sede a sunne ido · þat i nemai for ssame telle
Þe ne non oþer man · þei ich euere be[o] in helle   130
Bidde oure Louerd por charite · þat he is me forȝiue
Þoru þi bone for i nemay for ssame · þer of be[o] issriue
¶ Þe Sonedai þere after · as sein Gile masse song
Þe kinges sunne he hadde in munde · & þereuore bad
   among
An angel þer com wiþ a writ · as oure Louerd þuder
   sende   135
Þat writ he leide upe þe weued · & aȝen to heuene wende
Sein Gile radde þat writ anon · þer on he fonde iwrite
Þe kinges sunne þat was so luþer · þat noman ne ssolde
   iwite
Þat writ sede ek þat þulke sunne · þoru is bone was for-
   ȝiue
Ȝif þe king it bileuede & repentant were · & þat is
   issriue   140
¶ And alle men þat sein Gilis · for eni sunne bede
Oure Louerd wolde hore bone ihure · ȝif hi bileuede hore
   misdede
Swete a sonde was þis on · þat oure Louerd sein Gile sende
Hopie mai ech man þerto · þat is lif wilneþ amende
Sein Gilis nom þis holi writ · and king Charles gan
   bitake   145
Þo þe king isei is sunne iwrite · he nemiȝte noȝt forsake
Ac sore wepinge he þer of ssrof · and þonkede God also
And þe holi abbot sein Gilis · þat it broȝte þerto
Sein Gilis ladde holy lif · al to is liues ende
Oure Louerd him warnede longe biuore · þat he wolde
   after him sende   150
He deide seue hondred ȝer · after þat God was ibore
And wende to þe ioie of heuene · þat he seruede biuore

131 is] hit H; hire A   140 & repentant . . . issriue] & repentant
were.' & þerof were ischryue H; & were þerof : repentaunt & iscriue
A   142 ȝif . . . hore] & forȝyue þe H   146 nemiȝte] hit add.
HA   147 he] he him H; him A   148 it] him H   150 longe]
ofte H   152 seruede] ofseruede HA

De exulta-
tione sancte
crucis

Þe holy rode þat was ifonde · as ȝe witeþ in May
Anhansed he was in Septembre · þe Holi Rode day
Mani a ȝer þer was bitwene · riȝt is þat me telle
Of eiþer feste as it falleþ · noþer bileue inelle
A king þere was in Perce · Cosdroe was is name   5
Cristene men alle þat he fond · he broȝte to ssame
¶ Wiþ is poer he wan also · al þe londes þere aboute
Þo he com to Ierusalem · of þe sepulcre he was in doute
Þare oure Louerd was on ileid · anon so he is isei
For al is poer þat was so luþer · he ne dorste come þer
    ney   10
Ac a partie of þe swete crois · þat seint Eline þuder broȝte
He tok wiþ him & wende aȝen · namore þuder he ne poȝte
f. 144ᵇ ¶ Of þulke treo he was wel prout · þei he luþer him sulf were
A swuþe hei tour of gold & seluer · he let him sone rere
Ȝymmes & stones precious · þere aboute he let do   15
Þe forme of sonne & of mone · and of sterren also
Ssynde as it hom sulue were · & turnde al aboute faste
And a þondringe he made eke ofte · þat muche folk agaste
Þoru smale holes wiþ queintise · þat water ofte þere
He made ualle adoun to gronde · riȝt as it rein were   20
As ueruorþ as couþe enymon · make þoru eny queintise
Þe fourme as it an heuene were · he made in alle wise
Wende aboute mid queintise · and as rein ofte rine
Ac me sucþ wel selde luþer prute · come to gode fine
¶ Anouwarde þis tour amidde al þis · is sege he let rere   25
To sitte him sulf on as a god · in heuene as þei it were
Inis riȝt half he made a sege · is o sone he sette þere
As it were in stude of Godes Sone · þat no defaute nere
Inis lift half he made anoþer · a uair cok to him me vette
As in stude of þe Holy Gost · inis lift half bi him he
    sette   30
And sat him sulf al amidde · þe Uader as þei it were
And Sone & Holi Gost biside · gret prute was þere

Holy Cross. 4 eiþer . . . falleþ] hire festen as hi f. H; eiþer feste
after oþer A   9 Þare] þat HA   is] hit H; þis A   14 him sone]
him silf H; him ṣụl sone A   17 al] *om.* HA   18 And a þondringe]
As a þundre H; As þondring A   19 þat water] þat folc iseȝ H
24 wel, luþer *om.* H   27–28] *om.* H   29 to him me] he let A
30 bi him] *om.* H   he] me H; *om.* A   32 gret] moche H

Nou was þis a maister hine · and a wonder god also
Ac euere me þingþ he was a bastard · and also him com two
¶ Eraclyus þe emperor · þat Cristene was at Rome　35
Of is misfaringe prute · he hurde telle ilome
Wiþ is ost he wende into is lond · & werrede on him faste
Inis heuene he sat as a god · as him noþing ne gaste
So þat is eoldoste sone · he het wende attelaste
Aȝen þe emperor wiþ is ost · and of þe lond him caste　40
For him ne deinede noȝt for him · of is heuene ene aliȝte
Namore þanne it were a god · wiþ an eorþlich man to fiȝte
¶ Is sone aȝen þis emperor · wiþ is ost forþ wende
Þo hi touward bataile come · hore eiþer to oþer sende
Þat hi bitwene hom sulue to · þe bataille ssolde do　45
And al hore ost stonde & biholde · and non come þerto
And weþer of hom aboue were · habbe ssolde þe miȝte
Of þe oþer is men & al is lond · as is wille diȝte
¶ Þo þis uorewarde was ymad · togadere hi smite to gronde
And foȝte as it was hore riȝt · and made harde wonde　50
And attelaste þis emperor · þane oþer ouercom
And as forwarde was al is folk · inis baundone nom
And let hom cristny euerichon · and siwi him to is wille　f. 145ᵃ
And þis luþer king sat euere atom · inis heuene wel stille
As a god & nuste noȝt · þat he was bineþe ibroȝt　55
And so uuel is men him louede · þat hy ne tolde him noȝt
¶ Þe emperor him wende forþ · in to is heuene anhei
He fond him sitte as a god · is sone him sat wel nei
Hail be[o] þou he sede false god · in þi fals heuene ifonde
Nim þi sone and þin holi gost · ȝe beoþ nei aswonde　60
Bi him þat þou makedest after · þat þolede for us
　　wonde
Bote þou wolle on him biluue · þou sselt here in a stonde
Of min honden þolie deþ · and þi prute ibroȝt to gronde
For al þin heuene inelle bileue · ne for marke ne for pounde
¶ Nai certes quaþ þis oþer · þou ne sselt me noȝt so lere 65

34 a bastard] abast A　also] þat H　38 *second* as] þat HA　40
of] out of H　41 ene] *om.* H　43 Is] oþer *add.* A　47 of
hom aboue] aboue oþer H　48 as] & after H; after A　wille]
hit *add.* H　56 tolde] warnde A　57 is] þis HA　58 sat
wel] *om.* H　61 þou] þe *add.* HA　for us] harde H　63
prute] beo *add.* HA

Þat ichelle abowe to enyman · bote he herre þanne ich
  were
Þe emperor drou out is swerd · and smot of is heued riȝt
  þere
His ȝonge sone þat sat him bi · þat was inis teþe ȝere
He let cristni and make kyng · of al is fader lond
His men he ȝaf al þat seluer · clanliche þat he þere
  uond   70
Mid þe gold & mid þe seluer · þat he fond also þere
Þe churchen þat þe oþer hadde destrud · þerwiþ he let rere
And made a lond þere wel biluued · and in Godes lawe
Alle þat nolde turne to God · he broȝte sone of dawe
¶ Þe holi crois þat he fond þere · þat God was on ido   75
Adoun he nom wiþ gret honour · & ladde wiþ him also
To þe boru of Ierusalem · and þo he com þere biside
Ope þe hul of Oliuete · a stonde he gan abide
Al þat folk aboute him com · wiþ gret honur wiþ alle
And þonkede God of þat cas · þat hom was þere biualle 80
Þat þe swete holi crois · aȝen moste come
Þat þe luþer king Cosdroe · hom hadde er bynome
¶ Þe emperor wende adoun þe hul · wiþ fair procession
Þe wei þat oure Louerd wende · toward þe passion
Þo he com al to þe boru · and wolde in atte ȝate   85
A uair miracle oure Louerd sende · þat he ne com in þerate
For þe stones þat þere were aboue · adoun anon aliȝte
And bi þe oþer wal stod emuorþ · þat noman in ne-
  miȝte
¶ Sori was þis emperor · and al is folk also
And dradde þat hi vnworþe were · such holy þing to do 90
Þer was wop and crie inou · on God þat he hom sende
Som grace ȝif is wille were · þat hi saufliche in wende
f. 145ᵇ ¶ Þo stod þer an angel aboue þe ȝet · a crois he huld anhonde
Sire emperor he sede þulke tyme · þat oure Louerd was
  here alonde
Þo he com in at þisse ȝate · to be[o] to deþe ido   95

67 *margin*] Occisio   73 and] al H; & libbe A   74 turne
to God] on god bileoue H   75 *margin*] Duxio crucis   83
adoun þe hul] þo anon H   86 þat he ne] er he H; þat he
nemoste A   88 emuorþ] þerforþ H; euene uorþ A   91 crie]
deol H   93 *margin*] Angelus

Op a seli asse he rod · in feble cloþes also
He ne com wiþ no gret nobleie · so as þou dest nou
Wiþ riche cloþes ne oþer prute · þei he were as hei as þou
¶ Mid þis word he wende aȝen · þis emperor anon
Aliȝte adoun & al is cloþes · caste of euerichon   100
Anon to is sserte & to is brech · sore wepinge wiþ alle
Þe stones arise up aȝen · þat were er adoun ifalle
And leie euerich inis riȝt stude · as hi hadde er ido
And þat ȝet ope as it was er · þe wei clene also
¶ Þe emperor nom þe swete rode · and al auote in ber   105
Þat folk siwede him wiþ gret prece · gret ioie & blisse was
      þer
Anon þer com so swote smul · so it fram heuene were
Þat al þe contreie aboute fulde · and al þat stode þere
Þe emperor bar þe crois · into þe temple anhey
He gan singe þis niwe song · touore al þat were þer ney 110
¶ Þou crois briȝtore to þis world · þanne al þe sterren be[o]
Þou ert to honure to þis men · & a wel to louie tre[o]
Holior þanne alle þing · þou one worþe were
Þat þou þe tresour of þe world · al one upe þe bere
Þou swete tre[o] þat bere on þe · þe swete nailes also 115
And þe swete berþene of Godes sone · þat on þe was ido
Saue al þis companie · þat igadered is
And here today togadere ibroȝt · in þin heriinge iwis
¶ Þis sang song þe emperor · þat wel is ȝute vnderstonde
For ȝute me it singþ in Holy Churche · wanne me berþ þe
      crois ahonde   120
Þe folk honurede ek þe crois · as hi miȝte come to
Wiþ offringe & murie song · and oþer melodie also
¶ Þis was þe Holy Rode day · þat in Septembre is
Þeruore me halt ȝute þane day · in Holi Churche iwis
Þoru uertue of þe swete rode · anon in þe place   125
Mani miracle was aday · þoru oure Louerdes grace
A ded man aros fram deþe to liue · & ten museles þat þer
      were

102 er] *om.* HA   105 *margin*] Introitus   106 prece] prute H
108 þat stode] þe stede H   111 *margin*] O crux splendidior   114
tresour] frut A   117 Saue] nou *add.* HA   þat] her *add.* H ; her
before is A   122 murie] wiþ H ; eke wiþ A   124 halt] halweþ A
ȝute] *om.* H   126 miracle was] miracles þer were H ; miracles come A

And four men in strong palsie · helde anon þere
And fiftene blindemen · and manie oþere also
Helde þoru þe swete grace · þat on þe rode was ido   130
¶ Moni miracles þer habbeþ ibeo · woso is telle couþe
Of þe swete rode an eorþe suppe · telle me somme nouþe

In þe lond of Constantinnoble · a Giu som tyme was
In a chirche him sulf al one · as it fel bicas
He stod and biheld þe rode · and oure Louerd forto
    ssende   135
He þoȝte do þe rode ssame · ar enyman come þere hende
In þe þrote wiþ a swerd · he smot þe swete rode
Þat blod sprong on him al abrod · þat al he was ablode
Þo dradde þe ssrewe of Cristenmen · þat eny come atte-
    laste
Þe rode he bar anon awei · and in a deop putte is caste 140
And orn awei anon him sulf · a Cristen man he mette
Þat biheld hou he was ibled · on him faste he sette
Ssrewe he sede ware hastou be[o] · wam hastou broȝt of
    dawe
Þou sselt abide here wiþ me · and be[o] anhonge oþer to-
    drawe
¶ Inabbe ido certes quaþ þis oþer · noman bote god   145
Þou luxst þerof quaþ þis oþer · and isene is on þis blod
¶ Louerd merci quaþ þis Gyu · to soþe ich yse[o]
Þat Cristen mannes God is muche · non herre nemay be[o]
Doþ mid me nou wat ȝe wolleþ · for gulti ich am iwis
For a rode ich smot a deop wonde · & he bledde on me
    þis   150
Ich it caste in þulke deope put · for me ne ssolde come
    þerto
And ich ȝou bidde Cristendom · ar ich beo to deþe ido
¶ Cristen men þat þis ihurde · her of were wel bold
Hi wende forþ & nome þe rode · as he hom hadde itold
Hy wosse hure clene & sette aȝen · as heo was er ido   155

128 four] meni H   131 is] hi H   132 me] we HA   133
margin] Fabula   140 is] hire H; it A   141 anon] al H; *om.*
A   him sulf] uor drede *add.* A   142 him] him · C   146 þerof]
om. HA   oþer] cristenmon A   148 muche] nou *add.* H   150
a deop wonde] & deope wondede H   151 deope] foule A   154
nome] fonde HA   155 aȝen] hire vp H

In þe þrote þe wonde is ȝut isene · & euere mo worþ so
Þe Gyu þat hadde hine so ismite icristned was sone
And god lif ladde as it fel · Cristen men to done

A Cristene man þer was wile · in þe lond of Siuþie
A crois he hadde inis hous · þer on ofte to crie   160
Suþþe at is terme day · he wende to anoþer inne
A Giu com suþþe & wonede þer · & fond þe crois wiþinne
Þo þe rode was ifonde · þe Giwes al is nome
And ladde is to hore sinagoge · as hi ladde oure Louerd to
    dome
As hi bete oure Louerd er · hi bete þe rode uaste   165
And spatte on hure and boffeted ek · and fillich adoun
    hure caste
¶ At þe riȝt side hi smite a sper · deop in attelaste
Wiþ gret strem þat blod sprong out · þo were þe ssrewen
    agaste
For hi nolde blede þe sinagoge · a gret vat hi fette
To hente þe strem of þe blod · and vnder þe rode sette 170
So þat he bledde þe uat bretfol · of blod ar hi stunte
Þo ne dorste hi do namore ssame · þe rode as hi munte
Ac hi þoȝte proui wiþ þe blod · ȝif oure Louerd were soþ f. 146ᵇ
    God
Euerich sik Giu þat hi weste · hi smurede wiþ þe blod
And hi hadde hore hele anon · þe ssrewene þo vnder-
    stode   175
Þat hore lawe nas riȝt noȝt · þat ne biluuede on þe rode
¶ To þe bissop hi wende anon · and let hom cristni alle
And tolde al hore luþer dede · and hou it was biualle
Þe bissop wuste þis holi blod · and relikes riche & gode
Gret miracle þer com aday · of þulke swete blode   180
So þat it was in many studes · iuet wide and side
And is iholde for relike · in moni lond wel wide
Me seiþ it is in mani studes · of oure Louerd is owe blode
As it may be[o] in euerich stude · among oþer relikes gode

156 & . . . so] & worþ euermo A   159 *margin*] Fabula   163
is] hire H   164 is] hire HA   169 blede] lete blede in H
171 of blod] *om.* A   hi] hit HA ; euere *add.* A   172 hi] *above
line* C   179 þis] þo þis A   holi] *om.* HA   and] as H ; uor A
180 aday] aldai HA   184 As] Ac HA   euerich] meni H   oþer]
om. H

A Giu þer com to Rome wile · þat nemiȝte him non in
   wynne   185

In an old hous he lai adoun · fer fram eche inne

For he was so in a wild stude · of þe deuel he dradde sore

He þoȝte hou Cristen men hom weste · fram þe deueles lore

¶ Þe signe of þe crois he made aboute him · an anter wat him
   bitidde

Þei he nebiluuede noȝt þer on · and lai him adoun
   amidde   190

A gret deuel þer com at midniȝt · as it a maister were

And oþer deuelen suþþe inowe · & a chaere wiþ hom bere

Þer uppe hi sette þis grete maister · and he hom esste
   anon

Ech after oþer of hore dede · & ware aboute hi hadde igon

¶ Þo euerich hadde iȝoulde acontes · of ssrewehede þat hi
   hadde ido   195

Þe maister lokede him biside · þe Giu he sei also

Wat is he sede þulke maister · þat ich ȝend ise[o]

Wo made him so hardi & so wod · at oure acontes to be[o]

Forþ up anon & feccheþ him hider · he ssel wiþ us telle

So sore dradde þe Giu þat he sset · nei out of is felle 200

¶ Þo þe deuelen come toward him · hi ne miȝte come him nei

Ac euerich was nei out of witte · wanne hi þe croise isei

Wat nou quaþ þis bolde maister · wi nabbe ȝe him ibroȝt

Sire merci þis oþer sede · certes we ne mowe noȝt

A uetles it is al amti · and wiþoute iarmed uaste   205

Þo flowe þe deuelen for þe crois · so sore hi were agaste

Þe Giu biluuede anon in God · þat on þe rode was ido

And let him cristni also sone · as he miȝte come þerto

A nonne þer was in an abbey · þat a dai ȝeode pleie
   An erbe þat me clupeþ letuse · heo fond bi þe weie 210

Þer of heo nom and et a lef · and ne blessede it noȝt er

Anon he[o] bicom out of witte · and fel adoun riȝt þer

185 *margin*] Miraculum   188 weste] broȝte A   189 an
anter] an auenture H; anaunter A   192 suþþe] wiþ him
H   195 euerich] alle H; ech A   197 he . . . maister] he
þulke maister he seide H; þulke maister he sede A   199 Forþ]
For H; Goþ A   up] *om.* A   200 felle] helle H   204
certes] *om.* H   205 and] ac HA   209 *margin*] Fabula   211
it] hire H

Gret deol made þat folk for hure · and echman þat hure f. 147
    say
An holyman þat þer of hurde · þuderward wende a day
Anon so he com touward hure · þe deuel gradde for fere 215
A weilawei wat dude ich here · bote sat up an erþe þere
And he[o] nom me & swolwe me in · and bot me wel sore
Þou miȝt me wite wat þou wolt · ac inabbe gult namore
¶ Þou sselt quaþ [þis] holyman · anoþer in habbe to ȝere
For he[o] forȝet to blesse hure · wel iredi þou were   220
Þoru signe of þe holi crois · þe deuel he drof out þere
Ȝollinge he flei awei · wiþ wel grislich bere
Þerefore ich rede ech mon be[o] war · þat wilneþ wel to do
Blessi is mete ar he it ete · þat he ne beo serued so
Nou God for þe rode loue · þat þou were on ido   225
Bring us to þe heie ioie · þat þou us boȝtest to

Sein Mattheu þewangelist · apostel he was iwis   De sancto
Ewangelist & eke apostel · for boþe he was & is   Mattheo
Ewangelist for he mad gospellis · þat me deþ rede   apostolo et
Apostel for oure Louerd an eorþe · mid him gan lede   ewangeliste
For as [oure] Louerd ȝeode ouerlond · sein Matheu he sei
    bicas   5
Is mester do of tollares craft · for tollare he was
Fals and trichour of is work · and liuede bi ualshede
Oure Louerd him het bileue is work · com siwe me he sede
He bileuede þo is work · and mid oure Louerd ȝeode
And is fals mester let · for he nadde þerto no neode   10
¶ Fair forbusne oure Louerd ȝaf · alle sunfol þo
Wanne he a so sunfol man · wiþ him het do
¶ Sein Mattheu is sunne bette · and tok to Cristendom
And oure Louerd siwede uaste · and apostel bicom
Suþþe þo oure Louerd was · into heuene iwend   15
Þe apostles were wide alonde · to prechi isend

215 touward hure] þiderward H   217 in] om. H   219 [þis]]
om. C; given HA   222 wel grislich] reuliche H   225 þe rode
loue] loue of þe suete rode A
    Matthew. 3–4] reversed H ; om. A   5 [oure]] om. C   6 tollares
craft] fissching H; walkyng A   for tollare] iwoned as H; vor
walkare A   9–12] om. A   12 het do] he let go H   13 tok]
com A   14 uaste] aboute add. H   16 prechi] prechynge A

Into þe lond of Ethiope · sein Mattheu sone ȝeode
To prechi men to Cristendom · as it was gret neode
He fond tweie luþer men · and strong wicchen þere
Zaroes & Arafaxat · þat þe deueles limes were   20
Þat as hi wolde in gret siknesse · monyman hi hadde ido
And monyman þoru þe deuel · iheled hadde also
¶ Alle þat þe luþermen [·] in siknesse broȝte
Sein Mattheu hom helede anon · & wel clene outsoȝte
Sori were þis luþer men · hi nuste wat was to done   25
Tweie dragons þe deuelen were · to hom hi clupede sone

f. 147ᵇ   Þat caste brimston al furi · and slou into al þe londe
Men and bestes þicke þerwiþ · hom nemiȝte non atstonde
Þis luþer men hom vette to hom · for hi ssolde todrawe
Þe ewangelist sein Matheu · and bringe him of lif dawe 30
¶ Þo sein Mattheu þis ihurde · baldeliche he gan gon
Þe signe he made of þe crois · and to hom wende anon
Þo þe dragons him iseie · to is fet he fel adoun
Hi ne miȝte wawe hore noþer · anne uot for al þe toun
¶ Lo ȝe wrecches quaþ þe apostel · to þis luþer men tweie 35
Ware is nou al ȝoure art · ouercome ȝe beoþ beie
Ȝif inadde nou mi Louerd · for ȝou ȝeorne bisoȝt
Bi ȝou it ssolde nou biualle · as ȝe hadde bi me iþoȝt
Þis tweie luþer dragons · þat ȝe habbeþ hider ibroȝt
Arereþ nouþe ȝif ȝe mowe · oþer ȝoure art nis noȝt   40
Euere stod þis wrecche men · as hi were inome
Sein Mattheu hi dradde sore · hi helde hom ouercome
¶ Sein Mattheu þis tweie dragons · þoru Iesu Cristes lore
Out of þe lond drof anon · hi necome þere namore
And wende aboute and prechede · & þe ssrewen let go 45
Ouercome wrecches as hi were · hom nas neuere so wo
Nou wo hom mote euere be[o] · wat wolde þe ssrewen
    þere
Luþer dom on hore heued · fram ȝere to ȝere
¶ Hit biuel þat þe kynges sone · of þe lond was ded

17 *margin*] In ciuitate que uocatur nadaber   18 to] *om.* H; of A
22 hadde] hi hadde H; *om.* A   26 þe] þat HA   27 slou]
flowe H; *blurred* A   28 þicke] hi sloȝe H   hom] þer HA   non]
hem non H   31–42] *om.* A   33 he fel] hi fulle H
46 wrecches] schrewen H   47–48] *om.* A   48 dom] þeodom H
49 *margin*] Rex eglippus vxor eius eufemissa

Sone þe tweie deueles limes · togadere nome hore red 50
And wende þuder ȝif hi miȝte · þoru art him rere
Hi dude hore enchantement · as þe deuel hom gan lere
Ac þat child lay euere ded · for hore miȝte nas riȝt noȝt
Þoru þe king hi were inome · and in strong prison ibroȝt
¶ Þe king sende after sein Matheu [·] as me of him tolde 55
Ȝif he miȝte is sone arere · for he was so wis iholde
Þo sein Mattheu þuder com · to oure Louerd he dude is
    bone
And arerde þoru Godes grace · þis child to liue sone
Þis child aros and herede God · ibore of maide Marie
Anon so þe king it isei · wel loude he gan crie 60
¶ To soþe he sede ich ise[o] · þat Mattheu a god is
Þei he be[o] in mannes forme · god he is iwis
Honure we him as it is riȝt · wiþ seluer and wiþ golde
Hy bode him tresour inou · wel more þanne he wolde
¶ Nai certes quaþ þis holyman · god nam ich noȝt 65
Ac Godes sergant þat for us · to deþe was ibroȝt
Ȝif ȝe wolleþ on him biluue · to heuene ssolle ȝe wende   f. 148ᵃ
And wo so nele he worþ iwis · in pine wiþoute ende
So þat þe king and alle his · icristned of him were
Wiþ þe tresour þat hi him broȝte · a uair churche he let
    rere 70
In þritti dawes he was arered · so gret help þer was to
Þat þe king is beden bad · and al þe contreie also
¶ After þe tweie enchanteors · sein Mattheu gan sende
Zaroes & Arafaxat · and made hom þanne wende
In to þe lond of Perce · hi wende wiþ ssame inou 75
Þere misbiluued folk · wel þicke aboute hom drou
Suþþe sein Simon and sein Iude · to Perce þene wei nome
And þis tweie enchanteors · to gronde hi ouercome
And driue hom an alle deuelwei · þer mote hi euere be[o]

50 limes] *om.* HA   togadere] hadde H   51 þoru] here *add.*
HA   57 *margin*] In nomine domini nostri christi surge euframen
58] Þat child aros þat was ded: & herede god wel sone A   59–68]
om. A   61 god] man *add.* H   71 *margin*] Infra xxx dies
lxᵃ m̊ hominum fabricantes consummauerunt ecclesiam   to]
þerto HA   72 Þat] Þer HA   74 *margin*] Sedit in hac ecclesia
apostolus annos xxᵗⁱ tres: et constituit presbyteros et diaconos et per
ciuitates ordinauit episcopos et multas fabricauit ecclesias   77–80]
om. A

So þat toward Cristene men · ne dorste hi neuere te[o] 80

¶ Sein Mattheu in Ethiope · þe kinges doȝter nom
  Þat clene þing was of hure sulue · and broȝte hure to
    Criste[n]dom
  And made hure uowe chastete · lif to lede clene
  Þe maide neuere eft afterward · þe biheste ne brac ene

¶ A king of anoþer lond · wowede hure wel uaste   85
  And wilnede hure to is spouse · & up hure is loue caste
  Þo þe maide nolde is wille do · to sein Mattheu he drou
  And bisoȝte him to be[o] inis half · & bihet him mede inou
  Com quaþ þe apostel þulke day · & ich ȝou wole wel rede
  Þat heo holde hure to spoushod · & þer inne hure lif
    lede   90

¶ Þe king was glad & wende wel · þat he it bi him sede
  Þat he hure wolde rede to him · ac he ne þoȝte noȝt so
    quede
  Þe king com a day & muche folk · þat he gan wiþ him
    bringe
  And þis maide ek to hure · sein Mattheu is prechinge

¶ Sein Mattheu stod & prechede · þat folk al abrod   95
  He preisede mest of alle þing · inis prechinge spoushod
  Þat þer nas no lif so god · þere it was god and clene
  Wel hopede þo þe king · þat he dude bi him mene
  For þat þe maide ssolde · to him iwedded be[o]
  Sein Mattheu he louede muche · and hopede wille
    ise[o]   100

¶ So þat suþþe sein Mattheu · is prechinge forþer drou
  Ȝif þe king he sede hadde a wif · þat he louede inou
  And a fol come in spousbruche · and leie bi is wiue
  Þe king wolde beo wroþ inou · & bringe him of liue
  For he him hadde is wif binome · & ymad hure do amis 105
  Of þe heie king of heuene · also it is iwis

f. 148ᵇ ¶ Ȝif he hadde a gode spouse · and let clene lyf
  And þer come forþ a fol · and binime him is wif

---

82 *margin*] Eufemma filia regis   Criste[n]dom] n *om.* C   83
lif] & lyf H; hire lif A   85 *margin*] Hirtacus rex   87 he] he[o] C
89 ȝou] hire HA   wole wel] wole to þe wel H; wole so A   91–92]
om. A   97–100] *om.* A   100 wille] his wille H   103 come in]
bicome H   107 he hadde] he haþ H; it is A   gode] *om.* H;
clene A   and let] þat ledeþ H; & lad A

To stronge deþe he wolde him bringe · and to helle pine
   also
Þeruore beo echman iwar · þat noman it nedo   110
Þo þe king hurde þis · sone he vnderstod
Þat it was bi him ised · for wraþþe he was nei wod
And swor he nolde bliþe be[o] · ar he were awreke
Forþ he wende & gan anon · sein Mattheu is deþ bispeche
¶ Þis godeman nas noþing adrad · ac prechede euere uaste 115
And confortede þis clene maide · þat hure heorte up him
   caste
Þis maide fel doun to is fet · & on him gan ȝeorne grede
Euere þis godeman hire radde · clene lif to lede
¶ Suþþe he wende & greiþede him · his masse forto singe
Luþer men iredi were · isend þoru þe kinge   120
Riȝt as he stod attemasse · on of hom forþ wende
And smot him þoru out wiþ a swerd · & is wombe rende
For in he smot him atte rug · and atte wombe out
Þo þe godeman was aslawe · þe ssrewe was wel prout
Þat folk þat Cristene was · wel þicke com anon   125
Þe kynges paleis forto brenne · & to sle is men echon
¶ Ac sein Mattheu is deciples · forbode hom euerichone
Þat hi ne dude no such þing · & let God iworþe al one
Hi wende & nome þat holi bodi · & faire an eorþe it
   broȝte
Ȝute þe king mid al is miȝte · after þe maide soȝte   130
Ac þo he nemiȝte in no manere · to is wille hure wynne
He wende & let sette auure · þe hous þat he[o] was inne
¶ Ac sein Mattheu þoȝte on hure · al þei he ded were
And fram heuene liȝte adoun to hire · & is help kudde þere
For þat fur he drof aȝen · to þe kinges paleis anon   135
And forbrende it al to noȝte · & is men echon
¶ A ȝe ȝe wel was þat · such gleo ich wolde ihure
An hard puf him was blowe aȝen · to teche him pleie wiþ
   fure
¶ Vnneþe him sulf & is sone · ofscapede wiþ þe liue

---

112 for wraþþe] *om.* H   nei] wel neȝ H   113 swor] seide H
116 clene] seli H   þat hure] þat al H; & heo hire A   122
margin] Occisio   wombe] gottes A   134 to hire] *om.* H
137–8] *om.* A

He miȝte segge wroþer hele · he willede after wiue 140
For wel sone þere afterward · musel he bicom
And he nemiȝte wynne is hele · gret deol to him he nom
Wiþ is swerd him sulf he slou · & is bodi al torende
Nou God it wite [and] sein Mattheu · woder is soule wende
Þat folk wende & made anon · a nywe king wel blyue 145
Þe clene maidens broþer · þat he wilnede so to wiue

f. 149ᵃ

Þat sein Mattheu þe apostel er · cristnede wiþ is honde
Ware þoru suþþe Cristendom · com into al þe londe
Nou Iesus us ȝiue þe grace · þulke ioie to wynne
For þe loue of sein Mattheu · þat is holy soule is inne 150

De sancto
Michaele in
monte
Gargano

Sein Michel þe archangle · and is felawes also
Beoþ bitwene God and us · to teche wat we ssolle do
A day hi habbeþ in þe ȝere · þoru al Cristendom
Þoru uair miracle of sein Michel · þe day uerst me nom
In þe on ende of Apuile · a gret hul þere is and hei 5
Þe hul Gargan is icluped · for a man was þer ney
Þat Gargan icluped was · þe hul hatte þere uore so
Þis Gargan was a richeman · and in gret poer ido
¶ Hit biuel þreo hondred ȝer · and euene twenti ȝer
After þat oure Louerd for us · inis moder was aliȝt her 10
Þat Garganes ruþeren · and oþer bestes inowe
Amorwe upe þis heie hul · to hore lese drowe
Þis ruþeren wende an eue hom · as hore wone was echone
Bote a bole þat he louede · þat was bihinde alone
Op þe hexte toret of þe hul · þe bole wel euene drou 15
Þo is louerd him miste an eue · anuid he was inou
Wiþ him he nom men inowe · and soȝte him into al þe
lond
Vpe þe grete tour of þe hul · attelaste he him fond
¶ He nom an arwe enuenimed · in gret wraþþe inou
And sset to þis seli best · and wiþ gret strengþe drou 20

143 bodi] wombe H   144 [and]] of C; & HA   146 so] om.
HA
    Michael. 2 teche] scewe A   4 me nom] bicom A   5 margin]
Erit in ciuitate Seperonte que eidem monti uicina est   9 first ȝer]
om. H   second ȝer] riȝt A   10 for us ... her] for ousꞏ an vrþe
aliȝte her H; wasꞏ In is moder aliȝt A   16 anuid] wroþ A   18
grete tour] hexte toret H; hexte tour A

Ac is arwe turnde euene aȝen · to him þat him sset
And smot him as it were in wreche · deop wonde and gret
Nou was þat a wonder arwe · and wonder wei he soȝte
I ne kepte noȝt leorni so to ssete · ne such arwe þat me
　　broȝte
A wonder ssere wind he was on · wonder wat he þoȝte 25
Ac euere he þat him sset · me þincþ þe game aboȝte
¶ Þe folk þat þer stod aboute · in gret drede was
To þe bissop hi wende anon · & tolde him al þat case
¶ Þe bissop was in grete fere · & in gret þoȝte stod
Hit was toknynge he weste wel · of uuel oþer of god 30
Al þe contreie he het anon · in orisons to be[o]
And þreo dawes in fastynge · þis toknynge to ise[o]
¶ Sein Michel after þe þridde day · to þis bissop com
Hou þingþ þe he sede of þis dede · was þis a wonder dom
Nis þerof wonder non · for mi wille it was iwis 35
For ichelle wel wite þulke stude · þat in myn warde is
And in þis manere ich ssewe it ȝou · þat ȝe þat soþe ise　f. 149ᵇ
And honuri þulke stude · for is wardein ichelle be
¶ Þe bissop wiþ procession · swuþe fair & hende
To honuri þis holi stude · mildeliche gan wende 40
A noble churche hi fonde þer · wiþ walles swuþe proute
Hy ne dorste noȝt þernei come · ac hore preiere dude
　　wiþoute
Þere after al þat lond [·] þat Cristene were
Alday come to þulke hul · hore preiere to do þere
¶ Suþþe it biuel afterward · þat Ȝarazin[s] come 45
And worrede þulke Cristene men · & bataille þerof nome
¶ Þe bissop het þo al þat folk · þulke dawes þre[o]
To sein Michel bidde uaste · & in fastinge be[o]
Þe þridde niȝt sein Michel · to þe bissop com efsone
Let ȝarke he sede al þi folk · þe bataille to done 50
Þat ȝe to day þereinne beo · riȝt atte ueorþe tide
And ichelle þer wiþ ȝou beo · somwar in somme side

---

21 *second* him] hire H; it A　　23–26] *om.* A　　25 he was . . .
þoȝte] þat was⸴ what he euere þoȝte H　　28 al] of H　　35 Nis . . .
non] Ne þencþ þe þerof no wonder A　　36 wel wite . . . is]
in my warde wite: þulke stude as riȝt is A　　41 swuþe] vair
& A　　42 dorste . . . þernei] þerste þerinne H　　45 Ȝarazin[s]]
ȝarazing C

¶ Þe bissop was þo glad inou · is folk was sone ȝare
Þe tyme þat he hadde iset · to þis bataille uare
Togadere hi smite upe þe hul · ac it was ido anon   55
For þere com a derk cloude · and ouercaste hom echon
And liȝtinge smot here & þer · þis luþer men to gronde
And six hondred slou of hom · in a lite stonde
Þe oþere flowe faste inou · & ofscapede vnneþe
Þer nas non þat nas longe sik · oþer deide in stronge
    deþe   60
¶ Þus sein Michel stod him þo · among hom fer and ner
Þo was it soþ þat sein Dauit · seiþ inis sauter
Þat oure Louerd makeþ is angles · as godes fleinge
And hom þat beoþ is ministres · as fur bernynge
¶ Godes ministres angles beoþ · sein Michel and oþer mo 65
Þat as gostes fleoeþ vniseie · in forme of fur þo
A wonder game hi pleide þer · þat miȝte segge hor fo
Hom hadde betere be[o] atom · and ipiked hore two
¶ Þis Cristene men amorwe · ȝarkede hom swuþe wel
And wende hom to þis holi hul · to þonke sein Michel 70
Þo fonde hi þere a churche · swuþe queinte arered
Þe bissop was þo glad inou · and somdel aferd
He nuste hou þis churche com · ne wo is rerde þere
Ne wer sein Michel wolde · þat he ihalwed were
For him þoȝte it was riȝt · to halwi chirchen nywe   75
Sein Michel ȝeorne he bad · þat was is frend triwe
Þat he sende som toknynge · wat he ssolde þer of do
Þreo dawes he let þat folk uaste · & hore beden bidde also
¶ Ȝute com sein Michel efsone · to þis bissop þere
Ne þench noȝt he sede on mi churche · þat ich mi sulf let
    rere   80
For ich þat it habbe imad · ich it halwede also
And þerof þou sselt signe finde · wanne þou comst þerto

f. 150ᵃ (marginal note at line 77)

58 hondred] þousend H   60 nas] om. twice A   longe sik]
anhonge H; ne lay sik A   stronge] luþer A   61 stod] stirede
HA   63 margin] Qui facis angelos tuos spiritus et ministr[os]
ignem vrentem etc.   godes] gostes H   65–68] om. A
71 queinte] noble H   73 ne wo is] so nue H; ne ho hire A   rerde]
arerd H   77 sende] him add. H; hem add. A   78 let] bad H
81 þat] om. H; þer A   imad] arered H   ich it] & hire
habbe A

For wend in atte estor porche · and as ich habbe igon
Min uet þou sselt finde isene · in þe marbre ston
Sing þere þin heie masse · and ȝif þat folk also   85
Oure Louerdes fleiss and is blod · wanne þe masse is ido
¶ Þis bissop sone amorwe · to þis chapele drou
And þis folk al wiþ him · wiþ offringe fair inou
Atte est porche hy wende in · and in þe marbre ston
Þe fet hi fonde al isene · as sein Michel hadde igon   90
¶ Innore more he wende ȝute · weuedes hi fonde þre[o]
Iheled wiþ red cloþ of pal · þe uairoste þat miȝte be[o]
Of oure Leuedi was þat on · þat men ssolde bidde
Þat oþer of sein Ion þe baptist · of seinte Peter þe þridde
¶ Þis bissop song is masse þer · and suþþe atte nende   95
Þat folk he let houseli · ar he wolde þanne wende
Þat folk to þulke holy stude · alday faste drou
And oure Louerd dude þer ofte aday · fair miracle inou
¶ So þat þe pope þat was þo · þoru þe cardinals is rede
For honur of þe holy stude · & sein Micheles holi dede 100
And for þe mani vair miracle · þat þoru sein Michel com
Het halwi Myhelmasse day · þoru al Cristendom

Sein Michel in Nouembre · haþ ek anoþer day
Biuore þe feste of sein Luc · ac ich ȝou telle may
Þoru wille of sein Michel · riȝt as þe oþer was   105
And þoru is feste he was ifonde · ichelle telle þat cas
¶ Hit biuel seue hondred ȝer · and in þe teþe ȝer riȝt
After þat oure swete Louerd · inis moder was aliȝt
Þat to þe bissop Auberd · sein Michel com a niȝt
Biside þe montein of Tombe · as it were in a siȝt   110
Ope þulke hul of Tombe · a chirche he let him rere
Such as þulke of Gargan · and þat it bityme were
¶ Þe bissop esste in wuche stude · he ssolde þis churche make
Ichelle þe quaþ sein Michel · god tokne þerof take

*De sancto
Michaele in
monte
Tomba*

83 estor] estere H; est dore A   85 þin] Inne an A   87–94] *om.*
A   89 wende in] wenden H   94 oþer] *above line* C   þe
baptist] þewangelist H   97 faste] þikke H   102 Het] Let H
After this line A *adds*: Nou god uor þe loue of s. Michel: ous let such
lif lede/ Þat we mote to heuene come: after þat we beþ dede.   *Michael.*
Part II follows later A   104 ac] as HA   107 in . . . ȝer] nyne-
tene A   111 let] het H   114] S. Michel him sede wel: &
tokne him gan take A

A bole þou sselt þare finde · þat þeoues habbeþ ihud   115
Ope þe heie hul of Tombe · þat nis noȝt ȝute ikud

f. 150ᵇ ¶ Þere as þou vinst þis bole ihud · mi churche þou sselt rere
Þis bissop wel þis vnderstod · and bigan is churche riȝt
þere
And rerde is þere uair inou · to helpe of monyman
In þe onour of sein Michel · as þulke of Gargan   120
Ope hulles boþe þis churchen were · & boþe of sein Michel
Heymon me þincþ he wolde be[o] · he louede hulles so wel
¶ He dude wel for he miȝte be[o] · atom up is owe
And sitte & wide aboute ise[o] · & þe contreie bet iknowe
And hom aȝen þe sonore fle[o] · wanne he aliȝte lowe   125
He ne dorste care of non oþer work · to erie ne to sowe
For he let upe heie hulles · arere eiþer chapel
Þat folk þat suþþe an eorþe is · vnderstod it fol wel
And wanne hi arereþ eny churche · to masse & to gospel
Vp eni hul bi costome · hi makeþ him of sein Michel   130
As þe mont of sein Michel · & þe mont Agu also
And in eche lond moni oþere · wo so nymeþ hede þerto
¶ In þe grete se of occean · þe hul of Tombe is
Þat geþ al aboute þe world · in þe on ende iwis
Þe se geþ al aboute þe hul · & in þe feste day euere mo   135
Þe se wiþdrauþ him twie a day · þat me mai drie in go
And honury þulke holi stude · and non oþer time nis
Þat þe se ne geþ al aboute · bote þe feste day iwis
¶ So þat it fel in a tyme · þat þe se him wiþdrou
Atte feste day of þe stude · þat folk wende in inou   140
So þat a womman mid childe [·] com in atte nende
And nas noȝt so swift as oþer were · aȝen forto wende
And þe se hure ouertok · and he[o] bileuede wiþinne
And flet þere in wel lite reste · and in wel feble inne
¶ So þat he[o] bileuede þer · in wonder cas inou   145
Forte it com anoþer ȝer · þat þe se him eft wiþdrou

---

115 *margin*] Taurus   115–20] *om.* A   117 *first* þou] *above
line* C   119 is] hire H   122] *om.* H   123–32] *om.* A
124 contreie bet] contrayes wel H   132 eche] meni H   136
drie in go] come drie þerto H; druȝe ouergo A   141 *margin*]
Feminam   142 aȝen] aȝenward A   144 flet þere in] slep
þerinne in H   wel lite] lute H; wel feble A   146 him eft] *om.*
H; hire A

And hadde child þer in þe se · and atte ȝeres ende
Hol and sond wiþ hure child · to þis feste he gan wende
And saued was in þe deope se · þoru grace of sein Michel
For Gode þer nis non of ȝou · þat hure couþe habbe iwest
   so wel   150
Ne so iued hure ne hure child · þat necostnede worþ a strau
For þei he[o] hadde viss & drinke inou · ȝe witeþ wel it
   was rau
And to fleote so in þe grete se · wonder þat heo nas ded
Sein Michel was a god wardein · wanne we habbeþ al ised
Icholde ech man me ssolde a peni ȝiue · þat necouþe hure
   noȝt wite   155
Atte feste of þe hul of Tombe · þis dede was ido in write
¶ Þe hul of Tombe he is icluped · vor he is somdel nare   f. 151ᵃ
And longe as me may ise[o] · an monnes tombe vare
Þat men beoþ on ileid · wanne hi beoþ here dede
Also þulke hul is long · and noȝt so brod of brede   160
Þat is as þe se haþ · ibete in eiþer side
And irered upe þat sond anhei · as me mai iseo wide
And ymad þer of an hul · naru and long iwis
More þanne four hondred uet · þe hul is hei iwis

Me þingþ a Myhelmasse day · in Holy Churche also 165
Of a bataille þat sein Michel · wiþ a dragon ssolde do
Þat was þe luþer Lucifer · þat was is felawe
And somdel is souerein · forte he gan misdrawe
Ac þo he þat angel was · þoru is [s]ori prute .
Bicom to a luþer deuel · and biȝet wel lute   170
And fel out of is heie sege · þat he ches amis
To þe deope put of helle · as is wonynge is
¶ Fram þe hexte stude þat is · wiþ one swenge he com
To þe lowest iwis · a wonder wei he nom
No wonder wat was him · wi uerde þe ssrewe so   175
He pleide mid þe valling torn · to wel he couþe it do
Iambeleue he com swenge · into helle gronde
A murgore in he hadde er · þat worse þere he fonde

151–6] *om.* A   159–64] *om.* A   162 sond] lond H   164
þe hul . . . iwis] iwis þe hul is H   165 þingþ] sinȝþ HA   169
[s]ori] hori, ri *over an erasure* C; *as given* HA   175–80] *om.* A
175 No wonder] Nou wo him H   178 þat . . . fonde] þat worþ er
ifounde H

A wonder sweng me þincþ he made · is biȝete was wel lute
Acorsi he may eueremo · is misfaringe prute   180
For as sone as God hadde ymad · heuene & eorþe & helle
He made him ferst & is felawes · as ich ȝou may telle
And he anon as he was ymad · bigan to smite in prute
And wolde be[o] as hei as oure Louerd · & biȝet wel lute
Monye hulde faste wiþ him · & noȝt alle of one lore   185
Somme delited inis dede · somme lasse & somme more
Somme ferde as hom ne roȝte · noþer of on ne of oþer
Þer ne bileuede in heuene non of hom · ne hore maister
    noþer
¶ Sein Michel maister was [·] to driue hom of heuene adoun
Þat was þe bataille þat he made · mid þe luþer dragoun 190
Þe maister dragoun Lucifer · and is pur felawes echon
Þat faste held wiþ is prute · he drof hom to helle anon
Ac hi þat somdel wiþ him hulde · and noȝt folliche so
    uaste
Out of heuene he hom drof · and into þe lift hom caste
Al here byneþe toward eorþe · þere mest tempest is   195
And þere hi ssolleþ in pine be[o] · forte Domesday iwis

f. 151ᵇ And as hore gult þe more was · þe more is hore pine also
And þe worse stude hom is itake · hore penance on to do
Ac to helle ne ssolde hi noȝt · forte Domesday wende
Ac þere hi ssolleþ þere afterward · bileue wiþoute ende 200
Oþer were þat for hom somdel · in misþoȝt were
Ac naþeles hi hulde bet mid God · ac vnneþe hi forbere
¶ Þulke wende out of heuene ek · and aboue þe oþere beoþ
Anhei vnder þe firmament · and Godes wille iseoþ
And so ssolleþ be[o] somdel in pine · forte þe worles
    ende   205
Ac hi ssolleþ a Domesday · aȝen to heuene wende
¶ In eor[þ]lich parais · somme beoþ also
And in oþer studes an eorþe · hore penance to do
For hore defaute in heuene · þoru oure Louerdes grace
Man was ferst an eorþe imad · to folfeolle þulke place 210
¶ For tene ordren of angles · þer were ymad þo
And þe teoþe uel adoun · in to pine and wo

181 sone as] *om.* H   191 pur] *om.* HA   207 eor[þ]lich] þ
om. C   211 For tene] ffortene C; Fourtene H; For A

And nie hondred ȝute þer beoþ · & þanne is man iwroȝt
To folfelle þe teþe ordre · þat of heuene was ibroȝt
¶ Sone so man was imad · and sunegede also   215
And forgulte þe heie ioie · þat hi were ymad two
In helle he was wiþ Lucifer · & wiþ oþer luþer vode
Forte oure Louerd hom aboȝte · in fleiss & in blode
Þe luþer gostes beoþ aboute · mid hore luþer poer
To bitraie wrecche men · and bringe into hore panter 220
And þe gode beoþ eke aboute · mid poer þat hore is
Forto wardi men fram sunne · þat hi neworche amis
¶ Boþe þe luþer & þe gode · aliȝteþ ofte adoun
And to men in slepe comþ · and in auision
And sseweþ hom in metinge · moni a wonder dede   225
Ac þe gode of gode þinge · & þe luþer euere of quede
And derieþ ofte men in slep · & bodieþ sorwe & care
And ofte hi of liggeþ men · þat me clupeþ þe mare
¶ For þat is al hore delit · wanne hi moweþ do men wo
Ac þeoues hi cheseþ aniȝt · aboute to fle[o] & go   230
Mest hi greueþ selimen · wanne hi liggeþ upriȝt
Op hom hi liggeþ heuie inou · nere hi nere so liȝt
¶ Hi of liggeþ as an heui stok · as hi wolde a man astoffe
Þat he ne ssel wawy fot ne hond · ne vnneþe enes poffe
Dai þat such luþer chamberlein · þat awakeþ men so
    sore   235
And God ȝiue hom sorwe inou · & euere þe leng þe more
And alle þat loueþ is companie · for he nas neuere hende f. 152ª
Ȝif eny of ȝou him loueþ wel · oure Louerd him sone sende
¶ Þe ssrewen wolleþ ek oþerwile · mankunne to bitraie
Aliȝte adoun in monnes forme · biniȝte & bidaie   240
And liggeþ ofte bi wymmen · as hi were of fleiss & blode
Ac þe engendrure þat hi makeþ · ne comþ neuere to gode
And ofte in forme of womman · aday and eke niȝt
Hi leteþ men hom ligge bi · and bitraieþ hom outriȝt

213 hondred] ordres HA   215 Sone so] So sone as H   217
& . . . vode] in wel luþer mode A   219 gostes] bestes H   220
wrecche] cristene A   222 fram sunne] to gode A   225 metinge]
slepe H   228 þat me clupeþ] as it were A   229-30] om. A
230 Ac] As H   aniȝt] þe niȝt H   232 hi nere] hi er H ; here no
A   233-58] om. A   238 sende] schende H   239 mankunne
to] men come & H   244 second hom] meni H

For hi weteþ wuch beoþ men · þat to folie habbeþ wille 245
Al one in som deorne stude · hi stondeþ þanne wel stille
¶ And mani fol hom liþ so by · in wode and eke in mede
Ac þer nis non þat so deþ · þat ne acoreþ þe dede
Hore membres toswelleþ somme · & somme ofscapeþ vnneþe
And somme fordwineþ al awei · forte hi be[o] ibroȝt to deþe 250
More wonder it is iwis · hou eni ofscapeþ of liue
For an attri þing it is · to lemman oþer to wiue
¶ And ofte in forme of womman · in moni deorne weie
Me sicþ of hom gret companie · boþe hoppe & pleie
Þat eleuene beoþ icluped · þat ofte comeþ to toune 255
And bi daie muche in wode beoþ · & biniȝte upe heie doune
Þat beoþ of þe wrecche gostes · þat of heuene were inome
And mony of hom a Domesday · ssolleþ ȝute to reste come
Ac þe ssrewen þat beoþ biniȝte · and eke bidaie
Fondieþ wiþ wuch felonie · hi moweþ men mest bitraie 260
¶ For þulke tyme þat þe deuel · oure ferste uader wan
Þoru þe appel þat he him ȝaf · maister he was of man
And faste us hadde al to him · forte oure Louerd us boȝte
And for men were so alle his · þe lasse of hom he roȝte
Ne noþing he nas engynous · as þe ssrewene nou beoþ 265
For plente nis no deinte · as we alday iseoþ
¶ He uerde as deþ a port dogge · inorissed in portoun
For he geþ ofte in prece of men · among hom up & doun
To men nenimeþ he no ȝeme · to berke on hom noȝt ene
Ac among men geþ stille inou · bote eny man him hene 270
Also uerde þe deuel þo · for man was al his
And hadde of hom so gret plente · he ne tolde noȝt þerof iwis
Ne nas noþing clib to hom · to asaili hom wiþ wou
Namore þan þe port hond · þat among hom is nou
Ne he nas grim to engini men · as he nouþe is 275

---

250 fordwineþ] forswyndeþ H   251 of liue] a lyue H   256
upe heie] in H   259 Ac þe] & mony A   267 *margin*] Canis
271 was] þo *add.* H   273–4] *om.* A   275 nouþe is] was byuore A

Suþþe oure swete Louerd was ibore · of is moder iwıs
Hadde he be[o] such biuore · as he haþ suþþe iwis   f. 152ᵇ
Vnneþe was þare enyman · þat nadde ibe[o] al his
Ac oure Louerd after is deþ · broȝte him in harde logge
And þane ssrewe teide uaste inou · as me deþ a tei
   dogge   280
A tei dogge is clib inou · wanne man comþ inis siȝte
And grenneþ & bercþ inou · and drauþ mid al is miȝte
Ac ȝif enyman him comþ so nei · þat he set on is toþ
Siker be[o] he bit sore inou · as alle suche doþ
Ac clibbost upe hom he is · þat þrouweþ him mid ston 285
Ac nei noman ne may he come · bote wo so wole to him
   gon
¶ Nou late suþþe he was iteid · þe deuel farþ also
He bercþ & grenneþ toward men · bote wo so wole to
   him go
¶ Ac wanne man him comþ so ney · þat he him mowe areche
He wole bite harde inou · and is lesson teche   290
Þat bote he turne to amendement · & take to Godes leche
And þoru þe prest him lete ssriue · him worþ ido gret
   wreche
Hardost þe deuel bit men · wanne eny comþ him to
Of hom þat him arerede er · & godnesse habbeþ ido
For þere wiþ me him arereþ mest · & suþþe him wolleþ
   wiþdrawe   295
And comeþ so nci þat he mowe him reche · he cacþ him
   wel vawe
And ope is poer harde him bit · is bites beoþ wel ille
IIe nemay noman as ȝe seoþ · take aȝen is wille
Namore þanne mai a tei dogge · þat is iteid in stronge teie
Ac wanne he nemai areche men · wide he cast is eiȝe 300
¶ Ȝif he may enyman iseo · þat to him wole drawe

276 Suþþe] Er þen A   was . . .   iwis] In is moder was ibore A
281 comþ inis] is on his H   282 drauþ] halleþ A   283
comþ] goþ A   284 be[o]] om. HA   suche] oþere H   285
þrouweþ] torueþ H; tarieþ A   288 bote . . . go] þat wolleþ so
toward him go H   after l. 288 A adds: In is owe wraþþe he barþ
al: & him sulue doþ mest wo / Ac he ne may nomon areche: bote hose
wole to him go   295–6] om. A   295 suþþe him wolleþ] suche
hem H   296 cacþ] takeþ H

Anon he ginþ to tolli him · as man deþ is felawe
For wanne a man nemai noȝt · is felawe bringe ner
Wiþ is hond he tolleþ him · as wo seiþ icham her
¶ Þe deuel tolleþ wiþ is hond · as wel as deþ a man   305
And fif fingres þer on he haþ · þat he wel bisette can
Ech of is fingres haþ a name · as we clupeþ oure also
Þe leste hatte liteman · for he is lest þerto
Suþþe þe next hatte leche · for wanne a leche makeþ oȝt
Wiþ þulke vinger he wole taste · were it be[o] ariȝt iwroȝt
Longe man hadde þe middemost · for lengost he is   311
Þe veorþe hatte techare · for þerwiþ me tecþ iwis
¶ As wo seiþ lo him þer · of wam we speke er longe
For þe þoume strengost is · þeruore me clupeþ him stronge
Þanne hatte þe leste liteman · þe next him hatte leche 315
Suþþe þe longe longeman · þe techare for he deþ teche
f. 153ᵃ Stronge is þe þoume icluped · þou wost wel wi it is
Þe vif fingres þe deuel haþ · and hore name iwis
Þerwiþ he tolleþ men to him · wanne men stondeþ fer ato
And wiþ fol þoȝt to him lokeþ · and not wat he wole do 320
And is inwit him seiþ · þat it gret sunne were
And gret wille he haþ þerto · ac he ne der it do for fere
Þe deuel stont & fawe wolde · hente him bi þe polle
Wiþ liteman is leste finger · he ginþ him ferst to t[o]lle
And seiþ war of erte adrad · a wel lite sunne it is   325
And makeþ þe sunne lite inou · for þe finger is lite iwis
¶ Ȝif he nemay wiþ þulke finger · a man to sunne teche
Wiþ is felawe he tolleþ next · þat me clupeþ leche
And seiþ oure Louerd is god leche · & fol of milce & ore
Wel he wole hele & forȝiue · þei þe sunne were more   330
He nis noȝt so wrechfol as me weneþ · deore he haþ þe
   aboȝt
Wel more sunne he forȝifþ · þereuore ne drede þe noȝt
And bote he mowe þer wiþ wynne · he pult two is felawe
Þe longe þat sit him next · þat al were hi todrawe

306 *margin*] quinque digiti   309 next] leste H   311 hadde]
hatte, hat HA   312 tecþ] er *sign between* c & þ (=teceþ ?) C
316 longe] oþer þe *add.* H   318 þe] þuse, þes HA   and
. . . iwis] as oþer men iwis H   324 t[o]lle] telle C   326 is lite
iwis] lute is HA   333] *om.* H   pult two] put vorþ A   334
þat . . . hi] al were he H ; alle were hi A

¶ And seiþ þou ert ȝong inou · þou miȝt libbe wel longe 335
And þi sunnes bete wel · þei hi were ten so stronge
Scholdestou nou bileue þi wille · wat ssolde þi ȝonge blod
Þou sselt ȝute libbe longe inou · & amendi al þi mod
Bote he mowe ȝute make a man · þerwiþ do amis
He tolleþ wiþ is techare · þat þe nexte felawe is   340
And seiþ lo þere þulke preost · and þulke kniȝt also
And þulke person & manie oþere · þat more sunne habbeþ
   ido
¶ And naþeles it beoþ godemen · and god lif ledeþ inou
Þulke man nas neuere ibore · þat among ne dude wou
¶ Sein Poul mid is owe honde · an hondred men slou   345
Seinte Marie Magdalein · to lecherie drou
Seinte Peter þrie in one niȝt · oure Louerd forsok also
And loke ek þis oþer halwen · wat sunne hi habbeþ ido
And þei hi beoþ heie in heuene · ne worste neuere so heie
More sunne þanne þou wolt do · þou miȝt bete ar þou
   deye   350
Þou wost be[o] oþer þanne enyman · [b]ihold al aboute
A mysdede is sone ibet · war of hastou doute
¶ Ȝif he nemai mid is techare · make is wei roume
Mid þe stronge he tolleþ þanne · mid is ssrewe þoume
And seiþ þou ert strong inou · more sunne to bete   355
Wostou bileue so murie þing · þench þat it is swete
Þou miȝt be[o] þerof issriue · & it worþ forȝiue clene   f. 153ᵇ
Goþ forþ hardeliche · naue þou none teone
And bet þi sunne afterward · for þe ne failleþ strengþe non
For wel feblore þanne þou ert · wel ofte wole misgon 360
And suþþe do hore penance · and naþeles noȝt wel stronge
For oure Louerd is euere ȝare · sunfolmen to auonge
¶ In þis manere þe luþer ssrewe · wanne he vnderȝet oȝt
Þat men lokeþ toward him · & somdel changeþ hore þoȝt
He tolleþ hom euere ner & ner · mid is fingres arewe 365
Nou luþer þrift up al þe hond · for euere he was a ssrewe
Daye þat sori wolde be[o] · þei he were al tohewe

337–8] om. A   342 þat . . . sunne] synnes H   350
þanne þou wolt] þeȝ woldest H   351–2] om. A   351
[b]ihold] hihold C   352 ibet] ido & ibet H   355 strong inou]
a strong man H   357–8] om. A   358 none] no doute ne H
361–2] om. A   367–8] om. A

Forto sunne he bringþ manion · & to amendement vewe
¶ Þeruore biþencheþ ȝou · wanne he wole ȝou to sunne pute
And wiþ is fingres tolleþ ȝou · & seiþ þe sunne is lute 370
And þat oure Louerd is leche & milsfol · & þat þou sselt
    libbe longe
And þat oþere sunegeþ more · þat nebeoþ noȝt so stronge
Anon so ȝe þencheþ such a þoȝt · biþench ȝou þerto
Hou þe ssrewe tolleþ ȝou · & wiþ wuche finger also
Seggeþ him he lucþ loude · wo so deorste him telle   375
Saue þat he maister is · in þe deope put of helle
And God holde him is dignete · and is noble maistrie
Forte somme of ȝou ȝeue al is god · bynyme him þe baillie
¶ For siker woso vuel deþ · and comþ to is tollinge
He wole him bringe euere ner & ner · & in deppore sunne
    bringe   380
And attenende in þe put of helle · þat he worþ euere
    forlore
Þat vnneþe him tit þe grace · to wiþdrawe him biuore
¶ Þei hy nemowe us noȝt ise[o] · among us hi beoþ þicke
And þei hi out of helle be[o] · hor pine is strong & wikke
For hi fareþ as þe man · þat in acces of feuere is   385
Beo he in hous oþer in felde · is bernynge ilast iwis
Fer and ner he mai go · ac euere ilast is pine
Hit is bi þe deuel her · also and bi is hine
For þei hi out of helle be[o] · hy ne ssolle so atroute
Þat hi þe bernynge of helle · wiþ hom ne bereþ aboute 390

De inferno   **P**e riȝte put of helle is · amidde eorþe wiþinne
             Oure Louerd þere al made iwis · queintise of gynne
             Heuene and eorþe he made uerst · & suþþe al þing þat
    is

Eorþe is a lite hurst · aȝen heuene iwis
Heuene geþ aboute eorþe · euene it mot weie   395

378] Forte summe of ȝou binyme his god.· & his baillie H   by-
nyme him þe] to bynime is A   379 woso] he H   and] þat H
380 *first* bringe] *om.* H; tolle A   *first* ner] fur H   & in deppore] in
deope H   381 put] deope put H   383 Þei . . . ise[o]] Þeȝ
mowe hem iseo noȝt H; Þei we ne mowe hem noȝt ise A   beoþ]
goþ H   391] *Michael. Part III om.* A; *variants supplied from* J
392 þere] þat HJ   queintise] queynte is HJ   393 uerst] iwis H
395 eorþe] þe wordle H

Eorþe is amidde euene · as þe stre amidde an eiȝe
Muche is þer on more þan þe oþer · for þe leste sterre iwis f. 154ᵃ
In heuene as þe boc us seiþ · more þanne þe eorþe is
For [ho] so were anhei bi a sterre · ȝif it so miȝte be[o]
So lite wolde þe eorþe þenche · þat he nessolde hure noȝt
    ise[o]   400
¶ Enes geþ heuene aboute þoru þe day · & þoru þe niȝt
And þe mone & þe sterren wiþ him bereþ · & þe sonne so
    briȝt
For þat is euene aboue þin heued · aboute nones stonde
Vnder þi uet heuene it is · at midniȝt vnder gronde
And comeþ up wanne þe sonne arist · & ouer þe is at
    none   405
Heuene makeþ þus hure cours · and aboute comeþ sone
¶ As appel þe eorþe is round · so þat euere mo
Half þe eorþe þe sonne bissint · hou so it euere go
And non it is here byneþe us · wanne it is here midniȝt
As me mai to soþe iseo · wo so haþ god insiȝt   410
And ȝif þou helde a cler candel · biside an appel riȝt
Euene haluondel þen appel · he wolde ȝiue here liȝt
¶ Þere beoþ atte firmamens · such as we iseoþ
Þe ouemoste is þe riȝte heuene · in wan þe sterren beoþ
For þere aboue is Godes riche · þat last wiþoute ende 415
Þat we beoþ þerto imaked · God lete us þuder wende
¶ Þere byneþe seuene beoþ · þat ech of ham iwis
A sterre haþ wiþoute mo · þat planete icluped is
Ichelle nemny ȝare seue names · and bigynne heiest
Saturnes is al aboue · and Iubiter suþþe þe heiest   420
Þenne Mars bineþe him · and suþþe þe sonne is
Venus suþþe þe clere sterre · Mercurius þanne iwis
Þat selde is of us iseie · þe mone is next þe gronde
Þoru gret wit of clergie · hare names were ferst ifonde

396 euene] þe heuene H; heuin J   stre] streon H   397 þer]
þat HJ   399 [ho]] *om.* C; *given* HJ   400 lite] moche H
401 heuene] þe sonne H   402 so] *om.* H; þat is so J   404 is]
geþ J   406 Heuene] Euene heo H   409] At none hit is aboue
ous bineþe ous at midniȝt J   And . . . us] & non hit is her mid ous
H   413 *margin*] firmamento   atte firmamens] in þe firma-
ment H; eiȝte firmamens J   414 *margin*] Octo sunt celi sub trone
dei   418 *margin*] Planete   419 and] & ferst J   420 heiest]
nexte HJ   422 Venus] þenne J

¶ For ech of þe seuene may · gret miȝte an eorþe do   425
  Boþe of wedere & eke of frut · as ȝare poer ȝaf þerto
  And also men þat beoþ ibore · vnder ȝare miȝte iwis
  Scholleþ habb̈e ȝare diuerse lif · euere as ȝare uertue is
¶ Somme lechors & somme glotons · and somme oþer
    manere
  And naþeles a man of god inwit · of al þulke mai him
    skere   430
  For planetes ne deþ non oþer · bote ȝiueþ in manes wille
  To be[o] luþer oþer god · as hure vertu wole to tille
  And ȝifþ him also qualite · to do so and so
  And noȝt for þan after is inwit · ech wis man may do
  For such qualite naþ noman · to be[o] lechour oþer
    ssrewe   435
  Þat he nemay him witie þere aȝen · ac naþeles so doþ
    vewe
f. 154ᵇ ¶ Of þis seue planetes also god · gret poer ȝe iseoþ
  For þe seue dawes of þe wike · þere after icluped beoþ
  Of Saturnus Saterday · and Soneday of þe sonne
  Of þe mone Moneday · wo so rekene conne   440
  Of a planete euerich day · in þe wike icluped is
  An Engliss oþer a Latin · bote ȝe rekeni amis
¶ And for Mars and Saturnus · in ȝare þoer luþer beoþ
  And lite god an eorþe doþ · as þis clerkes iseoþ
  Þeruore me ssoneþ muche · þen Saterday bigynne   445
  And þe Tiwesdai eni worke · eny god to wynne
  Among alle þe planetes · þe sonne amidde is
  As þe king amidde is men · to wissen alle iwis
  Also þe sonne þere he mai ssine · aboute echon
  For alle hi habbeþ liȝt of hure · wiþoute hure noȝt on   450
¶ As me may bi þe mone iseo · þe wile he is niwe riȝt
  A lite rondel as a sikel · me sucþ þer of þat liȝt
  And al þat oþer del wiþinne · blac as a reuen is
  So blac is al þe mone · of him sulue iwis
  Bote al þer as þe sonne ssineþ · þer ȝiueþ hure liȝt al   455

425 miȝte] vertu H; poer J   428 ȝare diuerse lif] diuerse miȝte
& lyf H   euere as] after þat H   434 wis] om. H   435
lechour] luþer J   438 margin] Dies   442 rekeni] herkny H
446 eny god] for eni god on H   448 alle] hom J   452 me]
repeated C   455 second þer] þat HJ   ȝiueþ] ȝift þerto J

And makeþ hure so ssine aboute · as ȝe ssine of cristal
For wanne þe sonne ssineþ · on cristal oþer on water cler
A gret leom it ȝiueþ out aȝen · & ssineþ ver & ner
¶ Also varþ þe mone iwis · þe sonne ssineþ doun riȝt
Euene on hure and he aȝen · among us sent hure liȝt   460
And for þe sonne is fer aboue · riȝt touore þe prime
Bineþe hure þe mone is euene · & þe sonne ssineþ somtyme
In þe oþer side al of þe mone · and hiderward no wiȝt
Þanne nese[o] we noȝt of hure · ne he[o] ne ȝifþ no liȝt
¶ So þat þe sonne byuore geþ · lite and lite iwis   465
And ssineþ on þe hider half · on þulke þat ner him is
And makeþ þe mone wuxe so · lite & lite bi stonde
So þat wanne it heiuol is · wanne þe sonne geþ to gronde
¶ Þe [mone] bigynneþ est arise · euene aȝen hure riȝt
Þat in þe half toward us · þe sonne sent hure liȝt   470
Þanne is þe oþer half derk · & þe hider half al liȝt
And sent hure leom hider to us · & ssineþ al longe niȝt
¶ So þat he draweþ hider ner þe sonne · lite & lite abac
And bileueþ cler toward þe sonne · þe oþer del al blak
And attelaste is al blac · toward us atte monþes ende   475
And cler aboue as þe sonne liȝt · to hure deþ sende
¶ So þat þe sonne in haluendel · ssineþ eueremo   f. 155ᵃ
Wat aboue & wat bineþe · hou so it euere go
And as me may bi þe candel iseo · þat is biside a balle
Þat ȝiueþ liȝt on him haluondel · hou euere so it falle 480
¶ And wanne þe sonne is vnder eorþe · & þe mone aboue
     aniȝt
Biside þe eorþe in þe on half · þe sonne sent out hure liȝt
An hondred siþe & fiue and sixti · as it is iwrite
Þe sonne is more þanne þe eorþe · woso wolde iwite
And þe eorþe is more þanne þe mone · nye siþe iwis   485
Þe mo[n]e þingþ þe more · for he so nei us is

456 as . . . cristal] as heo schynde in crestal HJ   458 out]
op J   460 he] om. H   second hure] his H   466 hider] nere
H; ȝender J   468 first wanne] om. J   second wanne] om. H
469 [mone]] sonne C; mone HJ   est] bi este HJ   euene] euere
HJ   470 Þat] & H   471 þe hider half] þoþer is H   473
hider] hire H; here J   475 is al blac] om. H   480 hou] above
line C   483 margin] Magnitudo solis   484 þe eorþe] þe mone
H; al þe erde J   486 mo[n]e] more C   þe more] wel þe more J

Þe sonne is herre þan þe mone · more þanne suche þreo
Þenne it beo henne to þe mone · þe lass[e] he is to seo
¶ Muche is bitwene heuene & eorþe · for þe man þat miȝte go
Euerich dai forti mile · euene upriȝt and eke mo   490
He ne ssolde to þe heiost heuene · þat ȝe aldai iseoþ
Cọme in eiȝte þousond ȝer · þere as þe sterren beoþ
¶ And þei Adam oure ferste fader · hadde bigonne anon
Þo he was ferst imad · toward heuene to gon
And hadde euerich day forti mile · euene upriȝt igo   495
He nadde noȝt ȝute to heuene icome · bi a þousond ȝer
  & mo
Siker be[o] ȝe ich segge soþ · ileoue woso leoue
Hou ssolde we þer come so late · after Adam & Eue
¶ Ac wanne man is an eorþe ded · and is soule beo god
He haueþ wiþ hure non heuynesse · noþer of fleiss ne of
  blod   500
Ȝif he is þanne wiþoute sunne · he haþ angles kunde
And mai be[o] nouþe here & þer · as quik as a mannes
  munde
¶ For as þou sixt þe liȝtinge · þat of þe cloude deþ wende
Þat comeþ in þe on half of þe world · & as sone is in þe
  oþer ende
Swuþer sset a monnes soule · ȝe more þanne suche
  seuene   505
Ȝif he is wiþoute sunne · þane wei to þe blisse of heuene
O wel raþer me mai to helle come · þere uore it is isene
And wel mo þuder goþ ich drede · ȝe mo þan suche tene
¶ Bineþe þe lowoste heuene · þat þe mone is on ibroȝt
Beoþ þe foure elemens · of wam we beoþ of iwroȝt   510
Next þe mone þe fur is hext · echone hi beoþ ronde
Þe eir is þanne bineþe next · & takeþ here to gronde
Suþþe is water and suþþe is eorþe · þe foure beoþ iwis
Þe four elemens · of wan eche quik best · ymaked is

---

488 lass[e]] e *partially erased* C   498 þer] þat HJ   501 is
þanne] haþ þanne soule H   503 þat] out H   deþ] *om.* H   504
sone is in] swiþe is at H   506 to . . . of] touard J   507
þere uore] ful wel H   508 drede] wene H   509 *margin*]
Elemento   mone is] sterren beoþ H   510 *second* of] *om.* HJ
512 here] þeir H   513 is (*twice*)] þe H   514 Þe] Of þuse H
of wan] *om.* HJ

¶ Oure Louerd in eche of þis foure · sseweþ alday is miȝte 515
As ȝe mowe in þe stude of fure · ise[o] a wonder siȝte
Sitte as [hit] a sterre were bi þe lifte · and neiȝ   f. 155ᵇ
Ac þe sterren beoþ fer aboue · for þer is swuþe heiȝ
¶ Þe sonne mai her among us · gret strengþe & miȝte do
He draweþ up þe kunde of þe water · and of þe eorþe
  also   520
He draweþ up þe eorþe in drowe wedere · as it were a
  drowe breþ
So þat þoru hete of þe sonne · aboue þe eir it geþ
And wanne it comþ amang þat fur · sone it ginþ to tende
And al bernynge it sset forþ · forte it be[o] barnd to ende
Þare fore me ne [secþ] noȝt · such þing bote it be[o] in
  hete   525
Liȝtinge comeþ ek þer of · wanne it turneþ to wete
¶ For of þulke sulue drowe breþ · þat is idrawe anhei
Þoru hete þat was biuore · and a cloude þere is ney
Anon wanne it afure is · it sset þoru þe cloude
Þe wile it in þe water is · it goþeleþ swuþe loude   530
As ȝif me nome a slab of ire · þat glowinge were auure
In water he wolde goþely loude · þat miȝte me ihure
¶ Also þat fur up anhei · þat bi þe cloude is itend
Hit goþeleþ in þe water cloude · as it þoru out went
For þat is þe þonder iwis · and siker non oþer þing 535
Wanne þe fur perseþ þoru out · þat is þe leiting
Þare sset [abrod] into al þe worlde · & comeþ after þe
  dunte
And naþeles he þingþ biuore · for he ne may noȝt astunte
¶ Ȝif þer were a stepel hei · and a man aboue sete
And me seie him smite an hei · gode duntes & grete 540
Þou ssost him seo wel longe smite · duntes wiþ þin eiȝe
Ar þou ssoldest eni dunt ihure · ȝif he were wel heiȝe

516 *margin*] assub. (=?)   517 [hit]] *om.* C; *given* HJ   were]
above line C   and neiȝ] an heȝ HJ   518 fer] heȝe H   for . . .
heiȝ] for þat is somdel ney J   521 drowe *twice*] drie HJ   525
[secþ]] specþ C; siȝþ HJ   527 *margin*] Fulgur   528 þere] þat HJ
531 ȝif me nome] þeȝ þer come H   slab] *small, faint* c *written above*
s C   532 loude . . . me] loude? þat fur me shulde hit H; þat
loude me miȝte hit J   533 *margin*] Tonitrua   · 534 cloude]
looude H   537 [abrod]] abrond C; *as given* HJ   538 þingþ]
comeþ H   539 a stepel] nou a post H   542 ȝif he were] & he sete H

¶ For me mai ise[o] a wel fair þing · anon so it is ido
  Ʒif þar nis noþing bitwene · ac men ne mai noȝt here so
  Wanne þat fur comþ into þe water · gret noise anon þer
  is   545
  Ac me ne hureþ it noȝt anon · for it is so fer iwis
  Ac þe liȝtynge we seoþ anon · wanne he is þoru ibroȝt
  Þeruore it þincþ it comþ biuore · ac naþeles it ne deþ
  noȝt
  For wanne þe liȝt is icome · we habbeþ anon þe siȝte
  Ac þe soun nemay noȝt · so sone to us aliȝte   550
¶ Nou nis þe drowe breþ of þe eorþe · neuere wiþoute hete
  Idrawe up þat comþ biuore · ne iqueint wiþo[u]tene
  wete
  Þare fore bote after hete · me ne ssel no þonder ise[o]
  And þat weder smit in wete · for elles ne mai it be[o]
¶ So me ssel in pur somere · selde [þonder] ihure   555
  For þar is þanne selde wet · to make quenchinge of fure
f. 156ᵃ Ne in pur winter noþemo · so nis þanne no hete
  To drawe up þe drie kunde · of þe eorþe for muchel wete
  Þare uore me seiþ þat winter þonder · me ssel selde god
  ise[o]
  For he nemai neuere come · bute þat weder vnkunde
  be[o]   560
  Ac bitwene somer & winter · as aboute Aueril and May
  And efsone fram heruost · forte sein Clementes day
  Þanne is þonder kunde inou · and liȝtynge also
  For þanne is þe weder wet inou · & ofte hot þerto
¶ Ʒe mowe ise[o] wanne þonder is · menging of fur in
  wete   565
  Wonder is þat it ne quelþ men · bi weies and bi strete
  And smit adoun gret treon · and deþ oþer mani wonder
  Þare uore ich mot ȝou telle more · of kunde of þe þonder

543 a . . . þing] wel fur a þing H; a wel fer þing J   544 nis
noþing] beo eni þing H   ac] om. H   546 it is . . . iwis] hit so fur
is H   552 wiþo[u]tene] u om. C   553 ise[o]] ne hure add. H
554 for . . . be[o]] om. H; see l. 554   555 [þonder]] somere C; đonþer J
555–6] om. H; see l. 554   555 [þonder]] somere C; đonþer J
557 so] for HJ   558 drie] riȝte H; om. J   for] r inserted above
line C   561 aboute] bituene H   562 fram] in H   forte] after
H; forte a J   565 ise[o]] sigge H   566 Wonder . . . ne] Hou is
þat hit H; hou is hit þat hit J

Þo oure Louerd þolede on eorþe deþ · & þe deuel bond &
   nom
And debrusede helle ʒates · mid þonder þuder he com 570
Þare fore euere eft afterward · war so deuelen be[o]
Of þonder hi beoþ so sore aferd · þat hy nute woder fle[o]
¶ And hi þat wonieþ in þe lifte · and oþer as wel as he[o]
In strong fere comeþ adoun · and nuteþ woder te[o]
And sleþ men bitweie as i fleoþ · as me may ofte ise[o] 575
Þat muche fere ʒam ʒiue God · bote þat us þe worse ne
   be[o]
¶ Anoþer manere þere comeþ harm · of þe þonder among
For þere as þe weder is · þare is tempest strong
Of wind of water & of fur · and þaie þreo were þere
A mulston ssolde al todriue · þeie it of bras were   580
¶ Wanne þe tempest is here so strong · me þingþ it nis no
   wonder
Þei þere come ofte som adoun · wiþ þe dunt of þe þonder
Wanne þe wind and þat fur smit · þoru þe water cloude
Wiþ gret strengþe it liþ adoun · as me mai hure loude
And smit as it were a dunt · oþer blast of grete miʒte 585
No wonder þei it smite harde · war it deþ aliʒte
And brekeþ treon & quelþ men · & deþ swuþe gret wonder
In þis manere comþ þe harm · þat me sucþ of þonder
¶ Me sucþ ofte þe liʒtynge · berne hous and ssrenche
Þat vnneþe ssel eny water · þat fur þer of aquenche   590
For of þe water cloude aboue · þat fur is out ibroʒt
And for it out of þe water comþ · water ne quencheþ it
   noʒt
Nou mowe ʒe esse in wuche manere · water comeþ so heiʒe
And ware of comþ þe rein & snou · þat we seoþ wiþ oure
   eiʒe
Þe sonne þat is al maister here · sent adoun hure
   hete   595
And makeþ wateres breþi upriʒt · as hi ssolde swete

569 *margin*] Miraculum   *first* &] *om.* H   bond & nom] he
bond anon H   573–4] *om.* H   575 bitweie] biþe wey HJ
576 bote þat us] þat hem H   577 harm] of her H   578
tempest] turment H   579 þere] ifere H   581 here] þer HJ
584 liþ] smyt H   593 mowe ʒe esse] esche we H   ʒe] we J
595 *margin*] Pluuia   596 upriʒt] vp H; op riʒt J

f. 156ᵇ   Boþe se and verss water · he draweþ up þe breþ
So þat aboue in þe lift · þulke mist euene geþ
Nou is þere up in þe lift · a swuþe cold stude iwis
For bitwene heuene and eorþe · non so cold þer nis   600
Þere as þe blake clouden beoþ · and oþer wederis also
Hit nis upriȝt fram þe eorþe · bote milen two

¶ Wanne þe sonne haþ þuder idrawe · þe mist þoru hure hete

Hit ne may nower for þe cold · ac bicomeþ þer al to wete

And gadereþ þere a water cloud · and houeþ þere a stonde   605

Forte þe time come þat it rine · & droppinge vallet to gronde

¶ Ȝif it is cold up anhei · þe dropen bicomeþ to snowe
As hy freoseþ adonward · ar hi come here lowe
Ȝif it is þoru out so cold · þat hi alle ifrore beo
Þanne it is hawel pur · as ȝe mowe aldai iseo   610
Þe breþ of þe water þat þe sonne · draweþ up aȝen eue
Wanne þe sonne is to gronde igo · hit ne mai noȝt bileue
Wanne noþing ne halt it up · and þe hete is al ido
Þanne falleþ softe adoun · & to dewe bicomþ so
And hongeþ on lef & on gras · forte þe hete amorwe come   615
And þe sonne lite and lite · it habbe eft up inome

¶ Hor forst comeþ wanne it is so cold · þat it frest aniȝt
And þe deu freose adonward · & wanne he adoun aliȝt
Ȝif þe deu is ek up idrawe · & adonward falleþ also
And þer come a þicke mist · and a cold forst þerto   620
Þanne frest þe þicke mist · and cleueþ on tre[o]
And þer of comþ þe rim forst · & þulke mist deþ fle[o]

¶ He cleueþ in hegges al aboute · and in weodes also
And ichot in my uortop · he haþ ofte ido
In þis manere ȝe mowe ise[o] · þe kunde of rein & snowe 625

597 se and verss] of þe see & of fersch H   604 nower] nofur
H; no fer J   607 *margin*] Nix ·bicomeþ] falleþ H
610 *margin*] Grande   612 *margin*] Ros   614 falleþ] hit *add.*
HJ   617 *margin*] Pruina   620 And . . . mist] & þerof comeþ
þulke mist H   621 cleueþ] hongeþ H; an hei *add.* J   622
rim] ren H &] as HJ   623 weodes] wodes H; medes J

Of hawel of deu of rim forst · of horforst þat freoseþ so
  lowe
Of clouden & of mist · for al o þing it is
For al hi comeþ of water breþ · þat þe sonne draweþ up
  iwis
Nou is þer water here an eorþe · wel more þanne of þe
  londe
For som se wiþoute mo · is more as ich vnderstonde 630
For þe grete se of occean · inis on ende iwis
Is more þanne þe eorþe be[o] · and wonder non it nis
For aboute al eorþe he geþ · and abrod is þerto
As þe wite geþ aboute þe ȝolke · & more is also
¶ Ech oþer se among us · ne be[o] he so gret non 635
Nis bote a lyme of þulke se · þerinne hi goþ echon
Wellen comeþ of grete wateres · and muche del of þe se   f. 157ᵃ
Þoru ueines al vnder eorþe · to þe se wendeþ aȝe
For þere beoþ as it veines were · bineþe eorþe manion
Þat tilleþ out of þe se · and to wellen goþ echon 640
Þer þoru eorneþ þe wateres faste · aboute fram þe seo
And at welles springeþ out · & eft hi turneþ aȝe
¶ And as swuþe as eche water comþ · to þe se inis ende
To þe grete se of occean · as suþþe it deþ wende
Þer uore al þe wateres · þat to þe se doþ gon 645
Þe se mot euere nede be[o] · as euere mo bi on
Þat he floweþ ofte & ebbeþ · and wexeþ in a þrowe
Þat is þoru kunde of þe mone · & riȝt noȝt of hure owe
Eorþe is amidde þe grete se · as a lite bal al round
  And pur helle amidde eorþe · wo so soȝte þe ground 650
And ȝute as grel as eorþe þincþ · & as lite as he is
Þare nis bote þe seueþe deol · þat men wonieþ on iwis
For here in þe norþ half · wo so lie nele
For it is so fer þe sonne · ne woneþ nomon for chile
¶ Ne in þe souþ half noþemo · for þe grete hete 655
Of þe sonne þat is aboue · þe lemes beoþ so kete

626 rim] reyn H   629 margin] Aqua   630 se] ose J
640 to wellen] to þe see H   642 turneþ] comeþ H; ȝerneþ J
644 suþþe] swiþe HJ   645 Þer uore] for add. J   649 margin]
[De terra] Terra   al] & H; om. J   651 he] erde J   653 half]
side J   654 fer] fur fram H

And [moni] oþer studes ek · þei me miȝte wonie þer inne
Hi ne bereþ no corn ne frut · mannes mete to wynne
So þat þei eorþe were ideled · wo so it miȝte do bi art
Þer nis to wonie inne men · bote vnneþe þe seueþe part 660
Of þis foure elemens · ech quik þing imaked is
Of eorþe of water & of eir · and of fur iwis

Mon haþ of eorþe al is bodi · of water he haþ wete
Of eir he haþ breþ & wind · of fur he haþ hete
Ech quik þing of al þis foure · of summe more and lasse 665
Wo so haþ of eorþe mest · he is slou as an asse
Of vad colour of hard hude · boistous forme & ded strong
Of muche þoȝt & lite speche · of stille groynynge & wreþe
    long
Of slou wreche & fereblet · vast & loþ to ȝiue is god
Sone old and noȝt wiluol · stable and studeuast of mod 670

Wanne water is mest · me ssel be[o] wiȝt & fat also
    Of nesse her and noþing crips · gret slepare & slou
    þerto
Snyuelinge nose and wet mouþ · of lite word & lite drynke
Of ssorte wraþþe and debonere · ferblet & lite lust to
    swinke

Wo so haþ of eir mest · a ssel be[o] of god colour 675
    Vat and of nesse here · fol large & gret lechour
Lyȝhinge and glad semlant · and somdel of prute
Habbe he mete & drinke inou · ne kareþ he bote lute
Wraþþe he berþ lite wile · ballede he wol be[o] sone
Glad and bliþe and vnstable · of þat he haþ to done   680

Wo so haþ of fur mest · he ssel be[o] smal and red
    Oþer blac wiþ crips her · lene & somdel qued
Hinder and bostar inou · hardy and wel lye
Sweriare of many word · and fol of lecherie
Prout and wemed & drinkare · in wraþþe almest
    wod   685

657 [moni]] mo in C; in meni H; monie J   660 vnneþe] om.
HJ   663 margin] Homo   664 breþ &] om. H   665
more] haþ more H   669 Of] A H   fereblet] aru ynou J   671
margin] Aqua   672 crips] strong H   673 wet] wyd H
674 ferblet] aru J   675–80] om. H   678 ne] om. J   bote]
elles J   681 margin] Ignis   683 bostar] bosti H   684 fol]
a fol H

f. 157b

Hardi liȝt and stalworþe · and wakiare wel god
And ech of þis foure elemens · entempreþ oþer iwis
So þat vnneþe enyman · eny pur maister is
As ȝif þou nymest riȝt hot water · and dest pur cold þerto
Þou miȝt it makie euene wlak · and entempri so　　690
¶ Þo oure Louerd made uerst mon · he made him iwis
Of al þis foure elemens · as man ȝute is
Þo made he cunde in echman · as ȝe mowe alle iwite
Bitwene men & womman · of wam we beoþ biȝute
¶ Vil a þing him is þe sed · of wan man is isprengd　　695
Boþe of man & of womman · togadere it is imengd
Of wyȝt colour it bileueþ · as it is iwrite
Forte aboute twelfþe day · þat it is biȝite
¶ Þer kenneþ uerst þer of · smale bollen þre[o]
Ac ech on oþer faste hongeþ · wo so miȝte ise[o]　　700
Of þe hexte comeþ þe brain · þe heorte of þulke amidde
Þe liuere þat is neþermost · kenneþ of þe þridde
¶ Þis beoþ þe þre[o] hexte limes · þat ferst ikenned beoþ
And in ham is al mannes lif · as ȝe nou iseoþ
Þere nis non of þulke þre[o] · þat hadde eny wonde　　705
Þat euer eft miȝte iheled be[o] · ac deide in a stonde
¶ After þe twelf dawes ferst · þat þe sed haþ wiȝt be[o]
Hit bicomþ to a þicke blod · and changeþ is ble[o]
Nie dawes it þickeþ so · forte þe on and twentiþe day
Þanne turneþ it ferst to flesse · as þe kunde may　　710
After eiȝte & twenti dawes · forme it ginþ to nyme
So þat wiþinne forti dawes · it haþ euerich lyme
And in lasse ȝif it is a knaue · for he is of more hete
Wanne þe limes beoþ ferst ymad · hi ne beoþ noȝt wel
　　grete
¶ A smal web biclippeþ it al aboute · to holde it togadere
　　uaste　　715
Fram þat it is ferst ikend · forte it be[o] ibore attelaste
Al round it liþ in þe wombe · and ibud as an hare　　f. 158ᵃ

687 And] Ac HJ　　688 enyman] eny of ham H; in enyman J
eny] om. H　　689 riȝt] pur J　　pur] om. H　　690 euene] om. H
691 uerst] om. H　　695 margin] Concepcio　　him] om. H　　of
. . . is] þat man is mid H　　698 aboute] þe add. HJ　　700
miȝte] hem miȝte H; hit miȝte J　　706 deide] deyeþ H; deie J
707 ferst] before dawes HJ

Wanne he in forme liþ · for is in is somdel nare
And ibud þe legges beoþ · it nolde noȝt elles veie
Þe helen atte bottocs · þe knen in eiþer eiȝe   720
Þat heued ibuyd adonward · þe armes ek wiþinne
Þe elbowes toward þe ssere · þe vestes to þe chinne
¶ Al i[b]ud him is þe rug · so þat nei rount it is
Man ware of comþ al þi prute · for þer nis non iwis
Þou makest þe so hei her · and to man nelt abowe   725
Loke hou croked þou were þere · & to wan þou miȝt þe
  powe
Þou nemiȝtest noȝt holde up þin heued · ne enes vndo þin
  eiȝe
Wannene com it suþþe to bere · þin heued so heie

Preo soulen beoþ in echman · ac noȝt alle iliche gode
  As ich sede ȝou er · of þre[o] bollen · ȝif ȝe it vnder-
    stode   730
In þe neþemoste bolle · þat þe liuere deþ of springe
Þer comeþ to a maner soule · atte biginnynge
As it were a maner lif · þat sent norissinge
To þe lymes al aboute · and bringþ hom in wuxinge
¶ So þat a mannes norissinge · and þe wexinge also   735
Of þulke ferste soule comþ · and of þe liuere þerto
Þulke maner soule is · in eche wexinge þinge
In treon and in erbes ek · hi ne miȝte noȝt elles springe
Þoru uertu of þulke soule · wanne it is þerto ibroȝt
Þat mannes limes iformed beoþ · þat þer ne failleþ
  noȝt   740
¶ Þanne comþ þere in þe heorte · þat þe oþer bolle was
A soule þat bringþ þat lif · on þat neuer er nas
Þanne is þat child quic anon · ac strengþe naþ hit noȝt

---

718 is in is] hit is HJ   719 And] Al HJ   723 i[b]ud] ihud
C; ibuyd HJ   724 ware of comþ] whar hastou H   725 to
man] noman H   abowe] birue H   726 & to . . . powe] & wharto
þu miȝtest pue H   728 þin heued] þe H   729 margin] Anime
Þreo] a final letter erased C   731–40] text blurred J   731
neþemoste] þe above line C   732 to a maner soule] tuo maner
soulen H   733 norissinge] men velinge H   737 in . . . þinge]
whan hit is þerto ibroȝt H, see l. 739   738–9] om. H   741
margin] Anime in corde   742 þat lif . . . nas] lyf.' þer neuere
er non nas H   on þat] on þing (?) þat J   743 ac] of H

Elles forto wawi him · ar it forþor be[o] ibroȝt

¶ Of þulke soule haþ ech man · þat he may wawe and
    gon   745

Iuelynge & al is lif · and is vif wittes echon

Þulke soule haþ ech þing · þat yuel may oþer go

Best and foul and eke viss · worm & oþer mo

Þeos soule þat bringþ þat lif · is atte heorte gronde

Þer uore wo so is þare ismite · he deieþ in a stonde   750

¶ Þeos soule comþ of mannes cunde · and þe oþer biuore also

Þere uore wanne a man deieþ · hi deieþ boþe to

¶ Ȝute þer is þe þridde soule · þat hore maister is

For wan a child haþ al is limes · and ech lime quik iwis

In þe ende of þe ueorþe monþe · þat it was biȝite   755

Oþer sone þer afterward · as it is iwrite

Þe kunde þat oure Louerd made · and porueide also   f. 158ᵇ

Þo he hadde ferst man ymad · and in parais ido

To menge þe kunde of heuene · to mannes kunde her

Anne soule of witte and of liue · þat is angles poer   760

Comeþ fram þe kunde of angles · and in þis forme aliȝt

And mengeþ wiþ is wrecche vleiss · as oure Louerd it haþ
    idiȝt

And makeþ þe kunde þat nas her · bote as a best vnneþe

Þe kunde of angles wiþ him bere · forte he come to deþe

¶ Þulke soule nymeþ is in · and bilefþ iwis   765

In þe childes brain anhei · þat þe hexte lime is

Þulke soule euere ilast · and ne deiþ neuere mo

Ac went wanne a man ssel deie · to ioie oþer to wo

Al þat man haþ biuore a best · oþer more reson can

Al he it haþ of þulke soule · ware þoru he is man   770

¶ And wanne man went out of þis liue · þulke soule iwis

Biginþ to parti fram þe body · þe wile he aliue is

And wend as he haþ ofserued · to ioie oþer to pine

Þe soulen þat hure ueren were · beoþ sone atte fine

¶ Þulke þat halt a mannes lif · þat stikeþ in þe herte   775

<hr>

744 Elles] Enes H J   746 Iuelynge &] His fullinge of H ; feling &
J   748 worm . . . mo] & eke worm also H   755 ueorþe] furste
H   760 poer] per H J   765 *margin*] Anime in cerebro   766
þat . . . is] þat is þe soule þat hext is H   774 beoþ sone] þanne
beoþ H

Wanne he ssel wiþ þe body deie · þat in strang angwise
    deþ smerte
ȝif he vnderȝet is felawe · to ioie fram him wende
Þerfore he makeþ signe of ioie · & deþ as þe hende
And wanne he deiþ mid þe body · fair chere he makþ &
    softe
And in wuch point þat bodi bileueþ · as me may ise[o]
    ofte   780
Þe eiȝen iclosed fair inou · þe mouþ of faire chere
Ech lime also uair istreiȝt · in god point as he were
¶ Þe þridde soule ȝute also · þat deieþ atte nende
Þat norissinge to al þat body · and to þe lymes deþ sende
He deþ ek signe in þe bodi · ȝif is felawe geþ to gode 785
And bileueþ þe body in fair hiu · wiþ oþer rode of blode
Þus soule deieþ in a man · wanne þe hete is al ido
Þe erore wanne he leueþ is breþ · & wawinge also
Wanne hi seoþ hore felawe · to torment ibroȝt
Luþer semlant hi makieþ · as it nelikede hom noȝt   790
¶ And bileueþ þat bodi in foul hiwe · þe eiȝene staringe
And þe mouþ of foul semlant · and ofte grennynge
Suche signis þat grisliche beoþ · þat me may ofte ise
Beoþ signe þat þe wrecche soule · in þe luþer weie be
Nou God þat us soule ȝaf · us lete hure here so rede 795
Þat sein Michel is mot auonge · & biuore him lede

Sein Ieromin was swuþe god clerk · & wis þoru alle þinge
Muche he made of Godes seruise · þat me deþ in churche
    singe
For Teodose þe emperor · þat þulke tyme was
Isei þe seruise of churche · þat noþing iordred nas
He bad sein Ieromine þat he ssolde · riȝt ordre þerof
    worche   5
He ordeinede þo þe seruise · þat me sing in Holy Churche

777 vnderȝet] ȝet H   to . . . wende] to þe ioye doþ wende H
780 wuch] such HJ   786 rode] red J   787 hete] lyf H
788 Þe erore] Þat oþer H; *blurred* J   789–90 hi, hore, hom] heo,
hire, hire H   796 is] ous H; his J   796 J *adds*: & ous wite &
hardi her fram deþlich synne / & bring ous to þe ioie þat sein Michel
is inne Amen
    Jerome. 4 iordred] yordeyned H   5 worche] do H   6] *om.* H

And suþþe it was þoru þe pope of Rome · iconfermed also
Wel aȝte me honuri him · þat ferst is broȝt þerto
¶ Sein Ieromin was an holy monk · and abbot also
God hadde of is priuete · so muche on him ido   10
Þat he inis bok wrot · and sede of þe viftene toknynge
Þat oure Louerd aȝen Domesday · grisliche an eorþe
   brynge
¶ As sein Ieromin ȝeode up and doun · inis abbei a day
A lion haltinge com inward · atte ȝete he say
Þo þe monkes him iseie · hi gonne aturne for drede   15
Ou foles quaþ sein Ieromine · wo teiȝte ȝou so fol dede
To fle[o] for a gist wanne ȝe ssolde · faire aȝen him gon
Aȝen him ȝeode þis holyman · and wolcomede him anon
Þis lion lotte to him anon · and bi him faste stod
An[d] haf up is sore uot · wiþ wel dreri mod   20
¶ Sein Ieromin a mon[k] het · to wasse is fet anon
And þat sor suþþe ofseche · ȝif him were ibroke eny bon
So þat hi fonde þat a þorn · þer inne ismite was
Sein Ieromine held þe uot anon · holor neuere he nas
Þis lion lotte to him anon · and honurede him also   25
Þis godeman him het mete ȝiue · as me ssolde a gist do
¶ Þis leon et wel mildeliche · wat oure Louerd him wolde
   sende
He bileuede þer tame inou · a fot he nolde wende
Þe monekes it ofþoȝte sore · for hi were adrad also
Wan he wolde turne to is kunde · & eni of ham harm do 30
Hi made þe ȝet wanne hi weste [·] him wiþoute agon
Ac me ne ssolde it noȝt suþþe vndo · þat he nolde in anon
¶ Þe monkes tolde þe abbot fore · of ȝare drede a day
Þis leon wende forþ mid him · þo he þis ysay
¶ Maister þou ert quaþ sein Ieromine · to longe gist nou
   non   35

8 is] hit, it HA   11] *extra line add. in* H: Þat moche
wonder hit was.ˈ hou eni man com þerto   12 aȝen] wolde er H;
wolde aȝenes A   14 haltinge] hontynge A   com] cominge *after*
inward H   15 þe monkes] a monk H   hi gonne aturne] he atorn
H; hi atourne A   17 gist] best H   18 ȝeode] wende A   19
faste] vaire A   20 An[d]] An C   dreri] sori H   21–22] *om.* H
21 a mon[k]] among C   24 anon . . . neuere] þat neuere holere H
26 het] let H   28 nolde] þannes *add.* H   30 Wan] Þat H
31 him wiþoute] þat he was out H   35 nou non] here A

Oþer þou most þi mete ofswinke · oþer hom aȝen gon
Oure asse geþ to wode adai · to bringe elot to oure celle
We ne dorre noȝt bileue in hure lese · leste bestes hure
   quelle
Ne we ne mowe noȝt hure wel uede atom · þeruore þou
   hast myn heste
To wite hure wel in hure lese · fram eche wilde beste   40

f. 159ᵇ ¶ Þe lyon after þulke tyme · nolde noday bileue
Þat he nolde þe asse driue aueld · & bringe hure hom an
   eue
And driue hure also up and doun · as best mete were
And wanne he[o] misȝeode driue aȝen · wiþinne þe riȝte
   mere
After þat þe asse him was bitake · fram hure he nolde
   gon   45
Hit were betere is kunde to strangli him · as ȝe wyteþ
   echon

¶ A dai þe wile he weste þe asse · in hure lese auelde
For werinesse þe lion slep · as it fel er wel selde
Chepmen come þerforþ þe wile · & þis asse awei ladde
Þo þe lion awok and hure miste · wel loude he ȝal &
   gradde   50
And orn aboute & soȝte hure wide · forte it was aȝen eue
Dreriliche he ȝeode hom · þo he nemiȝte leng bileue

¶ Þo he com hom wiþoute he stod · he ne dorste go in for
   doute
Þo hi seie him come wiþoute þe asse · & sori also wiþoute
H[i] wende þat he hadde for honger · aueld þe asse
   iȝete   55
Hi gonne to chide & nadde yment · to ȝiue him nanne mete
For honger he ȝal deoluoliche · hi het hym aueld gon
And ete þat he hadde bileued · and achoke him þerwiþ
   anon

¶ So þat he ȝal so pitesliche · þat hi hadde reuþe echon

---

36 hom aȝen] hunnes H   gon] to þine fere A   38 bileue]
hire *add*. HA   44 wiþinne] to H   48 þe lion] he lai & H
49 *margin*] Mercatores   52 leng] no leng HA   54 come
wiþoute] boute H   also] stonde *add*. H   55 H[i]] He C; Hi HA
56 & . . . yment · to] uaste: & þoȝten A

And wende aueld ȝif hi miȝte finde · eny her oþer bon 60
Hom wondrede þo hi ne fonde noȝt · for ȝif he ȝete were
Som wat þer wolde habbe bileued · of bon oþer of here
¶ Sein Ieromine hi tolde uore · hou he les is make
Seie maister quaþ þis godeman · hou hastou on itake
Oure best we toke þe to warde · & þou hure hast awei
   do 65
And we habbeþ defaute of oure wode · ne sseltou ascapie so
Oþer bring hom oure asse · oþer þou wost þat þou most
   nede
Bringe hom oure wode in hure steode · oþer we nolleþ noȝt
   þe fede
¶ Þe lion bigan to vauni þo · as wo seiþ ichelle vawe
Fram daie to daie as ȝoure [asse] · ȝoure wode hom
   drawe 70
Boþe on rugge & on carte · bocsomliche inou
Mildore þanne þe asse dude · hare wode hom he drou
And naþeles it bicom him vuele · such mester to do
Ich wene þere nis non of ȝou · þat him ssolde bringe
   þerto
A wonder cartare he was on · ware were is wilde pas 75
Wanne we habbeþ al itold · a uair miracle þer was
¶ Þo þis wilde best aȝen kunde · so hadde iserued longe
A day as he aueld was · is charge to vnderuonge
Þis chepmen he sei wel uer come · wiþ camailes moni & fale
And þis asse al biuore · hi ladde þing to sale 80
¶ Anon so þis leon isay þe asse · he gan forþ to gon   f. 160ᵃ
Þe chepmen þo hi seie him come · for drede atorne echon
For ȝam was leuere to leose ȝare god · þanne ham sulf beo
   todrawe
Þo þe lion to þe asse com · ne ess noȝt ȝif he were vawe
Signe of loue as he couþe · he made & of mone 85
Þis camailes icharged were · wiþ eoly euerichone
¶ Wiþ is tail þis lion harde smot · & biuore him he drof alle
Þe sackes were so faste ibonde · þat hy nemiȝte noȝt falle

61 þo] þat HA   noȝt] miȝte H   63 les] hadde ilore H   70
[asse]] om. C; given HA   77 margin] Miraculum   79 wel uer]
om. H   80 þis] vpe þis H   82 for . . . echon] hi atorne echon
H; bigonne aturne anon A   84 ne . . . vawe] he was þerwiþ wel
vawe A   87 he] above line C; om. HA   alle] hem alle A

So þat þe lion ȝam alle drof · biuore him to þe abbeie
Ne dorste non ar hi þuder come · ene go out of þe weie 90
¶ Þo hi come to þe abbei · þe freres wondrede echone
Þe lion ladde þe asse bihinde · as a maister al one
A bold maister he was on · and of gret poer also
Suþþe wanne was it is kunde · such maistrie to do
¶ Þo sein Ieromine isei þe camailes · þe freres he het forþ
   gon   95
To vnderfonge þe gistes faire · & wasse ȝare uet echon
As þei it were to merci bidde · he nebileuede noȝt on
Þat þe lion newende fram monk to monk · & lotte to
   echon
Euere he ladde wiþ him þe asse · as wo seiþ lo her
Him for wan ȝe chidde wiþ me · nou ȝe witeþ me sker 100
¶ Þis freres for þe faire miracle poȝte · gret wonder alle
Þe bestes fet hy wosse clene · and teide ham in ȝare
   stalle
Biuore ȝam hi leide mete inou · þat eoly hi helede uaste
Forte þat þer come enymon · to esse it attelaste
¶ Amorwe þe chepmen come echon · merci forto crie 105
To þe abbotes fet hi folde adoun · for ȝare tricherie
Þat hi is asse hadde istole · forȝifnesse hi him bede
And bede hom nyme hore eoly · al for ȝare luþer dede
¶ So þat somdel aȝen is wille · hi bileuede þere
Of al ȝare eoly haluondel · and þat oþer awei bere   110
And made a chartre to þe hous · eche ȝer þuder sende
Hi and ȝare eirs so muche eoly · to þe worldes ende
Ȝute is þulke rente iholde · and euere mo worþ so
Þis was me þincþ a uair miracle · for sein Ieromin ido
¶ Þis holymon sein Ieromin · gret clerk was and wis 115
And nameliche of deuinite · þat of alle oþere is pris
And forto be[o] þe deppore clerk · bokes he tok a day
Of Platon and of Ciþero · þat were of þe oþer lay

89 alle drof] ladde forþ H   93 of gret poer] gret seignur H
95 forþ gon] echon H   96 echon] anon HA   97–98] *order
reversed* HA   98 Þat, ne-] *om.* HA   to monk] *om.* H   102
clene] alle H   ham in] hem vp in H; In to A   103 helede]
hulde H; hudde A   106 folde] fulle H; velle A   108 al] *om.*
H; *before* hore A   110 al ȝare] half here H; al þat A   117
þe deppore] deop H

Þer on [he] studede muche · and naþeles for gode
Þat he þe clergie of God · þe bet vnderstode 120
As he lay a niȝt aslepe · grete men and wise f. 160ᵇ
Com him poȝte & ladde him forþ · byuore an hei Iustice
So gret liȝt þer was and cler · aboute in a stonde
Þat enes [he] nemiȝte loki up · ac fel doun to gronde
Hi esste him anon to wat manere · his bileue he nom 125
Merci he sede wel ȝe witeþ · þat to Cristendom
¶ Þou luxt loude quaþ þe Iustice · hit nis noþing so
Ac þou ert of Platon is lawe · and of Ciþero
Nou were hi tweie wise clerkes · ar God were ibore
Ac for hi ne vnderstode noȝt of God · me seiþ hi beoþ
   forlore 130
Þat folk þat stod þere aboute · as þe Iustice het anon
Tormentede þis seliman · þat wo was him bygon
¶ A merci merci ofte he sede · swete Louerd þin ore
Merci swete Iesu Crist · inelle misdo namore
Ich forsake here Ciþero · & Platon & ȝare lore 135
Haue merci ich bidde of me · my limes akeþ so sore
¶ Attelaste þo he was ibete · þat he nuste woder wende
Þat folk þat him stod aboute · dude as þe hende
And for him bede þe Iustice · and sat adoun akne[o]
Forte forȝiue him þulke gult · and merciable be[o] 140
¶ Atte laste þe Iustice · somdel aswagi bigan
Ichelle he sede at þis time · habbe merci of þis man
In such manere ȝif he deþ · such trespas amore
Þat he ssel be[o] tormented · such twenti so sore
¶ Sein Ieromin it grantede wel · & studefastliche [b]ihet 145
And þis Iustice him deliuerede · and al sauf him let
¶ Þis godeman uelde is limes ake · wel sore þo he awok
Euere eft after þulke tyme · suche bokes he forsok
Somdel harde he was iwarned · is bodi wel sore ok
To bokes of diuinite · al clanliche he tok 150
¶ He studede in Belhem sixe and vifti ȝer
And of diuinite made bokes · þat nere neuer er

119 [he]] hy C; he HA   124 [he]] om. C; given HA   129 hi]
hit H; om. A   133 merci ofte he sede] quaþ þis holi mon A
135 Platon . . . lore] platons lore A   136 so] om. HA   143
amore] namore with n erased H; eny more A   144 such] so H
so] om. A   145 [b]ihet] hihet C   146 sauf him] saufliche H

Þat of noble cleregie ȝute beoþ · þoru al Cristendom
War þoru suppe many clerk · in to god clergie com
¶ Attelaste þis godeman · as God to him sende   155
In Godes seruice deide · and to þe ioie of heuene wende
He deide þre[o] hondred ȝer · & foure & þritti riȝt
After þat oure swete Louerd · inis moder was aliȝt
And also in þe twelfþe ȝer · of þe god emperor
Theodose þe ȝongore · þat of ech godnesse was flour   160

f. 161ª Four score ȝer & eiȝte ȝer · and sixe monþes also
In gode liue he liuede her · ar is lif were ido
Ibured he was in Belhem · is put him sulf he wroȝte
In an old dich and het is monkes · þat hi þer inne him
    broȝte
Þer inne him burede þis monkes · þat was is liues ende 165
Nou God us brynge to þulke ioie · þat is soule gan to wende

De sancto
Dionisio Sein Denis was in þe olde lawe · payn as oþer were
In þe cite of Attenis · þare non oþer nere
Þe beste clerkes of þe world · þulke tyme were þere
And sein Denis was þulke tyme · ȝare maister ȝam to lere
He was maister of þe seue ars · and of al þe oþer also   5
Bote it were of diuinite · for he ne com noȝt ȝute þerto
¶ He nuste noþing of Iesu Crist · and þo he deide on rode
In Attenes were to gadere ibroȝt · al þe clerkes gode
Hi seie þe derke tenebres · in þe worlde wel wide
Fram þat he clupeþ non of þe day · forte þe niþe tide   10
Þat was forte nei mid ouer non · þe stronge eclips also
Aȝen kunde of þe sonne hi seie · forte þulke time was ido
¶ Aȝen kunde it was inou · for þe mone heiuol was
Þreo tides ilast also · such neuere iseie nas
Of þe sonne þe stronge eclips ne so long · ne in suche
    tyme   15

154 clerk] on A   god] om. H   clergie] bileue A   155 *margin*]
obitus   to him] him grace A   157 þre[o]] four A   foure]
þreo HA   þritti] tuenti H   160 godnesse] gode H
Denys. 1 payn] im *add. in diff. hand and ink above line* C
4 *margin*] Francia qua ŕcolit pollet Dionisius alme · Defensor fidei
martir & ipse dei   ȝam] om. H   10 he] we H; me A   of
þe day] om. H   11 nei] heȝ HA   13 *first* was] ido *add.* H
14 ilaste] hit ilaste HA

For it nemay noȝt bi kunde be[o] · bote a lite biuore þe
   prime
And þat was atte heyuol · and þe clerkes wiþ ȝare eiȝe
Fram est to þe west þe mone eorne · biuore þe sonne hi
   seie
¶ And þo þe eclips was suþþe ido · hi seie hure aȝen wende
Þer of hadde eche filosof · gret wonder inis ende   20
Þat so muche of sterren couþe · and ech sede is auis
And þer ne com in þe riȝte weie · non bote sein Denis
Þis word he sede bi pur clergie · þis world is nou ido
Oþer God þoleþ an eorþe deþ · as man is kunde is two
¶ Þere after he & is felawes · þoȝte muche on þis cas   25
Hi conquerede bi pur clergie · þat som god þer was
Þat he of alle godes maister was · & he þoru wondes sore
Þolede þo an eorþe deþ · hi nuste of him þo namore
¶ Þeruore among ȝare oþer weuedes · an auter as hi couþe
Queinte hi made and þer on write · þat ichelle þe segge
   nouþe   30
Þis is þe auter of þe god · þat is vniknowe
Þat auter hi hete honure · boþe þe heie & þe lowe
And hete men ham onure þer · & þat hi ofte þuder ȝeode
For þe louerd of þulke auter · to non oþer nadde neode
Suþþe al in heþenesse · sein Denis bicas com   35 f. 161ᵇ
Þere as oure swete Louerd · þane wei to heuene nom
Þerefore & for oþer þinge · his lawe ne þoȝte him noȝt
And longe him þoȝte ar he were · into betere ibroȝt
¶ Sein Poul com to Attenus · as he prechede alonde wide
Þe rank of auters he sei · a stonde he gan abide   40
Þe auter of god vniknowe · he bihelt it wel uaste
For fram on to on he ȝeode aboute · & þat was þe laste
At þis clerkes he esste anon · at heie & eke at lowe
Wat he were þulke god · icluped vniknowe
¶ Sein Denis þis grete clerk · touore al oþere spak & sede 45
He is ȝute among us [vn]iknowe · for we nute noȝt of is dede

26 conquerede] en querede A   30 Queinte] ȝute A   32 hete]
lete HA   33 ham onure] þat hi honurede H   35 in] In is A
38 into betere] to betere lawe A   39 *margin*] Paulus   42
For] *om.* HA   & . . . laste] þo vond he on atelaste A   43 At,
at (2)] Of, of H   44 icluped] þat hi clipede HA   46 [vn]i-
knowe] vn *om.* C; *given* HA

Ac is comynge al in heuene is · & among us here wel lite
Ac in þat [he] is to comynge · is poer he wolde forþ pute
¶ Þulke God sein Poul sede · ich prechi nouþe iwis
Þat ȝe clupeþ vniknowe · and ichelle ȝou segge wat he is 50
Heuene & eorþe & helle he made · for we were al forlore
For þe sunne of oure ferstefader · us he aboȝte þeruore
And for God nemiȝte þolie deþ · bote he were er ibore
Þeruore he nom fleiss & blod · & bicom man wiþoute hore
Suþþe Giwes him slowe in þe rode · fram deþe he arose to
    lyue
                                                              55
Wiþ mannes forme suþþe he stei · to heuene wiþ wondes
    fiue
¶ A[s] sein Poul þer of spak · þer com go biuore
A mon þat hadde blind ibe[o] · suþþe he was ibore
¶ Sein Denis sede ȝif þou miȝt · þis mannes siȝt bringe
Inis name þat þou of spekest · wiþoute eny wicchinge 60
In þi god ichelle biluue · and in þi bileue be[o]
Certes quaþ sein Poul þo · þat soþe þou sselt ise[o]
¶ Sei þi sulf þus after me · as ich þe wissi can
In þe name of Iesu Crist · þat ibore was of womman
On rode deide & suþþe aros · to liue þoru is miȝte   65
Ich hote man þat ert blind · þat þou habbe þi siȝte
¶ Þo sein Denis hadde þus ised · as sein Poul sede þer
Þis blinde hadde is siȝt anon · þat ne sei neuer er
¶ Þo cride sein Denis on.God · and he þat to is siȝte com
And bede forȝiuenesse of ȝare sunnes · & wilnede Cristen-
    dom
                                                              70
Is wif þat het Damari · sein Denis anon nom
Is children & al is meyne · mon and eke grom
And let ȝam cristni alle anon · fram þe deuel to bringe
Wiþ sein Poul he was þreo ȝer · to leorni is prechinge
f. 162ᵃ Sein Poul him teiȝte þe manere · al of Cristene lawe 75
And þe manere of prechinge · men to oure Louerd to drawe

---

47 comynge] knowynge A   48 Ac . . . to comynge] Ac In þe
world þat is to come A   [he]] om. C; given H   wolde] wole HA
49 nouþe] nou H; ȝou A   57 A[s]] Ac C; As HA   go] hem go H;
go þer A   60 eny] om. HA   61 be[o]] also A   62] Þat
soþe þou schalt ise: sede seynt poul þo A   66 hote] þe add. HA
68 blinde] man add. H   þat ne sei] þat nadde non H   70 wilnede]
axede H

And of oure Louerdes priuetes · al þat he sei
So þat he was up inome · to þe þridde heuene anhei
¶ He made him bissop of Attenes · inis stude to preche
And him sulf to Rome wende · & þat folk het to teche 80
So wel prechede sein Denis · þat he turnde to Godes
    honde
Al Attenes to Godes lawe · & muchedel of þe londe
¶ Suþþe as he wende aboute · þat folk forto lere
Me tolde him þat Peter & Poul · at Rome inome were
He wende anon toward hom · to conforti 3am þere   85
He nemi3te so sone þuder come · þat hi þere imartred nere
¶ Gret deol he made inis heorte · þat he com so late
Sein Clement was þo pope of Rome · as oure Louerd 3af þe
    [w]ate
Wiþ him he bileuede longe · so þat me tolde
Þat in France were alle luþer men · & Sarazins wel bolde 90
¶ Sein Clement sende sein Denis · þuder for Cristendom
Sein Rustik and Eleucher · þis godemon wiþ him nom
To Paris hi wende ferst · þe chef toun of þe londe
Þere hy turnde muche folk · to oure Louerdes honde
¶ Þe maistres þat were of þe lond · þo hi herde her of telle 95
Ofte hi sende tormentors · þis godeman to quelle
Ac euere wanne hi ham iseie · hy nemi3te to 3am gon
Oþer hi bude al to ham · oþer hi flowe anon
¶ To þe emperor þe deuel wende · to þe luþer Domician
And tolde him al in metynge · as þe ssrewe wel can   100
Of sein Denis & his felawes · þat hi at Paris were
Sore of þo3te þe emperor · þat hi aslawe nere
He het ware me mi3te finde · mon of Cristene lawe
To tormenti him sore inou · & suþþe him bringe of dawe
¶ Þe luþer Iustice Festemium · & Sysimium · to Paris sone
    come   105

79 him bissop of] bischopes in H   80 & . . . het] þat folc bet HA
81 to] þoru A   honde] sonde HA   83 forto] bet to H   84
.margin] Rome   86 þere] *in diff. hand and ink over erasure* C; *om.*
H; er A   87 com] þider *add.* H   88 [w]ate] state, st *in diff.
hand and ink over erasure* C; wate HA   90 wel] *om.* HA   92
-mon] men H   nom] he nom H   93 *margin*] Gallia   94 to]
þurf H; þoru A   honde] sonde HA   96 -man] men HA   99
margin] Diabolus   103 mon] men HA   105 *margin*] captio
Iustice] Iustices H

Sein Denis and is felawes · sone faste hy nome
Villiche hi pulte & spatte on hom · & harlede & caste
Hi strupte hom naked & bonde hom · to pilers wel uaste
And twelf kniȝtes mid harde scorgen · bet ȝam swuþe sore
Þat hare bodi was al torent · and þo hi nemiȝte namore 110
In strong prison and derk & deop · sone hi were ibroȝt
Suþþe hi uette up sein Denis · forto turne is þoȝt

¶ Þo hi ne spedde noȝt þerof · a gret fur hi made & strong
And upe a gridil rostede him · and euere þis godemon song

f. 162ᵇ   As me him rostede he song · þis vers of þe sauter 115
Al furi Louerd is þi word · and þi sergant it loueþ her

¶ Þo he nas þer wiþ ouercome · to wilde bestes hi him caste
Bere and lions for hi ssolde · todrawe him wel uaste
Signe of þe crois he made sone · þe wilde bestes anon
Þat so hongri were mildeliche · gonne to him gon 120
To him hi lotte & lickede him · as hi miȝte to him come
Þo þe luþer men it vnderȝete · sone he was þenne inome

¶ An ouene hi hatte swiþe hot · and pulte him þere inne
Ac þe fur queinte anon · þo he com þer wiþinne
Þo were þe ssrewen wroþ · & nuste wat ham was to
done 125
Hi honge him up a gibet · for he ssolde deie sone
And ȝute to don him more schame · þe ssrewen vnder
stode
And wiþ harde scorgen leide him on · þat al he orn ablode

¶ Þis godeman euere as he heng · prechede Godes lawe
Þo hi seie þat hi nemiȝte · so bringe him of lif dawe 130
Hy nome him adoun & bonde him · & in strong prison him
caste
Euere þolede þis holymon · as him noþing neroȝte ne
agaste

¶ Þer com oure Louerd him sulf · to him in prison at midniȝt
Wiþ fair companie of angles · & wiþ swuþe cler liȝt

---

107 & caste] him faste H   108 wel uaste] atte laste H; wel
om. A   114 gridil] gridire HA   116 *margin*] Ignitum elo-
quium tuum vehementer   117 hi] *written faintly above line* C; hi
H; me A   120 hongri] wilde A   122 þenne inome] vndernome
A   125 ham] *om.* HA   130 seie] ne seie C; ne *om.* HA   131
him caste] broȝte A   132 ne agaste] *om.* A   133 *margin*]
Christus   134 swuþe] *last stroke of* u *erased but legible* C

Is owe fleiss & blod · [he toc] sein Denis wiþ is owe
 honde   135
Haue þis he sede mi leoue frend · of me þou vnderstonde
Mi nowe fleiss & blod þou sselt ise[o ·] ar þou henne wende
Do sta[l]wordeliche & com to me · to ioie wiþoute ende
Þo oure Louerd hadde þis holyman · þis holi dede ido
To þe ioie of heuene he wende forþ · & is angles also 140
¶ Sein Denis was suþþe ibroȝt · and is felawes beie
Touore þe Iustice to turne is þoȝt · for þreting ne for eiȝe
So þat noman ȝam nemiȝte · bringe of þe riȝte weie
He het biheuedi sein Denis · and is felawes beie
¶ Hi were imartred at Monmartre · a lite biside Paris   145
Þer dude oure Louerd fair miracle · for loue of sein Denis
For þo þe heued was of ismite · þat bodi sone aros
And bar uorþ þat heued inis hond · war þoru mani agros
Þe montance of two Frensse mile · euere he bar is heued
Forte he com to þulke stude · as it is ȝute bileued   150
¶ Þere he lay wel softe adoun · & deide þoru Godes grace
Cristene men preste were · and burede him in þe place
Þer me rerrede in his onur · þe abbei of sein Denis
Of blake monkes þat beoþ ȝut · a lite biside Paris
¶ Þe Iustice het nyme þe bodies · of is felawes beie   155 f. 163ᵃ
And bere to þe water of Seine · & caste þer inne þe tweie
¶ A god leuedi þer was biside · þat wel ȝam iloued hadde
Þe þeoues he[o] made wiþ hure ete · & þe bodies ladde
Þe bodies he[o] nom þe wile · and burede ham swuþe uaste
Stilleliche bi sein Denis · he[o] burede ham attelaste   160
Þere hi beoþ ȝute alle þre[o] · as manymen iseoþ
God ȝiue us part of þulke ioie · þat hi inne beoþ

Sein Luc þewangelist · non apostel nas   De festo
Ac þe apostles he siwede · & ȝare deciple was   sancte Luce
                                                        ewangeliste

135 Is owe fleiss] *in diff. hand and ink over erasure* C ; His owe flesch
H   [he toc]] *om.* C ; given HA   136 þou] to HA   138
sta[l]wordeliche] r *for* l C   140 þe ioie of heuene] his ioye H
144] *om.* H   145 *margin*] Decollacio   147 sone] vp H
149 two] þreo H   150 as it] þer hit H ; as he A   152 preste]
iredi H   156 *second* þe] *in diff. hand and ink over erasure* C ;
boþe H ; *om.* A   tweie] beie A   158 Þe] er *sign in diff. ink add.* C ; Þe
HA   &] þat HA   159 þe wile . . . uaste] & hudde.' þe wule hi ete
so vaste A

In Antioche he was ibore · clerk he was wel god
And ficician noble inou · and is bokes vnderstod
He ne siwede noȝt God an eorþe · for he was of oþer lawe 5
Ac after oure Louerdes up risinge · he gan him uerst
  wiþdrawe
And wiþ oure Louerdes onn deciple · þat het Cleophas
Touward þe castel of Eimiaus · he wende bicas
¶ And oure Louerd to ȝam com · after is up risinge
And bi þe wei ȝam siwede · and tolde of mony þinge 10
Hi nuste noȝt þat it was oure Louerd · for al is manhede
Attelaste hi knewe him uerst · þoru brekinge of brede
As þe gospel seiþ · þene morwe · after Esterday
Sein Luc turnde ferst to God · þo he þis isay
¶ Is felawes name and noȝt him sulue · he nemneþ in þe
  gospel 15
For þe gospel he made him sulf · and þer mide he dude wel
He ne kepte none veine glorie · is owe dede to telle
Þere uore he heleþ is owe name · as ȝe hureþ in þe gospelle
¶ Sein Luc was clene maide inou · as we findeþ iwrite
Me nemiȝte neuere of flesses wille · bi him vnderȝite 20
Sein Poul is felawe he was · and wiþ him in al is wo
Me ne sei him neuere for no drede · enes fram him go
¶ Þe tweie uerste ewangelistes · sein Mattheu & sein Ion
Siwede oure Louerd here an eorþe · and is postles echon
And þat hi seie wiþ ȝare eiȝe · of oure Louerdes dede 25
Ȝare gospelles hi made · as me hurþ in Holi Churche rede
¶ Ac sein Mark & sein Luc · oure Louerd ne siwede noȝt
For hi nere noȝt biuore þe passion · to Cristendom ibroȝt
Þeruore sein Luc þat com after · to þe apostles him drou
And of ham and of oure Louerdes dedes · he enquerede
  inou 30
¶ Mid oure Leuedi he was mest · & mest priue of echone
And enquerede of hure priuetes · þat non nuste bote he
  one
f. 163ᵇ   Al hou þe angel to hure com · and wat he to hure sede

Luke. 4 noble] god H   7 onn] on HA   8 Eimiaus] i *strokes in
diff. ink* C; Emaus HA   12 þoru] bi his H   18 heleþ] hal H
20 wille] lust H   21 felawe] felawes C   33–34] *om.* H   33
wat . . . hure] al wat he A

And al hou oure Louerd was ibore · & of oþer priue dede
And bigan is gospel al þerof · þere fore he one   35
Telþ more of oure Leuedi dede · þanne þe oþer echone
Þoru þat oure Leuedi him tolde · & þe apostles also
Is gospelles he made iwis · and þoru þe Holi Gost þerto
After sein Ion [&] sein Mattheu · is gospel he made anon
And sein Mark þe laste was · and þe ferste sein Ion   40
¶ Sein Luc as þe apostles · aboute prechede faste
¶ In þe lond of Butinie · he deide attelaste
And wende to þe ioie of heuene · as riȝt was to do
Sixti ȝer he was arst old · & fortene þerto
In Butinie he was ibured · wiþ nobleie inou   45
For miracle þat com of him · muche folk þuder drou
Þanne he was suþþe inome · fram þat he was biuore
And to þe lond of Constantinnoble · wiþ gret honur ibore
Þere he liþ ȝute to þis dai · wiþ gret nobleie inou
Bote he were honured wel · me þincþ it were wou   50
¶ Þis foure ewangelistes · þei hi were me[n] pure
Ech was of diuerse forme · as ȝe mowe ihure
Sein Mattheu was in mannes forme · sein Ion in an ern
Sein Marc a lion · & an ox sein Luc · þe gode bern
¶ Sein Mattheu was in forme of man · for he gan euere
  telle   55
Of oure Louerdes manhede mest · inis gospelle
Forþ riȝt & aperteliche · echman to vnderstonde
As it were a mannes dede · þat he sei do mid is honde
¶ Sein Luc was in forme of oxe · for boþe ox & calf
ȝe witeþ wel he is a bocsom best · and of goder half   60
And ipriked & ibust · and attelaste as fawe

35] Þerfore in eche stede·' he him silf alone H   36 þe oþer echone]
hi euerichon A   39 [&]] om. C; given HA   gospel] godspelles HA
41 apostles] is follows C; not given HA   faste] wide & vaste A
42 margin] In Butinia ubi prius predicauerat ibique corpus eius
decenter humatum est   44 arst old] er sign in diff. hand and ink
after arst C; her old H; arst old A   45 nobleie] honour A   46
com of him] he dude H   48 lond] toun H   49 nobleie] honur
A   51 margin] Discripcio   me[n]] me C; men HA   53–
54] om. HA   57 Forþ] For HA   &] om. H   to] he doþ to H
59 margin] Lucas   60 he] add. in diff. hand and ink above line C;
hit H; om. A   of goder half] agodes half H; of godes half A
61 ibust] iburst H; ipust A

He geþ to is owe deþ · wanne me wolde him þerto drawe
¶ Of þulke manere of oure Louerd · sein Luc telleþ mest
Of is meoknesse & bocsomhede · as of a milde best
Hou he was iharled & todrawe · & mekliche suþþe inou 65
He vnderueng þane stronge deþ · þo me him þerto drou
¶ In forme of a lion · sein Marc is iwrite
For þe lion is a best · of wel strange bite
As a bold maister he geþ forþ · wiþ wel stordi mod
So strong best þat it dorre abide · nis bote it beo wod 70
Sein Mark more þanne eni oþer · of oure Louerd haþ itold
Of is holy up risinge · þat stordi was and bold

f. 164ᵃ   For as leon he aros · and alle þing ouercom
And steorne he wol come aȝen · & ȝiue oure alre dom
¶ Ern is a foul of alle foules · þat wel hext mai fle[o] 75
And þer nis best ne foul non · þat so clerliche mai ise[o]
For aboue þe clouden of inou · wel herre he mai te[o]
And fle[o] aboue more wey · þanne it hanne þuder be[o]
¶ He flucþ so heie & so nei · þe firmament anhei
Þat he forswelþ is feþeren · and forbarnt him sulue ney 80
And wanne he is so heie iflowe · þat wonder it may be[o]
Ȝute he may here in þe gronde · a smal worm ise[o]
And a smal viss in þe se · ne be[o] him sulf so heie
Þer nis quik þing an eorþe non · þat habbe so cler eiȝe
¶ Sein Ion is an ern iwrite · for inis gospelle 85
Of oure Louerdes godhede · so deop he deþ telle
And so heie flucþ in diuinite · ouer ech mannes kunde
Þat vnneþe is þer eni clerk · þat it mowe habbe in munde
¶ So cler siȝt he hadde & pur · & so deop out he soȝte
Þat godhede þat oure Louerd an eorþe · wiþ him broȝte 90
Þat as seint Austyn seiþ · þer nis clerk in þe londe
Þat hadde he out bigonne herre · þat him hadde vnder-
    stonde
¶ And þat haþ many clerk yseie · as þere ȝute may
In þe bigynnynge of is gospel · a Midewinter day

67 *margin*] Marcus   70 nis] *after* best HA; nis non H   73
aros] aros vp H; ros vp A   74 steorne] sturneliche HA   75
margin] Iohannes   77 of inou] of ynouȝ H; ofte A   80 for-
swelþ] forsweleþ H; sweleþ A   81–84] *om.* A   82 worm] el H
83 him sulf] he neuere H   89 out] *om.* H   90 þat]
þe heȝe HA   broȝte] wrouȝte H   92 out] *om.* H; oȝt A

For among alle is gospelles · þulke is þe ueorste of echon 95
In þe forme of an ern · here fore me writ sein Ion
Nou bidde we sein Ion & sein Luc · & ȝare felawes beie
Þat hi bringe us toward heuene · in þe riȝte weie

Efleue þousond uirgines · þat fair companie was   De vndecim
Imartred were for Godes loue · ichelle ȝou telle þat cas   milia
virginum
A king þer was in Bruteine · Maur was is name
A douȝter he hadde þat het Ou[r]se · maide of noble fame
Cristine he[o] was and al hure kun · swuþe noble &
    queinte   5
So fair womman me nuste non · ne so god in eche pointe
Of hure fairhede & godnesse · me tolde in eche side
Þat þe word com into Engelonde · and elles woder wide
¶ A king þer was in Engelonde · mon of gret poer
Of þis maide he hurde telle · gret nobleie ver & ner   10
To spousi hure & is sone · togadere hi hadde ipoȝt
Ac þer nas ȝute in Engelond · no Cristendom ibroȝt
To þe king of Brutaine he sende · for is doȝter so uaire
Þat he lete hure marie · to is sone þat was is eir
Ȝif he were þere aȝen · þat þe dede nere ido   15 f. 164ᵇ
Destruie he wolde al is lond · & him sulf also
¶ Þo þis message was · to þis king ised
Sori and dreori he was · he ne couþe þer of no red
For þe king of Engelonde · was heþene and al his
And he weste wel is doȝter nolde · iwedded beon iwis   20
¶ And for þe king of Engelond · was mon of gret miȝte
And þat he nadde poer non · aȝen him worri ne fiȝte
And naþeles triwes of answere · aȝen þe messagers he nom
Deol and sor and lite ioie · inis heorte þer com
¶ He ne tolde noȝt is doȝter uore · of þis reufol cas   25
And naþeles heo it oftriwede · for he so sori was
Ȝeorne he[o] bad God niȝt & day · þat he hure ssolde rede
An angel com to hure a niȝt · and þeos wordes sede

95 alle is] *om.* A   96 here fore] þerfore HA
11,000 Virgins. 4 Ou[r]se] r *om.* C   6 eche] none H   15 nere]
in diff. hand and ink over erasure C; were H; nere A   17 þis . . .
was] þis messager þis þing hadde A   22 worri ne fiȝte] forto fiȝte H;
to fiȝte A   24 sor] he hadde *add.* A   26 oftriwede] vnderȝet H;
ortrowede A

¶ Ne be[o] þou noȝt aȝen þis sonde · as þi fader forto paie
Grante iwedded forto be[o] · at a certein daye   30
Wiþinne þre[o] ȝer þat þou mowe · þi maidenot onure
And þat hi þe wynne clene maidens · wiþinne þi boure
¶ Þat þe king & is sone · & þi fader be[o] at one rede
To cheose þe ten clene maidens · wiþoute ech wikked hede
Wanne ȝe eleuene togadere beoþ · þat hi fynde ȝou eke
    þerto   35
A þousond maidens to ech of ȝou · to serue ȝou alle so
Þat wanne ȝe alle togadere beoþ · þat ech mowe inis side
Honure hure maidenot & þin · þat it be[o] couþ wide
¶ So þat me nute maide non · alosed aȝen þe
And þat he wole Cristene bicome · þi louerd þat ssel be 40
In þis forwarde grante him · after þe þridde ȝere
Iwedded to be[o] in Godes lawe · naue þou þerof no fere
¶ Þo þis maide hurde þis · he[o] was glad of þis lore
Þat he[o] weste warewiþ · hure fader bringe of sore
To hure fader he[o] wende & bad · þat he hure telle
    ssolde   45
Wy he mornynge ȝeode so · & he swor he nolde
¶ Ichot wel þi þoȝt quaþ þis maide · þei þou it holde stille
Of þi message naue þou no doute · ichelle do al þi wille
Þo gan he[o] telle in wuch manere · as þe angel hadde ised
He[o] wolde habbe þis heie mon · ȝif it were is red   50
¶ Wel was þe king glad · þo he hurde þis
Þe messager he ȝaf answere · wiþ gode herte iwis
Þo þe tidinge to þe kinges sone com · wel he him paide
Sone he let him cristni · for loue of þis maide
f. 165ᵃ ¶ And þoru is fader red · and þoru þe oþer kinge   55
Enleue þousond clene maidens · þis maide hi gonne bringe
Were me miȝte nou as sone finde · as me miȝte þo
I ne wene noȝt me ssolde in al þis toun · finde ten mo
¶ Þis maide was of þe companie · glad þat to hure com
Sone he[o] gan in priuete · ham telle of Cristendom   60
Þer fore hure loue & hure prechinge · alle Cristine hi were

32 þat hi þe wynne] þer wonye mid þe H   34 clene] om. H
35 eleuene] om. H   49 telle] sigge H   50 mon] in diff. hand
and ink over erasure C; man HA   53 þe kinges sone] him H
56 gonne] lete H   58 ten] a final letter erased C; om. H; tene A
60 telle] teche H   61 Þer] Þat HA

Louerd wuch a companie · of clene maidens was þere
So glad was þe king of is doȝter · and of hure fairhede
Þat he let ham makie a ssip · of gret lengþe & brede
Þat hi ssolde aboute in þe se · pleie wanne hi wolde   65
Þat echmon alonde and awatere · hare maidenot presi
    ssolde
¶ Hi songe ofte awater & alonde · & tresches gonne lede
And oþere manere vaire pleies · & al of clene dede
Mete and drinke stilleliche · to þe ssip hi lete bringe
To þre[o] ȝeres sustenance · wiþoute leue of þe kynge   70
¶ A dai hi uerde into þe se · & pleide up and doun
For ioie þere hi hulde ham · men of moni a toun
As hi were in mest plei · oure Louerd a wind sende
Þat drof ȝam fer into þe se · me nuste woder hi wende
Wel glad were hi þo þe wind · ham drof wel bliue   75
Atte cite of Coloine · hy gonne ferst ariue
¶ To dameisele Ourse ȝare maistresse · an angel þer com
    þere
And made hure maidens lede wel · forte hi imartred were
And sede hi ssolde forþer fare · and aȝen wende
And in þulke toun ymartred be[o] · for Godes loue
    attenende   80
¶ Glad was þis maide for þis word · forþ hi wende anon
Atte cite of Basili · hi ariuede þo echon
Fram þulke cite euerichon · auote hi wende to Rome
Þe pope ȝam made ioie inou · þo hi þuder come
For mony of ȝam him was isib · and for he was of
    Brutaine   85
Kiriac is name was [·] hi were wiþ him wel faine
¶ To þe pope an angel com a niȝt · and sede þat he ssolde
Wiþ þe maidens imartred be[o] · for oure Louerd it wolde
After þis time þe holiman · onourede hom þe more
And prechede ham of clannesse · & of oure Louerdes
    lore   90

63 fairhede] faire ferede H; verede A   65 wanne] wher H
68 clene] faire H; wel clene A   69 lete] gonne HA   72 hi hulde]
bihulde(n) HA   77–82 om. A   77 ȝare maistresse] om. H
78 made] bad before lede H   79 aȝen] alle aȝe H   85 was
isib] i in diff. ink over erasure C; were isibbe HA   89 onourede]
louede A

¶ Twelf monþe & eleue wike · alle þis maidens were
At Rome wiþ þis holi pope · þat ham dude wel lere
Ac þe pope þo sein Curiac · is conseil clupie bigan
Is clerkes and is cardinals · and moni anoþer man

f. 165ᵇ To uore ȝam alle is dignete · he tok up a[t] þan ende 95
And sede he wolde into oþer lond · wiþ is maidens wende
¶ Þe cardinals were þere aȝen · and sede he gan reue
Wiþ fole wenclen forto go · and is dignete to bileue
Naþeles he wende forþ wiþ ham · al aȝen ȝare rede
Is cardinals and is clerkes · gret ssame him þeruore sede 100
¶ Tweie luþer princes · Maximin and Affrican
Þoȝte þat þis maidens wolde · turne moni a man
To ȝare mei prince of Coloine · hi sende for þe none
Þat he wanne hi þuder come · ham martrede echone
¶ Þat child þat ssolde þis maide wedde · as he hadde ised 105
King was imad of Engelonde · þo is fader was ded
Þat ladde swyþe chaste lif · and longede swuþe sore
Wiþ þat clene maide to speke · þoru strengþe of Godes lore
¶ An angel com to him sone · and bad him in alle wise
Þat is moder & is ȝonge suster · he lette sone baptise 110
And þat he wiþ ham to Coloine · wende mid al is main
Aȝen is truwe spouse · Ource of Brutain
Þat he bonde him to hure faste · in worde and in dede
And endede togadere hore lif · as he ȝam wolde rede
¶ Þis ȝonge king vawe dude · as þe angel him gan lere 115
He nom is moder & is soster · þo hi ibaptized were
And þe bissop Clement ek · þat ham ibaptized hadde
Toward Coloine forþ wiþ him · aȝen þis maidens he ladde
Welle glad was þis ȝonge king · þo he to is lemman com
As glad was þe maide þo · he[o] sai him in Cristendom 120
Gladdost he[o] was for is soster · þat het Florentine
Þat he[o] ssolde so clene & so ȝong · soffri deþes pine
¶ Our[s]e of Brutaine þe ȝonge king · of gret ioie gan him lere

92 Rome] e *in diff. ink over erasure of several letters* C   95
a[t]] and C; at HA   96 wiþ is] mid þis H; wiþ þis A   97 and
. . . reue] þat he his dignete gan reue H   98 fole] o *changed
to* e *in diff. ink* C; *om.* H; fol A   wenclen] wenclen H; wenklen A
103 mei] *om.* H   109 com] þer com H   109–10 sone]
om. H   112] & afonge cristendom.᾽ er hi come agayn H   123
Our[s]e] s *om.* C

Þat he huld him faste to hure · & ne flecchede neuere for
 fere
Þat hi miȝte in triwe loue · togadere imartred be[o] 125
And in heuene be[o] wiþ Iesu Crist · þat hom boȝte on þe
 tre[o]
¶ Þis ȝonge king grantede al þis · his lemman noȝt he ne
 wernde
Is ferste poȝt into triwe loue · of clannesse he turnde
Þe heþene prince ȝare was · þo hi to Coloine come
And luþer men monion · & þis companie al nome 130
Hi houede & cride ȝam assame · to gronde hi ham slowe
Also fale wolues among lomb · ȝare clene fleiss todrawe
¶ Þo hi come to þis clene þing · Ourse of Brutaine
Þo hi fonde a such creature so fair · hi were wel faine
Þe prince hure nom & hure bihet · to lete hure gon aliue 135 f. 166ᵃ
And for hure noble gentrise · habbe hure to wiue
¶ Þis maide sede þat he[o] nolde · non eorþlich spouse
 take
Þe prince was þo wroþ inou · þo he was forsake
Archers he let hure ssete anon · to deþe attenende
And þus he[o] & hure companie · to þe blisse of heuene
 gan wende 140
¶ And þe ȝonge king of Engelond · and is moder also
And is ȝonge [soster] Florentine · to deþe was ido
And þe pope Ciriak · and bissops monion
Þat for hope of martirdom · wiþ þe maidens dude gon
¶ Ou Louerd þe grete ioie · of þe swete uerhede 145
Þat martirdom for þine loue · auonge wiþoute drede
In þe two hondred ȝer and eiȝte and þrittiþe ȝere
After þat God an eorþe com · þis maidens imartred were
Þis enleue þousond maidens · and al þe companie
Ibured were suþþe in Coloine · in a nonnerie 150
¶ An abbot þer was biside · þat heorde of þis cas
And þat ofte of þis clene maidens · gret miracle was

127 his . . . ne] þis womman noȝt ne H 131 houede] suede H;
huwede A ȝam] on hem H; hem A 132 Also] As so HA clene]
om. H todrawe] hi to (*om.* A) drowe HA 134 hi . . . faine] & so
fayne H 142 [soster]] doȝter C; soster HA was] were HA
147 ȝer] *om.* HA 151 *margin*] Miraculum þer] *repeated after*
was HA 152 gret] vair A was] þer was HA

He bad þe abesse of Coloine · þat he[o] him granti ssolde
A body of þis clene maidens · and he it wolde do in golde
¶ Þo þis bodi him was bitake · twelf monþe he let it be[o] 155
Wiþoute seluer oþer gold · in a cheste of tre[o]
Þo þe twel[f]monþe was ido · as þe monkes echone
At matins [were] a niȝt þis holi bodi · aros hure up al one
And enclinede hure to þe heie weued · & wende mildeliche
Out þoru out al þe couent · fair and stilleliche   160
¶ Þe monkes þo hi þis iseie · adrad and sori were
To þe tombe hi wende þer he[o] was · & nefonde hure noȝt
    þere
Þis quaþ þe abbot is oure wreche · for we hure nadde ido
In gold as riȝt hadde ibe[o] · for we bihete hure so
¶ To þe abbesse of Coloine · þe abbot wende anon   165
And tolde þe cas al hou it was · of þe maide agon
Hi wende forþ to þulke stude · as he[o] was ileid er
And houede upe þe lid of þe þrou · and fonde hure ligge
    þer
Vair and euene as heo dude er · so lite lime þer nas
Þat nelay as he[o] uerst deode · vair miracle þer was   170
Þe abbesse was þo glad inou · and þe nonnes echon
And for þe miracle songe heie · and þonkede God anon
¶ Þe abbot bad þat he moste habbe · þe holy bodi efsone
And he it wolde honure vawe · as riȝt was to done

f. 166^b Ac þe abbesse nolde it grante noȝt · ne þe couent noþer 175
Þat he it ssolde eft lede awei · þei he were ȝare broþer
¶ For hi seie it was Godes wille · þat it ssolde bileue þere
Þis abbot wende hom aȝen · wiþ wel dreri chere
Nou God us granti for is grace · þat we mote iwynne
Þe heie ioie of heuene · þat þeos maidens beoþ inne   180

De sancto
Simonis et
Iude Sein Symon & sein Iude · tweie breþeren were
Marie sones Cleophe · as oure boc us deþ lere
Hare moder was oure Leuedi soster · ibore in þe olde lay

153 abesse] abbot H   157 twel[f]monþe] twelmonþe C; tuelf
monþes H; twelf monþe A   was] were H   158 [were]] om.
C; given HA; after niȝt A   holi] om. H   160 out] om. HA
162 wende] eoden A   hure noȝt] noþing A   164 as riȝt] riȝt
as hit H   172 heie] anheȝ H

Sein Iacob hure sone was ek · was day comeþ in May
Sein Iude he[lde] þe king Abagar · ichelle ȝou segge hou 5
Þat was bitwene oure Louerd and him · iwite ȝe mowe nou
Þis king was in siknesse · þo oure Louerd an eorþe ȝeode
Þis word he sende oure Louerd iwrite · for is owe neode
¶ To Iesus þat is an eorþe aliȝt · saueor of alle þinge
Godes sone is triwe hine · Abakar sent gretynge 10
Gret miracle ich habbe of þe ihurd · þere fore ich vnder-
stonde
To soþe þat þou ert Godes sone · icome þoru Godes sonde
¶ Wo is me þat i nemai · enes to þe come
For mi siknesse to habbe hele · þat it were me binome
Ich habbe vnderȝite þat þe Giwes · chideþ touward þe 15
Awaiteþ þe to sle · as me telleþ me
Þere fore fle[o] ȝare companie · and com to mi cite
Ichelle þe saui for ȝam alle · þat hi ne solleþ þe sle
Bote þou do hi wolleþ þe sle · ȝif þou gest among ȝam
þere
And help me ȝif it is þi wille · þat ich iheled were 20
¶ Þo þis writ to oure Louerd com · he it bigan to rede
And sende him anoþer writ aȝen · þat þes wordes sede
Iblessed þou ert king Abakar · þat ne seie me noȝt
And wost biluue wel on me · wiþ word & wiþ þoȝt
For monie þat iseie me · on me biluue hi nolde 25
Iblessed be[o] þat me neseoþ · & on me biluue wolde
To þe nemai ich come noȝt · for ich mot folende
Þat ich am fore an eorþe isend · & suþþe hanne wende
And suþþe on of min deciples · ichelle to þe sende
Þat ssel þe hele of þin vuel · and bringe þe of bende 30
¶ Þo þis lettres to þe king come · he made dreri chere
Þat he nemiȝte oure Louerd ise[o] · þe wile he an eorþe
were
A queinte peintour he sende him · to peinte is figure
And bringe him to biholde þeron · þe wile it wolde dure
Þo þe peintor to Iesu com · he nemiȝte biholde is face 35 f. 167ᵃ

Simon and Jude. 4 was day comeþ] þat his dai is H   5 he[lde]]
het C; helde HA   7 in] gret add. A   9 *margin*] Epistula
Abakar rex depars   10 Abakar] kar *in diff. ink over erasure* C
16 þe] *above line* C   21 *margin*] Responcio   28–29] *om.* H
34 it wolde] he miȝte A

So ssinynge it was and briȝt · and aboute al in þe place
¶ Oure Louerd weste wel is þoȝt · a linne cloþ he tok
And biclupte þerwiþ is face · as we uindeþ in bok
Þo was it pur liȝt of figure · in forme and in colour
And al þe face riȝt as his · he tok it þe peintour   40
To soþe i ne wene noȝt · þat þer were no peintor þer ney
Þat liȝtloker it couþe habbe imad · for he was somdel sley
Glad was þe peintor þo þerwiþ · for he ne couþe no such
  make
Þe king Abakar was gladdore · þo it him was bitake
¶ In gret druori he it weste · and for noble relike   45
And nobleliche an eorþe it is ȝut · to hele feble & sike
Þe face þer of is swuþe muche · wiþ deop and muchele eiȝe
Þe neb long and swuþe steorne · þe browen long and heie
¶ Þe wordes þat oure Louerd him sende · þat ich ȝou radde
  here nouþe
Of gret uertue beoþ inou · and ȝute beoþ wo so is couþe 50
Þere nemiȝte þo in þulke toune · þat hi were irad inne
None wile no luþer mon · wonie þer wiþinne
Wanne eni fon of werrors · come toward þe ȝate
Ȝif me radde þat writ aȝen hom · hi nemiȝte come in
  þerate
¶ Þat oure Louerd bihet þe king · þat of is deciples on 55
After is time him ssolde hele · he ne brak forward non
For þo he was to heuene iwend · sein Iude þuder wende
To hele him þoru oure Louerdes grace · as Iesu Crist him
  þuder sende
Glad was þe king þo he him isei · to him he seide anon
Þou ert wolcome for wel ich wot · fram wam þou ert
  agon   60
¶ Þou ert mi Louerdes deciple · isend me forto hele

---

36 So . . . briȝt] So it scynedde & so briȝt was A   and aboute al]
aboute HA   37 weste] þoȝte H   39 pur liȝt of] purliche his
H; pur liche is owe A   40 his] *om.* H   it] to H   41 þat þer
were] *om.* H   no] eny A   42 Þat] *om.* H   43 þo þerwiþ] þo
H; þerof A   48 neb] vout *or* vont HA   *first* long] swiþe lõng
H   49 radde] seide H   50 *first* beoþ] were HA   is] hem H;
is A   51 toune] tyme H   52 no . . . mon] liþere men H
53 werrors] furrenes H   55 *margin*] Donacio   56 time]
deþ H   58 Iesu Crist] S. Thomas A   59 anon] atte frome,
atte *over erasure* H   60] *om.* H

Ich biluue on him and forsake · þe Giwes vniuele
To none þinge inadde so gode wille · as bringe ȝam to
noȝte
Þat mi Louerd þat ich on leoue · to so vil deþ broȝte
¶ Ich am quaþ sein Iude þo · inis name hider igon   65
Studeuast wille haue to him · and þou worst hol anon
Sein Iude nom þat holy writ · þat oure Louerd him er
sende
And roddede þerwiþ is sike lich · & it anon to hele wende
He hadde er musel longe ibe[o] · he helde him in a stonde
Þis king herede ȝeorne God · þat boȝte him wiþ is wonde 70
¶ Sein Iude wende forþ anon · and prechede in þe londe
And sein Symon prechede in Egipt · & suþþe þoru Godes
sonde
Togadere in þe lond of Perce · þis breþeren togadere come
And prechede faste Cristendom · as hi hadde er ilome
¶ Tweie luþer men þat ham made · as god hi fonde þere   75 f. 167ᵇ
Zaroes and Arafaxat · þat made þo luþer chere
Þat sein Mattheu hadde er of þe londe · of Ethiop idriue
Ac euer eft forte þo in god pais · in Perce hi hadde ilyue
¶ Waradac duc of Babiloine · bataille hadde inome
Aȝen þe prince of þe lond of Iude · him to ouercome   80
Þe duk as he was iwoned · to is false godes gan wende
Answere forto wite of ham · hou þe bataille ssolde ende
Þe ssrewen ne miȝte speke a word · þe duc was in gret fere
Atte þe grettoste clerkes of þe lawe · þe duc esste hou it
were
¶ Þo seide þat hi dombe were · for þe apostles tweie   85
Symon and Iude þat were þo · in þe lond alle beie
Þe duk let þe apostles seche · þo hi were forþ ibroȝt
He esste anon wat hi were · and wat hi þere þo soȝt
¶ Of Giwes þis apostles sede · bi kunde we beoþ icome
As Cristene men we beoþ nou · and to god we abbeþ
inome   90

---

62 vniuele] vnyfele H; vnuele A   68 lich] flesc A   71
margin] Iudas   72 *margin*] Simon   *Line add*. In anoþer londe.'
aiþer oþer fonde H   73 Togadere] Boþe H   75 god] godes
HA   hi] In egipt hi A   79 *margin*] bellum Waradac   84
Atte] Of H; *om*. A   esste hou] of escte wi A   85 Þo] Hi HA
86 alle] *om*. HA   88 Þo] *om*. HA   90 As] Ac HA

For þi god and for þi prou · hider we beoþ igo nouþe

3e quaþ þe duk þo ynabbe no space · wiþ 3ou to speke wiþ
    mouþe

For þis bataille ich segge 3ou · forte he be[o] ysmite

[& þanne i° wole ihure what 3e beoþ⸱ & more of 3ou iwite

Þe is betere nou quaþ þapostles⸱ þat þu mi3t iknowe] 95

Him þoru wam þou mi3t ouercome · þi bataille & þi wowe

Segge þ me nou quaþ þe duc · hou þe bataille ssel ende

3if 3e beoþ of more poer · þan mine godes so hende

¶ Nai ess at Saroes and Arafaxat · þis apostles sede

Þat þou mowe iknowe & iwite · 3are wrecche falshede 100

Þis tweie ssrewen sede þe duk · ssolde ouercome be[o]

And strang bataille and mansla3t · me ssolde þer ise[o]

¶ Þo þe apostles hurde þis · hi gonne to li3he smere

Wat li3he 3e quaþ þe duk · and ich habbe so gret fere

Ne dred þe noþing quaþ þe apostles · ac be[o] glad in
    þo3te 105

For þi maistrie and pes also · wiþ us hider we bro3te

To morwe þou sselt maister be[o] · ar þe þridde tide of daie

Þi fo wol come & abowe to þe · and be[o] glad þe to paie

¶ Þe oþer ssrewen lowe þo · and sede þat hi so spake

For þe duc ssolde al oneiware · of is fon be[o] itake 110

¶ We ne biddeþ no3t quaþ þe apostles · [n]ouþe ne to abide

Ac þat soþe 3e solleþ to morwe iwite · biuore þe þridde tide

¶ Þe duc let þe apostles wite · amorwe he made him 3are

To bataille mid al is men · ac ar he come þare

Is fon come him a3en · merci forto crie 115

And grantede him is wille al · & 3eue him þe maistrie

f. 168ᵃ ¶ Þo þe duk isei þat it was soþ · þat þe apostles sede þere

He het brenne þe false godes · þat fals & luþer were

¶ We beoþ isend hider quaþ þe apostles · Godes word to
    telle

92 þo] om. HA wiþ mouþe] nouþe A   94–95] om. C; given HA
94 first &] Ac A   95 iknowe] þende add. H   96] om. H
98 mine] oure H   99 ess at] escheþ H   100 3are wrecche] al
here H   108 abowe] loute A   110 oneiware] vnywar H;
vn iwar A   111 [n]ouþe ne] mouþe ne C; nouþe⸱ noþer H; nouþe A
113 þe apostles wite] nyme þapostles þo H   114 margin] finis
belli   118 het] let H þe false godes] þo his godes H
119 Godes word] of iesu crist H

& þe dede forto ȝiue lif · and noȝt þe quike to quelle 120
We nolleþ noȝt ȝif it is þi wille · þat for us þou ȝam spille
Bileue ȝare folie ȝif hi wolleþ · lete ȝam al ȝare wille
¶ Þe duc bad þe apostles noble ȝiftes · ac hi nolde uonge is noȝt
Þo ne finde he noȝt ar he hadde · to þe king ȝam ibroȝt
Sire he sede þou suxt þis men · þat ich bringe biuore þe tweie 125
Þei hi in monnes forme be[o] · godes it beoþ heie
¶ Zaroes and Arafaxat · þis tweie enchanteors
Of sein Simon and sein Iude · ȝute hadde gret rebors
Þe apostles þat to apeiri · to þe king hi wende
Sire hi seide we beoþ godes · & God us hider sende 130
And þat þou þer of wite þat soþe · let biuore us bringe
Þe beste plaidors þat þou hast · to hure oþer tidinge
To oure wille we ssolleþ ȝam make · so dombe so þe ston
Stronge men we wolleþ make lame · þat hi ne ssolleþ a uot gon
¶ Biuore ȝam me broȝte muche folk · boþe renable & stronge 135
Wiþ ȝare enchantement þe ssrewen [·] [ham] made dombe longe
We wolleþ nou hi sede lete ȝam speke · ac lame hi solleþ bicome
Þo speke hi and folle adoun · as ȝare limes ham were binome
Suþþe hi lete ham speke and go · and loke brode þere
Ac þei þe eiȝen were ope · naþeles pur blind hi were 140
¶ After oure wille þe oþer sede · þus we mowe ȝam make
Nou ȝe seoþ þat we beoþ godes · ȝe ne mowe it noȝt forsake
Þe blinde men as it were bicas · to þe apostle gonne gon
Biluueþ on God queþe þe apostles · and ȝe worþe hol anon
¶ Anon so hi grantede þat hi wolde · on Iesu Crist bileoue 145

123 *margin*] Rex nomine Sertes   uonge is] hem afonge H;
auonge A   126 it beoþ heie] hi beoþ beye HA   128 ȝute] hi H;
om. A   129 þat to] forto H; to A   132 oþer] oure H   134
lame] *om.* H   a uot] ane fot H; *om.* A   135] *om.* H   136
[ham]] hi CA; *om.* H; *after this line* H *adds*: Þat þer nas non þat
miȝte ꝰ ane word speke wiþ tonge   140 Ac þei] And H

Ȝare siȝt com god aȝen · no þing ne gan hom greue
To þe king hi wende hol aȝen · as hy moste nede
Þe oþer ham wolde efsone blende · ac ham nemiȝte noȝt
    spede
¶ Þe enchanteors were swuþe wroþe · hi bede anon þe kinge
  Þat þe apostles forto fondi · byuore hom me ssolde
    bringe   150
  Þo þe apostles were icome · þe enchanteors attelaste
  A gret beorþene of neddre · upe þe apostles hi caste
¶ Þe apostles nom ȝam in ȝare mantels · & caste ȝam aȝen
    anon
  In þe enchanteors & hi fastnede · in ȝare fleiss echon
  Hi gnowe & frete ȝare fleiss al quik · þat hi nei wode
    were   155
  As wolues wel soriliche hi ȝolle · wiþ reulich chere

f. 168ᵇ ¶ Þe king het þe apostles anon · þat hi soffri ssolde
  Forte hi were al ifrete · ac hi sede hi nolde
  For hi were isend to ȝiue lif · wo so it auonge wolde
  And nanne man forto sle · for seluer ne for golde   160
¶ Hi hete þe neddren souke aȝe · hore venim þat hi ssadde
  Þo were þe wrecches so forgnawe · þat hi wel nei awedde
  Wel more hi were ipined ȝut · mid ȝare aȝen soukynge
  Of ȝare venim þanne hi were er · wiþ al ȝare gnawynge
¶ Nou ȝe worþe queþe þe apostles · in torment dawes
    þre[o]   165
  And þanne to knowe Godes miȝte · hol ȝe ssolleþ be[o]
  Þreo dawes hy hadde so gret pine · þat nomon nemiȝte
    more
  Hy nuste ware be[o] for wo · hi grunte somdel sore
¶ Þe þridde dai þe apostles sede · oure Louerd ne wilneþ
    noȝt
  Þat eny mon wiþ strengþe be[o] · to is seruise ibroȝt 170
  Þere fore ȝe solleþ hol & sound · chese nou attenende
  In ȝoure folie to bileue · oþer to him wende
¶ Þo þe ssrewen hole were · hi gonne fle[o] attelaste

146 gan] miȝte H   148 efsone] siþþe H   156 soriliche] grisliche
H; reuuolliche A   161 souke] swoleȝe H   167 nomon] non H;
nomen A   nemiȝte] beo add. H   168 somdel] swiþe H
169 Þe . . . dai] Þo H

Aȝen Iesu Crist & alle his · hi prechede wel uaste
So vuel hi nere neuere er · in dede ne in poȝte   175
Al Babiloine aȝen þe apostles · in gret wraþþe hi broȝte
¶ Þe dukis doȝter in foly · mid childe was ibroȝt
Heo sede þat child upe a dekne · þat gulti nas noȝt
Þat folk nom þe dekne anon · þo þe child was ibore
And poȝte to wuch deþe him do · as þe duc hadde
    iswore   180
¶ Þe apostles come go þereforþ · & isei al þis cas
Hi esste wuche tide of þe daie · þat child ibore was
Bote today þis oþer sede · atte þe þridde tide anon
Þe apostles nome þo þat child · among hom echon
And hete him a Godes name · þat it tolde þere   185
Ȝif þe dekne is fader was · as hi op him bere
¶ Nai for Gode quaþ þat child · he ne biȝet me noȝt
For he is chast and euere was · of dede & of poȝt
Þe folk bede þe apostles esse · wo is fader were
Nai quaþ þis godemen · so ne ssel me us noȝt lere   190
For oure riȝt is gultelese men · to bringe out of bende
Ac non gulti for trespas · ne valt us to ssende
¶ A ȝer ihol and monþes þre[o] · þe apostles were þere
So þat þe kyng and alle his · þoru hom icristned were
And sixti þousond men also · to Cristendom hi broȝte 195
Wiþoute children and wymmen · þoru miracle þat hi
    wroȝte
¶ In þe cite of Suamayr꞉ tuci enchantours were   H. f. 142ᵃ
Þat swore to makie þapostles ꞉ here maumetȝ to honure
    þere
Þat liþere folc nome þis gode men꞉ & to here temple hem
    ladde
Þe deuelen þat þer inne were꞉ loude cride & gradde   200
¶ Al miȝti Godes apostles꞉ what wole ȝe wiþ ous do
We beoþ in pyne in bernynge꞉ siþþe ȝe come ous to
Lo seide þapostles þo꞉ þat ȝe alle iseo

Þat hit beoþ deuelen we hoteþ hem." þat [hi] hunne fleo
Tuei sworte þinges þer flowe out." as hit blomen were 205
Naked bar & grislich." ȝullinge wiþ reuliche bere

¶ Þe maumetȝ hi toborste atuo." þo hi flowe þer fram
Þo þe liþere men þis iseȝe." sori hi were & gram
Wiþ wepne hi wende forþ." & þapostles slowe
& al tohewe hem in þe place." & eche lyme fram oþer
　　drowe　　　　　　　　　　　　　　　　　　210

¶ Þo com þer as hit þondre were." & þe temple to grounde
　　broȝte
A liȝtinge þer com afterward." & brende hem to noȝte

¶ Þus seint Symon & seint Iude." þe holie apostles tueye
Endede here lyf in martirdom." & to heuene wende beye

Seint Quintin þe martir." of þe contray was of Rome
　　For Godes loue he þolede deþ." er he to heuene come
　　Þemperour þat was of Rome." þat het Maximian
He let turmenti whan he fond." eni Cristene man
His men furde as roters." & ernde al aboute　　　　　5

¶ & defoulede so Cristene men." þat hi neþerfte nowhar
　　atroute
& vrne hi þat arewe were." in to þe contray aboute
& flowe þe liþere turmentours." þat kene were & proute
Somme hudde hem vnder hulles." in valeye oþer in doune
In roches summe & olde diches." þat hi neþerste come in
　　toune　　　　　　　　　　　　　　　　　　10
For drede of þe stronge deþ." & ȝut hi dradde more
Þe longe pyne & strong bifore." þat turmentede hem so sore

¶ Seint Quintin was þo at Rome." he dude him out also
Of Rome for turmentinge." as he seȝ oþere do
Stilleliche he wende him forþ." & in to France com　　15
To þe cite of Amias." þe riȝte wey he nom
Þer he gan to cuþe furst." & prechede al abrod
As hardi knyȝt aȝe þe deuel." no leng he nabod

¶ Oure Louerd schowede ek for him." gret miracle ynouȝ

204 hi] _om._ H; _given_ A　　　206 reuliche bere] grisliche chere A
Quentin. 2 deþ] muche AJ　　5 ernde al] rede faste J　　7
aboute] for doute J　　12 pyne] torment AJ　　þat] þat me AJ
turmentede] dude J　　14 for] in J; þis _add._ AJ　　17 cuþe]
him _add._ J　　19 gret] fair J

So þat to oure Louerdes lawe.' gret folc wiþ alle he drouȝ 20   f. 142^b

¶ Þemperour sende þo.' in to eche londe
To turmenti Cristene men.' þat hi nemiȝte nowhar atstonde
A liþer Iustise Richemer.' into France he sende
For to siche Cristene men.' into al þe lond he wende

¶ As þis iustise wende aboute.' to destruye Cristendom   25
To þe cite of Amias.' atte laste he com
Seint Quintin was sone ifonde.' for he nehudde him noȝt
Wel foule he was iharled forþ.' & bifore þe iust[is]e ibroȝt

¶ Þe iustise him bihuld anon.' wiþ wel dreori chere
Belami he seide ich wolde wite.' what þi name were   30
& what beo þyne bileue.' for þu schalt boþe telle
Sire wel fawe quaþ þis oþer.' noþer hele ynelle

¶ Quintin is mi name icleped.' & Cristene ich am iwis
& in Iesu Crist Godes sone.' al mi bileue is

¶ A traitour quaþ þe iustise.' woltou take on so   35
Bi myne godes þat miȝtful beoþ.' þu schalt anoþer do
Wiþ stronge turmentȝ & diuerse.' ich wole þe lete spille
Sire þu miȝt quaþ seint Quintin.' bi me do þi wille
Ac bi God þat makede me.' & heuene & vrþe also
Þi þreting ne drede y noȝt.' ne ynelle non oþer do   40

¶ Wele þat þe iustise.' was wroþ & gram þo
He let clipie his turmenturs.' þat prest were to wo
Þis holi man hi strupte naked.' & streiȝte him al alonge
Wiþ harde scourges hi leide him on.' of cordes & of þwonge
Þe more hi beote þis holi man.' he makede þe gladdere
  chere   45
So swiþe hi leide on him faste.' þat al weri hi were
Nou weri mote hi beo.' & vuele mote hem beo idoȝt
For wel was hem whan eni wo.' to Cristene men was ibroȝt

¶ A voiȝ þer com fram heuene.' & seide Quintin glad þu beo
Mi leoue seriant beo stedeuast.' for ich am mid þe   50
Þo were þis turmentours.' so wery & so sore
For betinge þat hi fulle adoun.' & nemiȝte speke nomore

¶ Þe iustise was þo so wroþ.' þat he nuste non oþer dede

21 in to] aboute in AJ   28 iust[is]e] iuste H   29 dreori] sori J
32 hele] bileue A   36 þu schalt] bote þ^u AJ   39 vrþe] helle J
41 gram þo] agramed also A   44 cordes] corde AJ   47 &
. . . idoȝt] & wo worþe hem In þoȝt A ; & luþer word hom y doȝt J
52 speke] stonde AJ   53] *four lines add.* J

Bote het hem bileue euerechdel.ꞏ & to prisoun him lede
To prisoun wende þis holi man.ꞏ mid glade hurte atte
  laste   55
Þerinne [he] was faste ibounde.ꞏ & þe dores iloke faste
He lai þer in afflicciouns.ꞏ & in beden also
A nyȝt as he was aslepe.ꞏ an angel com him to
¶ Quintin he seide aris anon.ꞏ & go amidde þe strete
 f. 143ᵃ & preche þat folc to Iesu Crist.ꞏ for noþing þu ne lete 60
¶ Quintin awok mid þis word.ꞏ & vp aros anon
& out of prisoun strong.ꞏ al sauf he gan gon
& passede o warde & siþþe anoþer.ꞏ þat so faste were iloke
& bileuede hem hol & faste ynou.ꞏ & noȝt on tobroke
¶ He wende as þangel him bad.ꞏ & in to þe strete com 65
& prechede faste of Iesu Crist.ꞏ & of his Cristendom
For his prechinge þat folc com.ꞏ wel þicke aboute him go
He turnde to Iesu Crist.ꞏ tuo hondred men & mo
Þe gailers þat him scholde witie.ꞏ awoke atte laste
Hi fonde þe prisoun as hi hit makede.ꞏ þe doren iloke
  faste   70
Ac hi nefonde noȝt þis holi man.ꞏ þat hi þerinne caste
Hem wondrede hou he out com.ꞏ & somdel [were] agaste
Hi vrne aboute & soȝte him wide.ꞏ & þo hi hadde al isoȝt
Hi fonde him as h[e] hadde þat folc.ꞏ to Iesu Crist ibroȝt
Þo hi seȝe þat grete wonder.ꞏ hi vrne aȝe anon 75
To þe iustise Richemer.ꞏ so swiþe hi miȝte gon
Sire hi seide wite hit to soþe.ꞏ þyne godes sike beoþ
& alle þat onureþ hem.ꞏ for we þat soþe iseoþ
Þerfore we onuryeþ Iesu Crist.ꞏ þat almiȝti is
& soþfast God as we hit wite.ꞏ þurf Quintin iwis 80
¶ Beaus amis quaþ Richemer.ꞏ what is ȝou on bicome
As foles ȝe spekeþ & gydie men.ꞏ & ȝoure wit is ȝou bynome
Goþ hunne ich rede anon.ꞏ & turneþ ȝoure þoȝt
For ich wole furst fondi þat þis þeof.ꞏ to deþe beo ibroȝt
He let after þis holi man.ꞏ his turmentours sende 85

---

56 [he]] *om.* H; *given* AJ 58 was] lai A 60 for . . . þu]
þat þu hit noȝt J 63 passede] de *inserted above line* H 64
ynou] iloke A 72 [were]] *om.* H; *given* AJ 74 h[e]] hi H
76 swiþe] faste J; so *add.* AJ 77 wite hit] wite ȝe A; witeþ
J 79 Þerfore] Vor AJ 82 & . . . is] is ȝoure wit AJ
83 turneþ] sone *add.* AJ

Þo he nemiȝte fram Iesu Crist./ for noþing his þoȝt wende
¶ Wiþ scourgen of ire he let hem bete./ & his bodi al
    tore[n]de
Þo he was defouled so./ a gret fur he let atende
He let þo walle pich./ & gresse & ooylle also
& anoueward his rug iwonded./ al berninge hit do   90
Siþþe he let nyme brode platen./ & sette al afure
& pulte to his nakede side./ þat wonder hit was to dure
Of alle þe turmentȝ þat me him dude./ vneþe oȝt he velde
Þe brennynge ne hette him noȝt./ ac him þoȝte al akelde
Louerd moche is þi miȝte./ as saiþ in þe sauter   95
On þin halewen þu ert wonderful./ as me mai iseo her
Þat betinge ne stronge wonde./ ne berninge of fure
So lute greuede þis holi man./ Louerd hou miȝte he hit dure
Þe iustise let nyme vynegre./ & salt atte laste
And makie þerof a biter drench./ & in his mouþ let caste 100 f. 143^b
Chaynes of ire he nom siþþe./ heuie & gret ynouȝ
& wond aboute his heued./ & out of toune him drouȝ
Þe iustise let nyme þo./ spites of ire tueye
& aboue þe schuldre scheoue hem in./ & out atte þies beye
& spitede so þis holi man./ þeȝ he were þerto lene   105
Euere he þolede al his wo./ newiþseide he hem noȝt ene
Þo nomen hi ten þinne nailes./ þat bote schorte & smale
    nere
& lette hem caste amidde þat fur./ þat al brennynge hi
    were
& lette hem smyte in atte fyngres./ in ech fynger on
Byneþe þe nailes to þoþer ende./ bituene flesch & bon 110
Al brennynge hi were in ismyte./ nou Iesu Crist þyn ore
Þat eni man hurte hadde./ to turmenti oþer so sore
Louerd moche is þi grace./ þat þu wolt þyn halewen sende
Þat miȝte beo iturmented so./ & his hurte noȝt wende

86 þoȝt] herte A   87 tore[n]de] toredde H   90 iwonded]
up þe wounden A; forwundeþ J   91 sette] made AJ; hem
add. A   94 al akelde] he kelde A   95 as] soþ J   in] *om.* J
96 *margin*] Mirabilis deus in sanctis suis   102 wond] hem *add.*
A; al *add.* J   heued] necke AJ   103 nyme] take AJ   þo./
spites] þe cheynes J   105 he] *above line* H   106 hem] *om.* AJ
110 Byneþe] Bitwene A   þoþer] þe niþer J   114 Þat] Þat he
AJ

¶ Þo þe iustise þis iseȝ.' þat hit was al for noȝt　　　　　115
　Þis þeof he seide in some manere.' to deþe schal beon
　　ibroȝt
　His heued he let smyte of anon.' his turmentours prest
　　were
　A swerd hi nome kene ynou.' & smyte of his heued þere
　Riȝt as hi þis dede dude.' a voiȝ þer com anon
　Fram heuene þat þuse wordes seide.' þat hi ihurde
　　echon　　　　　　　　　　　　　　　　　　　　　120
¶ Quintin Quintin mi seriant.' com her anon to me
　& vnderfong þe croune.' þat iȝarked is to þe
　Myn angles þe schulle vnderfonge.' & in to heuene lede
　Riȝt as þe swete voiȝ.' þuse wordes him sede
　& his heued was of ismyte.' as al þat folc iseȝ　　　　125
　A whit coluere cam out at his necke.' & fleȝ to heuene anheȝ
　Hi seȝe heuene openy þer aȝen.' in he fleȝ anon
　Nou God for þe loue of seint Quintin.' ous bringe þider
　　echon

Alle Halewe day we schulle holde.' o tyme in þe ȝere
　　For fele enchesoun Holi Churche.' þerto ous gan
　　　lere
Þat ech nemai at his wille noȝt.' his feste habbe iwis
For þe grete numbre.' þat of alle halewen is
¶ Anoþer is for we feble beoþ.' þat we ne mowe noȝt alle　5
　Þe festen bi hem selue holde.' as hi doþ bi þe ȝere falle
¶ Þe þridde is for þe ȝer is schort.' & ech nemai noȝt alone
　Ane feste habbe in þe ȝere.' þeȝ hi habbe on ymone
¶ Þe [ferde] enchesoun is iwis.' for god riȝt hit is mid alle
　Þat we feste makie of hem.' whan þe tyme doþ falle　　10
　For gret feste hi makieþ in heuene.' & in grete ioye beoþ
f. 144ᵃ　Whan eni amendement.' of ous an vrþe i seoþ
¶ Þe vifte cause for þer was.' a forbusne bigonne

---

116 schal beon] word J
All Saints. 1 schulle holde] holdeþ AJ　　　3-4] *reversed* AJ
3 at his wille ... habbe] noȝt at is feste: an dai habbe AJ　　4 For]
On is uor AJ　　6 *second* bi] in AJ　　7-12] *om.* A　　9 [ferde]]
þridde H; *as given* J　　12] *couplet add.* J: For þe gospel seiþ of
such gret ioie · þat among hom in heuen is / Whan eny of ous amendi
wole · of þat we doþ amys　　13] Anoþer encheson þer is.' uor
auorbusene þer of was bigonne A

Longe er þe stren3þe of Cristendom.' an vrþe were iwonne
For þe he3e maisters of Sara3yns.' þat an vrþe were þo
  her   15
Makede at Rome bi hem silue.' ech maumet an auter
Ac naþeles hi nemi3te of ech no3t.' se fele godes þer were
& nolde no3t þat eni god.' wiþoute honur were þere
Þerfore hi makede an auter.' comun to echone
To honure al here godes þere.' as hit were yn one   20
& siþþe þer com Cristendom.' & wel wide spradde
& at Rome & elleswhare.' clenliche þe maistrie hadde
Bonefa3 þe gode pope.' to þis auters com
& to þulke of alle godes.' grete 3eme he nom
In forbusne þerof.' a churche he let rere   25
Of oure [Leuedi] & Alle Halewe.' in þulke place þere
Six hondred 3er & fyue.' oure Louerd þer bifore
Of Marie his swete moder.' an vrþe were ibore
Þe churche þat was þo of oure Leuedi.' & of Alle Halewen
  ifonde
Stont 3ut & is icleped.' Marie la rounde   30
¶ Þe pope also Bonefa3.' o day in þe 3ere
In onur of alle halewen.' he let halewi þere
& het þurf al Cristendom.' halewi þulke day
In þulke tyme he was iholde.' þe elleueþe day of May
Ac þis pope Gregori.' þat þerafter longe com   35
¶ Ise3 þat þe day to halewi was.' þurf al Cristendom
& þat ri3t hit was to ech man.' þe leste & þe meste
In onur of alle halewen.' makede þanne gret feste
& þe alre dureste tyme of þe 3ere.' witeþ hit was in May
So gret feste forto holde.' as in þulke day   40
Þerfore he let turne þane day.' as 3e him holdeþ 3ute
In þe furste day of Nouembre.' whan god nas no3t to lute

17–18] om. A, see l. 19   19 Þerfore] Hore godes were so uale
þeruore A   20 yn one] letter erased before one H; alle In on A;
al y mone J   21–22] om. A   23 þis] false add. AJ   26
[Leuedi]] louerd H; as given AJ   28 were] was A   29–33]
A substitutes: Þe chirches name is: marie la rounde. & a day in þe
3ere / Bonifas of alle halewen.' he let halwi þere   30 3ut] at rome
add. J   35 þat . . . com] turnde it.' In anoþer day A, see l. 41
36–38] om. A   39 & þe alrè dureste] Vor scarces A; & a scarce
J   witeþ hit was] 3e witeþ wel is A; 3e witeþ hit is J   40 as in] as
valleþ to A   41–42] om. A

Me þinȝþ ȝut [þoȝte] þe gode man.' þe feste to lute were
Bote men hadde wel wharwiþ.' þe wombe ioye to arere
Þe furste ȝer afterward.' þat men þane day so nome   45
[Of a uair cas ich mai telle.' þat vel in þe chirche of Rome]
¶ Þe wardeyn of seint Peteres churche.' þat ȝut in Rome is
Þe feste onurede swiþe moche.' of Alle Halewe iwis
To an halewe of ech auter.' of þe churche he gan gon
& onurede ech after oþer.' he nebileuede non   50
To þe heȝe auter of seint Peter.' atte laste he wende
& þer he lai a slepe adoun.' as God þe grace sende
f. 144ᵇ   Þer cam him þoȝte an angel.' & ladde him to heuene anheȝ
In a chayre wiþ grete ioye.' oure Louerd him þoȝte he seȝ
Wiþ grete heȝnisse sitte.' angles him aboute   55
¶ Þo cam þer a leuede of gret honur.' wiþ angles a gret route
Þat was oure Leuedi wiþ virgines.' oure [Louerd] faire
   [heo] grette
Oure Louerd aȝen hire aros.' bi him anheȝ hire sette
Þo com þer a man in a sclauyn.' camayl as þeȝ hit were
An old hor man after him.' oure Louerd onurede þere   60
Þat was seint Iohan þe Baptist.' & þe prophetes olde
& also þe patriarks.' þat of oure Louerd while tolde
¶ Þo come þer tuelue in one route.' as bischopes echone
Þe furste as he pope were.' bifore hem ȝeode alone
Þat was seint Peter þapostle.' & his felawes elleuene   65
Alle onured oure suete Louerd.' þer he sat in heuene
¶ Þo com þer a gret cumpaignye.' preostes as hit were

43] Vor me þengþ þat a good feste.' wel feble were A   [þoȝte]]
om. H; *given* J to lute] feble J   46] *om.* H; *given* AJ   47
þat . . . is] In alle halwen dai com A ·   48–51] *om.* A   49 To
. . . churche] An al haluen dai in cherche · to ech auter J   52] To
þe chirche of alle halwe.' aslepe he vel adoun A, *see l.* 47   56 þer
a leuede] a leuedi go A; a noble ladi J   of gret honur] *om.*
J   angles] maidens AJ   57 [Louerd]] leuidi H; *as given*
AJ   [heo]] *om.* H; hi A; heo J   60] *om.* A   An . . . man]
& . . . men J   61 & . . . olde] wiþ oþer patriarches þere A
62] *om.* A   64] *om.* A   65 & . . . elleuene] wiþ is felawes Imone
A   66] *om.* A. *After l.* 66 *two lines add.* A: *four lines add.* J:
Þo com þere as it knyȝtes were: al redi uorte fiȝte / Þat were martirs
þat þolede deþ.' uor holi chirche riȝte A; Þo com þer as hit kniȝtes
were a redi forto fiȝte / Al blodi to defendi our lord & holi cherches
riȝte / Þat were martres þat for god & for holi cherches also /
Ȝeue hor lif as gode kniȝtes & to deþe were ido J

Þat were confessours þat hadde.' Holi Churche to lere
As bischopes & abbotes.' & oþer gode men also
Oure Louerd onurede alle.' as riȝt was to do   70
Of feste þat me an vrþe makede.' hi þonkede him & bade
For alle þat ariȝt here day hulde.' & feste of hem makede
¶ Þo gonnen hi singe here matyns.' & songe murie mid alle
For alle þat doþ here day onure.' an vrþe as hit doþ falle
Wel auȝte we þulke day onure.' whan hi þulke day   75
Such ioye makede for ous in heuene.' as þe gode man isay
Nou bidde we alle halewen.' to holde here feste so
Þat hi bringe ous to þe heȝe ioye.' þat hi beoþ on ido

Alle Soulen day an vrþe.' riȝt is to holde heȝe
   Alle we schulle habbe neode þerto.' for alle we
   schulle deye
A fair siȝt þerof ek.' an angel gan þo bringe
A man of Rome as he him ladde.' as he lai in metinge
Him þoȝte he seȝ meni men.' ligge in beddes of golde   5
& meni sitte at heȝe borde.' & hadde al þat hi wolde
& menie go naked & bidde.' þat me hem scholde weue
& menie anhongred & bede.' þat me hem god ȝeue
¶ Þangel him seide wat hit was.' al þat he seȝ þere
Þat hit was purgatorie.' & menye soulen were   10
Þulke þat were at noble bord.' & riche bedde also
Þat were men for wham þer was an vrþe.' moche god ido
Þat freondes leuede bihynden hem.' þat massen lete singe
& god dude for Godes loue.' here soulen of pyne to bringe
¶ Hi þat acale & afyngred were.' & no god nemiȝte fynde   15 f. 145ᵃ
Þat were hi þat nadde an vrþe.' no freond hem bihynde
To lete for hem masse singe.' ne almesdede for hem do
Þerfore as helplese men.' in meseise hi ȝeode so
& eke quaþ þangel þat þu telle.' þe pope herof sone
Þat me holde Alle Soulen day.' as riȝt is to done   20
& as wide as Holi Churche.' þat he makie his heste

69–70] om. A   73–74] om. A
All Souls. 3 gan þo] to ous gan A   7 me] sommon A J   11–
12] reversed H; as given A J   13–14] om. A   17–18] om. A
19 & eke] Loke A J   21–24] om. A

Þe morwe after Alle Halewen day.' þat me holde þulke
  feste
Þat ech man ententifliche.' as forþ as he may
For alle þe soulen in purgatorie.' bidde þulke day
Þat þe pore þat naþ no freond.' þat for him by name do 25
Þurf bede of Cristene men.' iholpe mowe beo so
¶ Þe gode man aros vp anon.' þo he seȝ al þis
  & herede God of þe siȝte.' as he wel auȝte iwis
¶ Þe pope he tolde al þe cas.' þat he iseȝ þo þere
So þo me huld þulke festen.' heȝere þan hi euere er were 30
Oure Louerd fond furst purgatorie.' men þeron to wende
Þat here penance her an vrþe.' ne broȝte noȝt to ende
& þat men of simple synne.' of wham hi ischriue nere
¶ In þulke turment lyuede þer.' forte hi ibet were
  & men ek þat were ischryue.' & here schrift fonge also 35
Of a fol preost & noȝt ynouȝ.' to þe synne þat was ido
Þulke schulle furst go to purgatorie.' forte hit beo to ende
  ibroȝt
Þe penance acordant to here synne.' & after þe preoste
  noȝt
For if þe preost enioigneþ penance.' þat ne beo noȝt ful
  ynouȝ
In purgatorie hit worþ iȝulde.' & elles hit were wouȝ   40
For penance is in [þre] manere.' lasse oþer more
[Oþer] euene after a manes sinne.' & noȝt after þe preostes
  lore
If hit is more þan þe sinne.' & a man hit do iwis
Al hit schal in heuene turne.' to eching of his blis
¶ If he is euene to þe sinne.' þe sinne he wole aquenche 45
Ac noȝt if he is to lute.' ech man him þerof þenche
& to a fol [prest] ne triste he noȝt.' þat to lute penance
  him set
For siker her oþer elleswhar.' eche synne worþ ibet

25 þe pore, naþ, him] poure men, nabbeþ, hem A   29 al . . .
þere] þat þo was.' al þat he isei þere AJ   33–38] *om.* A   40
iȝulde] volueld A ; fulfeld J   41–42] *om.* A   41 [þre]] *om.*
H; *given* J   lasse] he is lasse J   42 [Oþer]] *om.* H; *given* J
43 *first* hit] a monnes penaunce A   & . . . iwis] ich segge iwis A
44 to . . . blis] to Ioie & to blis A   46 þerof þenche] bi þenche
AJ   47–48] *om.* A   47 [prest]] *om.* H; *given* J

Þat on is penance of Ianekyn.' & of Robinet þe wylde
Of Annot & of Malekyn.' þat wolde habbe þane preost
   mylde   50
Þulke preost hi siggeþ is god ynou.' God schilde ous fram
   his loþ
Go we to sire Gilbert.' he nis neuere wroþ
He wole ous schryue nesche ynou.' & oure synne al forȝyue
Bi God whan hi habbeþ al ido.' hi goþ hom vnyschryue
For here penance schal beo so lute.' þat here Gibolot & hi   f. 145^b
   also   55
Schulle gon an alre deuele wei.' bote God nyme ȝeme
   þerto
¶ Þer nis no confort in purgatorie.' bote of one þinge
Þat is hope of ioye siþþe.' þat oure Louerd hem wole to
   bringe
Whan men in here deþ vuele beoþ.' & here penance is iset
& he nemai an vrþe beo.' forte hit beo ibet   60
So repentant hi mowe beo.' þat oure Louerd, hit wole
   forȝyue
Wiþoute purgatorie.' if he is wel ischryue
Ac if his penance him is iȝyue.' whan he mot hunne wende
Þerof þat he is ischryue.' he nemai hit her bringe to ende
On of his nexte freond.' þat hit miȝte wel for him do 65
Ac four þinges he moste habbe.' þat scholde take on so
Gret loue þer moste nede beo.' þat bituene hem were
Wiþoute loue & deol of hurte.' such þing noȝt worþ nere
& if hi were ek of one blode.' þe betere hit were iwis
Ac stedefast loue & deol of hurte.' al þe maistrie þerof is 70
¶ Þoþer þing is þat he schal.' þurf deþ hunnes wende
& nemai habbe no space her.' his penance to bringe to ende
Þe þridde þing is þat hit mot beo.' þurf his preostes rede
For nemai noman þer wiþoute.' fulenden his dede

49–52] A *substitutes*: Wat hou is þanne of Ianykyn: þat wole
habbe þen prest milde / Go we to sire gibilot .' uor he nys noþing
wilde   49 Þat on is penance] What hou is þanne J   51
god ynou] to hard J   53 & . . . forȝyue] & alle good ous do A
54–55] *om.* A .   55 *second* here] sire J   57–62] *om.* A   59
in . . . beoþ] in deþlich synne beþ J   62 Wiþoute] eni *add.* J
64] *om.* A   65 þat hit. . . . do] it miȝte wel bringe to ende A, *see
l.* 64   66–82] *om.* A

¶ Þe furde is þat me him take͛ penance ynouȝ þerto　　75
More þan him þat þe synne dude͛ if he miȝte þe penance do
For he wolde for oþeres sinne͛ suche penance her lede
More penance me mot him sette͛ þan him þat dude þe
　　dede
Þerfore whan eni of ȝoure freond͛ haþ ibroȝt his lyf to
　　fyne
Her ȝe mowe iseo hou ȝe mowe͛ bringe him out of pyne 80
Forte bete his sinne in þisse manere͛ ȝe mowe sikere beode
For Godes loue þencheþ þeron͛ whan ȝoure freond habbeþ
　　neode
¶ In whiche stede nou is purgatorie͛ menye wolde wite
Hit nis noȝt in o stede to alle men͛ ac in vyue hit is iwrite
On is in þe firmament͛ þer as þe grete brennyng is　　85
¶ Of fur þat haþ þer his stede͛ & of sonne also iwis
¶ Þoþer is in þeir aboue͛ þer as þe gostes fleoþ
Þat turmentieþ hem nyȝt & day͛ & neuere in reste ne
　　beoþ
¶ Þe þridde is an vrþe among ous here͛ þe furde in watere is
Þe vyfte is vnder vrþe deope͛ biside helle iwis　　90
¶ Seint Patrik þe while he an vrþe was͛ a stede þerof fond
As God wolde biside þe hul͛ of seint Brendan in Irland
For four þinges purgatorie͛ in þis vyf stedes is
For some man schulde lasse þan oþer͛ in turment beo
　　iwis
f. 146ᵃ　& þat me miȝte þurf Godes help͛ þe raþere in ioye hem
　　bringe　　95
& þat men were bi hem iwar͛ bi auisioun & metinge
& for man diliteþ moche͛ to synewy in one place
Þer he schal his sinne bete͛ forte oure Louerd him ȝeue
　　grace
A tale of fair ensample͛ þerof we fyndeþ iwrite
For oure Louerd ous scheweþ such͛ for we schulde
　　iwite　　100

75 ynouȝ þerto] more also J　　76 More] *om.* J　　77 he] hoso J
81 sikere] *first three letters written over erasure* H; ȝou siker J
84 vyue] studes *add.* AJ　　87 as þe gostes] luþer gostes AJ
94 in . . . iwis] torment habbe iwis AJ　　95–96] *om.* A　　95
Godes help] god dede J　　raþere] sonnor J　　100 iwite] þat
soþe iwite AJ

A preost was while in a stede·/ þat let him baþie ylome
Pryueiliche in a stede·/ þat no man neȝ him ne come
So þat þer com ofte a man·/ as hit were bi cas
& seruede him suyþe wel·/ he nuste ho hit was
¶ A day he makede halibred·/ & þis man bitok   105
To mede for his swynche·/ ac he hit anon forsok
Sire he seide y nemay hit noȝt·/ for hit ihalewed is
& for ynam ȝut holi noȝt·/ y nemai hit noȝt iwis
¶ A Godes name quaþ þe preost·/ ich hote & halsny þe
 Þat þu me sigge what þu ert·/ þat so lome comest to
  me   110
Ich was while of þis stede·/ louerd þis oþer sede
Ich dilitede moche in þis stede·/ to do a misdede
Al mi delit of þulke sinne·/ was in þulke place
I ne bitte noȝt þe synne a lyue·/ y nadde noȝt þe grace
& after [myn deþe] mi purgatorie·/ þerfore her is   115
To bete mi sinne in þulke place·/ þer as ich dude amis
Ac woldestou for me masse singe·/ ich miȝte habbe milce
 & ore
Þat þu miȝt fynde þat ich am sauf·/ whan þu nefyndest me
 no more
Þe preost song for him massen·/ & oþer godnisse dude
 also
Siþþe he miste þis seli gost·/ er soueniȝt were ido   120
For he wende to þe ioye of heuene·/ þat he wel deore
 abouȝte
Þus meni man haþ his purgatorie·/ þer he his synne
 wrouȝte
So mai par aucnture dame Aldeþe·/ þat naþ non oþer
 blis
Bote atom in hire alclyne·/ þer al hire moker is
¶ Þeȝ heo bidde at churche hire bedes·/ hire þoȝt is atom
 more   125
Par auenture heo schal bete hire sinne þere·/ & abugge hire
 loue sore

104 suyþe] & wesch A; & wesche him ek J 106 swynche]
seruice A 110 so lome] þu þus ofte A; þus ofte J· 113–14]
om. A 114 bitte] bette J . 115 [myn deþe]] *om.* H ; *given* AJ
118 fynde] iwite AJ 121–8] *om.* A 124 alclyne] aleclyne J

Men habbeþ her an vrþe purgatorie·꞉ menie for þulke
    þinge
& meni to warny sum men·꞉ hem help þerof to bringe
Meni man [is] purgatorie·꞉ in watere haþ also
Þerof ich wole sigge ensample·꞉ þat was while ido   130
Seint Thebaud þat bischop was·꞉ hadde on his fot ane
    hote goute
Þat podagre icleped is·꞉ he hadde þerof gret doute
As his fischeres wende afischeþ·꞉ an hareuest al aboute
In here net hi nome a clomp of ys·꞉ þerwiþ hi were proute

f. 146ᵇ   For þat ys þat was so cold·꞉ hi leide to here louerdes
    fote   135
Aswagi wolde þe hote goute·꞉ & bringe him so bote
Þis bischop Tebaud was wel glad·꞉ þis ys he leide ofte
To his fot & eche tyme [·꞉] hit makede him liþe & softe
Þat þis ys was hol & sound·꞉ hit ne [melte] for non hete
Seint Thebaud þoȝte þerof wonder·꞉ & for noþing he nolde
    hit lete   140
¶ A lute cri him þoȝte he hurde·꞉ in þis ys a day þere
He coniurede hit a Godes name·꞉ to sigge what hit were
Ich am hit seide a seli gost·꞉ & in þis ys ich am here
In mi purgatori forte ich beo·꞉ of myne synnes skere
Ac if þu woldest for Godes loue·꞉ þritti massen singe 145
For me ich wot þu miȝtest·꞉ out of pyne me bringe
¶ Þe bischop grantede him wel fawe·꞉ & bigan anon amorwe
Þe masse for þis seli gost·꞉ to bringe hit out of sorewe
& song ech day after oþer·꞉ þe deuel hadde gret onde
Þat þe gost scholde of pyne come·꞉ his wrenches he gan
    fonde   150
For as þe bischop þe teoþe day·꞉ his masse gan to singe
Al þe toun þe deuel hadde·꞉ ibroȝt in fiȝtinge
Þe gode man bileuede his masse anon·꞉ & orn among hem
    faste
& harmles þurf Godes grace·꞉ passede atte laste
¶·As he gan amorwe his masse·꞉ þe cri cam al aboute 155

129 [is]] *om.* H; *given* AJ   135 ys] f *written in before* ys *here
and in ll.* 137, 139, 141, 143, 171 H   137–8] *om.* A   139
[melte]] miȝte *with faint perpendicular stroke through* ȝ H; miȝte *cor-
rected in same ink to* melte A; melte J   154 passede] he paisede
hem AJ

Þat þe toun bisiged was⸫ wiþ grete furde wiþoute
& ech man orn into al þe toun⸫ as witles al aboute
Þe bischop bileuede his masse anon⸫ & orn toward þe
    route
He maked pays among þe stronge men⸫ þat hi noþing ne
    reuede
Ac naþeles so þe tuey dayes⸫ his massen he bileuede 160
¶ As he bigan his masse þe þridde day⸫ men hete out al
    aboute
For his court & moche of þe toun⸫ afure was wiþoute
Þeȝ hit al forberne quaþ þe bischop⸫ & ich me silue also
Inele todai fram þis weued⸫ er þis masse beo ido   164
So þat he song his masse forþ⸫ þat folc was busi wiþoute
To laui water & aquenche þat fur⸫ þat folc orn swiþe
    aboute
Þo þe masse was al ido⸫ þat fur aqueynte anon
Þer nas apeired noȝt an hous⸫ ac hol hi stode echon
Þulke þreo dayes þe deuel hadde⸫ þulke wo ido
For he wolde þe masse lette⸫ & pyny þe soule so   170
Þe bischop fond þat ys atom⸫ ymolte al to noȝte
¶ Þo wiste he þat þurf his masse⸫ þe soule to ioye he broȝte
Meni þinges ane soule helpeþ⸫ þat in purgatorie is
As þreo þinges hem helpeþ mest⸫ tofore alle oþere iwis
Beden of men & almesdede⸫ & song of massen also   175 f. 147ᵃ
Þis þreo þinges beoþ best iwis⸫ & mest god wolleþ do
Þat bidde beden beoþ gode⸫ þat soþe ȝe mowe iwite
Bi a tale of a clerk⸫ þat we fyndeþ iwrite
A clerk hadde while a wone⸫ whan he bi churche come
To sigge for alle Cristene soule⸫ De profundis ilome 180
O tyme he com þerforþ late⸫ þeoues him come aboute
& assaillede him faste to robbi⸫ he nuste what do for
    doute
Þe bodies þat were ibured þere⸫ his bedes hi ȝulde anon
Hi come wiþ wepne him to helpe⸫ & sturte forþ euerechon

157 al aboute] uor doute AJ   161 hete] gradde A   166
þat folc] uor it A ; þat fur J   swiþe] wide AJ   169–70] om. A
174 As]Ac AJ   175 of men] repeated H   & song] synginge AJ
176] Ac masse helpeþ mest soule: wen heo is riȝtuolliche ido A
177–8] om. A   177 bidde] bidding of J   iwite] iseo deleted before
iwite H   179 bi churche] bi þe chirche heie A; be cherchei J

Euerech wiþ such maner wepne.′ as we vsieþ alyue   185
Plouȝ man wiþ his aker staf.′ schutere wiþ bowe & knyue
Aboute þis þeoues hi come echon.′ & gonne hem to dryue
To here put hi wende siþþe aȝe.′ þe clerk hamward blyue
& þus his beden were iȝulde.′ þat he bad er ofte
Ich am siker aweiward þe þeoues.′ ne makede here pas
    noȝt softe   190
For ich wot non of ȝou nescholde.′ hem habbe so sore agaste
A wonder bataille hit was on.′ hadde hit longe ilaste
For ich wene þer nis no champioun.′ þat hadde þer ibeo
Þat nadde sone ynome his red.′ hamward forto fleo
¶ Almesdede doþ gret god.′ þe soule also mid alle   195
Þat ȝe mowe iseo bi a cas.′ þat a knyȝt dude bifalle
A godman while þat het Steuene.′ to his endinge drouȝ
A knyȝt his freond for his deþ.′ makede deol ynouȝ
& dude for him gret almesdede.′ boþe nyȝt & day
Þerfore as he lai & slep.′ gret miracle he say   200
Him þoȝte he seȝ a sliper brugge.′ swiþe long & heȝ
A deope water & swart byneþe.′ a fair mede þer was neȝ
Wiþ swote smel.′ & faire floures.′ vpe þe brugge he seȝ gon
Wiþ grete meseise fele men.′ & fulle in to þe water anon
& meni he seȝ þer vppe gon.′ al sauf wiþoute drede   205
& meni wiþ ioye & blisse ynou.′ pleyinge in þe mede
¶ Vpe þe brugge him þoȝte he seȝ.′ go in wrechede
Steuene for wham he dude.′ þe grete almesdede
Blake men þer were byneþe.′ þat adounward him drowe
Oþere þer were in white cloþe.′ þat vp him hulde ynowe 210
Bituene hem ilaste þe noyse longe.′ ech drouȝ oþer aȝen
    faste
Ac euere hadde þe white men.′ þe maistrie atte laste
Þat were þe almesdede.′ þat for him were ido
Þat þe knyȝt dude for his soule.′ þat drowe him vpward so
f. 147ᵇ   Þe blake men þat him doneward drowe.′ þat were his
    liþere dede   215
Þat wolde him to pyne drawe.′ if hi miȝte for almesdede

185 we vsieþ] hi vsede her A; he useþ here J   188 hamward]
orn awei A   189–92] *om.* A   200] Þer of he sai a fair tokninge
as he a slepe lay J   lai . . . miracle] sat (s *over* l) aslepe: a uair
toknynge A   202 & swart byneþe] vnderneþe A   204 fele]
mony AJ   205–6] *om.* A   216 almesdede] is godhede A

¶ Massen also doþ gret god.' boþe quike & dede
Þat ȝe mowe ihure bi þis tale.' & bi oþere þat ich sede
Men were while in a contray.' þeras a roche stod
Me wende þat þer vnder were.' gret tresour & god   220
So þat hi gonne þerafter delue.' & to wroþere hele atte laste
For vpe hem ful þe roch adoun.' & hem ouercaste
& sloȝ hem alle bote o man.' as hit were bi cas
In a maner dich he ful & lay.' þe roche aboue him was
So þat he nemiȝte noȝt of þe stede.' ac biputted lay
   þere   225
His wyf nuste noȝt of his lyf.' oc wende þat he ded were
To churche heo wende eche day.' & let ane masse singe
A lof & wyn & a candle.' to þe weued heo wolde bringe
& al for hire louerdes soule.' heo nebileuede noȝt o day
¶ Þe deuel hadde herto gret onde.' þo he hit isay   230
As þis wyf ȝeode to churche a day.' þe deuel cam hire to
& seide þat heo ȝeode for noȝt.' þe masse was ido
Alle þe preo dayes.' þe schrewe bitraide hire so
& þurf his false lore.' aȝenward makede hire go
& hire offring bere hom.' þat heo was woned to do   235
¶ Þe furde day ȝut he com.' & lette wolde hire þo
Þis wyf þat ileouede him ful wel er.' þo nolde heo noȝt so
Ac wende to churche & fond þat soþe.' þat he þat heo
   mette
Þe deuel was to bitraye hire [.'] & of hire godnisse hire lette
¶ Sone hit ful þer afterward.' þat men of þe toune   240
Wende to bete vp þulke roche.' þat þer lay adoune
& wende to fynde som tresour.' & wende & dolue faste
Þe seli man dradde byneþe.' þat hi þe roche vpe him caste
Delueþ he seide warliche.' þat ȝe ne sle me noȝt
Þo were þis oþere sore agast.' & were in gret þoȝt   245
Ac naþeles hi dolue so biside.' þat hi to him come

218 & bi . . . sede] þat ich ȝou wole rede A   225–6] *om.* A
229 soule] loue A   233–6] A *and* J *substitute* 5 *lines*: Þis gode
wif wende hom aȝen: & wende þat he soþ sede / A morwe he made
hire ek gon hom: myd þulke sulue dede / & þen þridde dai also good:
ac þe wif þen verþe dai / Sone aros to go to chirche: þo heo þen dai
isai / ȝut com þe screwe & sede.' þat þe masse was ido   238 &
. . . mette] þer afterward: men of þe toune A, *see l.* 240   239–40]
om. A   241 bete] delue A   242] *om.* A   243 þat . . . caste]
he cride ne fle ȝe me noȝt A, *see l.* 244   244] *om.* A

Hi him fonde ligge hol & sound⸳ wiþ gret ioye vp hi him
   nome
Hi eschte hou he hadde ilyued⸳ þat hunger him ne slouȝ
Certes he seide ich habbe ihaued⸳ mete & drinke ynouȝ
For a lof & a picher wyn⸳ mi wyf me sende eche day 250
& a berninge candle þat me liȝte⸳ þe while ich her lay
Bote þreo dayes þis oþer dai⸳ noþing heo ne me sende
Ich was neȝ for hunger ded⸳ oc heo gan amende
& sende me as heo dude er⸳ & fedde me wel mid alle
Alle wyue worþe hire best⸳ & best hire mote bifalle 255

f. 148ᵃ ¶ Bi þis miracle me mai iseo⸳ & bi meni oþer also
Þat massen & almesdede⸳ gret god þe soule mowe do
Þuse godnisses nulleþ noȝt helpe⸳ alle iliche iwis
For of men þat hunne wendeþ⸳ meni maner þer is
Oþer riȝt god oþer vuel⸳ oþer bituene tuo 260
Godhede helpeþ somme lute⸳ þat me wole for hem do
If hi riȝt gode beoþ⸳ hi nabbeþ no neode mid alle
Of non vrþlich godnisse⸳ þat hem wole þer bifalle
For in þe ioye of heuene hi beoþ⸳ as hi were bifore
Ac naþeles þat me for hem doþ⸳ neworþ hit noȝt forlore 265
For hit schal moche hem silue helpe⸳ þat þulke godnisse
   deþ
& alle Cristene soules ek⸳ þat in purgatorie beoþ
Þreo maner men þer beoþ gode⸳ þat wendeþ to heuene
   anon
Whan hi of þis wordle fareþ⸳ ȝunge childrene þat beoþ þat
   on
Þat deide after here Cristendom⸳ er hi dude to quede 270
& martirs þat for Godes loue⸳ in strong turment beoþ dede
¶ Þe þridde maner beoþ clene men⸳ þat er hi hunne wende
Alle here sinnes beteþ her⸳ as oure Louerd grace hem doþ
   sende
Þuse þreo [maner] men nemowe noȝt⸳ in purgatorie bileue

254–7] _om._ A   260 vuel] riȝt vuel A   bituene] riȝt bitwene A J
261] _om._ A   Godhede] god dede J   262] Vor riȝt gode men
oþer riȝt vuel: nabbeþ no neode þerto A   263–7] _om._ A   264
as . . . bifore] þat hi of serueþe bifore J   269–77] A _substitutes:_
Holi martirs & ȝonge children after hor cristendom / & men þat
uolbeteþ hor sennen ⸳ ar hi henne go / Þis þre men In purgatorie
nabbeþ no wo   274 [maner]] _om._ H; _given_ J

Ac smyteþ þurf as quicliche꞉ as liȝting doþ an eue   275
Hi nemowe noȝt bileue þer꞉ for whan hi wendeþ hunne
Clene hi beoþ of alle synnes꞉ þerfore hi nabbeþ noþing to
  brenne
For as wode & col wele fede꞉ þe fur þat her is
Also sinne fedeþ þat fur꞉ in purgatorie iwis
¶ Anon as þe synne berneþ awei꞉ þe soule to heuene geþ   280
Ac wel sone þurf he fliȝþ꞉ þat in clannisse þoleþ deþ
As doþ þulke þreo maner men꞉ as ich ȝou er of sede
For heuene openeþ hem aȝe꞉ as sone as hi beoþ dede
& þat hit beo soþ of alle þreo꞉ ensample ȝe mowe iseo
Aȝen children ifulled꞉ heuene iopened beo   285
As oure Louerd was of vyf & tuenti ȝer꞉ & tuelf dayes
  þerto
Er he was ifulled꞉ as þe godspel ous telleþ so
Er þulke tyme non vrþlich man꞉ nemiȝte neuere wite
Þat heuene openede him aboue꞉ as we fyndeþ iwrite
Bote þo he was ifulled꞉ of þe holi man seint Iohn   290
Aboue his heued wiþ gret liȝt꞉ heuene openede anon
What bitoknede þulke openinge꞉ þat þo was & raþere
  noȝt
Bote þat þurf Cristendom man was꞉ furst to heuene
  ibroȝt
& þat heuene dore was faste ymaked꞉ er Cristendom were
& þat aȝe þe furste Cristendom꞉ heuene openede þere   295
& þat heuene dore iopened is꞉ to Cristene men also
& to ȝunge childrene forte hi habbe꞉ hit þurf synne ido
For hi schulleþ whan hi hunne wendeþ꞉ heuene dore ope f. 148ᵇ
  fynde
For hi nebereþ wiþ hem no synne꞉ to drawe hem bihynde
Ac quic hi doþ as liȝtinge꞉ þurf purgatorie gon   300
& heuene dore fyndeþ ope꞉ & wendeþ in anon
Gret folie hit is to wepe꞉ as man is iwoned to done

278 wele] wole AJ   280–305] A *substitutes*: Þo iesu crist ibaptised was꞉ heuene openede anon / So heo wole wen aȝong child꞉ deieþ after is cristendom   283 as, as] so, so J   285, 287, 290 ifulled] ybaptiseþ J   286 vyf] nyne J   þerto] *preceded by* also *deleted* H; old J   287 godspel . . . so] bok ous haþ itold J   292 raþere] er J   294 er] forto J   300 gon] *preceded by* wende *deleted* H

For ȝunge childrene þat deyeþ so.' þat in heuene beoþ so
    sone

Away mi child saiþ þe dame.' þat snyueleþ bi þe wowe
Bi Crist heo auȝte þonki God.' þat nom hit for his owe 305

¶ Aȝen martirs þat gode beoþ.' heuene iopened is
Þat me mai bi þe martirdom iseo.' of seinte Steuene iwis
For þo me him to deþe hende.' to heuene he bihuld anheȝ
& heuene openede him aȝen.' as he anheȝ iseȝ

¶ Lo he seide nou ich iseo.' þurf Iesu Cristes sonde   310
Heuene iopened & Godes sone.' in his fader riȝt hond
    stonde

Þe furste martir þat euere was.' & þat euere an vrþe com
After oure Louerdes passioun.' to holde vp Cristendom
Aȝen him heuene openede.' riȝt as he þe deþ nom
To tokne þat he wolde so.' aȝen ech god martirdom   315
& þeȝ hi were somdel in synne.' here deþ þo hi nome
Here blod hem wolde þerof wasche.' er hi to purgatorie
    come

Men also of clene lyue.' þat in clannisse here lyf endeþ
Heuene openeþ hem aȝe.' whan hi hunne wendeþ
Þat me mai iseo bi ensample.' of seint Iohn þewangelist 320
Clennere þan he nas neuere man.' wiþoute Iesu Crist
He seȝ in þapocalips.' þat his owe bok is
Þat he seȝ heuene dore.' aȝen him openy iwis
What bitokneþ þulke openinge.' bote þat he scholde iseo
    also

Aȝen hem alle þat clene were.' heuene dore vndo   325
Vrþlich god helpeþ lute.' such men iwis
For hi nabbeþ þerto no neode.' whan hi beoþ in heuene
    blis

Ac þanne hit helpeþ hem silue moche.' þat doþ þulke gode
    dede

& alle þat beoþ in purgatorie.' as ich ȝou er sede

¶ Ho þat is ek in helle pyne.' hit helpeþ him lute also   330
Eni godnisse þat me mai.' an vrþe for him do

308–17] _om._ A   308 hende] dreu J   309 anheȝ] a nou J
312 þat euere was] he was J   315 tokne] tokninge J   322–5]
_om._ A   322 seȝ] seiþ J   326 god] godnesse AJ   329
as . . . sede] hor sunnes to bete A

For seint Austin saiþ if he wiste.' þat his fader in helle were
No more he nolde for him bidde.' þan for a deuel þere
Ac euere hit helpeþ hem þat hit doþ.' of Cristenene men
also
For no godnisse nis forlore.' þat me wole an vrþe do   335
Ac bedes oþer almesdede helpeþ lute.' of freond oþer of
kynne
Bote hi wiþoute wraþþe beo.' & wiþoute dedlich synne
Ac masse nis neuere þe wors.' of wham he beo ido   f. 149ᵃ
Þeȝ hit beo of a sinful preost.' of non oþer þing hit nis so
For þulke dede him is so heȝ.' þat hit nemai aperri noȝt 340
For no wrecche preost þat hit doþ.' þeȝ he beo in synne
ibroȝt
Þat þe masse ne beo þe wors.' ich swerie bi mi swere
He þat him singþ in dedliche synne.' hit schal abugge dure
For sire Gilbert whan he haþ ymassed.' his lyf he wole so
diȝte
Atte tauerne he is aday.' & bi his quene bi nyȝte   345
¶ He saiþ whan me clipeþ him preost.' site stille gode fere
Þe preost hongeþ at churche.' & ich am nouþe here
His cope oþer his surpliȝ.' þe preost he saiþ þat is
Ac his cope schal bileue atom.' whan he schal to helle
iwis
¶ Ho so wole þat a ded man.' of his godnisse afonge   350
Do hit bityme for þe dede.' þencheþ after longe
& þat hit beo soþ me mai iseo.' bi a wonder cas
Þat biful while bi a kniȝt.' þat wiþ Charles þe kyng was
¶ Þe kyng Charles a dai his ost.' to strong bataille gan lede
On of his kniȝtes þat wiþ him wende.' of þe deþe gan
drede   355
A cosyn he hadde in þe route.' þat to him he þoȝte he
miȝte
Mest triste of alle men.' & so he scholde mid riȝte
Leoue cosyn he seide if ich am.' her to deþe ibroȝt
Mi stede sul & do for mi soule.' þat þu nebileue hit noȝt

334–5] om. A   334 of . . . men] & cristine soulen J   335
nis] ne word J   340–1] om. A   340 him] om. J   342
Þat þe] Ac þei þe AJ   ich swerie] s below line H; þe prest AJ
343 He] om. AJ   344 Gilbert] gibilot AJ   345 aday] al dai A
second bi] al A   346 site] be A   351 after] þer after AJ

¶ Þis kniȝt triste to his meyes word꞉ þat bihet do his bone 360
And in to þe bataille wend forþ꞉ as riȝt was to done
& fauȝt þe while þat he miȝte꞉ & aslawe was attan ende
His cosyn nom his stede sone꞉ & hamward gan wende
& to his owe bihoue hulþ hit faste꞉ & þoȝte forto done
As moche for þe knyȝtes soule꞉ whan he miȝte eftsone 365
¶ Þis kniȝt com to him sone꞉ gostliche in priueite
Leoue cosyn he seide late þu dost꞉ þat þu bihete me
Þu makedest me beo in purgatorie꞉ soueniȝt mid iwisse
& nou ich am in þe ioye of heuene꞉ & þerof þu schalt misse
For þu schalt in þisse daye꞉ to þe pyne of helle wende 370
For þe tricherie þat þu dudest꞉ & þer beo wiþouten ende
Þis seli gost wende forþ anon꞉ & þis false man wel sone
Deide & wende adeuelewey꞉ as he seruede to done
Her mowe þis false executours꞉ beo iwar bi þis tale
Þat moche habbeþ of dede men꞉ & deleþ þerof smale 375
Ac þencheþ whan hi riche beoþ꞉ to ȝulde hit wel iwis
Þe soule longeþ þerafter sore꞉ þat in purgatorie is
He abideþ longe here richesce꞉ here god is euere bihynde
Hi schulle go in alre deuele wey꞉ & þer here mede fynde
Nou Iesu þat ous deore abouȝte꞉ þat we ofte do amis 380
Of oure soules þu haue merci꞉ & bring ous to heuene blis
To oure owe heritage꞉ þat þu ous bouȝtest to
Ne leos ous noȝt þat þu deore abouȝtest꞉ þeȝ we somdel misdo

f. 149^b _(Her mowe þis false executours)_

S eint Leonard þe confessour꞉ a londe ȝeode her
After þat God an vrþe com꞉ aboute vyf hondred ȝer
His freond & his kynnesmen꞉ þe gretteste maystres were

360 meyes] cosyn A; om. J   364 hulþ] huld A; hulde J   367 second þu] followed by me deleted H   368 mid iwisse] uollewisse A   370 in þisse daye] to dai in þis dai AJ   373] written at foot of page H   375 dede men] dedes godes A   376] om. A 377 þat . . . is] of good þat is byhynde A, see l. 378   378] Before this line H repeats ll. 374-7   378] om. A, see l. 377   380 second þat] þei AJ   382-3] om. A
Leonard. 3-4] om. A

In þe kynges hous of France.' grettere none nere
Seint Leonard was also.' gret mayster wiþ þe kynge   5
Of þat he wolde wiþ him do.' he ne wornde him noþinge
He grantede þat þe prisouns.' þat he bad fore echon
Vp al his lond þat hi scholde.' delyured beo anon
¶ Þis holi man wende aboute.' to prisouns wide
Whan he fond eny of lute gult.' he ne let hem no leng
   abide   10
Þo me clepe him prisones louerd.' & ȝut me doþ also
For non halewe of prisouns.' so fair miracle nas ido
¶ Þe kyng of France bisoȝte him.' faste bi al his miȝte
To bileue stabliche wiþ him.' bi daye & bi niȝte
Forte þer fulle a bischopriche.' þat he him miȝte bitake 15
Seint Leonard hit nolde noȝt.' ac outriȝt hit gan forsake
He wende forþ aȝen his wille.' & bad him habbe god day
Furst he wende to Orliens.' to prechi Godes lay
Longe he prechede þer aboute.' þat folc forto lere
Siþþe he wende to Aquitayne.' forte prechi þere   20
Eche day he wolde at toune beo.' & prechi Godes lawe
Anyȝt he wolde at wode beo.' & ligge vnder þe schawe
To beo on his oreisouns.' ac anon so hit gan dawe
Aboute he wolde to speke of God.' some gode sawe
¶ Þe kyng hadde in þulke wode.' noble court & heȝ   25
To soiourny in & hunti.' whan he tyme iseȝ
¶ Þe quene was mid childe gret.' þider me gan hire bringe
To beo þer in solace.' in hire child beringe
As heo was in trauayl.' heo nemiȝte hit ouercome noȝt
Heo pynede so sore þat heo was.' anon to þe deþe ibroȝt 30 f. 150ᵃ
Gret deol makede þe kyng & his.' þe crie me hurde wide
¶ Þo seint Leonard ihurde þis.' he gan herkny & abide
Þo he hurde hit was of men.' he gan þider wende
If God wolde amendement.' þurf his bone sende

5] S. Leonard wiþ þe kyng of france.' was gret maisterlyng A
7-8] *om.* A   12 non] oþer *add.* AJ   13-14] *om.* A   15
Forte . . . bischopriche] Þe kyng bihet him an biscopriche A   16
outriȝt] outliche A; outerliche J   17-19] A *substitutes*: He
wende uorþ to orliaunse.' þat folc vorte lere   22] *written after l.*
24 H; Ac to wode he wolde anyȝt.' wen it gon to eue drawe AJ
23-24] *om.* A   28 child beringe] childynge A   30 anon . . .
deþe] to deþes dore A   31] *om.* A   32-33] A *substitutes*:
S. Leonard hurde herof telle.' þuder he gan wende

¶ To þe kyng he wende anon.' & eschte what him were 35
Beo glad he seide for of þe quene.' þu neschalt haue no fere
A merci quaþ þe kyng þo.' al mi lond ich wole ȝyue
Ho so hit miȝte þerto bringe.' þat heo miȝte lyue
Of þe child ne rouȝte ich noȝt.' moste ich habbe hire lyf

¶ Sire quaþ þis holi man.' let [me] iseo þi wyf 40
If ich mai hire to lyue bringe.' & þat child also
Þurf mi Louerdes suete grace.' nere hit noȝt wel ido
Me brouȝte þis gode man to þe quene.' þat lay al atte deþe
Ouercome heo was so clene.' þat vneþe heo miȝte breþe

¶ Þis gode man dude his oreisoun.' & sat adoun akneo 45
Þat oure Louerdes poer in þe place.' þat folc moste iseo
Þat þe quene moste to lyue come.' & þat child also
Forte cuþe his swete miȝte.' þat oþer þing mai do

¶ Þe quene anon mid þis word.' delyured was of childe
In gode lyue & eke hire child.' þer was oure Louerd
mylde 50

¶ Þo þe kyng iseȝ þe quene al sauf.' & þat child also
For ioye he nuste what he miȝte.' mid seint Leonard do
He bad him nyme of al his god.' clanliche what he wolde
I ne kepe quaþ þis holi man.' of þi siluer ne of þi golde
Bote o place þat ich mote.' in Godes seruice lyue 55

¶ Certes ich wole quaþ þe kyng.' al þis wode þe ȝyue
Ne kepe ich quaþ seint Leonard.' nomore þerof abyde
Bote þat ich mai mid myn asse.' in one nyȝte ofride

¶ Ich granti þe quaþ þe kyng.' newend þu noȝt so wide
Þeȝ he were as quic as eni best.' bi þe wodes side 60
Þis gode man vpe þis asse.' wende aboute þis wode wel
stille
& birod as moche place.' as he hadde to wille

¶ Þe king þo hit ymete was.' let hit walli al aboute
After his wil he let þer rere.' noble hous & proute

35–36] om. A   39–42] om. A   40 [me]] om. H; given J
þi] repeated H   45–50 A substitutes: Þis godeman to our lord:
uor þe quene bad is orison / Þe quene myd þulke word: was diliuered
anon   48 oþer] al J   53–57] A substitutes: He bad him nyme
wat he wolde: & al he wolde him ȝeue / On place In þis wode ich
bidde.' In godes seruice to leue / Certes ich grante þe al þis wode:
nai Inekepe nanmore bidde; bidde corrected to bide A   57 þer-
of abyde] of þe bidde J   58 ofride] ride A; ofer ride J   61–62]
om. A

Þer seint Leonard monek bicom.' as hit an abbay were 65
Monekes he nom in to him.' oure Louerdes lawe to lere
A religioun he bigan.' of ordre swiþe stronge
Clerkes þat to gode drowe.' he gan sone afonge
Ner þan a god myle way.' ne water þer nas neȝ   f. 150^b
Hit ne likede noȝt seint Leonard.' þo he defaute iseȝ   70
He openede a lute in þe vrþe.' & his oreisoun made
A fair wel þer sprong vp.' þat me miȝte fur bi wade
Þo miȝten hi habbe water ynou.' þe while þe hous
    ilaste
Þurf God & seint Leonard.' þat here grace þerto caste
Prisones louerd seint Leonard.' wel wide icliped was   75
Oure Louerd schowede for him fair miracle.' & noȝt for
    noȝt hit ńas
For whan prisouns cride on him.' meni wiþ dreorie chere
Here bendes gonne to berste atuo.' & hi delyured were
& menie come to þonki him.' & here feteres wiþ hem bere
& meni to serui Iesu Crist.' bileuede wiþ him þere   80
Somme men wiþ alle here freond.' þat were of his kynne
Þo hi hurde telle of him.' solde lond & wynne
& wende & wonede þer wiþ him.' holi lyf to lede
Þis holi man of Godes lawe.' gan prechi hem & rede
¶ So fair miracle as he dude.' noman nowhar nuste   85
Meni sike men hadde bote.' þat to him wolde triste
¶ Atte laste þat he scholde deye.' longe bifore he wiste
His breþeren he let clipie.' & myldeliche hem custe
To wende to þe ioye of heuene.' þat God after him sende
Gret deol makede his breþeren.' þo he hunne wende   90
If oure Louerd dude an vrþe.' fair miracle bi his lyue
After þat he hunne wende.' he dude suche vyue
For miracle þat þer was.' so moche folc þider gan falle
Þat þe place nowhar neȝ.' nemiȝte susteny alle
¶ Þat folc cride þo on oure Louerd.' þreo dayes & þreo
    niȝt   95

65–66] om. A   67 A religioun] An abbei of monekes A   71
in] om. AJ   72 fur] þer AJ   73–76] om. A   76 &
noȝt] þat J   81–84] om. A   81 Somme] Seue J   87–92]
A substitutes: Ate laste he scholde deie: þo god after him sende
/ He custe is breþeren & hi gret deol : made þo he henne wende
92 suche] u changed to i H   95–96] om. A

Þat he schulde if his wille were·/ þerof do som insiȝt
Þo seȝen hi þe contrai al aboute·/ iheled al mid snowe
& amidde a place fair & grene·/ þat me miȝte hit mowe
Þo seȝe hi þat oure Louerd wolde·/ þat seint Leonard leye
þere
Hi lete him bere þider anon·/ & fair churche arere   100
Þat al þat folc þat þider com·/ nemiȝte fulle þe place
Whan oure Louerd him hadde ichose·/ þurf his swete grace
So meni miracle of seint Leonard·/ þer habbeþ an vrþe
icome
Of prisouns þat y nemai forbere·/ bote ich telle of some
Þe scherreue of Leouns·/ veteres makede stronge   105
In þe heȝe tour of þe castel·/ he let hem faste honge
Anheȝ þat ech man hem iseȝe·/ þat bi þe weye gan wende
& pyni mankynne þat þerinne was·/ hem forto schende
Þat men þat seȝe such turment·/ þe sorere wolde drede
Leste hi were þer inne ido·/ to do eni misdede   110
So þat he nom a true man·/ for so lute lesinge
& let him bynde swiþe faste·/ & in þe feteres him bringe
Þis seli man was mid pyne & sor·/ ibroȝt al to deþe
To seint Leonard he cride a niȝt·/ as he miȝte speke vneþe
¶ Seint Leonard com a niȝt to him·/ in swiþe white wede 115
For þu me hast ȝurne ibede·/ ich am her he sede
Arys vp & com wiþ me·/ hunne ich wole þe lede
Þis stronge feteres nym wiþ þe·/ naue þu none drede
Vp aros þis holi man·/ wiþ wel glade chere
His feteres toburste anon atuo·/ for hi bicome wel sere 120
Seint Leonard him ladde forþ·/ his felawe as he were
To þe churche þer he inne lay·/ & his feteres heng vp þere
¶ Euere as hi wende bi þe wey·/ seint Leonard wiþ him tolde
As hit were his felawe·/ bi þe wei he gan him holde
¶ Þis scherreue cam anoþer dai·/ & his feteres souȝte 125
Of his wraþþe he tolde lute·/ þat him þanne brouȝte

99 seȝe] seide A   102–4] A substitutes: Mony mirakles þer
uor is loue: god sende þoru is grace   107–8] om. A   108
& . . . was] & þen man ek þat þer on was J   109 sorere] more A
113–19] A substitutes: Þis seli mon cride on s. Leonard: & help he
him bed / S. Leonard com anyȝt to him: here icham he sede / Aris
vp s. Leonard sede: wiþ wel glade chere   123–8] om. A   124
wei] hond J

He miȝte beo wroþ soue ȝer.ʲ er he enes rouȝte
Oþer bendes he moste make.ʲ for þulke nere noȝt toȝte
¶ A liþer man of gret poer.ʲ in anoþer stede was also
  A gulteles man he hadde ynome.ʲ & in strong prisoun
    ido   130
  He hurde telle of seint Leonard.ʲ þat he prisones freond
    was
  Fram him he þoȝte his prisoun wite.ʲ mid sum queynte cas
  He let of lym & of ston.ʲ makie a gret put
  Mid stronge dores of ire.ʲ þane mouþ he hadde idut
  Anoueward þulke falling dore.ʲ þo þe gode man was þer
    inne   135
  He let makie of ire a strong hucche.ʲ wiþ wel queynte ginne
  Þerinne he dude stronge men.ʲ þe prisoun forto wite
  Þat seint Leonard þerinne necome.ʲ bote he were vnderȝite
  Bote þurf þe hucche.ʲ he nemiȝte noȝt come þer neȝ
  & to come among suche laddes.ʲ he moste beo somdel
    sleȝ   140
¶ Þis seli man þat was byneþe.ʲ in strong prisoun ibroȝt
  On seint Leonard cride faste.ʲ þat he neforȝete him noȝt
  A nyȝt him cam þis holi man.ʲ þis hucche he fond furst
    þere
  Sone he weluede hire vp & doun.ʲ & alle þat þerinne were
  Siþþe he brak þe dores of ire.ʲ as louerd he wende
    adoun   145
  Wiþ gret liȝt of heuene.ʲ & spac wiþ þe prisoun
  Slepestou he seide ich am icome.ʲ þat þu hast icleped so   f. 151ᵇ
  Godes disciple Leonard.ʲ woltou oȝt habbe ido
¶ Louerd him seide þis seli man.ʲ as wis ich bidde þe
  As ich am gulteles her ido.ʲ an vrþe help þu me   150
¶ Anon riȝt þis seli man.ʲ þe feteres al to brak
  & bituene his armes bar him forþ.ʲ & noman to him nespak

128 noȝt toȝte] noȝte J   133 gret] depe AJ   134-5]
Anoueward a uallynde dore: of ire harde idut A   136 He . . .
hucche] He let make an wuche of ire A; a strong yren wute he
made J   137] He dude stalwarde men monyon wiþþinne A
138-40] om. A   141 prisoun] warde AJ   143 him] In A; om. J
144 weluede hire] turnde A; walueþe hit J   147-8] om. A   150
an . . . me] haue reuþe of me A; haue reuþe & help me J   152 &
. . . forþ] & bar þis mon to is owe hous A, see l. 153

& so him to his owe hous.ᐟ he bar bituene his arme
& bad him god man forto beo.ᐟ & witie him eft fram harme
¶ Þe liþere men mid al here gin.ᐟ febliche agonne   155
Hi miȝte honge vp here axe.ᐟ for lute hi hadde iwonne
¶ A liþer man in Alemaigne.ᐟ a vncouþ pelegrim nom
& brouȝte him in prisoun strong.ᐟ & ȝaf him his dom
Þat bote his freond him wolde bugge.ᐟ he scholde bileue
  þere
Forte he þer inne.ᐟ of lyue ibroȝt were   160
To þe louerd of þe castel.ᐟ seint Leonard a niȝt com
& het him delyuri his seriant.ᐟ þat he wiþ vnriȝt nom
Þat oþer niȝt eftsone [he com].ᐟ & þe þridde niȝt also
He het him delyuri his seriant.ᐟ & neuere he nolde hit do
¶ Seint Leonard [ladde] þis [seli] man.ᐟ of prisoun among
  hem alle   165
Þe heȝe tour of þe castel.ᐟ after him gan falle
& sloȝ al þe folc þat þerinne was.ᐟ bote þe louerd one
Ac boþe his legges toberste atuo.ᐟ þurf falling of a stone
Þat neuereft nemiȝt he iheled beo.ᐟ of flesche ne of bone
Crokede he was al his lyf.ᐟ he nuste to wham makie his
  mone   170
Me þinȝþ hit hadde ibeo wel ido.ᐟ þeȝ his necke hadde ibeo
  atuo
Þe schrewe miȝte beo þo iwar.ᐟ gulteles men misdo
¶ A kniȝt was ek in Britaigne.ᐟ in strong prisoun ibrouȝt
To seint Leonard he cride ȝurne.ᐟ þat he hadde ofte isoȝt
Strong wardeyns þer were ouer him.ᐟ boþe nyȝt & day 175
Þer he in strong veteres.ᐟ in stronge prisoun lay
Among alle þis wardeyns.ᐟ seint Leonard com
As maister þurf hem alle wende.ᐟ & þe kniȝt out nom
His bendes he daschte furst atuo.ᐟ & nom him bi þe hond
Þurf out alle his wardeyns.ᐟ to his owe lond   180

153–4] om. A   158 & ȝaf . . . dom] vorte he were iboȝt hom
A   159–60] om. A   159 wolde bugge] boȝte out J   160]
As frendles was þis seliman he made sori chere J   After l. 160 A
adds: He bad uor s. Leonardes loue: þat som grace he him ȝeue / Ac
oþer grace nas þer non.ᐟ bote In prison bileue   163 [he com]]
om. H; given AJ   165 [ladde]] om. H; given AJ   [seli]] holi
H; as given AJ   169–72] om. A   175–6] om. A   176 in
stronge prisoun] in prison ibounde J   179 daschte furst] broke
A   nom] ladde AJ   180 to] hom to AJ

His veteres he tok on his hond.' & forþ wiþ hem he ber
To þe chapel of seint Leonard.' & among oþere [heng]
   hem þer
Þer neþerfte non of þe wardeyns.' ane word speke wiþ
   mouþe
Such man mai wel maister hote.' þat so hem agaste couþe
Þe miracles þat he þe prisouns dude.' nemai no tunge
   telle   185
Nou God schulde ous for loue of seint Leonard.' fram þe f. 152ᵃ
   prisoun of helle

Seint Martin was ibore.' in þe lond of Tabarie
  Wel ȝung he was ynorisched.' in þe lond of Papie
  An heȝ knyȝt his fader was.' & al maister of þe furde
In Constantines hous þemperour.' & al his ost sturde
In bataille ȝung he brouȝte his sone.' þer on him to lere 5
Non hurte nadde he þerto.' for hi heþene were
For his hurte him bar euere to God.' þeȝ he Cristne nere
He seȝ þat þe bileue nas naȝt.' þat hi bileouede þere
To churche þo he was ten ȝer old.' stilleliche he wende
& bihet oure Louerd Cristene to beo.' whan he þe tyme
   him sende   10
¶ Þemperour sende in to al þat lond.' to eche olde kniȝte
Þat þe sone schulde in bataille.' for his fade[r] fiȝte
So þat seint Martin nas.' bote of vyftene ȝer
Þo þe armes of his fader.' in to bataille [h]e ber
A wyn[ter] as þis child rod.' bi þe wey alone 15
A pouere man he mette naked.' þat sore for chile gan
   grone
Seint Martin breid out his swerd.' as we fyndeþ in bok
His mantel he carf half atwo.' & þis pouere man bitok
Ac he bihuld sone afterward.' vp into heuene anheȝ
Wiþ his helue mantel iheled.' oure Louerd Crist he seȝ 20
¶ Lo he seide to his angles.' þis neworþ me noȝt bireued
Martin þat is heþene ȝut.' hermid me haþ biweued

---

182 [heng]] *om.* H; *given* AJ   183–4] *om.* A
Martin. 1 Tabarie] Sabarie AJ   5–8] *om.* A   9 ten] twelf
AJ   12 fade[r]] fade H   14 [h]e] me H   15 wyn[ter]]
wyn *with erasure probably of* t *and* er *sign* H; wynter AJ

Þo seint Martin þis ihurde; & oure Louerd iseȝ þere
Glad ne bliþe nolde he beo; er he icristned were
Eiȝtetene ȝer he was old; þo he icristned was　　　　25
Þat he hadde so longe abide; ofte he seide allas
Ac al þe tuo ȝer afterward; in bataille he wende
For his fader wide aboute; as his fader him sende
Hit biful of a gret bataille; þat þemperour hadde ynome
He het alle his kniȝtes clene; sone to him come　　　30
Seint Martin he het wiþ hem wende; & armes wiþ hem
　　take
Certes sire quaþ seint Martin; þin armes ich habbe
　　forsake
¶ Ich am Iesu Cristes kniȝt; & so ich habbe ibeo longe
Non oþer armes bote his; ynele neuereft afonge
Hey coward quaþ þemperour; nou þu sparest for fere　35
To fiȝte wiþ þi felawes; as þi riȝt were
Sire quaþ seint Martin; þat soþe þu schalt iseo
Of þyn armes nekepe y noȝt; ac þe furste ich wole beo
f. 152ᵇ　Alone ich wole tofore þin ost; naked to bataille
Mi Louerdes miȝte þu schalt iseo; for he me nele noȝt
　　faille　　　　　　　　　　　　　　　　　　　40
Þo þis furde ȝare was; seint Martin wende anon
Vnyarmed & his swerd adrawe; among his fon echon
Þo þat he among hem com; þer nas of hem noȝt on
Þat miȝte more hebbe vp his hond; þan miȝte þe dede ston
Þe maistrie hi [ȝ]ulde vp anon; bote þat hi hulde him
　　alyue　　　　　　　　　　　　　　　　　　　45
Seint Martin clepede his felawes; & he[t] hem com blyue
& seide þu sixt sire emperour; which is mi Louerdes miȝte
Er ȝe alle hadde þus ido; moche me moste fiȝte
Nou þu hast alle þine fon iwonne; þonke God & noȝt me
Haue god day for ynele nou; nomore serui þe　　　50
He nom his leue & wende forþ; he nolde no leng abide
¶ To þe holi bischop seint Hillari; þat wonede þer.biside

23–25] A *substitutes*: Þo S. Martyn þis ihurde: glad neblyþe neuer
he nas / Ar he icristned were: ac eiȝtetene ȝer old he was　　26–28]
om. A　　　31–32] *om.* A　　　37–38] *om.* A　　　42 his fon echon]
alle is fon AJ　　　45 [ȝ]ulde] hulde H; ȝolde AJ　　hi hulde him]
he hem let AJ　　　46 he[t]] he H; bad A; het J　　　47–48] *om.* A
48 moche me] long ȝe J　　　51–52] *om.* A

Of him accolit he was ymaked.' & dude al bi his dede
Oure Louerd to him sende a niȝt.' & þuse wordes seide
Ich hote þe Martin þat þu go.' ofte among þi kynne 55
Spek wiþ hem if þu miȝt.' oȝt hem bringe of synne
Þeȝ hi heþene beo.' ne lef þu noȝt þerfore
For god man schal his kyn honure.' þat he was of ibore
Ac þu schalt suffri gret anuy.' as þu gost aboute
Ac þe while þu mi grace hast.' neschal þe noþing doute 60
¶ Þis gode man as oure Louerd him het.' to his kyn gan
   wende
  Bi þe wey he mette stronge outlawes.' here bowes hi
   gonne bende
  Sone þis gode man hi nome.' & makede him stronge
   wounde
Forþ hi ladden him to sle.' his honden faste ibounde
Þis outlawes eschte wher he were.' so sore ofdrad euere 65
Certes quaþ þis holi man.' so siker nas ich neuere
For mi Louerdes help nis nowhar so neȝ.' as he is in care
So moche is þerto myn hope.' y nerecche hou ich fare
¶ Of Iesu Crist he tolde so.' wiþ hem þat him nome
Þat hi him lete go al sauf.' & Cristene bicome 70
Þis gode man ȝeode forþ alone.' & þe deuel aȝen him com
In faire manere he eschte of him.' whoder þane wey he nom
Ich wole go quaþ þis gode man.' as oure Louerd wole
   lede me
  Whoder þu go þoþer seide.' þe deuel wole beo aȝe þe
¶ Ȝe quaþ þis gode man.' þu most wel mid him also 75
For whanne mi Louerd is myn help.' y nereche what oþere
   me do
¶ Þis gode man ȝeode among his kyn.' his moder Cristene
   he made
  His fader nolde Cristene beo.' for al þat hi him bade   **f. 153ª**
¶ Seint Martin fond a ȝung man ded.' þat wel wiþ him was
Þat bileouede on oure Louerd.' ac icristned he nas 80
Gret deol makede þis holi man.' þat he nere icristned er

53 ymaked] *repeated* H; *om.* A   dede] rede AJ   56 oȝt] þe
bet AJ   bringe of] wite wiþ A   57–60] *om.* A   62 gonne]
sone AJ   77 kyn] frend AJ   80 Louerd] uor him *add.* AJ
81–82] *om.* A

B 4132.2   K

To his tumbe he ȝeode & bad for him⁏ & wep meni o ter
¶ Þo gan þis dede man⁏ fram deþe arise to lyue
Martin he seide ihered beo þu⁏ & oure Louerdes woundes
    fyue
Mi soule was to helle ilad⁏ as alle beoþ of oure cunde 85
Ac tuei angles þurf Godes grace⁏ of me hadde munde
& seide oure Louerd þat ich hadde⁏ þi disciple ibeo
Þerfore oure Louerd me dude grace⁏ for þe loue of þe
& let mi soule to þe bodi⁏ for þi loue hider bringe
Cristendom par charite⁏ ich esche bifore alle þinge   90
Gret ioye hadde þis holi man⁏ of þat ilke cas
He nolde parti fram him noȝt⁏ er he icristned was
¶ Þat folc nom siþþe seint Martyn⁏ for he was so god
& makede him bischop of Tureyne⁏ moche aȝen his mod
Tuei myle wiþoute þe cite⁏ an abbay he let rere   95
Fourscore monekes of gode lyue⁏ he let sette þere
Wiþ hem he lyuede al in pees⁏ as he here souereyn were
He newende noȝt out bote for neode⁏ þat folc forto lere
In so holi lyf he was⁏ þat he hadde to his heste
¶ Fur treo & wormes ek⁏ & þe cunde of fowel & beste   100
Fur wolde his heste do⁏ for o tyme an hous brende
Þurf strong wynd þat bleu þat fur⁏ to seint Martines hous
    hit wende
Er þis gode man hit vnderȝet⁏ ibrend hit hadde þat on
    ende
Seint Martin het a Godes name⁏ þat fur aȝe wende
Þat fur anon to his heste⁏ aȝe þe wynd gan wynde   105
To þe stede fram whan hit com⁏ & ne bileuede noȝt
    bihynde
& dude aȝe þe cunde of fur⁏ aȝe þe wynd to fleo
Þer me seȝ þat fur nemiȝte⁏ aȝen his heste beo
¶ As ich seide er to his heste⁏ he hadde þe cunde of treo
As bi a fair miracle⁏ of him me mai iseo   110
A dai as vnder a treo⁏ he prechede Godes lawe

83] Þo gon s. Martyn bidde uor him: & aros to lyue A   88 for
þe loue] In honur A; for honour J   91–92 om. A   91 ilke]
suete J   93 margin] Episcopatus Turoniensis   97–98] om. A
101 margin] Ignis   105–6] om. A   105] written at foot of
page H   aȝe … wynde] fleu aȝen þe winde J   109 margin] Arbor
109–10] om. A

Þe liþere men þat þerbi stode꞉ þoȝte him bringe of dawe
Hi gonne to sawy atuo þis treo꞉ toward þis holi manne
Þat hit him afalle scholde꞉ for freond nadde he þer nanne
Þurf noyse of þe crusinge꞉ þe gode man ihurde   115
Þat þe treo ful toward him꞉ sone he him biturnde
He het þe treo a Godes name꞉ vpward aȝe turne   f. 153ᵇ
Þis treo aros vp anon꞉ for hit nolde his heste worne
& ouerful in þat oþer side꞉ meni of his fon
Hi þat ileouede lete hem sone꞉ cristni euerechon   120
Þe wormes buyde for as he wende꞉ bi a wateres brymme
A grislich addre aȝen him com꞉ bi þe watere swymme
Ich hote þe quaþ þis holi man꞉ þat þu aȝe wende
Þat þu neuereft her ne come꞉ nowhar in þis ende
Þis worm him turnde anon aȝe꞉ as þis holi man het   125
& swam faste in to anoþer lond꞉ & þulke contray forlet
Foweles dude his heste also꞉ for as he gan bi a watere gon
He seȝ douedoppes cacche fisch꞉ & swolewe hem anon
¶ Allas quaþ þis gode man꞉ þis is þe deueles manere
Gulteles þing & vnywar꞉ swolewe as he doþ here   130
& þing þat non harm nedoþ꞉ bote weneþ in pees to beo
So awaiteþ þe deuel euere꞉ his preye forto seo
Þis foweles he het a Godes name꞉ echone hunne teo
Þat hi schulde into wyldernisse꞉ out of þe watere fleo
Þat hi neuereft þer necome꞉ gulteles þing to take   135
Þis foweles anon mid þe word꞉ þanneward gonne schake
¶ Bestes dude also his heste꞉ for as he wende aboute
He seȝ after an hare vrne꞉ grihoundes a gret route
Awey he seide þis seli best꞉ þat noþing nedoþ amis
Þis foule houndes hit wolleþ gnawe꞉ gulteles as hit is 140
Þis grihoundes he het abide anon꞉ & þat best do no wo
Anon hi stente & ȝeode aȝen꞉ & lete þat best forþ go
To fewe such freond hi fyndeþ꞉ haren þat beoþ ydryue

115–16] om. A   117] Þo þis tre falinge was꞉ he het it aȝen turne
A   120 ileouede] aschaped þo A   121 margin] Vermes   121]
om. A   122–3] A grisliche neddre aȝen him com: & bad him
aȝen wende A   127 margin] Aues   bi a watere] om. AJ
129–30] om. A   131 &] Alas þat A   136 þanneward] awei
AJ   137 margin] Lepus   140 gnawe] to drawe AJ   141–9]
A substitutes: Ich hote ȝe turne aȝen: hi gonne to stonde stille, see
ll. 147, 149

Ten hondred þousend pound hi wolde.' for such an hunte
3yue

¶ Aboute his o man þer come also.' houndes meni on   145
So kene þat he nemi3te him wite.' ne help nadde he non
Ich hote 3ou he seide a Godes name.' & in Martines mi
louerd also
Þat 3e me lete apays wende.' his erande forto do
Þis houndes anon mid þisse worde.' gonne to stonde stille
& turnde euerech in his wei.' to do seint Martines wille 150

¶ A cou also þat gydi was.' orn aboute in þe londe
& slo3 bestes & eke men.' whan heo fond eni stonde
Noþing nemi3te hire stonde a3e.' so strong þe schrewe was
A3en seint Martin heo cam vrne.' as oure Louerd 3af þat
cas
Sore were þis men adrad.' þe gode man hire het anon 155
A Godes name stonde stille.' and no3t ane fot fur gon

f. 154^a Þis best þe3 hit gydi were.' anon hit gan abide
Seint Martin ise3 þane deuel.' anoueward hire rugge ride
Liþere þing he seide what dostou þere.' euere þu dost to
quede
Whi trauaillestou þis seli best.' þat ne doþ no misdede 160
Acursed þing þu wend awei.' ne com hire ne3 nomore
Þe schrewe wende anon awei.' wepinge wel sore
He nemi3te bote his heste do.' nomore þan þe cou

¶ Þo þe cou delyured was.' as 3e hureþ nou
To seint Martin heo 3eode softe.' & ful adoun anon 165
& schok hire heued him to þonki.' as heo nolde fram him
gon

¶ Seint Martin hire het vp arise.' & to hire felawes wende
To him heo loute & 3eode forþ.' hom to hire owene ende
Apostles fere seint Martin was.' for þe Holi Gost ali3te
In him as in þapostles dude.' in forme of fur bri3te 170

¶ A dai as þis gode man sat.' alone in his celle
His priue men abide him wiþoute.' & ihurden him loude
telle

145 *margin*] Canes   151 *margin*] Vacca   151–3] A *substitutes*:
A gidi cou orn aboute wule: In strong sorwe as heo was   155–7]
A *substitutes*: S. Martyn bed hire stonde stille: & heo gan abide
159–60] *om.* A   163–4] *om.* A   166 as . . . gon] as is men iseie
echon A   167–70] *om.* A   171 *margin*] Maria

As þeȝ hit a womman were: hi hurde wiþ him speke
Þerof hem þoȝte wonder gret: ne þerften hi noȝt in breke
Þo þis gode man siþþe out com: hi fulle adoun akneo 175
Hi eschte of him what þe speche were: þat wiþ him hadde
ibeo
Ich ȝou mai telle quaþ þis gode man: for ȝe beoþ to me
priue
Hit was oure Leuedi & seint Anneis: þat her inne were
wiþ me
Of þe ioye of heuene hi speke wiþ me: for ofte hi doþ so
Seint Peter & seint Poul: me comeþ her ofte to 180
¶ Seint Martin at Parys: a mesel mette bicas
He custe him & anon þerafterward: þe mesel hol man was
Me neseȝ him neuere enes wroþ: ne liȝe neþemo
What so euere his men dude amis: he wolde bi on go
In wel pore wede a dai: he rod out vpe an asse 185
Heȝe men he mette bi þi wei: þat tolde of him þe lasse
Here hors weren of him adrad: for his pore cloþe
& fulde hem adoun & vrne abac: þerfore hi were wroþe
Hi sturte vp & neme þis holi man: & beoten him swiþe
sore
He nespac wiþ hem noȝt o word: þerfore hi beoten him
þe more 190
¶ Þo hi him hadde sore ibete: hi him bileuede atan ende
Ligginge & worþe vpe here hors: forþward forto wende
Ac here hors nolde go ane fot: for al þat hi miȝte
Smyte mid ȝeord oþer mid spore: er þat hi aliȝte
& cride merci þis gode man: þat hi him hadde misdo 195
Ac here hors hem bere forþ anon: þo hi toke on so
¶ In an hous þe while hit brende: he slep wiþoute harme   f. 154ᵇ
His cloþes brende al to cole: he nevelde hit noȝt enes
warme
¶ Attan heȝ feste as he scholde: þe heȝe masse singe
To churche he wende wiþ alle his men: me gan aȝen him
ringe 200

173-4] om. A   177] om. A   178 and 180] A substitutes: Þat
was our leuedi & s. Anneis: Peter & Poul also   183-4] om. A
190] Al soffrede þis holi mon: & þonkede godes ore A   191 hi him
bileuede . . . ende] hor hors vorþ bringe hi ne miȝte A   192-3]
om. A   194 Smyte] Noþer A   200] om. A

A pore man he mette naked.' þat noþing him nadde aboue
Som þing he bad to helie him wiþ.' for oure Louerdes loue
¶ Seint Martin bad his arcedekne.' þat he him scholde ȝyue
    som cloþ
Þe arcedekne tolde þerof lute.' he nolde he swor his oþ
Bote cope iupe & curtel.' seint Martin on him nadde 205
His curtel he ȝaf þe pore man.' in an hous þer he him
    ladde
To churche wende þis gode man.' in his cope alone
He nemiȝte þe masse bigynne noȝt.' þat folc makede
    þerof mone
¶ Whi neltou quaþ þis arcedekne.' þe masse bigynne
A pore man quaþ seint Martin.' som cloþ þu most er
    iwynne   210
Nou is hit quaþ þarcedekne.' a gret anuy of þe
Whi deale y neseo.' no pore man aboute þe
No quaþ þis holi man.' hit nele þe failli noȝt
Al prest þe tit a pore man.' habbe þu þat cloþ iboȝt
¶ Þar[ce]dekne in grete wraþþe.' wende to chepinge   215
A vyl cloþ he bouȝte for his pans.' þe bischop he gan hit
    bringe
Þe bischop ȝeode into þe vestiarie.' his cloþes he gan of
    strupe
He nadde vnder his vestementȝ.' noþing bote his iupe
Vneþe hit helede his durne lymes.' & vneþe his elbowe
For his bare armes atte masse.' he hadde grete howe 220
For his vestementȝ wide were.' his armes smale & lene
Leste his armes were bare iseȝe.' h[e] neþerfte hebbe vp
    his honden ene
Ac þo he nede atte sacrement.' his honden hebbe vp
    scholde
An angel helede his armes nakede.' wiþ tuei sleues of
    golde
& þo þe masse was ido.' as al þat folc iseȝ   225

201 þat . . . aboue] wiþþoute cloþinge A   202-4] om. A
205 iupe] om. AJ   on him] noþing A; noþing on him J   211-14]
om. A   215 Þar[ce]dekne] ce om. H   216 vyl] elle J   217-
18] om. A   217 cloþes] cope J   219 Vneþe hit helede] Bineþe
to hele A   vneþe his] noȝt volliche AJ   221-2] om. A   222
h[e]] his H; he J   225-6] om. A

A briȝt leome of liȝt fram his heued.ꞏ to heuene tilde an heyȝ

To heuene wende þis angel siþþe.ꞏ wiþ þe sleuen of golde

Þe arcedekne him cride merci & bihet.ꞏ þat nomore misdo him he nolde

¶ Þe deuel hadde to þis holi man.ꞏ gret enuye mid alle

Him to bitraye he cam o tyme.ꞏ in reche cloþes of palle 230

Wiþ hosen & schon of briȝt gold.ꞏ swiþe fair was his face

Martin he seide wel þe beo.ꞏ ifonde þu hast mi grace

Ich am God þat þu seruest wel.ꞏ ich wole me schewe to þe

Þu most sone changi þi lyf.ꞏ & come bi tyme to me

¶ Seint Martin sat in gret poȝt.ꞏ no word he nesede   235

Martin mi freond quaþ þe deuel.ꞏ wharof hastou drede

Whan þin owe God spekeþ.ꞏ mouþe wiþ mouþe wiþ þe   f. 155ᵃ

For ich blesci alle þat on me bileoueþ.ꞏ þat me nemowe noȝt iseo

& er þis whan þu neseȝe me noȝt.ꞏ in þulke blescing þu woldest beo

& nouþe ert in drede.ꞏ & iseost her me   240

¶ I nuste neuere quaþ þis gode man.ꞏ þat mi Louerd sede

Þat he wolde an vrþe.ꞏ come in kynges wede

Bote ich mowe of mi Louerdes wondes.ꞏ in þe signe iseo

Oþer of his croiȝ ynele ileoue.ꞏ noȝt þat þu hit beo

¶ Þis foule þing wende anon awei.ꞏ him poȝte he hadde a boule   245

Þe stede þerafter swiþe longe.ꞏ of him stank wel foule

Wel narewe þe schrewe him biþenȝþ.ꞏ gode men to bitraye

Nou sorwe & sor him beo next.ꞏ fram daye to daye

¶ Seint Martin iseȝ his endedai.ꞏ wel longe er hit come

Sori were his disciples.ꞏ & gret deol to hem nome   250

226 an heyȝ] *added in diff. hand and ink* H; an hei J   229] *om.* A   231 was his face] wiþ alle A   232] *om.* A   237 wiþ þe] *after* spekeþ *& line add.* A J: Euere þu were In gode lyue: ne bilef þu it noȝt nouþe   238-40] *om.* A   238 þat me] þei hi J   240] *written at foot of page* H; *om.* J   244 hit] my god A; my lord J   245 him . . . boule] þo he ne miȝte bitraie A, *see l.* 247   246-7] *om.* A   249-54] *om.* A

Leoue fader hi seide what woltou do.' whi woltou ous
forsake

Ous faderles wiþoute confort.' whar woltou ous bitake

Nou wolleþ wylde wolues come.' & alle þe schep aspille

Ich mot nede quaþ þis gode man.' do mi Louerdes wille

¶ He makede of axen & of his her.' a bed at his endedai 255

& þer feble aȝen his deþ.' vpriȝt adoun he lai

& þo to heuene he bihuld anheȝ.' so longe þat hit nas non
ende

Me poȝte þat hit dude him harm.' & wolde him helpe to
wende

¶ Abideþ quaþ þis holi man.' whi wole ȝe do so

Leteþ me þane stede biholde awhile.' þat mi soule schal
to   260

After his soule þe deuel com.' & stod þer mid his fere

Awei he seide þu liþere best.' what dostou nouþe here

Of me nastou noȝt to done.' mi Louerd me wole afonge

To him ich wende in his name.' þat me bouȝte stronge

Mid þis word he ȝaf þane gost.' angles iredi were   265

Þat folc ihurde þe murie song.' as hi þe soule bere

Four hondred ȝer hit was.' in þe six & sixti ȝere

¶ After þat God an vrþe com.' þat þe gode man deide here

Fourscore wynter he was old.' er he deide also

Nou God ous ȝyue part of þulke ioye.' þat he was inne
ido. Amen   270

S eint Edmund þe confessour.' þat liþ at Ponteneye

Of gode men & true he cam.' þeȝ hi nere noȝt wel heye

Ibore he was in Engelond.' in þe toun of Abyndone

Glad miȝte þe moder beo.' þat bar such a sone

Mabille þe riche his moder het.' þat god womman was
ynouȝ   5

For boþ wyf & widue.' to holi lyf heo drouȝ

f. 155ᵇ ¶ A seint Edmundes day þe king.' þe gode child was ibore

So clene he cam fram his moder.' wiþoute eni hore

251 woltou] scholle we J   256 þer] þer on AJ   257–60]
om. A   257 anheȝ] al wei J   262 what . . . here] þu nast
noþing here A; þou nast noȝt to don here J   263–4] om. A
267 ȝer] wynter A

& so drie þat no cloþ· þat neȝ þe moder was

Ne neȝ þis ȝunge child ibore· noþing isoilled nas   10

A seint Edmundes dai he was ibore· þo hit was furst dai

Fram þe morwe forte hit was neȝ niȝt· as ded þing he lay

Riȝt as he were ded bore· for no lyf on him me nesay

[Þe mydwyues him wolde habbe ibured: ac þe moder
   sede nai]

Aȝen eue he cudde furst his lyf· to churche he was ibore 15

& for seynt Edmundes day hit was· Edmund icleped
   þerfore

¶ Þis child wax & wel iþeȝ· elles wonder hit were

Þo hit was of eni elde· þe moder hit let lere

& Robert ek hire oþer sone· for sones heo hadde hem tuo

& tuei maidenes clene ynou· hire douȝtren were also   20

Dame Margerie & dame Alice· þat at Kattesby were ido

& þer in ordre nonnes were· & liggeþ þer boþe tuo

¶ Dame Mabille þe gode moder· þis children louede ynou

& wissede hem to clene lyue· & to godnisse drouȝ

Þe wile [þe] children ȝunge were· ofte heo ȝaf hem mede 25

Forto faste þane Friday· to watere & to brede

Þurf mede & þurf faire biheste· hi were so þer on ibroȝt

Þo hi were in grettere elde· hit ne greuede hem riȝt noȝt

Þe moder werede harde here· for oure Louerdes loue

Fram þe schuldre to þe hele· & harde hauberk aboue 30

In suche penance heo ladde hire lyf· þis widue þat was so
   wys

Wel ȝung heo sende boþe here sones· to scole to Parys

& bitok hem spense lute ynouȝ· as heo miȝte biseo

IIi seide aȝe þat hi nemiȝte noȝt· bi so lute beo

Leoue sones quaþ þis moder· ich mai beo ȝut wel
   hende   35

If ȝe wolleþ don after me· ich can ȝou more sende

& hit schal ȝut liki wel· bi þan ȝe wite þan ende

If ȝe þore mid so lute· out of londe wende

¶ Leoue moder quaþ þe sones· we schulle don after þi lore

Edmund of Canterbury. 12 niȝt] eue A J   14] *om.* H ; *given* A J
25 wile [þe]] wile *written above line*, þe *om.* H ; wule þe A J   33
bitok hem spense] tok hem to spene A   34 aȝe þat] hou A   bi]
wiþ A J   37 hit] ȝou *add.* A ; ȝou *after* schal J   ȝut] *om.* A J
39 after] al A J

Ac þu wost we nemowe noȝt libbe·/ bote þu ous sende
   more   40

¶ Þe moder tok wel stilleliche·/ ech of hem an here
[& bad hem boþe vor hire loue·/ þat hi wiþ hem bere]
Þat hi werede hem eche wike: tueye oþer þrie þere
& heo wolde hem sende spense ynou·/ þe while hi at scole
   were

¶ Þis children ȝeode to scole þo·/ & dude here moder heste 45
& werede here here þrie a wyke·/ oþer tueye atte leste
So longe hi hem vsede þerto·/ þat hi hem nome oftere
   mo
So longe þat noþer dai ne niȝt·/ hi nolde hem noȝt forgo

f. 156ᵃ Hi vseden hem so wel þerto·/ þat hi werede hem dai &
   niȝt
Þis was lo a god moder·/ þat teiȝte hire childrene ariȝt 50
And euere as heo hem sende cloþes·/ as heo hem miȝte
   iwynne
Þerwiþ heo wolde heren sende·/ isued stille wiþinne

¶ Seint Edmund þe gode clerc·/ to eche godnisse drouȝ
Þat euerech clerc þat him iknew·/ hadde of him ioye
   ynouȝ
For oure Louerd & his holi grace·/ mid him was wel ryue 55
& þat oure Louerd cudde him wel·/ in his ȝunge lyue

¶ For as he ȝeode a dai·/ in a mede forto pleye
His felawes he bileuede echon·/ & ȝeode biside þe weye
& alone ȝeode vp & doun·/ & his beden sede
Þer cam go a fair whit child·/ to him in þis mede   60
Felawe he seide hail þu beo·/ þat gost þe silue alone

¶ Seint Edmund stod in gret þoȝt·/ wannes þis child come
Ne knoustou me noȝt quaþ þis child·/ seint Edmund seide
   no
Nam ich þi felawe quaþ þis child·/ whoder þu euere go
At scole ich sitte ek bi þe·/ euere bi þi riȝt side   65
& wiþ þe ich go in eche stede·/ ne go þu noȝt so wide
& þi pleyfere ich am·/ & if þu nost noȝ[t] ho ich beo

˙ 42] *om.* H; *given* AJ   43 tueye] dawes *add.* A   53 þe gode]
þis ȝonge AJ   57 *margin*] Christus   60 *margin*] Christus
Þer cam go] Þo com þer go AJ   to . . . mede] & þes wordes
sede J   61 he] heo *with* o *erased* H   gost . . . alone] al one gest
Ilome AJ   67 noȝ[t]] t *om.* H   ho] wat AJ

¶ In mi foreheued iwrite.' mi name þu schalt iseo
  Signe þerwiþ þi foreheued.' & þi breost also
  Aneue whan þu to bidde gost.' & aday whan þu risest
    þerto   70
  Euerech niȝt er þu slepe.' as in munde of me
  & þe deuel ne tit poer non.' forto greuy þe
¶ Seint Edmund nuste mid þis word.' whoder þis child
    bicom
  He kneu wel þat hit was oure Louerd.' gret ioye to him
    he nom
  He nolde forȝete noȝt o niȝt.' his lore forto do   75
  To croici þrie his foreheued.' & his breost also
  & sigge Iesus Naȝarenus.' as he hit iseȝ iwrite
¶ Wiþ noþing nescholde a man bet.' wiþ þe deuel him wite
  In penance & in his lore.' þat child dude al his þoȝt
  For Godes loue he þolede moche.' þat deore him hadde
    iboȝt   80
  In penance he was so wel yused.' & þeron ȝung ibroȝt
  Þat þo he was of grettere elde.' hit negreuede him riȝt noȝt
¶ At Parys he was at scole longe.' & at Oxenford also
 · He nedude neuere lecherie.' ne neuere ensentede þerto
  As his schriffader wolde telle.' ofte in priueite   85
  He nemiȝte neuere fynde non.' of so gret chastete
  Pryueiliche at Oxenford.' þerfore a dai he com
  To þe ymage of oure Leuedi.' & bi þe hond hire nom
  And forhet bifore hire.' truliche wommanes mone   **f. 156ᵇ**
  And wiþ truþe holde al his lyf.' clanliche to hire one 90
  Þe ymage he weddede wiþ a ring.' as man doþ his wyf
  Clanliche to holde in spoushode.' to hire al his lyf
  Aue Maria gracia plena.' þuse four wordes were ido
  & igraued in his ring of golde.' for hit acordeþ þerto
  Wel he huld his truþe siþþe.' & his wedding also   95
  & true spouse was ynou.' & nolde noȝt misdo
  Ich wot me miȝte fynde.' ho so soȝte blyue

68] *five lines add.* AJ: S. Edmond bihuld him in þe frount:
wel cler þer Inne he sai / Iwrite iesus nasaren: aboue þe cien an hei /
A lord he sede þin ore: al þi wille be / Ȝe ic it am quaþ our lord:
my name þu miȝt ise / & also as my name: in my forheued is ido
69 Signe] Croice AJ   70] *om.* AJ   86 non] man AJ   89
wommanes] eche *precedes* AJ ; monnes J

Somman þeȝ hit selþe beo.' vntruere wiþ his wyue
& as ful beo of þe mariage.' & as fawe hit vnbynde
Wele whar eni of ȝou couþe.' such an hosebonde fynde 100
¶ His ostesce hadde a douȝter.' þer he was at inne
Þat louede moche þis holi child.' if heo miȝte of him eni
　　loue awinne
Heo necouþe neȝ non oþer wit.' heo fondede forto do
Folie bi niȝte & bidaye.' if heo miȝte come þerto
Heo bad him þat heo moste a niȝt.' to his bedde wende 105
Þis holi child newornde hire noȝt.' ac dude as þe hende
¶ Þis maide was þo glad ynouȝ.' for er heo bad wel ofte
A nyȝt þo heo seȝ hire tyme.' to his bed heo com softe
Hire cloþes he dude of anon.' as hit is lawe of bedde
& makede hire redi to kreopen in.' ac wel febliche hire
　　spedde　　　　　　　　　　　　　　　　　　　　110
For seint Edmund hadde a smeort ȝerd.' þis womman
　　adoun he redde
& leide vp hire nakede rug.' þat heo neȝ awedde
He nesparede rug ne side noþer.' er heo to grounde bledde
Quenche heo miȝte hire fole þoȝt.' mid blod þat heo
　　schadde
& euere seide þis holi man.' as he leide on hire faste 115
Maide þu schalt lurny þus.' awei forto caste
Þi fole wil of þi flesch.' wiþ suche discipline
Heo þoȝte lute of fol þoȝt.' er þis gode man wolde fyne
¶ Þis wenche wende softe aȝe.' hire rug smurte sore
Heo biȝat so lute þo.' þat hire ne longede þuder nomore 120
Clene womman heo bicom.' wiþoute flesches dede
& clene maide siþþe deide.' as hire schriffader sede
Þis maidenes þat beoþ wilful.' folie to do
Ich wolde hi fonde such a lemman.' hem to chaste so
¶ Þo Mabille his swete moder scholde.' of þis wordle go 125
Seint Edmund hire holi sone.' neȝ hire was þo
Þe moder him ȝaf hire blescing.' þo heo schulde hunne fare
Blesce ek mi broþer quaþ þoþer.' þeȝ he beo elleswhare

104 come] bringe him A; hit bring J　　109 is lawe of] valleþ
to A　　lawe] riȝt J　　110 redi] naked AJ　　111 redde] sped J
118 Heo . . . þoȝt] He broȝte hire of fole þoȝte A　　124 hem to] þat
wolde hem AJ

Leoue sone quaþ þe moder.· boþe ȝe come of me   f. 157ᵃ
& he is whan ȝe beoþ o blod.· iblesced forþ wiþ þe   130
¶ Ac ich bidde þe for þe loue of God.· & of seinte Marie
Þat þu somwhar þi sostren do.· in a nonnerie
Þat hi mowe lede clene lyf.· in Godes seruise
Þat þu ne suffri þat hi beo.· iwedded in none wyse
Þis catel þat ich biqueþe.· þis dede forto do   135
Al ich bitake in þyne warde.· & hem þerwiþ also
Þis gode womman deide þo.· & of widuen was flour
& in seint Nicholas churche at Abyndone.· ibured was wiþ
    gret honur
Vnder a ston bifore þe rode.· in þe souþside iwis
A lute wiþoute þe abbay ȝate.· þe chapel arered is   140
Aboue hire hit is iwrite.· her lyþ on þe ston
Mabille flour of widuen.· & lesing nis hit non
For heo was womman of gode lyue.· as me miȝte bi hire iseo
& meni miracle siþþe at Abyndone.· for hire haþ ibeo
¶ Nou neforȝet noȝt seint Edmund.· þat his moder him
    hadde ibede   145
Þo his poer was iwexe.· he purueide him a stede
Þat his sostren were ido.· in a nonnerie
Ac wel vneþe he miȝte hit do.· wiþoute symonye
Atte laste he com to Cateby.· in Northamte schire
Igranted him was þer anon.· al þat he wolde desire   150
Boþe his sostren a Godes name.· nonnen he makede þere
& lyuede þer al here lyf & holie wymmen were
Þe vlþere was siþþe priorasse.· of þe leuedies echon
For hem haþ siþþe God ido.· miracles meni on
& bifore þe weued anheȝ.· ibured hi beoþ þere   155
In a chapel of seint Edmund.· þat hi lete arere
¶ Þis holi man seint Edmund.· werede stronge here
In strongere manere he was ymaked.· þan oþer manes were

129 þe moder] þis oþer widewe A ; þe wodewe J   130 forþ] Inouȝ A J
134 suffri] noȝt add. A J   137 &] þat A J   139 Vnder] In A J
141 her lyþ] hire lyf A   148] six lines add. A J: Symonye is
icleped: forward uorte make / To bugge liflode of holi chirche: as hem
a certeyn catel take / & amansed beþ alle suche: þat so wolleþ do /
Ac In to religion: monyon comeþ so / Þis gode mon soȝte wide aboute:
mony a nonnerie / Ar he miȝte is sostren do: wiþþoute symonye
152 margin] Margeria   155 weued] auter J

He nas isponne ne iweue·/ ac ibroide of strenges longe
& siþþe as me knyt a net·/ iknyt harde & stronge   160
Of hard hors her ymaked·/ þe knottes deope wode
Þat mochedel his bodi orn·/ in quiture & in blode
Herof he hadde brech & scherte·/ fram necke to þe hele
Vneseliche he miȝte ligge·/ & lutel ese ifele
A strong rop þer was siþþe aboue·/ fram þe schuldre ido 165
To his buttok of hors her·/ to holde hit faste to
& siþþe he was byneþe his brech·/ igurd faste ynouȝ
Wiþ a strong corde aboue þe here·/ þat faste todrouȝ

f. 157ᵇ   So faste was in eche side·/ þe here to him ibounde   169
Þat vneþe he miȝte bye his rug·/ oþer lokie to þe grounde
& whan he byde him eni þing·/ his flesch was so ignawe
Þat wonder hou he þolede hit·/ to beo so todrawe
Fet & honde þat nere noȝt·/ iturmented wiþ þe here
Necke & heued & al his face·/ þat wiþoute were
He ruddede aniȝt wiþ his here·/ whan noman ne miȝte
   hit iseo   175
For he nolde þat no lyme·/ vnypyned scholde beo

¶ A dai he toc al priueiliche·/ his man his olde here
Þat he hem forbrende stilleliche·/ for hi forolþed were
He caste hem in gret fur·/ ac hit necom noȝ[t] þerneȝ
Ac euere hi were iliche sounde·/ as þis man iseȝ   180

¶ Þo he seȝ hit nebrende noȝt·/ he bond þerto faste
Heuye stones to drawe hit adoun·/ & þe water hit vp caste
Nadde þat fur poer non·/ to tuochi þe holi here
Ac naþeles he tolde his louerd·/ þat hi forbrende were

¶ Seint Edmund & his felawe·/ as hit was ofte here wone 185
In a day fram Leukenore·/ wende to Abyndone
As hi come in a gret faleye·/ blake [foweles] he seȝ
As hit crowen & choȝen were·/ fleo bi þeir anheȝ
A lute blac sac as þeȝ hit were·/ among hem þis foweles
   bere
& caste hit vp fram on to oþer·/ as hi hit totere   190
Þat was a soule for his wickednisse·/ þat hi to helle bere

163 Herof] Of her A   170 bye his rug] bowe adoun A   171
byde him] dude A   174 Necke] Nebbe J   179 noȝ[t]] t *om.* H
182 þe water hit vp] in a water hem (hit J) AJ   187 [foweles]]
monekes H; *as given* AJ   191] *om.* AJ

His felawe stod & bihuld· & was neȝ wod for fere
¶ Seint Edmund ȝaf him god confort· & tolde what hi were
Deuelen of helle he seide hit beoþ· & þat hi bereþ iwis
A manes soule of Stafgrene· her bifore hit is   195
Þat nou riȝt deide late· he ne comeþ neuere in blis
He mai singe welewei· þat euere he dude amis
Forþ hi wende to Stafgrene· þat soþe hi fonde þere
Þe man ded a lute bifore· & ligge hot in a bere
No þe gladdere nemiȝte he beo· þat þe deueles him so
    totere   200
¶ Seint Edmund þis holi man· louede wel his lore
For his loue he louede ȝut· Godes seruise þe more
Mest he louede an oreisoun· þat was of Iesu Crist
& of oure Leuedi his swete moder· & of seint Iohan
    þewangelist
Þat O intemerata· bigynneþ a Latyn   205
Þe bigynnyng is wel god· & also þe fȳn
Eche dai bi custume· he seide þis oreisoun
He nolde hit bileue for no scole· ne for no lessoun
Ane dai he hit forȝet· he hadde so moche to done   f. 158ᵃ
¶ Seint Iohn þewangelist· com to him wel sone   210
A pameri he brouȝte on his hond· gret & strong ynouȝ
Seint Edmund he nom bi þe hond· & his pameri drouȝ
So heȝe & wiþ so gret eir· as he him wolde al todryue
Seint Edmund lay & quakede· & dradde of lyue
For if he him hadde ismyte· as he drouȝ· he hadde ibeo
    ded anon   215
He quakede & cride dulfulliche· louerd merci seint Iohn
¶ Ich wole forȝeue þe quaþ seint Iohan· þu criest so sore
& þench bet on oure oreisoun· & neforȝet hit nomore
He neforȝat after þulke tyme· nomore þis oreisoun
For no studie ne for no neode· ne for poȝt of lessoun 220
¶ So wel lurnede þis holi man· & suche grace hadde
Þat he bigan at Oxenford· & of art þer radde
Of art he radde six ȝer· contynuelliche ynouȝ

195, 198 Stafgrene] chalsgroue AJ   200] *After this l.* A *adds:*
Hi miȝte segge wailawai· þat is felawes were; J *adds:* He miȝte sigge
welawei · þat his lifdaues euer were; *see l.* 197   214 lvue] is lyue
AJ

& siþþe for [to] beo more profound·' to arsmetrike he drouȝ
& arsmetrike radde in cours·' in Oxenford wel faste   225
& his figurs drouȝ aldai·' & his numbre caste

¶ Arsmetrike is a lore·' þat of figurs al is
& of drauȝtes as me draweþ in poudre·' & in numbre iwis

¶ A niȝt in a visioun·' his moder to him wende
Sone heo seide to what figurs·' woltou nou entende   230
Leoue moder quaþ þis oþer·' suche as we iseoþ

¶ Leoue sone quaþ þe moder·' betere figurs þer beoþ
Wherto þu most þin hurte do·' & þenche her on nomore
Heo nom forþ his riȝt hond·' & wrot þer on his lore
Þreo rounde cerclen heo wrot·' in þe paume amidde   235
In þe tueye heo wrot Fader & Sone·' & Holi Gost in þe
   þridde

¶ Sone heo seide her afterward·' entende to þis lore
To heuene aȝe þe moder wende·' he neseȝ hire nomore

¶ Þo iseȝ seint Edmund·' þat hit was al of þe Trinite
& þat God wolde þat he schulde·' ihure diuinite   240
To diuinite as God wolde·' þis gode man him drouȝ
Þer nespedde non in Oxenford·' so wel of ynouȝ
Hit nas noȝt longe þer afterward·' þat þe Chanceler nesede
& þe hexte maystres of þe toun·' þat he schulde bigynne
   & rede
He wiþsede & longe seide·' þat he nas noȝt worþi þerto 245
So þat moche aȝen his wille·' nede hi makede him hit do
So þat he bigan at Oxenford·' of diuinite
So noble alosed þer nas non·' in al þe vniuersite
f. 158b   Of redinge he hadde so gode grace·' þat menion to him
   drouȝ
His scolers þat ihurde of him·' gode·men were ynouȝ 250
So pitousliche he wolde rede·' & so gode grace hadde þerto
Þat his scolers þat ihurde of him·' nuste ofte what to do
Ac sete as in anoþer wordle·' & ofte hudde here eȝe
& wepe þat þe teres vrne adoun·' þat men hit al aboute
   iseȝe

---

224 [to]] *om.* H   236 Gost] amidde *follows marked for deletion* H
239 *margin*] Theologia   244 maystres] men A   249 meni-
on] moche folc J   254 þat men . . . iseȝe] þat vnneþe hi seie A;
as hor felawes iseie J

Vneþe eni ihurde of him.' þat þe betere ne bicom 255
& meni bileuede al þe wordle.' & to religioun nom
¶ A dai as þis holi man.' in diuinite
Desputede as hit was his wone.' of þe Trinite
In his chaire he sat longe.' er his scolers come
A lutel he bigan to swoudri.' as a slep him nome 260
Þo þoȝte him in his swoudringe.' þat a whit coluere com
Fram heuene mid oure Louerdes flesch.' & þe wei to him
    nom
& þat swete flesch pulte in his mouþ.' & siþþe fleȝ vp anheȝ
Heuene openede hire aȝen.' as þis gode man iseȝ
Þe sauour of oure Louerdes flesch.' him þoȝte was in his
    mouþe 265
And al þe clergie him þoȝte of God.' þo he awok he couþe
Of þe pure stat of Crist.' & of his mageste
As angel him þoȝte he couþe.' & of his priueite
¶ He bigan so deope desputi.' of þe Trinite
Þat gret wonder me hadde.' þurf al þe vniuersite 270
Þat þe gretteste clerkes þat were.' in Oxenforde þo
Ne þoȝte þat eni vrþlich man.' so furforþ miȝte go
Ne wite so moche of Godes stat.' bote hit angel were
Þer nere none maystres in Oxenford.' þat in gret wonder
    þerof nere
Ac he miȝte of Iesu Crist iwite.' more þan was in boc 275
Whan he vsede oure Louerdes flesch.' & in his mouþe toc
¶ Ne þoȝte noȝt þis holi man.' so moche in his lessoun
Þat euere among his þoȝt nas mest.' in Godes passioun
O tyme he was in grete studie.' of his lessoun anyȝt
Þat longe he sat þer aboute.' forte hit was neȝ dailiȝt 280
Þo hit was toward þe dai.' anapped he was sore
He lynede adoun vpon his boc.' þo he nemiȝte studie
    nomore
So þat he ful aslepe.' & vnywar also
& neþoȝte noȝt on þe passioun.' as he was iwoned to do
Þe deuel com to him wel sone.' noþing to siche he nas 285

261 swoudringe] slepinge A; swoddringe J   270 me hadde]
þer of was A; þer was of J   273 hit] eni add. AJ   282 boc]
bed AJ   283 ful] werþ A   & vnywar also] anoueward is bed also
A   285 margin] Diabolus

B 4182.2   L

Seint Edmund of him was iwar꞉ in swoudring as he was
He wolde him blesci wiþ þe deuel꞉ his riȝt hond he gan
forþ drawe
Þe deuel him nom þerbi anon꞉ he nemiȝte him noȝt wawe
Þo nom he forþ his lift hond꞉ to blesci him wiþ also
Þe deuel him nom þerbi faste꞉ þat he nemiȝte noþing
do   290
Vpe him he lai as a sak꞉ þat he was al ouercome
He nemiȝte him wawe fot ne hond꞉ his poer him was
binome
Ac delyure he hadde al his þoȝt꞉ so þat he þoȝte sone
Of oure Louerdes passioun꞉ as he was woned to done
¶ Þe deuel nemiȝte þo bileue꞉ vpe him none þrowe   295
For drede he ful sone adoun꞉ bituene him & þe wowe
¶ Seint Edmund aros vp anon꞉ & þe deuel ouercom
Strangliche & harde ynou꞉ bi þe þrote he him nom
Þurf oure Louerdes passioun꞉ tel nou he seide me   299
Ich axi þe hou Cristene man꞉ mai best him witie fram þe
Me neschal wiþ noþing quaþ þe deuel꞉ schulde fram mi
poer
So wel as þurf his passioun꞉ þat þu nemnedest er
¶ Þer lurnede þis holi man꞉ as we mowe ek echon
In whiche manere we mowe best꞉ þe deueles poer forgon
For he hatieþ Godes passioun꞉ as man doþ his fon   305
& whan a man hit haþ in munde꞉ he wole him fleo anon
¶ Eche tyme of þe dai & of þe niȝte꞉ seint Edmund him gan
biseo
Þat he diȝte him wel to Godes wille꞉ þat he nolde idel beo
Oþer he was in oreisouns꞉ oþer at his boc
Oþer he et oþer he slep꞉ oþer to oþer þing he toc   310
¶ Þreo tymes him þoȝte he forles꞉ whan he com þerto
Whan he rod & whan he slep꞉ & whan he et also
For he nas þanne in studie꞉ ne in bede noþemo
Ech oþer tyme him þoȝte꞉ to som prou scholde go
¶ So longe þis gode man꞉ to eche godnisse drouȝ   315
Þat his godnisse was wide couþ꞉ & me spac þerof ynouȝ
Þe beste prechour he was iholde꞉ þat me owar vnderstode

286 in swoudring] slepinde A; suoddring J   291 lai] uel AJ
þat he was] he lai AJ   300 axi] hote AJ

For ho so haþ wiþ him Godes grace.· his dedes mote nede
   beo gode
¶ Þo þat of þe croserie.· þe pope sende fram Rome
To bischops of Engelond.· þat hi a wys man nome   320
To prechi of þe croserie.· aboute in þe londe
Þat me wende to Ierusalem.· & sende here sonde
Procuracies hi ȝeue hem ek.· þer hi wende aboute
Of persones to nyme largeliche.· þat non nere wiþoute
¶ Seint Edmund was þerto ichose.· þis prechinge forto do 325
For he was prechour god ynou.· & holi man þerto
He nolde of persones nyme noþing.· ne no spense take
Ac whan persones him bode ouȝt.· he hit wolde forsake
¶ For whan he seruede Iesu Crist.· of his owe spense he toc   f. 159ᵇ
& of persones & of oþer men.· ȝiftes he forsoc   330
He nefurde noȝt as þis arcedeknes.· ne þis oþere no þe mo
Þat persones & pouere preostes.· oueral doþ wel wo
As he prechede a dai.· of þe croiȝ wel longe
A ȝung man wende among þoþere.· þe croiȝ to afonge
A womman þat him louede.· anon þo heo iseȝ þis   335
Hente him bihynde hasteliche.· & aȝen him drouȝ iwis
As stif as eni bord.· hire honden bicome anon
Þat heo nemiȝte hem awolde noȝt.· noþer synues ne bon
& þe hond was ek forcroked.· heo makede reuliche bere
Seint Edmund bihuld aboute.· & eschte what hit were 340
¶ Sire merci quaþ þis womman.· wrecchede ich am ynouȝ
As þis man wolde afonge þe croiȝ.· a lute ich him wiþdrouȝ
& myn hond is al forcroked.· wharwiþ ich him nom
In ale wrechede ich am ibroȝt.· allas þat ich euere her com
Womman quaþ þis holi man.· woltou þe croice take   345
If ich miȝte louerd quaþ þis oþer.· ynolde hire noȝt forsake
Þis womman sat adoun a kneo.· & of him þe croice nom
& þe crokede hond streiȝte forþ.· & anonriȝt hol bicom
Heo cride & herede Iesu Crist.· þis was couþ anon
For þis miracle þer toke þe croiȝ.· men menion   350
¶ In o tyme of þe roueisouns.· þis holi man also

---

319 Þo] So AJ   322 &] oþer AJ   335 heo] þis *follows but
crossed out* H   338 hem awolde noȝt] awel A; awelde J   341
wrecchede] In wrechede A   342 wolde afonge] tok A; wolde
take J   350 men] þe mo bi J

Prechede a dai at Oxenford./ as he hadde ofte ido
In Alle Halewe churchȝerd./ in þe norþside
Mid þe baners at vnderne./ as men doþ alonde wide
As þe holi man amidde al þe folc./ in his preching was
    best   355
Þe grislikeste weder þat miȝte beo./ com fram þe west
Swart & durc & grislich./ & ouercaste al þan toun
Þe wynd bleu ek so grisliche./ as al þe wordle scholde
    adoun
¶ So durk hit was ek þerto./ þat vneþe me miȝte iseo
Grislikere weder þan hit was./ nemiȝte an vrþe beo   360
Þat folc for drède of here cloþes./ faste gonne to fleo
Abideþ quaþ þis holi man./ oure Louerd is god & freo
Þis weþer þe deuel bringþ./ to desturbi Godes lore
Oure Louerd is strengere þan he./ ne drede ȝe noȝt so sore
He bihuld to God anheȝ./ & cride milce & ore   365
To schulde hem fram þe deueles miȝte./ þat he negreuede
    hem nomore
¶ Þo he hadde iseid his oreisoun./ þat weþer bigan to glide
In anoþer half of þe churche./ al in þoþer side

f. 160ᵃ Þer hit gan dasche adoun./ hit nolde noleng abide
Þat vneþe þurf þe heȝe strete./ me miȝte go oþer ride 370
Ac in þe norþ half of þe churche./ þer þis gode man stod
Þer neful noȝt a reynes drope./ to desturbi a manes mod
Ac in þe souþ half of þe heȝe strete./ hit leide on for wod
Þat al þe stret awatere orn./ as hit were a gret flod
Þat folc þat fram þe prechinge./ for doute of reyn drouȝ 375
Hi þat wende bi þe heȝe strete./ hadde þerof ynouȝ
Ac þi þat bileuede þere./ drie & clene were
¶ Louerd moche is þi miȝte./ fair miracle was þere
In þe toun of Wircestre./ ful þulke silue cas
As þis holi man seint Edmund./ in his preching was 380
Such weþer þer com ouer him./ þat [he] drof hit awei also
Me þingþ as bi his lyue./ fair miracle þer was ido
So wide sprong his holi lyf./ aboute fur & nher
Þat me ne huld of holinisse./ in Engelond his per

375 doute] drede A J   381 þat [he]] þat hem, e *written over*
erasure H; he A J   383 lyf] los A   384 ne] *inserted above*
line H

Imaked he was at Salesbury·/ canoun seculer 385
Prouendre he hadde of þe hous·/ & was tresourer
Þo he was auanced·/ he tolde þerof lute
He spende aboute pore men·/ þat oþere dude in prute
He spende so moche for Godes loue·/ aboute in almesdede
Þat vneþe he miȝte half a ȝer·/ bi his rente his lyf lede 390
¶ To þabbei of Stanleghe·/ he wende þanne ilome
& soiournede þer for defaute·/ [uorte] his crop [come]
For maistre Steuene of Laxingtone·/ þat abbod was þo þere
His disciple hadde ibeo·/ while hi at scole were
His fille ne et he neueremo·/ þat eni man hit miȝte iseo 395
Ne as moche as man nede moste·/ in god poynt forto beo
Of him wondrede euerech man·/ þat him iseȝ ete
Hou he miȝte holde his lyf·/ bi so lutel mete
Of god mete nolde he noȝt·/ þeȝ me wolde him bringe
Hit was what lutles þat he et·/ al of grete þinge 400
Þane dai þat he masse song·/ flesch ne et he non
Ne þe dai þer bifore·/ for noþing þat miȝte gon
Fram þat me lok alleluya·/ forte com Esterday
He ne [et] noþing þat þolede deþ·/ as al þat folc isay
Ne in þe Aduent noþe mo·/ ac þat was lute ynouȝ 405
Aȝen his oþer penance·/ þat he al day forþ drouȝ
Hit biful þat þe archebischop·/ of Canterbury was ded
Seint Edmund was ichose·/ þerto þurf þe comun red
Þo þe elleccioun was ymaked [·/] in þe court of Canterbury f. 160ᵇ
Anon hi sende here messager·/ to him to Salesbury 410
He wende toward Salesbury·/ ac þer nas he noȝt
He fond him in þe toun of Calne·/ þo he was al isoȝt
In his chambre he was priueiliche·/ at his boc wel stille
Ne þerfte noman to him go·/ forto wite his wille
Ac naþeles on þat was him next·/ as hit were his chamber-
layn 415
God teþinge wende to him bringe·/ þerto he was fayn
He tolde him þat he was ichose·/ archebischop to beo
Þis holi man him chidde anon·/ & het him þanne fleo

387 auanced] so add. AJ   388 aboute] in add. J   392 [uorte]
his crop [come]] of his crop H; as given AJ   396 in . . . beo] þat
wolde in good poynt be AJ   399 nolde] ne kepte AJ   404
[et]] est H   408 þurf . . . red] as þe comun ȝaf (nome J) hor red
AJ   409 court] chapitre AJ   416 wende to him] he þoȝte AJ

Beo stille fol he seide ich hote þe.' & go out hunne anon
Make faste þe dore after þe.' & ne let noman in gon   420
To d[e]sturbi me of mi studie.' ac let me in pays beo
Of þis teþinge he told lute.' þerbi me miȝte iseo
So fareþ ȝut þis clerkes.' hi ne wilnyeþ no maistrie
Ne beo ichose to heȝe men.' for Gode ich wene ich lie
¶ Þis messagers bileuede wiþoute.' & carefulle were of þoȝt 425
For þe dai wende forþ.' & here message nedude hi noȝt
Hi wende for here gode teþinge.' to beo nobliche vnder-
    fonge
So murie hem þoȝte here semblant.' þat hem þoȝte þer wel
    longe
Here ȝiftes hi miȝte eþe bere.' þat seint Edmund hem caste
Hi bimende & ofþoȝte sore.' þat hi hiȝede þider so faste 430
He naros ane fot fram his boc.' er God þane tyme sende
As he was iwoned anoþer dai.' ac so forþ wel softe wende
¶ Þo he cam out of his chambre.' þe messagers come
& seide here erande hou hit was.' he toc þerof lute gome
¶ Þo þe lettres were irad.' beau freres he sede   435
Ich wole loke what mi felawes.' of þis þing wolleþ rede
In þe chapitre of Salesbury.' as riȝt is þat ich do
Hi nadde of him non oþer ansuere.' þo hit alles com þerto
¶ Þe chapitre of Salesbury.' amorwe was plener
Alle þe canouns of þe queor.' þer come fur & ner   440
To consailli him of þisse þinge.' þe red was sone ido
For gladliche at one worde.' hi radde him alle þerto
¶ Beoþ stille quaþ þis holi man.' what schal þis ised
Worþi nam y noȝt þerto.' nymeþ anoþer red
Certes quaþ þe bischop þo.' & þe canouns alle also   445
Nou þu nemiȝt noȝt þer aȝen beo.' þu most hit nede do
¶ Þe bischop al wepinge.' cride on him faste
And in obedience.' him het atte laste

---

421 d[e]sturbi] e *om.* H   426 nedude hi noȝt] ne spedde noȝt A
429 eþe] sone A ; wel J   437–8] *om.* A   438 ansuere] word J
440 queor] hous A J   446] *six lines add.* A J : S. edmond sede euer
nay : & bigon to wepe sore / Þe canons bigonne to wepe also : & cride
more & more / To is vet hi velle akne : & huld up hor honde / & bede
him uor þe loue of god : bet him vnderstonde / & ruwe up al holi
chirche : & up him sulue also / & þench wen al holi chirche it wolde :
he moste nede it do

Þat he nescholde noȝt bileue.' Godes wille to do   f. 161ᵃ
To [beo] buxom to Holi Chirche.' & to al þe lond also 450
Þo bigan þis holi man.' to wepe & sike sore
Nou God he seide ous ȝeue his grace.' his milce & his ore
& ich take God to witnisse.' & seinte Marie also
Þat if y newende synewi dedliche.' ynolde neuere hit do
¶ Þo hi ihurde þis word.' ioyful ynou hi were   455
Hi nome him vp wiþ ioye ynou.' & to þe heȝe weued him
    bere
And Te Deum laudamus.' songe murie & heȝe
Euere wep þis holi man.' as þis canouns iseȝe
So þat hi come to Canterbury.' & dude as riȝt was þere
& archebischop was ymaked.' vnþonkes þeȝ hit were 460
Ne þer noman esche þer.' whar he toke on wel ynouȝ
& wel wissede Holi Churche.' & to alle godnisse drouȝ
If his lyf was holi er.' wel betere hit was þo
In penance he was strong ynouȝ.' in fastinge & oþer wo
He hadde euere of seli men.' pite & deol ynouȝ   465
For him poȝte þat heȝe men.' dude hem aldai wouȝ
¶ O tyme on of his pore men.' wende of lyfdawe
His beste best to heriet.' me brouȝte as hit [was] lawe
Þo cam þis seli manes wyf.' þat careful widue was
& mette wiþ þis holi man.' as oure Louerd ȝaf þat cas 470
Heo cride on him deolfulliche.' merci & his ore
& seide bote þat o best.' lute god heo hadde more
Nc hco nuste in whiche manere.' for meseise lyue
Heo bad him for Godes loue.' þat he þe best aȝen hire ȝyue
¶ Gode womman quaþ þis holi man.' þu wost wel lawe
    hit is   475
Þe chief louerd to habbe þe beste eiȝte.' whan a man ded is
To his clerkes he seide a Latyn.' þat heo hit noȝt ne vnder-
    stod
Me þinȝþ hit is a liþer lawe.' & noþer riȝt ne god
¶ Þis gode wyf haþ forlore hire louerd.' þat hire god forþ
    drouȝ
& to leose after hire beste best.' me þinȝþ hit were wouȝ 480

450 [beo]] *om.* H   455 word] of him *add.* AJ   468 [was]]
om. H   476 eiȝte] *om.* J   477 heo hit noȝt] þe widewe
AJ

Nis þat on liþer ynou3ꞏ þe3 heo ne lore þat oþer also
Þurf þe deuel of helle hit isꞏ & þurf God no3t ido
¶ Gode wyf he seide if ich take þeꞏ a3e þi best to lone
Woltou hit witie to myne bihoueꞏ [i]f ich hit esche eftsone
A 3e sire quaþ þis widueꞏ God 3ulde þe þyn ore   485
Þis widue nom hom hire bestꞏ & ne3uld hit nomore
¶ Þis cas biful meni o tymeꞏ whan men bede him ou3t
Heriet of pore menꞏ ne wilnede he ri3t nou3t

f. 161ᵇ We nemowe nowhar ne3ꞏ rekene al his gode dede
For in penance strong ynou3ꞏ his lyf he gan lede   490
& truliche huld vp Holi Churcheꞏ & schulde hire fram
     wou3
Þerfore hadde þe deuel of helleꞏ enuie gret ynou3
He bigan to rere contekꞏ bituene hem anon
& kyng Henri þat wasꞏ þe kynges sone Iohan
Þe kyng & mochedel of þe londꞏ a3en Holi Churche was 495
As þe kyng er his grandsireꞏ was a3e seint Thomas
& þe couent ek of Canterburyꞏ a3en seint Edmund hulde
     faste
Ofte hi nome a louedaiꞏ ac þe contek euere ilaste
¶ A legat was þo in Engelondeꞏ þat a3en him was also
Stedefast was þis holi manꞏ þe3 he lute help hadde
     þerto   500
Hi nemi3te acordi for noþingꞏ ac þe leng þe wors hit was
Ac þis holi man euere namꞏ his ensample bi seint Thomas
Wel ofte he bad þe king & his consailꞏ if hit were here
     wille
Holi Churche werri no3tꞏ ac in pees lete hire beo stille
Hire franchise as hit wasꞏ as hit hadde ibeo 3are   505
Þe king him þretnede faste anonꞏ bote he bileuede his fare
¶ Of þi þretnynge ich drede luteꞏ seide þis holi man
For if þu me dryuest out of londeꞏ anoþer red ich can
For ich can go to Parysꞏ as ich habbe er ido
& wynne me þer mete ynouꞏ & cloþinge þerto   510
If þu letest me to deþe bringeꞏ þu payest me wel ynou3

481 Nis þat on liþer] In þe on þer was lure A; In þe on is lure J
482 Þurf þe deuel] Þe deueles lawe AJ   484 [i]f] of H; vorte AJ
505 Hire]& hire A; In here J   *first* hit] ri3t AJ   *second* hit] heo
AJ   509 ich can go to] ichulle (ich can J) go rede at AJ   510
þer] þer wiþ AJ

Þu nemiȝtest do me nomore honur꞉ þan quelle me wiþ
  wouȝ

¶ Ȝut eft as he dude ofte꞉ to þe king he sende
  He answerede him þe leng þe wors꞉ & nolde noþing
  amende
  Þo þis holi man iseȝ꞉ þat hit non oþer nolde beo   515
  Þurf Holi Churche he gan to fiȝte꞉ & amansede alle þeo
  Þat werrede þe churche of Canterbure꞉ & eke dude schame
  & somme þat he gulti wiste꞉ he amansede bi name

¶ To þe king & his consail꞉ þe wor[d] wel sone drouȝ
  Ne þer noman esche þo꞉ whar hi were wroþ ynouȝ   520
  Þretinge þer was & bost ynouȝ꞉ seint Edmund him huld
  stille
  & fast huld vp þe sentence꞉ & let hem speke here wille

¶ Seint Thomas com & spac wiþ him꞉ & fram heuene aliȝte
  & bad him holde vp stabliche꞉ Holi Churche riȝte
  For non vrþlich anuy ne for deþ꞉ ne flecche þu noȝt 525
  Ac nym ensample of me & of oþere꞉ þat so deore hire
  habbeþ iboȝt

¶ Seint Edmund ful adoun akneo꞉ & huld vp his hond also
  To cusse þis holi manes fet꞉ ac he nemoste hit noȝt do
  Þo bigan he to wepe sore꞉ louerd he seide þin ore   529 f. 162ᵃ
  Beo nou stille quaþ seint Thomas꞉ ne wep þu so nomore
  Whi wilnestou to cusse mi fet꞉ hit nere no riȝt to do
  Þu schalt nuene þi wille habbe꞉ & cusse mi mouþ also

¶ Seint Edmund after þulke tyme꞉ stedefast was ynouȝ
  To deye raþere for Holi Churche꞉ þan me dude hire wouȝ
  He þoȝte on seint Thomas꞉ hou he out of londe wende 535
  Þe while þe king was in mest wraþþe꞉ if he wolde amende
  Ensample he nom of him꞉ & priueiliche ynouȝ
  Wende him out of Engelond꞉ & into France drouȝ
  He þoȝte ek þat at Ponteney꞉ he was faire vnderfonge
  & isustened in his anuy꞉ þat ileste swiþe longe   540
  & also Steuene of Langetone꞉ þat archebischop was
  Six ȝer was at Ponteney꞉ in þulke silue cas
  So þat seint Edmund vnderstod꞉ of his ancestres ynowe
  Whan contek was of Holi Churche꞉ þat to Ponteney drowe

516 Þurf] Vor A   517 eke] wiþ vnriȝt AJ   519 wor[d]]
worþ H   526 me] him AJ   532 nuene] nywene A

¶ Also dude seint Edmund.' to Ponteney he wende   545
  To abide þe stat of Holi Churche.' whan oure Louerd hit
    wolde amende
  Honured he was þer ynou3.' of alle þat þer were
  & euere abod amendement.' fram 3ere to 3ere
¶ Hit biful þat seint Edmund.' as God wolde atte laste
  Velde his bodi heuy ynou3.' & febli wel faste   550
  So longe þat he was so feble.' þat me neradde him no3t
    beo þere
  Ac to soiourny elleswhar.' whar betere eyr were
¶ Þis holi man his leue nom.' elleswhoder to wende
  Þe monekes makede so moche deol.' þat hit nas non ende
  Beoþ stille quaþ þis gode man.' fare ich wole þurf alle
    þinge   555
  & come a3e hider to 3ou.' a seint Edmundes day þe kynge
  Louerd in such siknisse.' which word þer was ised
  Ac whan he nemi3te no3t alyue.' foreward he huld ded
¶ Forþ he wende wiþ his men.' þer god eyr were
  To þe toun of Soycie.' & bileuede þere   560
  Þer [he] 3eode so longe as hit was.' in siknisse ynou3
  So longe þat he lai adoun.' & to þe depe drou3
¶ So þat he eschte oure Louerdes flesch.' & hit was him
    ibrou3t
  He sat & bihuld hit faste ynou3.' in studie & in þo3t
  Longe hit was er he spac eni þing.' & þo he seide mylde-
    liche   565
  Louerd he seide þu hit ert.' þat ich habbe iloued truliche
  & truliche on þe bileoued.' & ipreched of þe also
  And þu truliche at myn endedai.' ert icome me to
f. 162ᵇ Ich take þe Louerd to witnisse.' þe while ich haue her an
    vrþe ibeo
  Noþing elles y newilnede.' Louerd bote þe   570
  Louerd þat þis was an he3 word.' & he þat þus sede
  God & holi moste he beo.' & holi lyf lede
¶ Þo he hadde ynome oure Louerdes flesch.' he sat longe in
    þo3te
  & al la3inge an Englisch.' þuse wordes forþ bro3te

550 heuy ynou3] heuegi A   561 [he]] heo H   565 mylde-
liche] Inliche AJ   570 elles] an erþe AJ

Me saiþ game goþ a wombe·/ & ich sigge game goþ an
   hurte   575
& in his bed þer he lai·/ vpriȝt he sturte
In oure Louerd þat he hadde ynome·/ wel ioyful he was þo
& al his game was in hurte·/ for his bodi was wel wo
Þe more his bodi pynede·/ þe nher he was his ende
& whan he were of þisse lyue·/ he wiste whoder wende 580
Þerfore þe more he was·/ in siknisse & in wo
¶ Þe gladdere he was for he wiste·/ whoder he scholde go
& þe more he loȝ in ioye ynouȝ·/ & þe muriere him gan like
Me nuste him noȝt enes ligge adoun·/ ne gronye ne sike
& sat euere glad ynouȝ·/ & lynede wel ofte   585
Vpe cloþes oþer vpe his hond·/ as þeȝ he deide softe
So fair semblant ne makede he non·/ as þo he was atan
   ende
In þe morweninge as þe sonne aros·/ out of þis wordle he
   gan wende
He deide tuelf hondred ȝer·/ & tuo & fourti riȝt
After þat oure suete Louerd·/ in his moder was aliȝt 590
Me let him openi anon·/ & his guttes take
& burie þer as he was ded·/ in þe minstre of seint Iake
& his holi bodi me nam·/ & faire let hit lede
¶ To þe abbai of Ponteney·/ as he him silf sede
A seint Edmundes dai þe king·/ þider he was ibroȝt   595
Foreward he huld þis monekes·/ & nefaillede hem noȝt
For þo he necom noȝt aȝe alyue·/ ded he com iwis
& þer he was ibroȝt an vrþe·/ & also ischryned is
& lyþ þer faire ynou·/ & wiþ gret honur also
Meni is þe faire miracle·/ þat God haþ for him þer ido 600
Nou for his loue we biddeþ God·/ þat ous deore bouȝte
Bringe ous to þe heȝ blis·/ þat he his soule to brouȝte
                       Amen

S eint Edmund þe holi king·/ of wham we makieþ gret
    feste
  Of þat on ende of Engelond·/ kyng he was her bi este

576] *om.* AJ   579 pynede] was ipyned AJ   583 ynouȝ]
om. AJ   584 Me nuste] Ne luste A   597 com] dude AJ
598 ibroȝt] ibured A

For of Souþfolc he was kyng⸭ & of þe contray wide
For þer were þo in Engelond⸭ kynges in eche side
Swiþe fair knyȝt he was & strong⸭ & hardi in eche poynte 5
Meok mylþe & ful of milce⸭ & swiþe curteys & quoynte

Tuei princes of anoþer lond⸭ þat were of liþer þoȝt
Faste here red togadere nome⸭ to bringe Engelond to noȝt
Hubba was þoþer ihote⸭ & þoþer het Hyngar
Wiþ grete furde hi come to Engelond⸭ er eni man were
    iwar 10
In Norþhumberland hi bigonne⸭ & þer hi sloȝe to grounde
Robbede also & brende to noȝt⸭ & destruyde al þat hi
    founde

¶ Þo hi hadde Norþhumberland⸭ clenliche to noȝt ibroȝt
Also hi þoȝte al Engelond⸭ hi neþoȝte raþer bileue noȝt
Hyngar þat o maister was⸭ his felawe bileuede þere 15
& her bi este wende him silf⸭ to sle þat þer were
Of þe godnisse of seint Edmund⸭ he hurde moche telle
In to his lond he wende anon⸭ to fondi him to quelle

¶ In to his hexte toun he com⸭ er eni man were iwar
& robbede al þat he fond⸭ & makede þane toun bar 20
Þat folc he sloȝ al to grounde⸭ al þat he miȝte ofgon
Ȝung & old wyf ne maide⸭ he nesparede non
Children fram here moder breost⸭ he drouȝ & let hem
    quelle
& al todrawe tofore here moder⸭ þat reuþe hit is to telle
Þe modres he let siþþe quelle⸭ þat reuþe hit was ynouȝ 25
Þe toun he brende al to douste⸭ & þat folc aslouȝ
He ofeschte of þat folc⸭ where here kyng were
& hi him teiȝte wher he was⸭ hi neþerfte non oþer for fere

¶ For in þe toun of Eglesdone⸭ a god wei þannes h[e] was
Þo þe liþere prince þis ihurde⸭ he nemakede noȝt softe pas
Ac wende þider hasteliche⸭ wiþ his men echone 31
Hi come & mette wiþ seint Edmund⸭ wiþoute þe toun
    alone

¶ Þo Hyngar wiste þat he hit was⸭ he nom him anon þere

Edmund the King. 6 & swiþe curteys] large A ; & large J   9 *first*
þoþer] þe on AJ   13 hadde] al *add.* AJ   14 raþer] er AJ
22 non] noȝt on AJ   25 quelle] sle AJ   26 aslouȝ] aslouȝ A ;
he slou J   29 h[e]] hit H; he AJ   32 toun] ȝat J

& bisigede alle þe men꞉ þat wiþinne þe toun were
Seint Edmund was faste ynome꞉ in a lute stounde   35
& ilad tofore þe prince naked꞉ his honden faste ibounde
As me ladde oure Louerd tofore Pilatus꞉ forto afonge his
    dom
Þo his dom was iȝyue꞉ faste me him nom
& ladde him to a þicke wode꞉ & makede him meni wounde
& beote him sore wiþ harde scourgen꞉ & to a treo him
    bounde   40
So þat þis liþere turmentours꞉ þat beote him so sore
Þoȝte þat þeȝ hi him schame dude꞉ þat hi him wolde do
    more
Hi stode afur & bende here bowes꞉ & here arewes riȝte
And as to a merke schote to him꞉ as euene as hi miȝte
Þe arewes stode on him þicke꞉ & al his bodi todrowe   45
& euere stod þis holi man꞉ stille as þeȝ he lowe
As ful as an illespyl is꞉ of pikes al aboute   f. 163ᵇ
As ful he stikede of arewen꞉ wiþinne & wiþoute
So ful þat in none stede꞉ ne miȝte an arewe in wende
For oþer bote he his bodi corue꞉ & him dude torende   50
As þe holi man imartred was꞉ þe holi seint Bastian
Also hi rende his holi bodi꞉ & schote þis holi man
Þat eche pece ful fram oþer꞉ wonder hit was of his lyue
Euere he stod as him neroȝte꞉ & cride on God wel blyue
¶Þo Hyngar iseȝ þat he nemiȝte꞉ him ouercome noȝt   55
He let smyte of his heued꞉ þat he were of lyue ibroȝt
¶As þis holi man his bedes bad꞉ me smot of his heued
Ac his bodi was er al torend꞉ þat noþing nas bileued
& for hit was al todrawe꞉ hi lete hit ligge þere
Ac þis heued for me nescholde hit noȝt fynde꞉ forþ mid
    hem hi bere   60
¶In þe wode of Eglesdone꞉ a durne stede hi fonde
  Among þicke þornes hi caste hit꞉ & hudde hit in þe
    grounde
¶Þo hi hadde of þis holi kyng꞉ al here welle þere
  Glade & bliþe hi wende forþ꞉ liþere men as hit were

34 þe toun] *om.* J   45 stode] stikede AJ   47 illespyl]
erchoun J   pikes] piles AJ   50 his bodi . . . torende] hem uor-
corue: is bodi uorte rende AJ

Þat heued hi hudde durneliche.· þat noman þerto ne come
If eni were bileued alyue.· & þat heued wiþ hem nome 66
A wyld wolf þer com sone.· & to þe heued drouȝ
& þer vppe sat & wiste hit faste.· aȝe cunde ynouȝ
For his cunde were betere to swolewe hit.· he lickede hit
    ofte & custe
& as he wolde his owe whelp.· wiþ wylde best hit wiste 70
Siþþe þo come Cristene men.· & in som poer were ibroȝt
Þe holi bodi hi fonde sone.· for hit nas ihud noȝt
Ac for hi nefonde noȝt þat heued.· aboute hi wende wide
& longe hi soȝte in eche stede.· euerech in his side
¶ Hi nemiȝte hit finde for noþing.· so þat hi come a day 75
Biside þulke þicke stede.· þer as þe heued lay
Hi nuste noȝt þat hit was þer.· þat heued bigan to grede
As hit among þe þornes lai.· & þuse wordes sede
Al an Englisch. her. her. her.· as þeȝ hit were alyue
Þo þat folc ihurde þis.· þider hi vrne blyue   80
Þat heued hi fonde in þulke stede.· þer as hit him silue sede
Louerd ihered beo þi miȝte.· þat þer was a fair dede
Þat heued hi bere to þe bodi.· & sette hit euene þerto
& bere forþ boþe wiþ gret honur.· as riȝt was to do
& þe wolf makede þo deol ynouȝ.· þo hi þat heued forþ
    bere   85
He ȝal & furde pitousliche.· as þeȝ he witles were
He suede hem euere while he miȝte.· ȝullinge wel sore
Atte laste he wende al awei.· þer me neseȝ him no more
Hi ladde him to seint Edmundesbury.· as me clepeþ þane
    toun
Þis holi man al isound.· & leide him þeradoun   90
In noble schryne hi him brouȝte.· as riȝt was to do
Þer he lyþ al hol & sound.· as hi seoþ þat comeþ him to
For his bodi þat was so todrawe.· bicom al hol anon
As þe while he was alyue.· boþe in flesch & bon
His heued as faste to þe bodi.· as hit was euer er   95
In al his bodi þer nas wem.· as meni man iseȝ þer

f. 164ᵃ

68 vppe sat] bisat A   69 swolewe] sle A   80 þider hi vrne]
þudeward hi wende A J   83–84] *om.* A   86 He . . . pitous-
liche] & cride & siwede hem þe wule he dorste A, *see l.* 87   87–
88] *om.* A   91 as riȝt was to do] & as hol bicom anon A, *see l.* 93
92–93] *om.* A

Bote as his heued was of ismyte·/ as oure Louerd hit wolde
A smal red lyne al aboute·/ schyninge of golde
Wele whiche fair pelrynage·/ is þider forto fare
To honury þat holi bodi·/ þat haþ ibeo þer so ȝare   100
Nou God for þe loue of seint Edmund·/ þat was so noble
   kyng
Grante ous þe ioye þat he is inne·/ after oure ending   Amen

S eint Clement was ibore·/ at Rome bi olde dawe
   Of þe hexte men of Rome·/ þat were in þulke lawe
   His moder het Faustidiane·/ his fader Faustian
Vlþere breþeren he hadde tueye·/ here names telle ich can
Þon het Faust þoþer Faustin·/ tuei tuynnes hit were   5
Glad were þe fader & þe moder·/ þat hem biȝete & bere
Swiþe fair womman here moder was·/ þe faireste þat me
   wiste
And louede hire louerd truliche·/ for non oþer me nuste
For hire fairhede hire louerdes broþer·/ fondede bi al his
   miȝte
Hire to bringe to fole loue·/ bi daye & bi nyȝte   10
¶ Þis gode womman was stedeuast·/ & negrantede noȝt his
   wille
Ac euere ansuerede him faire·/ & bar hire faire & stille
So suyþe he ofsoȝte hire·/ þat no pees heo nadde
He nuste [wat] was hire beste red·/ ac sore of him heo
   dradde
Heo þoȝte if heo tolde hire louerd fore·/ [he] wolde anon
   beo wroþ   15
& his broþer þe more hatie·/ & þat hire were loþ
Heo þoȝte hou heo miȝte best do·/ þat heo awhile were
Out of his siȝt in anoþer lond·/ forte heo forȝete were
A queyntise heo biþoȝte·/ þat to hire louerd heo seide
¶ A nyȝt in hire slepe heo gan sike·/ as heo of hire slepe
   abreide   20

98 red lyne] rondel A; ys *add.* J   of] as of A; al of J   99–
100] *om.* A
   Clement. 2 men] he com *add.* AJ   3 Faustidiane] madian A;
macidiane J   Faustian] faustinian AJ   14 [wat]] *om.* H; *given*
AJ   15 [he]] heo H   19 seide] i *above line* H   20 *first*
hire slepe] is bed A; here bed J

Hard metinge me haþ ymet. ynot what is to rede
Sire heo seide nou þin help. ich am in grete drede
Me mette þat on of oure godes. her com bifore þe
& het þe greiþi hasteliche. þyne tuei sones & me
& wende wiþ hem & wonie wiþ hem. fur in anoþer londe 25
Forte ich habbe oþer heste of him. oþer of his sonde
Bote þat we sone dude þis. he suor bi grete oþe
To liþere deþe he wolde bringe. oure childrene & ous boþe
Þerfore sire biþench þe wel. what þou wolt þer of rede
For bote hit beo sone ido. certes we beoþ alle dede 30
Narewe heo þoȝte in suche neode. þe beste red heo radde
Þis gode man lai in gret care. sore þane deþ he dradde
¶ Dame he seide whan hit so is. to schulden ous fram care
Þu schalt nyme þyne tuei sones. & in to Attenes fare
Þu schalt nyme wiþ þe men ynowe. & spense ynou also 35
Þu schalt whan þu þider comest. þi sone[s] to lore do
Þat hi lurnye of clergie. & whan God sent toknynge
Þat þu schalt come aȝe. þu schalt hem wiþ þe bringe
Glad was þis gode wyf þo. mid þis gladful rede
Heo greiþede hire & wende hire forþ. bi hire louerdes
    bede 40
Heo gan hire tuei vlþere sones. toward Attenes lede
Ac Clement wiþ his fader. leuede for ȝunghede
For he was vneþe vyf ȝer old. & for he scholde beo
His fader solaȝ for he nadde. childrene bote hem þreo
Þo þis gode wyf was forþ iwend. & hire louerdes broþer
    hit wiste 45
Þat hire louede in fole loue. nanne red he nuste
For wraþþe he seide to his broþer. sire hou goþ þis
Is þi wyf fram þe wend. strong hore heo is iwis
Me heo haþ longe iloued. noleng hele y nemay
& to bringe me in fole loue. heo fondede nyȝt & day 50
Vneþe ich miȝte wiþ hire me wite. for siker ynolde hit do
For synne ne for loue of þe. ne for mi trunisse also
¶ Anon so heo hit vnderȝet. þat ynolde do hire wille

---

23 þe] me & þe A   24 þe] *om.* A; me J   þyne] myne AJ
35 spense] tresor J   ynou] to spene AJ   36 sone[s]] sone H
40 bi hire louerdes bede] as þe (here J) lord hire sede AJ   50
loue] dede AJ

On of þyne heo louede·' in folie wel stille
Þat bi hire haþ ofte ileye·' þeȝ þu hit ne vnderȝete   55
Heo poȝte hou best wiþ him beo·' for heo nolde him lete
Þerfore he biþoȝte a fel wrench·' of wommanes lore
& is ago wiþ hire copyner·' þu nesixt hire namore
For ofte me saiþ & soþ hit is·' þat þis wymmen beoþ
Felle & false & me ofþinȝþ·' þat we þat soþe iseoþ   60
Swiþe sori was þis gode man·' þo he ihurde þis
Þat his wyf þat he louede moche·' scholde so do amis
& þat heo was so fram him iwend·' & þat heo neleuede
    hire bihynde
His sones þat him were so leof·' þat he nuste whar hem
    fynde
After he wolde habbe iwend·' ac he neþerfte for care   65   f. 165ª
Of Clement his leoue sone·' leste he scholde forfare
Nou vuele iþeo þat him haþ·' such lesing ibroȝt
Ȝe mowe iseo hou me lieþ·' on wymmen for noȝt
¶ Forþ wende þis wyf & hire sones·' as God hire wolde sende
In schipe heo dude hire in þe see·' into oþer lond to
    wende   70
Amidde þe see aȝen a roche·' here schip bigan to glide
& al todrof & hi flote·' euerech in his side
Ac a wawe com of þe see·' þurf oure Louerdes sonde
& caste þis gode wyf al quic·' into anoþer londe
Anon so heo was vp icast·' & hire riȝte wit hire com   75
& miste of hire tuci sones·' gret deol to hire heo nom
In þe see heo wolde habbe ilope·' hire silue to adrenche
If hit nadde [ibe] for grete hope·' of þing þat heo gan
    þenche
Þat þe see wolde in somme tyme·' hire sones to londe
    caste
For me saiþ heo wole eche ded þing·' caste vp atte laste 80
Hadde heo enes here bodies iseȝe·' hire þoȝte heo ne roȝte
Wide & longe heo orn aboute·' & here caroignes soȝte
¶ Þo heo nemiȝte hem iseo·' heo ȝal & wep wel sore

54 þyne] hynen *add*. A; hwen *add*. J   61 Swiþe] e *written*
above line H   65 he wolde] *repeated* H   66 leoue] ȝonge AJ
74 into anoþer] anon to þe (*om*. J) AJ   76 tuei] leue *add*. AJ
78 [ibe]] *om*. H; *given* AJ

B 4132.2   M

Hire traceours heo todrouȝ & caste awei꞉ þo heo ne hopede
nomore

Hire honden heo wrang & al todrouȝ꞉ þat flesch fram þe
bone 85

& al tognouȝ þe synewen꞉ sore heo gan whyne & grone

Heo orn as heo witles were꞉ aboute in to al þe londe

Wimmen hadde of hire grete reuþe꞉ þat heo gnouȝ so hire
honde

Hi fondede hire to conforti꞉ hi alle nemiȝte hit make

¶ Þat heo wolde in hire hurte꞉ enes glad semblant take 90

In to a wommanes hous heo com꞉ þat was longe bedrede

Þat gret reuþe hadde þo heo [hurde]꞉ hire so wepe & grede

& confortede hire what so heo miȝte꞉ & makede hire
bileue

& makede hire riȝt fair semblant꞉ forte hit was neȝ eue

So heo confortede þis gode wyf꞉ þat heo leuede þer at
inne 95

& mid work of hire honden꞉ hire lyflode heo gan winne

Mid spynning & mid sowinge꞉ þat heo couþe wel do

Þermid heo fedde hire swiþe wel꞉ & hire ostesce also

Sone þerafter hire synewen꞉ of hire honden gonne to
schrinke

For heo hadde hem er so forgnawe꞉ þat heo nemiȝte noȝt
swynke 100

So longe þat heo nemiȝte awelde꞉ noþer arm ne honde

To pulte enes mete to hire mouþ꞉ as hit was Godes sonde

Þe deol þat heo makede þo꞉ no tonge telle ne mai

Allas heo seide þus longe ilyued꞉ þat ich euere abod þis dai

f. 165ᵇ For nomore sor þan me is on꞉ neuere womman nadde 105

Þe ioye of mi louerd furst ich lees꞉ for synne þat ich
dradde

& bileuede mi ȝunge sone꞉ þat me so leof is

& mi tuei sones les in þe see꞉ þat were al mi blis

& alone am fram mi freond꞉ in vncouþe londe

Mid deol & sorewe habbe ilyued꞉ bi swynch of myn
honde 110

---

84 ne hopede nomore] ne kepte hem more A ; ne hopeþe do nomore
J   86 grone] wone A J   90 enes . . . take] eny gladnesse take
A J   92 [hurde]] hadde H ; hurde A J

Nou myne honde me beoþ bynome.' þat y nemai hem enes
    wawe
Allas þus in care ilyued.' þat ynere ibroȝt of dawe
Þe reuþe þat heo makede & deol.' þat reuþe hit is to telle
Ofte heo was vpe þe poynte.' hire silue forto quelle
Fram dore to dore heo bad hire mete.' & mid þat heo
    miȝte awynne   115
Heo fedde hire & hire ostesce.' & bar hom to hire inne
¶ Hire louerd atom after hire.' longede swiþe sore
He sende men to siche hire.' ac hi necome aȝe nomore
Oþere he sende in to al þat lond.' & þo hi hadde longe
    isoȝt
Hi come aȝe & tolde him fore.' þat hi nefonde hire noȝt 120
¶ Þo nom he Clement his ȝunge sone.' & in god warde let take
& wende him silue into al þat lond.' for to siche his make
No more he necom hom aȝe.' wel wide he hire soȝte
& ȝeode aboute & bad his mete.' þat of his lyf he neroȝte
Tuenti ȝer he bad his mete.' & his wyf also   125
In feblesce he ful of elde.' þat vneþe he miȝte go
¶ Louerd þat her was deolful cas.' wher euere were eni more
Hard is þe hurte þat hit ihureþ.' bote he sike sore
¶ Clement þe ȝunge child.' to clergie was ido
He worþ sone swiþe god clerc.' god & queynte also   130
Him þoȝte þurf his clergie.' þat here bileue nas naȝt
He wilnede moche to wite of God.' ac noman him nadde
    itaȝt
¶ Hit biful þat seint Barnabe.' into Rome com
& seint Clement him ihurde a dai.' prechi Cristendom
So þat of þis holi apostle.' he let him cristny anon   135
& þe beste prechour bicom.' þat miȝte an vrþe gon
He ihurde telle of seint Peter.' þat in þe lond of Ynde [was]
Er he to him icome was.' glad & bliþe he nas
He bicom his on disciple.' & aboute wiþ him wende
Forto prechi Cristendom.' þurf wit þat God him sende 140
¶ Symon Magus þe liþere man.' ȝeode into anoþer londe
To prechi aȝen Cristendom.' þurf þe deueles sonde
He hadde wiþ him tuei disciples.' þat þo hi vnderȝete

112 þus] longe add. AJ   120 hi] he corrected to hi H   137
Ynde] Iude A   [was]] scrawled in in lighter ink H ; was AJ

Þe falshede þat wiþ him was.' hi gonne him sone forlete

To seint Peter hi wende anon.' & his disciples bicome 145

Þo hi hadde Cristendom.' hi herede God ilome

Seint Clement tolde a dai.' seint Peter wel stille

Hou hit of his freond biful.' þurf oure Louerdes wille

Hou his moder ȝeode awei.' mid his breþeren tueye

Þat he wende hi were adronke.' oþer ded bi þe weye 150

& hou his fader wende to siche hire.' þo he neseȝ non oþer red

& hou he wende he were adreynt.' oþer for deol ded

& hou freondles he was vp ibroȝt.' & to suche lore

¶ Þo seint Peter ihurde þis.' he wep & siȝte sore

As seint Peter ȝeode a dai.' prechinge ouer lond 155

A womman þat gentil þoȝte.' in grete meseise he fond

Whar heo ȝeode & bad hire mete.' he axede hire anon

Whi heo nemiȝte hire mete iwynne.' & whi heo wolde so gon

Þis womman seide such dai was.' ich couþe mi mete iwynne

& myne honde me beoþ bynome.' þat y nemay sowi nespynne 160

More sorewe þan me is nou on.' neuere nas ifounde

Allas þat ynadde me silue adreynt.' allas þulke stounde

¶ Womman quaþ seint Peter þo.' folliche þu dost telle

For þe man þat him silue quelleþ.' his soule schal to helle

¶ Sire quaþ þis womman & ich wiste.' þat soulen libbe scholde 165

After þisse lyue ynolde bileue.' þat me silue quelle ynolde

Þat ich one stounde miȝte.' myne sones iseo

I ne roȝte siþþe þeȝ ich scholde.' euere in helle beo

For mi louerd & mi ȝunge sone.' ich bileuede at Rome

& wende forþ wiþ myne tuei sones.' & þo we in þe see come 170

Þe schip brac & mi leoue sones.' nemiȝte neuere beo ifounde

Ich was icast to londe al quic.' allas þulke stounde

For feblesce y nemai wende aȝe.' ne ynot ho me lede

150 wende] hi wende *follows but blotted out* H   152 for deol] bi þe weie A   167 myne] leue *add.* A J

Ne mi louerd ne mi ȝunge soneˑ ynot if hi beoþ quike oþer
   dede
¶ Clement quaþ Peterˑ þat myn on disciple is   175
   Telleþ þat his fader & his moderˑ such cas bitidde iwis
   Þis womman ful adoun iswoweˑ þo heo hurde þis
   Þo heo aros & cride ȝurneˑ for ioye & for blis
¶ Sire heo seide þat is mi soneˑ tel me whar he beo
   I newilny mi lyf no lengˑ bote þat ich him iseo   180
   Com forþ quaþ seint Peterˑ ich wole þe to him lede
   Ac nebeo þu noȝt iknoweˑ er þan ich þe rede
   He nom þis womman bi þe hondˑ & to hire sone hire broȝte
   Þo seint Clement iseȝ him ledeˑ a womman vuele him   f. 166ᵇ
      þoȝte
   He seide nou in þin olde lyueˑ woltou wiþ womman
      beo   185
   So wroþ he was þat he woldeˑ vneþe him iseo
¶ Þis gode wyf stod bi hire soneˑ heo nemiȝte forbere no
     more
   Heo biclipte him & custe anonˑ for ioye heo wep sore
   Hire honden þat hire were bynomeˑ anonriȝt hole were
   For ioye & for þe grete vertuˑ of þe gode men þat were
     þere   190
   Wroþ was seint Clement wiþ þis wyfˑ þat heo him clipte
     & custe
   He pulte hire wiþ grete wreþþeˑ & to grounde vpriȝt
     þruste
¶ Clement quaþ seint Peter þoˑ þerftou þi moder pulte
   Cri hire merci & let þe schryueˑ of þe foule gulte
¶ Louerd seide seint Clement þoˑ whar þis mi moder beo 195
   Louerd ihered beo þi miȝteˑ þat ich moste þis dai iseo
   Vpe his moder he ful adounˑ & clipte hire faste & custe
   Louerd þe ioye þat þer wasˑ þo aiþer of oþer wiste
   Sone quaþ þis wyf þin oreˑ whar þi fader alyue beo
   Certes he seide moder ynotˑ y newene him neuere iseo 200
   Tuenti ȝer hit is agoˑ þat he after þe wende

174 ynot if] weþer A; where J   176 bitidde] biuel A; fel J
182 iknowe] to him *add.* AJ   188 him] uaste *add.* AJ   190
men þat were] mon A   were] þer *erased before* H; þer were J
192 vpriȝt þruste] hire puste A

Neuereft y nehurde word of him·/ ne he necom nesende

¶ Þo gan þis gode wyf wepe sore·/ ac napeles for blisse
Of hire sone þat heo fond·/ hire sorewe gan to lisse
Euere stode bi seint Peter·/ þoþer disciples tueye   205
Þat fram Symon Magus ȝeode·/ & ihurde þis ȝurne beye
Hi hurde hou þis gode wyf tolde·/ Clement hire sone þere
Hou hire tuei vlþere sones·/ in þe see adreynt were

¶ Þo hi hadde þis word ihurd·/ Louerd hi were glad
For ioye hi were witles·/ witles oþer amad   210
Louerd hi seide whar þis beo soþ·/ þat we ihureþ telle
Oþer ous þinȝþ in metinge·/ oþer in maner of spelle
Hit is soþ quaþ seint Peter·/ oþer we beoþ wode
Hi nuste were beo stille oþer speke·/ ac as gydie men hi stode

¶ Louerd hi seide þis oure moder·/ þat adreynte as we
    wende   215
Ihered beo þat hire to lyue broȝte·/ & hider to ous sende
& þis is Clement oure ȝunge broþer·/ þat longe haþ ibeo
    oure fere
We nuste neuere what he was·/ er þurf Godes grace nou
    here
Louerd þe ioye þat þer was·/ þat me miȝte þer iseo
Bituene þe gode wyf & hire sones·/ þe swete breþren
    þreo   220

¶ Þis gode wyf eschte here tuei sones·/ hou hi to lyue come
Dame hi seide as God hit wolde·/ a bord of þe schip we
    nome
Þeron we honge & hit ous bar·/ in þe see wel wyde
Mariners ous toke in to a schip·/ as we flote biside

f. 167ᵃ   Er hi ous hadde to londe ibroȝt·/ hi nolde neuere fyne   225
Hi solde ous to a widue·/ þat het dame Iustine
Þat norissede ous nesche & wel·/ as we hire sones were
& God hire ȝulde of clergie·/ heo let ous sone lere
So þat we beoþ Godes disciples·/ mid his apostles here
Oure broþer furst we knoweþ nou·/ þat haþ ibeo oure
    fere   230

---

209 word] tale A J   210 were witles] stode as hi were: witles A J
second witles] *om.* A J   215 þis] her is A J   adreynte] was *add.*
A J   224 flote] hem *add.* A J   229 beoþ] nou *add.* A J   230
þat] ȝare *add.* A J

Nou we beoþ her togadere icome· we mowe iseo Godes
    miȝte
Þat euere wole here while ȝulde· þat him seruieþ wiþ
    riȝte
Wel wot ech man þat þis ihureþ· þeȝ we nesigge hit ilome
Þat ioye hem bituene was· þo hi togadere come
¶ Þis gode wyf hem tolde of hire ostesce· þat ynnede hire bi
    nyȝte   235
    Þat heo was god & bedrede· if hire hele miȝte
Seint Peter hire let fecche· & þurf oure Louerdes grace
Helde hire tofore al þat folc· anon in þe place
¶ As seint Peter prechede a dai· he seide in his prechinge
    Þat ho so serueþ oure Louerd wel· he schal habbe god
    endinge   240
Þo stod þer vp a swiþe old man· wiþ lockes swiþ hore
Stopinge [p]ore & meseise· & wepinge wel sore
Gret reuþe he seide ich habbe of ȝou· þat ȝe beoþ bitrayd so
Ech man falþ as his whate· do what he euere do
For þeȝ man swynke & crie on God· & bidde ȝurne his
    bede   245
    Him schal falle god oþer qued· as him is biquede
Þeȝ meni man swynke euere & beo wys· he nemai neuere
    bate
& meni doþ vuele & folie· & ȝut he haþ god whate
¶ Seint Peter het þis þreo breþeren· þat his disciples were
    Disputi aȝc þis olde man· of þat he tolde þere   250
Hi stode vp & here resouns sede· þat ech man scholde
    afonge
After þat hc wirche wolde· elles hit were wronge
For ho so naþ no god ne swynke nele· ne of no purueance
    beo
What whate so him euere beo iquede[·] he neschal neuere
    iþeo
& ho so is wys to wynne god· & wel witie can   255
What so euere his whate beo· he worþ riche man

234 Þat ioye] Þe Ioye þat AJ   236 god] old A   if hire] &
bed þat hi hire A; ȝif hi here J   242 [p]ore] more H; poure A;
& poure J   & wepinge . . . sore] & gan to sike sore AJ   244
whate] is add. AJ   he] written her with r erased H   246 qued]
vuel AJ   254 beo] beo· H

For oure Louerd wole her & elleswhar� ʒulde a manes seruise

After þat he wirche wole⸫ & after whate in none wyse

¶ Gret clerc was þis olde man⸫ he gan disputi faste

Aʒen alle þreo wiþ gret resoun⸫ þe plee longe ilaste   260

Seint Clement was grettest clerc⸫ þerfore attan ende

Maister he was þurf þe grace⸫ þat oure Louerd him gan sende

¶ Atte laste þis olde man⸫ gan to sike & grone

Wel he seide ich wole ileoue⸫ ʒoure resouns echone

f. 167ᵇ If ich nadde to moche ifonded⸫ of þing þat goþ bi whate

Allas þulke sorful tyme⸫ for mi bote comeþ late   266

Riche man ich was ellerwar⸫ þeʒ ich beo a wrecche here

Ich hadde þeoinge childrene ʒunge⸫ a god wyf þat was mi fere

Mi wyf ladde mi sones awei⸫ þo we hem hadde al biswonke

Nehurde ich neuereft word of hem⸫ ich wot hi beoþ adronke   270

¶ Al mi freond & al mi god⸫ ich bileuede me bihynde

& walke her in vncouþe londe⸫ if ich hem miʒte fynde

Mi ʒungeste child ich bileuede atom⸫ ich wene þat he beo ded

Worse whate nadde neuere man⸫ ynot what worþ mi red

Ich am her þer noman me nekn[o]weþ⸫ mid meseise ouercome   275

Mid honger & chile⸫ & mine lymes for elde me beoþ bynome

Siggeþ ʒe nou if ʒe hurde euere⸫ eni so deolful cas

Ho is hit þat nemai ileoue⸫ þat liþer whate hit nas

¶ Þo þis breþeren iknewe here fader⸫ þurf þat he hadde ised

Sturte hi wolde him to cusse⸫ ac seint Peter hem forbed 280

If ich bringe bifore þe he seide⸫ þi children & þi wyf

Woltou forhote such misbileue⸫ & amendi þi lyf

Bileof þat þing comeþ as God wole⸫ & noþing bi whate

ʒe sire quaþ þis gode man⸫ hit worþ so wel late

Also hit neuere neworþ⸫ þat ich hem iseo alle   285

So neworþ hit neuere þat moche þing⸫ nele bi whate falle

---

266 bote] confort A J   268 þeoinge] þre A; dende J   272
vncouþe] strange A J   275 nekn[o]weþ] o *om.* H

¶ Lo seide seint Peter· þis beoþ þi sones þreo
Þat to bringe þe to Godes lawe· pleidieþ aȝe þe
Þo þis olde man ihurde þis· his lymes him bere nolde
Ac neschede as wex aȝe þe fur· & ful adoun ype þe
    molde   290
He lai al cold wiþoute breþe· as he no lyf nadde
His sones him clipte & custe anon· loude hi cride &
    gradde
Hi bere him aboute & blewe on him· amendement to
    bringe
Longe hit was er hi miȝte on him· iseo eni toknynge
¶ Þo his stat was icome· he axde anon þere   295
Hou hi were forþ ibroȝt· so freondeles as hi were
Euerech tolde in his wise· of oure Louerdes myȝte
Þat he on hem hadde ido· þo he seȝ þe riȝte
¶ As hi tolde of hire lyf· euerech in his side
Þe gode wyf orn as heo wod were· & swiþ loude cride 300
Whar is mi louerd whar is mi spouse· schowe me him anon
Heo biclipte him & ful adoun· heo nemiȝte ane fot gon
More ioye nemiȝte beo· in none manes lyue
Þan was þo hi togadere come· among hem alle vyue
Þer we mowe alle iseo· oure Louerdes myȝte   305 f. 168ª
Þat attan ende ȝuldeþ wel· him þat him serueþ mid riȝte
¶ Hit biful þat þemperour· oueral sende his sonde
Simon Magus þe liþere man· to siche in eche londe
& sle him ho so him miȝte fynde· for his liþere dede
¶ Þo Symon Magus hit wiste· he was in gret drede   310
A felonye he biþoȝte· for þe breþeren tueye
Þat hadde mid him ibeo· & iparted fram him beye
Bi here fader he cam a dai· as þe deuel him gan lere
& caste on him his owe forme· him silf as þeȝ hit were
Þurf his foule enchantement· þat ho so þis olde man
    iseȝ   315
¶ Wende þat Symon Magus hit were· þer was þe deuel sleȝ
For ioye þat his sones hadde· of him one stounde

290 neschede] melte A   292 cride] wope AJ   294 toknynge]
wawynge A   298 þo he] hose AJ   305 oure] suete *add.* AJ
309 liþere dede] luþerhede AJ   311 for þe] vor wraþþe: of þe
AJ

For he scholde for him beo aslawe׃ if he were ifounde
For euere þe deuel & alle his׃ felonye doþ þenche
& atte laste hi schulle spurne׃ mid here owe wrenche 320
¶ Symon Magus wende awei׃ þo þat ido was
Þis holi man to his sones ȝeode׃ & nuste noȝt of þis [cas]
He com & gret ioye makede׃ mid his sones & mid his
    wyue
Hi spette on him & pulte him awei׃ & bede him go forþ
    blyue
For he was þe deueles lyme׃ hi nolde wiþ him dele 325
Bote he sone fram hem ȝeode׃ him to wroþere hele
¶ Allas quaþ þis gode man׃ myne leoue children þreo
Whi wole ȝe ȝoure fader bete׃ nole ȝe me nomore iseo
For soþe quaþ his children þreo׃ þu nert oure fader noȝt
Þu ert Symon Godes trichour׃ þu worst to deþe ibroȝt 330
& þemperoures men þe fynde׃ þat wide þe habbeþ isoȝt
As þe deueles lyme þu worst todrawe׃ for þat þu hast
    forþ ibroȝt
¶ Louerd quaþ þis seli man׃ whoder mai ich nou wende
Nou myne chyldren me nulleþ iknowe׃ a dai to þan ende
Mest wrecche ich am of alle men׃ whan ynabbe freond
    non 335
Bote hem & hi me wolleþ asle׃ whoder mai ich nou gon
¶ Symon Magus þer bifore׃ in Antioche wende
& seint Peter mid lesinge׃ tofore þat folc aschende
& seide he was a manquellere׃ wicche & forswore
Þat folc awaitede him to sle׃ in Antioche þerfore 340
¶ Seint Peter hit vnderȝet׃ [he] wolde beo awreke him þoȝte
He cam to þis olde man׃ þat him wel longe soȝte
Beo stille he seide & do after me׃ & suffre a lutel þrowe
& ich wole make þi sones & þi wyf׃ þe wel sone iknowe
f. 168ᵇ   Þu schalt go in Antioche׃ þer Symon Magus was 345
As he me desclandred haþ׃ & sigge of þulke cas
In his name ech man weneþ׃ þat þu him silf hit beo
& sigge þat hit lesing is׃ þat þu seide vpe me

322 holi] olde AJ   [cas]] *om.* H ; cas AJ   324 bede] hete AJ
326 sone] þe soner AJ   329 For soþe] Nay AJ   330 Godes]
Magus A   332 forþ ibroȝt] iwroȝt J   341 [he]] heo H   347
ech] as ech AJ

& l[i]ȝnye also þyn owe mouþ./ as hit beo in his name
& þat hit was lees if þu seidest./ bi me liþer fame 350
& þat þu ert þerof repentant./ & þerof wel ischryue
Of lesing þat þu seidest hem./ bid hem þe forȝeue
¶ Þis olde man him ȝeode forþ./ in Antioche anon
In meni stede faste aboute./ as Symon hadde igon
Gode men he seide if ich habbe./ itold bi Peter eni þing 355
Bote trunisse & gret god./ iwis hit is lesing
Her bifore ȝou euerechone./ ich liȝny myn owe mouþ
For he is true & stedefast./ his godnisse is wide couþ
Forte sauuy al þat lond./ oure Louerd him haþ isend
Bileoueþ & wercheþ after him./ oþer ȝe worþeþ ischend 360
For ȝou silue & ȝoure god./ þurf oure Louerdes wreche
Forfare schal bote ȝe do./ as he wole ȝou teche
If ich eueremore so am./ in þe deueles lore ibroȝt
Þat ich oþer bi him sigge./ þerof neleoue ȝe me noȝt
Ac doþ me schame & beteþ me./ & doþ me out of dawe 365
As me doþ a liþer liere./ & a man of false lawe
Þerafter he cam to seint Peter./ & he his lymes riȝte
And brouȝte him in his owe forme./ þurf oure Louerdes
    miȝte
¶ Þo was gret ioye bituene his sones./ & him & his wyue
Þo hi were in here forme./ togadre alle fyue 370
Euere God is strengere./ þan þe deuel attan ende
& Symones tricherie Magus./ vpe him silue gan wende
For Antioche wel gret loue./ vpe seint Peter caste
& sore longede after him./ & lete him siche faste
¶ Seint Peter cam to Antioche./ as he hadde er ilome 375
Men & wymmen of þe lond./ wel glad aboute him come
& honurede him wiþ grete prute./ as prince of þe lawe
& as here maister & here louerd./ hi were mid him wel fawe
In a riche chaire hi him broȝte./ & knowede him bifore
& beden him hem wardi & hem lere./ þat here soules nere
    forlore 380
¶ Þis was a seint Peteres dai./ þat comeþ in Feeuerer

349 l[i]ȝnye] i om. H; lyne A; lene J   359 haþ] haiþ H   365
second doþ] bringeþ AJ   366 doþ] om., schal add. after liere
AJ   370 here] riȝte add. AJ   379 broȝte] sette AJ
knowede] knelede AJ

Þat for honur of þulke dai.' me singeþ fur & ner

¶ Þo þis dede was ido.' seint Peter þannes wende
Symon Magus wende þider.' & hi him foule aschende

f. 169ᵃ Tofore al þat· folc he com.' moche wonder me þencheþ he
sede   385
Þat ich ȝoure soulebote bifore.' & ȝoure god gan rede
Þat ȝe Peter þe tricchour nefloȝe.' þat he neȝ ȝou necome
Ac ȝe alle honurede him.' & wiþ noblei him nome
& in heȝe chaire him sette.' as he ȝoure Crist were
Fleoþ him if ȝe wolleþ beo sauf.' & doþ as ich ȝou lere   390

¶ Þo þis folc ihurde þis.' for wrappe hi were neȝ wode
Trichour hi seide þis oþer dai.' bifore ous her [þu] stode
& seide þat he was true & god.' & don after him we scholde
& nou þu liȝnest þyn owe mouþ.' þi while worþ wel iȝolde
Hi sturte vp & beote þis liþere þeof.' þat he was neȝ of
dawe   395
Nadde he þe reulikere icrid.' hi him wolde habbe todrawe
He krep awei as he myȝte.' wiþ meni a liþer stroc
Þer he him silue as ech swike.' atte laste biswoc

¶ Seint Peter ȝeode to Rome.' mid his disciples þreo
He wiste his tyme was icome.' ymartrid forto beo   400
Seint Clement bi his lyue.' he makede pope of Rome
Þat god ȝeme after him.' to Holi Churche nome

¶ Þo seint Peter ymartrid was.' seint Clement him biþoȝte
If he bileuede pope forþ.' as men him bisoȝte
Þurf þat cas whan so hi wolde.' Holi Churche bitraye 405
Þat pope miȝte after oþer.' make al bi his daye
For wardeyn of Holi Churche.' þurf godnisse me schall
take
Noȝt as hit were bi heritage.' þat o freond anoþer make
He tok vp his dignete.' for al þat me him bad
& seint Lyn in his stede.' pope was ymaked   410
After seint Lynes dai.' meni men hit wolde

¶ Seint Clement habbe pope ymaked.' ac for noþing he nolde
Seint Clete was pope ymaked.' & after his dai anon
Þat folc [helde] seint Clement faste.' hi nolde more forgon

---

382 singeþ] halweþ AJ   384 wende] eode A; hieþe J   390
lere] rede *precedes but is deleted* H   392 [þu]] hi H; þu AJ
414 [helde]] *om.* H; *given* AJ   nolde] him *add.* AJ

& mid stren3þe makede him pope.' & þo hit com þerto 415
He fondede to paye riche & pore.' and ech man also
He fondede to paye þe pore.' more þan riche
To helpe þe soule more þan þe body.' for hi ne beoþ no3t
    iliche
Sisinne þe Iustise of þe lond.' hadde a god wyf
A dai as heo was to churche ago.' to amendi hire lyf   420
Fram hire louerd [heo] stole.' wiþoute eni fere
A dai heo wolde to churche go.' seint Clementes masse to
    hire
¶ Þe Iustise herof vnder3et.' he awatede ofte hire swiþe
A dai as heo was to churche ago.' he suede after hire blyue
¶ As swiþe as he to churche com.' & his wyf him vnder3et 425   f. 169ᵇ
Adrad heo was & hudde hire.' in a durne stede þer heo set
¶ As seint Clement seide his oreisoun.' & his clerkes amen
    sede
Þe Iustise bicom def & blynd.' & loude bigan to grede
Whar beo 3e he seide myne men.' out 3e mote me lede
Hi sturte anon & nome him vp.' hi swatte alle for drede 430
Hi bere him in þe churche aboute.' hi nemi3te þe dore
    fynde
Whan hi wende atte dore beo.' hi were fur bihynde
¶ Sore was þe wyf adrad.' þo heo se3 him so fare
Heo axede whar hire louerd were.' heo nemi3te no leng
    spare
For he wolde heo seide iseo & ihure.' what were him on
    bicome   435
He is blynd & def her.' in þe churche of Rome
¶ Þis gode wyf bad oure Louerd faste.' þat hi moste out
    wende
Þo fonden hi þe dore anon.' & wenden out attan ende
Seint Clement heo bad 3urne also.' to hire louerd come
To amendi him of his lymes.' þat him were bynome 440
¶ Seint Clement bad for him to oure Louerd.' þe3 hit were
    wiþ wrong

---

420 A dai . . . ago] Þat þorou sein clement y cristneþ was J   421
Fram . . . stole] heo fram *written after* Fram & *crossed out* H; Wen
heo mi3te fram hire louerd stele AJ   425 swiþe] sone AJ   436
is] bicome *add.* AJ

His siȝt & his list comen aȝe·/ ac he nadde neuer a þonk
For anon þo he seȝ him stonde·/ bi his wyf he wende
& seide þat he bi hire lay·/ & þerfore him ablende
Þis leuedi ȝeode in priueite·/ & Iesu Crist bad faste   445
Þat he hire louerd þurf his grace·/ in betere bileue caste
¶ Seint Peter fram heuene·/ to hire liȝte adoun
& seide hire louerd scholde isauued beo·/ þurf hire oreisoun
For me saiþ a liþer man·/ schal isaued beo
Þurf godnisse of a god womman·/ & so worþ he þurf þe 450
¶ Þis leuedi ȝeode to hire louerd·/ to prechi Cristendom
So þat he þurf Godes grace·/ to gode bileue com
Anon he let him baptiȝe·/ & al his meyne þere
Þreo hondred men & tuelue·/ mid him ibaptiȝed were
¶ Troian þe liþer emperour·/ of him ihurde speke   455
For his Iustise he swor he wolde·/ of Clement beon awreke
He comandede Mamertyn·/ þat was anoþer Iustise
Make Clement þe pope·/ to do sacrefise
Oþer out of londe him fleme·/ þat he nebileuede noȝt
For here lawe & here godes were·/ þurf him to schame
   ibroȝt   460
¶ Þis Iustise wiþ gret poer·/ seint Clement þo nom
& þo he nolde do sacrefise·/ he ȝaf him oþer dom
To beo out of londe idryue·/ into wyldernisse
He was forþ iharled as a þeof·/ in gret schindnisse
f. 170ᵃ ¶ Þo he to wylþernisse com·/ tuo þousend he fond þere 465
Of Cristene men þat hadde longe·/ þer iwoned for fere
Leste þemperoures men·/ hem hadde in turment ibroȝt
& hi for drede of stronge deþe·/ aȝen God turnde here poȝt
For meni bi þulke dawe·/ for drede of suche þinge
As bestes lyuede in wylþernisse·/ þo Cristendom gan
   springe   .   470
¶ Wel glade were þis gode men·/ þo hi seint Clement iseȝe
Aȝen him hi wende & cride on God·/ w[e]pinge wiþ here eȝe
¶ Seint Clement hi makede here maister·/ pope as he was
Þer nas non in so god lyf·/ þat þurf him amended nas
Þe nexte water þat hem was neȝ·/ was six myle þannes
   longe   475

442 list] huring J   450 worþ he þurf þe] worþ bi him & þe AJ
472 God] him A   w[e]pinge] e *om.* H

Al here drinke hi fette þer.ꞏ in weyes swiþe stronge

¶ Seint Clement bad oure Louerd Crist.ꞏ if hit his wille were

His true couent þat he holpe.ꞏ & water hem sende þere

A lomb þer com & merkede.ꞏ mid his riȝt fot a stede

He seȝ þat hit was oure Louerdes wille.ꞏ to do þat he hadde

   ibede   480

He ȝeode & smot in þulke stede.ꞏ as þe lomb merkede er

A fair wel þer sprong out.ꞏ gret ioye was þo þer

¶ Þis miracle was wide icud.ꞏ vyf hondred men þerfore

Bicome Cristene to godre hele.ꞏ þat hi euere were ibore

Seint Clement ȝeode among hem.ꞏ & so fair miracle

   wroȝte   485

Þat moche folc to gode bileue.ꞏ & to Iesu Crist he broȝte

Vyf hondred of maumetȝ.ꞏ he brouȝte to grounde þere

& sixti churches & vyftene.ꞏ in here stede let rere

So Troian þemperour.ꞏ her of ihurde telle

Of gret poer he sende þider.ꞏ a duk hem for to quelle 490

Þis duc him nom & bond to him.ꞏ grete stones faste

& ladde him to þe deope see.ꞏ & al amidde him caste

Wel moche was þe deol.ꞏ þat his disciples for him makede

Hi vrne & soȝte him in þe see.ꞏ as fur as hi þerfte wade

¶ Þo hi nemiȝte to him come.ꞏ oure Louerd hi bade 495

Þat þurf a siȝt of seint Clement.ꞏ his disciples he makede

   glade

As hi sete vpe þe see.ꞏ & cride on God ȝurne

Þe see swiftliche hirc wiþdrouȝ.ꞏ & wiþ gret eir gan vrne

So þat wiþinne þe grete see.ꞏ þreo grete myle & more

Swiþe fair wei & drie þer was.ꞏ þurf oure swete Louerdes

   ore   500

¶ Þis gode men in þe faire see.ꞏ in gonne wende

& fonde a churche ymaked of marbre.ꞏ atte weyes ende

& wiþinne þe churche a cofre.ꞏ of siluer & of golde

& þerinne ligge seint Clementes bodi.ꞏ as oure Louerd hit

   wolde

¶ Louerd moche was þe ioye.ꞏ þat þis gode men inne were 505 f. 170ᵇ

For þis miracle of seint Clement.ꞏ þat hi fonde þere

495 *second* hi] ȝerne hi A; wel ȝerne hi J   499 *first* grete] depe
AJ   501 in þe faire . . . gonne] þat þe vaire wei.ꞏ In þe see
gonne AJ   502 &] *om.* AJ   505 Louerd] Welle A; Wel lord J

Hi dude here preiere wat hi wolde.· & wiþdrowe hem attan
    ende

Þe see euere after hem.· at here heles gan wende

Forte heo cam to hire riȝte stede.· & þer heo gan astonde

Hi seruede God alle þe bet.· & þonkede ȝurne his sonde 510

¶ Hit biful ek longe þerafter.· þurf oure Louerdes heste

Fram ȝere to ȝere soue dayes.· at seint Clementes feste

Þat þe see wolde so wiþdrawe.· & makie þe wei wel drie

To þe chapel of seint Clement.· þat no water nescholde
    anuye

Þat ech man alle þe soue dayes.· al drie ȝeode & clene 515

To onury þe holi bodi.· as hit ful ech ȝer ene

Anon þe see wende aȝe.· mid water & mid slyme

After þe soueniȝt huld hire so.· forte anoþer ȝer þulke
    tyme

O tyme a womman þider com.· mid a child hire sone
   To honury þe holi bodi.· as hit was manes wone 520

Hit biful atte endinge.· of þe soueþe day

Þat þe see com faste aȝe.· as þe child aslepe lai

Þat folc þat þer was bileued.· gan attorne faste

Þe womman louede hire lyf also.· þat heo nas noȝt þe laste

Þo heo was to londe icome.· & hire leoue child bihynde 525

Louerd heo makede deol.· þat hi nemiȝte hit fynde

Criinge heo orn & longe soȝte.· bi þe see side

If þe see him hadde icast.· heo soȝte swiþe wide

¶ Þo heo nemiȝte him nowhar fynde.· wepinge hom heo
    wende

& bad seint Clement þat of him.· som gladnisse hire
    sende   530

He bileuede so al a ȝer.· in gret sorewe & care

Siþþe at seint Clementes tyd.· þiderward heo was ȝare

To þe chapel blyue heo orn.· þo þe see was in iweued

Hire sone heo fond slepe in þe stede.· þat heo him hadde
    bileued

Sone þis womman him nom vp.· & wende þat he ded
    were   535

Þat child axede þo he was [awaked].· what heo soȝte þere

519 *margin*] Miracula   526 deol] muche deol AJ   hi] heo AJ
528 hadde] up *add.* AJ   536 [awaked]] *om.* H; *given* AJ

¶ Þis womman for ioye gradde loude." þat folc aboute hire wende
& þonkede God mid grete ioye." þat such miracle sende
Heo eschte hou he hadde ilyued so longe." & if he were oȝt idreiȝt
Hit nis noȝt longe quaþ þe child." ac to sone ȝe me habbeþ aweiȝt 540
Softe & swote ich habbe islepe." noȝt fullich þis o niȝt
Moste ich lengere habbe islepe." ich hadde ibeo wel idiȝt
Wiþ ioye hi ladde þis child hom." þis miracle was couþ wide
Fair miracle dude seint Clement ofte." bi þe see side
Þe see wiþdrouȝ meni ȝer." to make men drie wende 545 f. 171ᵃ
Ac hit is nou for manes synne." bileued attan ende
Þo me fond þe holi hucche." in a fair place stonde
Wiþ þe holi bodi clene out of þe see." al a drie londe
Þat folc wiþ fair processioun." þat holi bodi nome
& nobleche hit ladde forþ." & burede hit at Rome 550
Þer is nou seint Clementes churche." ymaked wiþ queynte ginne
God ȝyue ous part of þulke ioye." þat his soule is inne
Amen

Seinte Katerine of noble cunne." com bi olde dawe
Hire fader kyng hire moder quene." boþe of olde lawe
King Cost hire fader het." gret clerc þat maide was
Þer nas non of þe soue artȝ." þat heo gret clerk of nas
Þulke tyme heo was old." eiȝtetene ȝer vneþe 5
& ich wene in þulke vlþe." heo was ibroȝt to deþe
Maxent þemperour." in eche londe let crie
Þat eche kinriche vnder him." come to Alisandrie
Ech man to do for his stat." to here god sacrefise
And of hem þat bileuede." to do stronge gywise 10
¶ Þo alle þe men were þider icome." to don here lawe
Seinte Katerine baldeliche." þiderward gan drawe

548 clene out of þe] aboue A J
Katherine. 4 clerk] maister A J   5–6] om. J   9–10] reversed
but marked for order as given H ·   9 god] godes A J
B 4132.2   N

Heo stod bihalues & bihuld.ʼ here gydihede
Heo seȝ honure þe maumetȝʼ meni Cristene men for drede
¶ Þo hadde heo gret deol in hurte.ʼ heo blescede hire anon 15
& forþ anon to þemperour.ʼ baldeliche gan gon
Sire riche emperour heo seide.ʼ þu ert noble & hende
Þu scholdest þi poer & þi wit.ʼ to som wysdom wende
For þe folie ich sigge þat.ʼ þat ich iseo her do
So moche folc of furrene londe.ʼ þat þu clipest herto 20
¶ In gret ioye & wonder in ȝoure hurte.ʼ of þis temple ȝe
　　doþ so
Þat is ymaked of lym & ston.ʼ & of ȝoure maumetȝ also
Whi nebiholde ȝe þe heȝe temple.ʼ þerof ȝou wondri mai
Of heuene þat goþ aboute.ʼ aboue ȝou niȝt & dai
Of sonne & mone & of þe sterres.ʼ þat fram þe est to þe
　　west 25
Wendeþ & neuere weri beoþ.ʼ & neuere hi nabbeþ rest
Biþench þe bet & turn þi þoȝt.ʼ to som wysdom ich rede
& whan þyn owene inwit þe saiþ.ʼ þat nowhar nis such
　　a dede
Almiȝti God þu him holde.ʼ þat such wonder can make
Tofore alle oþere honure him.ʼ & ȝoure maumetȝ þu for-
　　sake 30
Mid oþer reisouns of clergie.ʼ þat maide preouede also
Þat here godes noþing nere.ʼ þat hi a[n]ourede hem to
f. 171ᵇ ¶ Þemperour stod & necouþe.ʼ answerie in none wise
Him wondrede of hire fairhede.ʼ & of hire queyntise
Maide he seide abyd herwiþ.ʼ forto oure sacrefise 35
& we schulle anoþer wiþ þe speke.ʼ ich oþer mi Iustise
¶ Þis heȝe man after his sacrefise.ʼ ȝeode & sat in his trone
& al his folc aboute him.ʼ me brouȝte þis maide sone
Maide quaþ þis emperour.ʼ þu þenchest gent & freo
Of what kyn ertou icome.ʼ wonder me þinȝþ of þe 40
¶ Sire emperour quaþ þis maide.ʼ ich wilni swiþe lute
Of mi kyn to telle þe.ʼ for hit were sinne & prute
For in his boc þe wise man.ʼ Catoun saiþ also
Þat man neschal him silue preise.ʼ ne blame noþemo

13 here] hor wreche AJ　　21 so] do A; *bound in* J　　32
a[n]ourede] n *om.* H　　35 forto] after *add.* AJ　　42 sinne
&] signe of A; synne of J

For so doþ foles þat beoþ idreiȝt⸴ wiþ veyne glorie &
 prute 45
Ac naþelos ich wole wiþoute prute⸴ of mi kyn telle a lute
¶ Ich am þe kinges douȝter Cost⸴ þat þu wost wel which he is
Hider ich com to speke wiþ ȝou⸴ þat ȝe bileoueþ amis
For me clepeþ him godes wiþ wrong⸴ þat ane fot ne-
 mowe go
Ne noman helpe in none wise⸴ ne hem silue noþemo 50
Maide seide þemperour⸴ if þat þis soþ were
Al þe men of þe wordle were in gydihede⸴ & þu one hem
 scholdest lere
& me schal leoue alle men⸴ & more hit wole beo note
Þan a fol womman as þu ert⸴ ȝoure bolt is sone ischote
Sire quaþ þis maide þo⸴ þeȝ þu lute telle of me 55
As god mai þe resoun beo⸴ of me as of þe
For emperour me saiþ þu ert⸴ & echman is also
Þat mai hote & his men mote⸴ nede his heste do
Of bodi & soule þu ert ymaked⸴ as þu miȝt þe silf iseo
Mid riȝte þi soule maister is⸴ & þi bodi hire hyne schal
 beo 60
If þanne þi bodi maister is⸴ & þi soule his hyne
Aȝe cunde þanne hit is & þu worst⸴ þerfore in helle pyne
Þurf clergie þis holi maide⸴ resouns makede so quoynte
Þat þemperour ne non of his necouþe⸴ answerie hire in
 none poynte
¶ Maide he seide þu schalt abide⸴ in warde her mid me 65
& bityme ich wole fynde⸴ þat schal answerie to þe
Þis emperour sende anon⸴ wel wide aboute his sonde
¶ To þe heȝiste clerkes⸴ þat were in eni londe
& bihet hem mede gret⸴ to do a lute maistrie
To susteni vp here lawe⸴ þurf strenȝþe of clergie 70
So þat vyfti maistres come⸴ þe gretteste þat me fond
As wide as me miȝte siche⸴ owhar in eni lond
Þemperour hem seide anon⸴ whi he after hem sende   f. 172ª
Aȝen a womman to desputi⸴ þat al here lawe schende
¶ Nou is þis seide þat on⸴ gret schame ich vnderstonde 75
An emperour to siche aboute⸴ so wide in eche londe

48 þat] of þat AJ 52 men of þe] om. AJ 53 schal] betere
add. J 68 heȝiste] beste A; grettost J 72 margin] Retores

After maistres to plaidi⸴ aȝen a ȝung wenche
Whan on of oure knaues miȝte⸴ hire resouns sone aquenche
¶ Nai seide þemperour⸴ heo is wisere þan ȝe wene
If ȝe mowe oȝt aȝen hire do⸴ hit worþ sone isene   80
For ich wole bet þat ȝe hire ouercome⸴ mid resouns a
    somme wise
Þan we hire mid strenȝþe makede⸴ to do sacrefise
Let bringe hire forþ quaþ þat on⸴ & heo schal sigge anon
Þat heo nespac neuere wiþ wisere men⸴ er heo fram ous gon
An angel to þis maide com⸴ & bad hire noþing drede   85
For heo scholde hem alle ouercome⸴ & to Cristendom lede
Þat þurf hire resouns hi scholde alle⸴ afonge martirdom
¶ Þo þis maide ihurde þis⸴ gret ioye to hire heo nom
Wel baldeliche heo wende forþ⸴ þo mesters hire to com
Sire heo seide to þemperour⸴ ȝyfstou a wys dom   90
Þus fele maistres of clergie⸴ bringest & settest abenche
To desputi aȝe me one⸴ þat nam bote a fol wenche
& if hi ouercomeþ me⸴ þu bihotest hem grete prute
& mid strenȝþe makest me wiþ hem speke⸴ & bihotest me
    lute
& þinȝþ me vnriȝt whan ich am⸴ one aȝon hem alle   95
Ac ich wole whan God is myn help⸴ afonge what me wole
    bifalle
¶ Sai me quene what ertou⸴ þat o maister sede
Aȝen oure clergie þenȝþstou speke⸴ turn þi þoȝt ich rede
Þu saist þat God almiȝti⸴ deþ an vrþe þolede here
Ich wole preoui þat hit nemiȝte⸴ beo soþ in none manere
Ho so deyeþ he nemai⸴ neuere to lyue come   101
Whan al þe vertu of his bodi⸴ þurf deþ him is bynome
¶ If þu saist þat God is ded⸴ þu nemiȝt libbe noȝt
If he þat lyf þe scholde ȝeue⸴ is to deþe ibroȝt
¶ Nai seide þis holi maide⸴ þu faillest of þyn art   105
Þe netit bote þu speke bet⸴ of þe maistrie no part
God hadde euere & euere schal⸴ wiþ [him] his godhede
& for loue of ous in oure flesch⸴ he nom his manhede

78 knaues] hors knaues A   87 afonge] cristendom *follows but is
deleted* H   89 wende] eode AJ   97 *margin*] Primus Retor
quene] dame comon J   maister] legistre J   103 If . . . God]
& ȝif þi miȝti god J   105 *margin*] Katerina   107 [him]]
om. H; *given* AJ

Of tuo þinges he was ymaked.' aiþer moste his cunde
    afonge
For in cunde of manhode ous to bugge.' he þolede deþ
    stronge   110
Ac to bileue ded hit was.' aȝe cunde of godhede
Þerfore he aros fram deþe to lyue.' þo he hadde ido al his
    dede
Þurf þe stronge deþ þat þurf Adam.' we were on ibroȝt   f. 172ᵇ
Þurf godhede ymengd in oure kunde.' nede moste beo
    iboȝt
If þu wiþsaist þis reisoun.' anoþer ich wole þe make 115
Þat clerkes seide of ȝoure lawe.' ȝe nemowe noȝt forsake
Platon þe grete philosophe.' þat was of ȝoure lawe
Seide þat God wolde iscourged beo.' & eke todrawe
Loke hou hit miȝte beo soþ.' in oþer manere
Bote þat þe mochele God for ous.' bicom a lute man
    here   ,   120
As god Balaham ȝoure prophete.' þat heþene was also
¶ In his boc seide ȝe witeþ whar.' if ȝe wolleþ loke þerto
Þat þer scholde of Iacobes cunde.' a sterre arise briȝte
Þat boþe kinges & dukes scholde.' bynyme here miȝte
Þat was þat oure Louerd wolde.' of Iacobes cunde beo
    ibore   125
& ouercome alle þat euere were.' siþþe oþer bifore
¶ Ȝut þreo kynges of ȝoure lawe.' of þulke sterre þoȝte
For þe sterre þat God was ibore.' & þerfore lok him broȝte
¶ Þo þe maistres ihurde hire speke.' of so gret clergie 129
Necouþe hi answerie noȝt o word.' ac ȝyue hire þe maistrie
Certes sire quaþ þis maistres.' so gret cler[c] non þer nis
Þat to hire reisouns hire scholde answerie.' for hi beoþ
    soþe iwis
We seoþ þat þe Holi Gost is mid hire.' & in hire mouþe
We ne conne answerie hire noȝt.' ne we neþore þeȝ we
    couþe
Þerfore bote oure lawe.' þe betere we iseo   135

128 þe sterre] heo liȝte J   þat] þo AJ   lok] lot A   129 þe]
repeated H   130 *couplet add*. J: Þe emperour sede in gret wraþþe
nis non of ȝou þat can / Of so mony grete maistres ansuerie a fool
womman   131 cler[c]] c *om*. H   135 bote] we In *add*. A ;
we of *add*. J   we] wei AJ

Alle we siggeþ mid one mouþe·· icristned we wolleþ beo

¶ Hei traitours quaþ þemperour·· beo ȝe icome herto
Certes ȝe schulle to stronge deþe·· alle beon ido
Amidde þe toun he het anon·· forbrenne hem echone
& hi þane deþ for Godes loue·· afonge wiþoute mone   140
Ac mest reuþ hi hadde of alle·· þat hi ifulled nere
Þis maide hem gan to conforti·· & of Cristendom lere
& seide here stronge deþ·· þat hi þolede þere
Scholde beo here Cristendom·· if hi stedefast were

¶ Þis maistres were igladed þo·· gladliche forþ hi ȝeode 145
& nome þane deþ for Godes loue·· þat me wolde hem beode
Hi makede þe signe of þe croiȝ·· & in þe fur me hem caste
Þo hi hadde longe ibrend·· & ded were atte laste
& þat fur was aqueynt·· al hol hi leye þere
Whyttere & fairere in heu·· þan hi euere were   150
Þer nas non so lute wem·· noȝt þe leste of hare here
Oþer of cloþ apeired were·· hi leye wiþ faire chere

f. 173ᵃ Þemperour let fecche anon·· þat maide Katerine
Haue reuþe he seide of þe silue·· & schulde fram pyne
Haue reuþ of þi ȝunge bodi·· þat so fair is & hende 155
Þu schalt libbe in gret noblei·· if þu wolt þi þoȝt wende
In mi paleys ich wole þe make [··] heȝist after mi quene
& after þi forme lete make·· an ymage briȝt & schene
Ouergult & hire sette·· amidde þe cite
& ech man him schal honure·· for honur of þe   160
As me schal a god do·· þu neschalt mid al þi lore
So moche noblei biþenche·· þat y þe nele do more

¶ Sire emperour quaþ þis maide·· bilef þi fole þoȝt
Þu nast no more while to spille·· þan to speke so embe noȝt
God almiȝties spouse ich am·· & al þi blandisinge 165
Ne þi turmentȝ neschulle ene·· fram him myn hurte bringe

¶ Þemperour hire let strupe al naked·· to a piler faste
    ibounde
   & bete hire sore wiþ stronge scourges·· & make hire harde
    wounde
Þo hi seȝe þat hi nemiȝte·· þermid turne hire þoȝt
In durke prisoun & in deope·· sone heo was ibroȝt 170

160 him] hire AJ   164 embe] aboute AJ   168 stronge]
harde AJ

Þat noman neȝaf hire mete ne drinke·/ for heo scholde for
   hunger deye
OÞer turne hire Þoȝt to here lawe·/ & beo ibroȝt out of treye
In prisoun Þis maide lai·/ tuelf dayes & tuel[f] niȝt
Þat heo noÞer ne et ne dronk·/ neseȝ non vrÞlich liȝt
¶ A whyt colure fram heuene·/ com to hire eche dai   175
   & broȝte hire fram heuene mete·/ as heo in prisoun lai
¶ A dai as Þemperour·/ fram home was afare
Þemperice Þoȝte on hire·/ & hadde of hire grete care
Of hire bed wel priueiliche·/ heo aros at midniȝt
& nom wiÞ hire sire Porphirie·/ Þat was hire priuei kniȝt
Þo hi to prisoun come·/ hi seȝe Þer gret liȝt   181
¶ Hem wondrede wharof hit were·/ Þat Þulke stede was so
   briȝt
Þo seȝen hi Katerine·/ in Þe prisones grounde
And an angel of heuene·/ smyrie hire wounde
¶ Þemperice cride anon·/ Katerine Þyn ore   185
   Mi riȝte bileue tech Þu me·/ ynele beo fol namore
Þe kniȝt also god sire Porphirie·/ loude cride also
Þat moche folc Þat Þer aboute was·/ sone com Þerto
Sire Porfirie ful adoun to hire fet·/ & loude he gan to crie
Anon Þis maide hem prechede of God·/ & of seinte
   Marie   190
So Þat Porphirie & Þemperice·/ Þurf Þis maide Þere
& tuo hondred knyȝtes ek·/ ibaptiȝed were
Oure Louerd him silf com adoun siÞÞe·/ to seinte Katerine f. 173ᵇ
Lo her he seide ich hit am·/ for wham Þu ert in pyne
Beo stedeuast in Þi turmentȝ·/ & ich wole beo mid Þe 195
Þi sige is ymaked in heuene·/ Þer Þu schalt wone wiÞ me
¶ AnoÞer dai Þis emperour·/ after Þis maide sende
Þat heo were for hunger ded·/ swiÞe wel he wende
Þis maide was tofore him ibroȝt·/ swiÞe fair & round
What he seide hou goÞ Þis·/ is heo ȝut hol & sound 200
Whar beoÞ Þis traitours·/ Þat hire in prisoun wiste
Hi habbeÞ ifed hire stilleliche·/ Þat noman hit nuste
Bi Þe fei ich owe Mahoun·/ hi neschulle nomore

172 treye] teie AJ   173 tuel[f]] f om. H   187 god] om. AJ
192] Turnde to iesu crist: & sparede noȝt vor torment ne fere A
194 hit] om. AJ   200 he] heo with o erased H

He let nyme his gailers⁊ & turmenti sore

¶ Sire emperour quaþ þis maide⁊ is þis god iugement 205
Gultelese men for mi gult⁊ to bringe in such turment
Ho þat me haþ þer ifed⁊ he nedredeþ þe noȝt
For an angel of heuene hit is⁊ þat mete me haþ ibroȝt
Do me what turmentȝ so þu wolt⁊ & let hem quite gon
For certes of þat þu hem saist⁊ gult nabbeþ hi non 210

¶ Hei hende maide Katerine⁊ seide þemperour
Þench on þi noble gentrise⁊ for of maidenes þu ert flour
Turn þi þoȝt & þu schalt beo⁊ þemperesse peer
Heo neschal habbe noȝt tofore þe⁊ bote þat heo is mi fer

¶ Gode man quaþ þis holi maide⁊ þu spext al embe noȝt 215
Mid al þi poer þu neschalt⁊ fram Iesu wende mi þoȝt
Alle þe turmentȝ þat þu miȝt þenche⁊ of pynes swiþe
    stronge
Þu miȝt do me if þu wolt⁊ iredi ich am to afonge
For noþing ne wilny ich so moche⁊ as mi flesch & blod iwis
To ȝyue for mi Louerdes loue⁊ þat for me ȝaf his 220

¶ Þo was þemperour so wroþ⁊ þat he was neȝ iswowe
Four wheles of ire he let fulle⁊ of rasours kene ynowe
& makede hem mid gynne turne aboute⁊ þe tuei wheles
    vpward
& oþer tueie euene hem aȝe⁊ in þoþer side doneward
Þat ho þat bituene were⁊ in þoþer half nescholde wende
Þat þe rasours nolde al his flesch⁊ todrawe & torende 226

¶ Þo þis maide was⁊ ido þeron to schende
Oure Louerd Crist fram heuene⁊ an angel gan þider sende
Þis angel wiþ a drawe swerd⁊ þis wheles al toheu
& þe peces flowe aboute⁊ as corn whan me hit seu 230
& smyte on þis liþere men⁊ wel harde to þe grounde
Þat four þousend þer were aslawe⁊ in a lute stounde

f. 174ª   Ȝe for Gode þat was wel⁊ þer hi miȝte lurne
To fiȝte aȝe Iesu Crist⁊ mid here false querne
To wende aboute here rasours⁊ þe holie maide to drawe 253
Hi nemiȝte hit noȝt wel biliȝe⁊ þat were ibroȝt of dawe

¶ Þo nuste þemperour noȝ[t] what do⁊ for deol ne for sore

204 his] alle is AJ   &] hem add. AJ   sore] wel sore AJ   207
Ho] He(?) H; He AJ   236 hit noȝt] repeated H   237 noȝ[t]]
t om. H

Þe emperesse nolde þo.' hire stat hele nomore
Sire heo seide hou goþ þis.' for Godes loue þyn ore
Ich iseo þis maide is god.' & of holi lore 240
Ʒoure maumetʒ ich forsake.' y nebileue for no f[o]re
Þo gan þemperour for wraþþe.' loude ʒulle & rore
Him þoʒte he nemiʒte for noþing.' fram Iesu hire þo[ʒt]
  wende
He het þat me scholde hire lede.' to þe tounes ende
& hire breosten fram hire bodi.' wiþ kene hokes rende 245
And after smyte of hire heued.' hire þe more to schende
¶ Wiþ gode hurte þemperesse.' þane deþ gan afonge
Þe quellers heo bad hiʒie faste.' & nabide noʒt to longe
Hi nome kene hokes of ire.' & hire flesch tognowe
As me draweþ wiþ combes wolle.' here breostes hi
  todrowe 250
Fram hire bodi mossel mele.' & siþþe smyte of hire heued
Þe bodi for houndes hit scholde ete.' vnbured hit was
  bileued
Ac Porfirie burede aniʒt.' þis holi bodi & god
¶ Þo þemperour þat bodi miste.' he was wroþ & wod
He turmende meni men.' þat nemiʒte hem noʒt skere 255
Þo seide Porfirie anon.' lo sire whar ich am here
Ich burede þyn holi wyf.' þat was Cristes make
& to Iesu Crist ich haue also.' al myn hurte itake
For no poer þat þu miʒt do.' ynele him noʒt forsake
¶ Þo gan þemperour for sorewe.' alle his lymes to schake 260
Mahoun he seide what schalt þis beo.' hou schal ich nou do
Nou ich haue mi wyf forlore.' & sire Porfirie also
Whi nas Porfirie al myn hurte.' neltou me noʒt rede
¶ Þo wende þis oþer kniʒte[s] forþ.' & loude gonne grede
& we beoþ Cristene bicome.' euerechone hi sede 265
We nulleþ þane deþ for Godes loue.' leue for no drede
Þemperour þo gan drawe his her.' & sore sike & grone
Mahoun he seide hou schal ich do.' schal ich bileue alone
¶ Whi neltou raþere fecche me.' & bringe me of þis lyue
Þan suffri to leose alle mi men.' after mi leoue wyue 270
Ac þeʒ þu nulle helpe me.' ynelle forsake þe noʒt

241 f[o]re] o *blurred* H; fore AJ   243 þo[ʒt]] þo H; þoʒt AJ
264 kniʒte[s]] s *om.* H

Þis foles þat habbe forsake þe·' to deþe schulle beo ibroȝt

He let nyme Porfirie anon·' & his felawes echone
& let smyte of here heuedes wiþ[out] þe toun·' as Mahounes
    fone

¶ Þo let he fecche Katerine·' Damaisele he sede   275
Ich wole if þu turne wolt·' forȝyue þe þi misdede
& wiþ gret noblei as emperesse·' oueral wiþ me þe lede
& alle þing ich wole do·' also after þi rede

¶ Certes sire quaþ [þis] maide·' þis wordes beoþ for noȝt
Þu neschalt me neuere fram him bringe·' þat haþ me
    deore iboȝt   280
Do what þu wolt & haue ido·' & bring þi wille to ende
For þu neschalt mid no turment·' mi poȝt fram Iesu wende

¶ Whar beo ȝe mi quellers·' þemperour þo sede
Þis wicche ȝe schulle faste bynde·' & wiþoute þe toun lede
& smyte of hire heued anon·' & do þe gode dede   285
Þat heo nebringe ous neuereft·' in sorwe ne in drede

¶ Þo þis maide was ibroȝt·' to sle wiþoute þe toun
To God heo makede hire preyere[·'] akneo heo sat adoun
Louerd heo seide grante me·' þat echman þat haueþ mone
In eni neode oþer anuy·' in myne passione   290
Þat he mote to his wille·' help habbe sone
Þo com oure Louerd silf & sede·' ich granti þe þi bone
Com her forþ mi lemman·' mi leoue spouse also
Heueneȝat yopened is·' þat þu schalt come to

¶ Þe quellere smot of hire heued·' as þe men aboute stode 295
Whit mulc þer orn out of þe wounde·' & noȝt o drope of
    blode
Þat was signe of maidenhod·' þat þe mulc out com
Þat clene was wiþoute synne·' & wiþoute swikedom

¶ An angel com & nom þe bodi·' among alle þe manne
& bar hit to þe hul of Synay·' tuenti iourneyes þanne 300
& burede hit þer nobliche·' & faire ynou also
Þerȝut to þis dai·' þe bones beoþ ido
Of hire tumbe þer vrneþ ȝut·' holi oylle wel blyue

274 [out]] om. H   278] written at foot of page H; Certes sire
quaþ þis maide: þus wordes of feble rede A, see l. 279; om. J   279]
Vor to iesu icham itake: wreche þu spek' aboute noȝt A   [þis]]
om. H; given AJ   288 hire] hire·' H   297–8] om. J   299
first þe] repeated H

Wher þurf meni sik man is ibroȝt꞉ to hele & to lyue
Wide alonde hit is ilad꞉ ho so hit habbe mote 305
Noble relik hit is꞉ sike men to habbe of bote
Þreo hondred ȝer & tuenti꞉ after þat God was ibore
Imartred was þis holi maide꞉ of wham we tolde bifore
Noou Iesu Crist for þe swete loue꞉ of seinte Katerine
Ȝyue ous þe ioye of heuene꞉ & schulde ous fram helle
   pine 310

Seint Andreu þapostle꞉ was seint Peteres broþer
  Oure Louerd silf to Cristendom꞉ him brouȝte & non
  oþer
For fischeres hi were boþe꞉ & as hi fischede a day   f. 175ᵃ
Bi þe se oure Louerd com꞉ & here fisschin isay
Come he seide after me꞉ & ich wole ȝou make 5
Manfischers & þis oþere꞉ here nettes gonne forsake
& suede him mid þis word꞉ & nechose noȝt amis
Hem was so betere þan to pasken꞉ in þe water iwis
While oure Louerd an vrþe was꞉ mid him boþe hi were
& siþþe hi wende wide aboute꞉ Cristendom to lere 10
¶ In þe lond of Patras꞉ seint Andreu siþþe com
He turnde þer wel faste꞉ þat folc to Cristendom
Churchen he rerde al aboute꞉ & teiȝte me þerto
Egeas wyf þe Iustise꞉ he makede Cristene also
Þerforc þe iustise was wroþ꞉ & wende to Patras 15
To þe cite in gret wraþþe꞉ as seint Andreu was
Cristenemen þat he þer fond꞉ sone he let take
To make hem wiþ his turmentȝ꞉ Cristendom forsake
¶ Seint Andreu sone to him com꞉ sire he seide nym ȝeme
Þu þat ert so gret iustise꞉ seli men to deme 20
Þe heȝe Iustise of heuene꞉ þu haddest neede to knowe
Þat into þe put of helle꞉ þe schal deme wel lowe
¶ What ertou Andreu quaþ þe Iustise꞉ þat meni dai haþ igo
& idrawe men to þi false god꞉ þu neschalt neuereft mo
Ich drawe men quaþ seint Andreu꞉ to God þat soþ is 25
Ac wrecches & false ȝoure beoþ꞉ & deue & dombe iwis
Whi saistou so quaþ þe iustise꞉ þu wost wel mid alle
Þat þu þerof loude lixt꞉ hou miȝte hit so falle

For þe God þat þu of telst⸳ þe Gywes while nome
& slowe him as he worþi was⸳ bi pur riȝt of dome　30
¶ Nai certes quaþ seint Andreu⸳ riȝt nas hit noȝt
Ac þurf Godes wille ous to bugge⸳ he was to deþe ibroȝt
¶ Hou miȝte hit beo quaþ þe Iustise⸳ þat his wille were
　　þerto
For þe Gywes him wiþ strenȝþe nome⸳ & him slowe also
¶ Ich wot to soþe quaþ Andreu⸳ aȝen his wille hit nas　35
For ich was wiþ him þulke tyme⸳ & iseȝ hou hit was
For er wel longe he tolde ous fore⸳ hou hit scholde beo
Tyme & stede & euerech poynt⸳ as we miȝte siþþe iseo
If þu woldest þat soþe ihure⸳ & if þu riȝt vnderstode
Gret vertu ich wole þe telle⸳ of þe swete holi rode　40
Ich wole herkny quaþ þis oþer⸳ & bote þu do after me
In þe rode as þi Louerd deide⸳ ich wole sette þe

f. 175ᵇ
If ich doutede quaþ þis oþer⸳ y neprechede þerof noȝt
Ac þeron is al myn hope⸳ mi ioye & al mi þoȝt
Þis þu miȝt telle quaþ þe Iustise⸳ men þat luueþ þe　45
& for ynelle hit ileoue noȝt⸳ oþer þing þu schalt telle me
Bote þu bileoue on oure godes⸳ miȝti of alle þinge
In þe rode þat þu of spext⸳ to deþe me schal þe bringe
Almiȝti God quaþ þis oþer⸳ ich herie niȝt & day
Ich bileoue on him & herie wole⸳ þe while ich speke may 50
¶ Þe Iustise was þo wroþ ynouȝ⸳ seint Andreu he let caste
In strong prisoun & he lai þer⸳ þe while hit ilaste
As þe iustise sat amorwe in his sige⸳ to him he was ibroȝt
Andreu he seide ich hopie wel⸳ þat þu beo bet biþoȝt
& þat þou habbe fram folie⸳ þi þoȝt iturnd to niȝt　55
To libbe wiþ ous in ioye gret⸳ & leue þin vnriȝt
¶ Þu liþere bern quaþ seint Andreu⸳ þu huntest aboute
　　noȝt
Þe more turment þu me dost⸳ þe gladdere is mi þoȝt
For þe mo turmentȝ þat ich þolie for mi Louerd⸳ er þat
　　ich deye
Þe more worþ mi ioye wiþ him⸳ in þe ioye of heuene
　　heye　　　　　　　　　　　　　　　　　　　　　　60
Ich doutie more of þe þan of me⸳ for mi pyne nele ileste

Andrew. 34 *second* him] wit strengþe J　　　60 *second* ioye] blisse
A J

Bote o dai oþer tueye her.· oþer þreo atte meste
Ac þe turment þat þu schalt habbe.· wharto þu schalt
   wende
In tuenti þousend ȝer ne mo.· neworþ ibroȝt to ende
Þo was þe Iustise swiþe wroþ.· he het his men anon   65
Seint Andreu scourgi so.· þat him oke ech bon
& siþþe bynde him honde & fet.· to þe rode faste
Wiþ stronge corden for his lyf.· scholde þe lengore ilaste
& he þe more in pyne beo.· & þe more schede of his blode
Þe turmenturs wel ynouȝ.· his heste vnderstode   70
Anon to þe bon hi beoten him furst.· wiþ stronge scourges
   gode
In to þe vrþe hi pulte faste.· þe tuei endes of þe rode
¶ Þo seint Andreu iseȝ þe rode.· adoun he sat akneo
Hail beo þu swete rode he seide.· swettest of alle treo
Þat þu wiþ mi Louerdes lymes.· ihalewed mostest beo 75
& of ȝymmes preciouses.· wel glad ich þe iseo
& wel glad ich come to þe.· wel glad afong þu me
For euere siþþe mi Louerdes deþ.· [iwilned] ich habbe þe
Nym me nou al fram þis men.· to mi Louerd þu most me
   sende
For al myn hope & mi wil is.· þurf þe to him wende   80
Þo he strupte of him silf his cloþes.· atte bigynnynge
& bitoc þe turmenturs.· þat scholde him to deþe bringe
Faste boþe fet & honde.· to þe croiȝ hi bounde   f. 176ᵃ
Þe honden boþe aboue þe heued.· þe fet toward to grounde
Þat folc com þicke aboute him.· he gan to prechi faste 85
Tuei dayes & tuei niȝt.· þe while his ly[f] ilaste
Þat folc þretnede þe iustise.· & þicke aboute him come
& wolde him alto drawe anon.· bote he him adoun nome
¶ Þe Iustise him wolde nyme adoun.· seint Andreu him
   forbed
Inele noȝt he seide come adoun.· er þan ich beo ded   90
For ich iseo mi swete Louerd.· & er while ich iseȝ
Þat abydeþ me til ich come.· he is her wel neȝ

67 fet] fot A   71 gode] & brode A; *bound in* J   78 [iwilned]]
om. H; *given* AJ   82 & bitoc] He tok is J   84 boþe] beie A;
heie J   to] þe AJ   86 ly[f]] f *om.* H   88 alto] haue to A
91 er while] ȝer wile A; ȝare wil J   92 me til ich] vorte ich to
him AJ

Whan me wolde him nyme adoun.' hem poȝte he was
    anheȝ
No man nemiȝte him areche.' for euere vpward he steȝ
Here armes whan hi vpward reiȝte.' bicome as stif as
    treo   95
So gret liȝt þer com aboute him.' þat noman nemiȝte him
    iseo
Hi hurde him & neseȝe him noȝt.' þat liȝt ileste iwis
Forte þe holi soule wende.' þerwiþ to heuene blis
Þo þe soule was forþ iwend.' & þe holi bodi bileuede þere
Maximille þe iustises wyf.' & oþere þat þer were   100
Wiþ gret honur hi hit neme adoun.' & to buringe bere
¶ Ȝut nolde þe iustise ileoue noþing.' þat he gan him lere
Þerfore amidde þe wey.' as he homward wende
He ful ded tofore þe men.' & his soule to helle sende
Ac seint Andreu was siþþe.' heȝe ilad iwis   105
To þe lond of Constantinople.' þer as he ȝut is
Swiþe glad þat lond is.' þat he euere þer com
In þisse manere seint Andreu.' þolede martirdom

A miracle of seint Andreu.' ful late her alonde
    Telle ich mot for heo [is] god.' ho so hire vnder-
    stond   110
A bischop while an holi man.' among holi halewen alle
Mest he louede seint Andreu.' so his hurte gan falle
Þe deuel for hate of seint Andreu.' hadde þerto gret onde
To bringe in synne þe gode man.' niȝt & day he gan fonde
So þat he turne a dai his forme.' as he gan biþenche   115
To þe forme of a fair womman.' for he is ful of wrenche
Fairere womman þan he bicom.' an vrþe nemai beo non
Wiþ noblei & prute ynou.' to þe bischop he gan gon
Sire heo seide þe heȝe kyng.' sauue þi dignete
& holde þi state in honur.' & ȝyue me grace to þe   120
Fram furrene londe ich am icome.' for[to] speke in priueite
Wiþ þe of mi soule neode.' if þu woldest schryue me
f. 176ᵇ ¶ Damoisele þe bischop seide.' ich habbe a penancer

---

93 was] wex A J   100–1] *written in reverse order but marked for
order as given* H ; *order as originally written in* H A ; *as corrected in* H J
104 sende] kende A ; wente J   105 heȝe] holliche A ; heiliche J
109 *margin*] Miracula   110 [is]] *om.* H   121 [to]] *om.* H

Þat mai þe schryue wiþoute me꞉ for he bad mi poer
A sire merci quaþ þis oþer꞉ mi synne is so priue   125
Þat myn hurte hit nele for noþing꞉ schowe noman bote þe
Bi bischops ich com meni on꞉ as ich hiderward wende
Ac y nespac wiþ noman for ich wot꞉ þat God me hider
    sende
Depardeus if mi Louerd hit wole꞉ quaþ þis holi man
Com & ich wole þurf oure Louerdes grace꞉ consaille þe
    [as] ich can   130
¶ Sire quaþ þis false maide꞉ ich crie þe milce & ore
For care & deol þat ich am on꞉ ich wilny moche þi lore
For as mi fader vnder God꞉ myn schrift telle ich þe mai
Þat ich habbe clene lyf ilad꞉ euere ȝut to þis day
A kynges douȝter ich am iwis꞉ & al mi fader lyf   135
Þerfore mi fader me wolde make꞉ an heȝ manes wyf
& God ich take to witnisse꞉ þat ich þat do nolde
Ne leose mi clene maidenhod꞉ for al þe wordles golde
I nemiȝte no lyf habbe of mi fader꞉ bote ich dude his wille
Ac þo ich ihurde of þi godnisse꞉ fram him ich stal wel
    stille   140
To þe þat schalt vnder God꞉ consailli me of mi lyue
So as such a clene þing mot to oþer do꞉ whan neode him
    wole todryue
Nou liþer þrift vpon hire clannisse꞉ & hire maidenhod also
Wel felliche heo hire biþoȝte꞉ to make þe gode man misdo
Whanne wolde hit hire bicome꞉ to beo so god & clene 145
Nou sorewe & sor vpe hire꞉ forte ich hire bymene
¶ Þis holi man hadde ioye꞉ of þe schrewes speche
Dameisele he seide God hit leoue꞉ þat ich mote þe som
    god teche
Þu schalt bileue atte mete꞉ & siþþe me schal þe rede
Þat nere noȝt to þin onur꞉ þis liþere maide sede   150
For so wickede þe wordle is nou꞉ & men of liþere mod
Þat me nolde wel raþere þenche꞉ þe liþere þan þe god
Of non vuel quaþ þe bischop꞉ neschal noman ous doute

124 he bad] he haþ A; ich ȝaf him J   130 [as]] *om.* H; *given*
A J   137 nolde] *also written and deleted before* do H   144
felliche] febliche A; folliche J   146 hire] þol *add.* A J   152
nolde] wole A J

For mi meyne schal serui ous.' & stonde ous aboute
Þis bischop nom þis false maide.' & riȝt bi him sette   155
Al prest his men aboute.' mete & drinke hem fette
¶ Þis bischop bihuld þis liþere [þing] ofte.' as heo sat him neȝ
Þat neuere a so fair creature.' him þoȝte he neseȝ
So longe þat he turned his þoȝt.' & vpe hire his hurte caste
Þat he þoȝte do folie.' bi hire atte laste   160
Þe liþere þing him makede also.' fol semblant ynouȝ
Þermide as me ofte mai.' to liþer þoȝt heo him drouȝ

A. f. 201^a

Seint Andreu þat he louede.' nolde him noȝt vorȝite
Fram heuene he aliȝt adoun.' fram sunne him to wite
Ate biscopes ȝate he com.' & bed þe porter to him
    wende   165
He escte wiþ wam he wolde speke.' & ho him þuder sende

f. 201^b

A seli pilgrim he sede icham.' wiþ þe biscop ich haue to
    done
Þe porter sede þe biscop fore.' & dude is erande sone
Let him in quaþ þe biscop.' ȝif he wole speke wiþ me
Sire mercy quaþ þis maide.' þat nefalleþ noȝt to þe   170
Strange men come up þi mete.' bote þou wite wat hi be
Vor gilours þat so vele beþ.' as me mai al dai ise
Ac escche him verst a good demaunde.' þat be al wel
    biþoȝt
Ȝif he ansuereþ wel.' riȝt it is þat he [be] in ibroȝt
Wel seistou þe biscop sede.' & alle is men also   175
Lokeþ nou among ous alle.' ho schal þe demaunde do
Non of alle it nolde do.' & sede hi ne coupe noȝt
& seide þat þe maide moste.' vor heo was queintest of þoȝt
Þat nere noȝt quaþ þe screwe.' vor inam bote a womman
& ȝif my lord þe biscop wole.' ich wole escche as ich can 180
Esche him wuche is þe meste wonder.' þat þe kyng of alle
    kynge
Our Lord euere an erþe dude.' in a lutel þinge
Þo hi hurde þis demaunde.' þer nas so good clerc non

---

156 aboute] anon A; ynou J   157 [þing]] *om.* H; *given* AJ
158] *written at foot of page* H   162] *Between ff.* 176^b *and* 177^a,
one folio (80 *lines*) *is missing* H; *the rest of the legend is from A col-*
lated with J   170 maide] luþer best J   171 hi] *written above*
þou *deleted* A   174 [be]] *om.* A; *given* J   178 queintest] so
quinte J   182 dude] wroȝte J

þat couþe þerto ȝeue an ansuere· hem wondred echon
Þe porter escte þe pilgrim· ate ȝate as he stod 185
Ȝe quaþ he me may fel wel· þerto ȝeue ansuere good
Þe meste wonder in a lutel þing· þat God þoru is grace
Euere here an erþe makede· it was in mannes face
Vor among alle þe men þat euere were· & euere schulle be
Nas ones face iliche anoþer· as me mai al dai ise 190
Þe porter eode & tolde fore· wat þe pilgrim sede
Þer nas non þat þe ansuere ihurde· þat nas in wonder &
    drede
& him het bringe in· to wite more of is lore
Abid sire quaþ þe deuel· let him erst telle more
Wen ȝe habbeþ more of him· ȝe mowe him in bringe 195
A straunger demaunde ich wole him make· & of strengore
    þinge
Escce in wuche stude erþe· heiere þen heuene be
Þer nas non þat couþe· ansuere þerto ise
Ac [ȝif] hi of þe verste demaunde· in gret wonder were
Such twenti wonder hem poȝte· of þe latere þere 200
Þe porter escte þe pilgrim· as he stod wiþþoute
Ȝe quaþ he of þis ansuere· inabbe none doute .
Þo God was an erþe man· erþe he was inouȝ
To heuene seþþe in is monhede· erþe wiþ him drouȝ
& þer as he is in is trone· aboue þe heuene he is 205
Þer is erþe in is manhede· heiere þen heuene iwis   f. 202ᵃ
Þis porter eode & tolde uore· þis ansuere anon
Hi sete alle as hi gidi were· in gret wonder echon
Parde quaþ þis luþer best· ȝut ȝe scholle to him sende
Þe þridde demaunde he schal ous telle· & seþþe let him
    in wende 210
Bid him þat he ous telle· þis þing wiþþoute gile
Hou muche is bitwene heuene & erþe· & hou mony myle
Nou wo worþe is pol so wis· & sorwe him come to
Ichot þer nys non of ȝou· þat couþe aposy so
Þe porter escte þis demaunde· þo he to þe ȝate wende 215

190 me . . . dai] echman mai J   192 nas in] nadde J   194
him erst telle] arst esche him J   195 more] yfondeþ add. J
196 make] esche J   198 non] of hom add. J   199 [ȝif]] om. A;
given J   demaunde] eschinge J   200 latere] þemande add. J
202 inabbe] ȝut ne stond me J   211 þis] o add. J

Escce of him sulf quaþ þis oþer.' þat þe huder sende
Vor he it met þo he vel.' fram heuene to helle
Wiþ Lucifer & oþer deueles.' he may þe bet telle
Queynte was þe escere.' þat so queinte vnderstod
Ac queintore was þe answeriare.' þat is answere was so
   good   220
Þe porter sede is erande.' þat þe pilgrim hem sende
Þo þe deuel ihurde þis.' adeuelwei he wende
Þo non nuste war he bicom.' þe biscop him biþoȝte
Þat it þe deuel was.' & in fol þoȝt him broȝte
& þat som mon com fram God.' & ate ȝate was þere 225
Wepynge he het is men.' loke ho it were
Ac þo hi come to þe ȝate.' hi nemiȝte him noȝt ise
Wo was þe biscop þat he nuste.' ho it hadde ibe
Crienge he was nyȝt & day.' in orisons wel stille
Þat God him scewede ho it were.' ȝif it were is wille 230
So þat him com a toknynge.' as he hurde grede
Þat þe womman þe deuel was.' to vonde him of mysdede
& þe pilgrim was seint Andreu.' þat vor him þuder
   wende
To disturby him of þe deuel.' þat he flesliche him neschende
Þe biscop cride God mercy.' & clene lif after ladde 235
& seruede þo seint Andreu.' betere þen he euere hadde
Nou bidde we seint Andreu.' þat he ous so wisse
& bidde uor ous þat we come.' to heuene blisse

[S eyn Nycholas þe holi mon.' þat good confessour was
Icome he was of heie men.' in þe cite of Patras
Vor in Patras he was ibore.' inele noȝt þer of lye
His fader was Ion icleped.' is moder Epihanie]

f. 177ª Þe furste dai þat he was ibore.' þe child þat was so god 5
Ac hit was in a mele ibaþed.' alone vpriȝt hit stod
As sone as he was ek ibore.' he bigan beo god & clene
No Fridai he nolde ne Wendesdai.' soke bote ene

---

217 þo he vel] wel.' for he fel J   220 is answere was] ȝef ansuer J
229 Crienge he was] He cride J   231 as . . . grede] as he so ȝerne
cride J   232 to . . . mysdede] þat sat þere be his side J   234
To . . . deuel] To deliueri him J   flesliche] volliche J
    Nicholas. 1–4] missing H; text from A   6 Ac] As A J

¶ Þo he nemi3te go nespeke꞉ as me si3þ children do
Þo he was sippe of grettere elde꞉ to scole he was iset   10
¶ Þo he was sippe of grettere elde꞉ to scole he was iset
   He gan to lurni wel ynou꞉ me nuste no child bet
   Sippe þo he more wit coupe꞉ al his studie he toc
   To godspelles & oþer holi writtes꞉ & alle oþer bokes forsoc
   So clene lyf he ladde 3ung꞉ þat deynte hit was to wite   15
   More godnisse nemi3te beo꞉ þan me fyndeþ of him iwrite
¶ After his fader deþ & his moder꞉ þis holi man Nicholas
   Wel lute tolde of al here god꞉ for he here eir was
   Pore men he 3af hit clene꞉ wharso he se3 neode
   Whan hi nolde bidde him non꞉ stilleliche he wolde hem
      beode   20
¶ An he3 man þer was þer biside꞉ þat sippe þurf liþer cas
   Þat al his god hadde ilore꞉ & in gret pouerte was
   Þreo dou3tren he hauede꞉ gode ynou & clene also
   In gret meseise hi were ibro3t꞉ þat hi nuste what do
   Þo hi nuste hou best libbe꞉ þo here god was bynome   25
   Here red hi nome alle þreo꞉ fole wimmen to bicome
   & raþer þan hi in honger were꞉ libbe in hordom
   Þo þe olde man here seli fader꞉ gret deol to him nom
   Gret reuþe hadde in his hurte꞉ þe gode seint Nicholas
¶ Þo he hurde of þe deol꞉ þat among hem was   30
   Of his fader god a ni3t꞉ a weg of golde he nom
   In a clout wel stilleliche꞉ & to here house he com
   To a durne wyndowe stilleliche꞉ softe he gan gon
   He caste in þat gold priueiliche꞉ & wende out anon
¶ Þis hosebonde aros amorwe꞉ & herof nuste no3t   35
   He com & fond þe weg of gold꞉ þat þe gode man hadde
      ibro3t
   Þerof he was glad ynou꞉ he nuste ho hit him bro3te
   He þonkede 3urne Iesu꞉ þat on his meseise þo3te
   Þerwiþ he conseillede꞉ his vlþere dou3ter sone
   He þonkede God wiþ gode hurte꞉ þat hadde ihurde his
      bone   40

10 pleyinge & gameninge] plei & raginge J   19 wharso] -so *above line*
H   22 *margin*] Miraculum   22] In pouert & gret meschef:
wonderliche Iualle was A ; His god was alto no3t ago & al apouereþ
he was J   25-26] *written in reverse order but marked for order given
above* H ; *order as originally given in* H A J   31, 36, 44, 54 weg] bei J

¶ Seint Nicholas herof ihurde. & napeles ȝut he poȝte
  Þat þis seli man gret neode hadde. þat more god me him
      broȝte
  A niȝt he lokede his tyme wel. as oure Louerd hit wolde
  & atte fenestre caste in eft. anoþer weg of golde

f. 177ᵇ Þis hosebonde amorwe aros. þe gold he fond sone   45
  He þonkede God mid gode hurte. þat ihurd hadde his
      bone
  & napeles him wondrede moche. ho so his freond were
  & poȝte þat he wolde awaiti. if he come more þere

¶ He consaillede his oþer douȝter. swiþe wel wiþ golde
  Wiþ gret noblei & brudale. as oure Louerd hit wolde   50

¶ Þo poȝte þe gode Nicholas. þo þis was al ido
  Þat god hit were to consailli. þe þridde after þe tuo
  A niȝt he wende stilleliche. to þis fenestre eftsone
  & caste in a weg of golde. as he was iwoned to done

¶ Þis hosebonde hadde iwaked longe. to awaiti þis cas   55
  Þo þat þe gode man com. wakinge he was
  Vp he sturte & suede him. & huld him bihynde faste
  He nelet him noȝt go. forte he was iknowe atte laste

¶ Seint Nicholas ȝurne bad. þat he noman for ne sede
  Þe while he alyue were. of þis priuei dede   60
  Wiþ þis gold þe þridde douȝter. wel iconseilled was
  & alle þreo were gode wyues. þurf seint Nicholas

¶ Seint Nicholas in þisse manere. as ich ȝou habbe ised
  Bisette al his heritage. þo his fader was ded
  Whan oþer men ȝeode to pleye. he nadde þerto no wille 65
  At churche he wolde in an hurne. hi[s] bedes bidde wel
      stille

¶ Hit biful þat þe bischop. of Mirree was ded
  Þat folc com to chuse anoþer. & þerof nome here red
  So þat hi were in here bedes. niȝt & dai wel faste
  Þat God hem send a god man. & he hem ihurde atte
      laste   70
  For a niȝt þer com a voiȝ. as hit were in metinge
  To a bischop þat was maister. of þe cheosinge
  Goþ hit seide to morwe sone. to churche er hit dai beo

57 huld] hente J   63] Þus s. Nicholas as god him ȝaf þen red A
66 hi[s]] s om. H

& þe furste man þat ȝe mowe.' in þe churche iseo
& þat hote Nicholas.' takeþ him wel sone   75
And makeþ him bischop of Mirre.' for God haþ ihurde
  ȝoure bone
¶ Þis bischop & þis oþer folc.' arise er hit dai were
  & come to churche & Nicholas.' sone fonde þere
In an hurne priueiliche.' hi eschte what he was
& what were his name þo.' he seide Nicholas   80
¶ Hi nome & ladde him heȝliche.' to þe churche of Mirre
& sacrede him to bischop sone.' & sette him on his ce
Þo he was heȝ man ymaked.' þis holi man Nicholas
More boxom was & mylde.' þan he euere was
Lute prute he hadde.' þat men him wolde aloute   85 f. 178ª
& if hit nere for eye of God.' him were leouere wiþoute
So prest he was to alle men.' þat to him bede & cride
Þat such miracle oure Louerd for him dude.' þat me spac
  of wide
¶ A gret hep of men o tyme.' in to þe see wende
In a schip to do here neode.' if oure Louerd hem grace
  sende   90
So þat þer com a gret tempest.' þat hi wende alle adrenche
Hi bihete God al þe godnisse.' þat hi miȝte on þenche
So þat hi þoȝte as here schip.' toward grounde was
Of þe godnisse þat me spac.' of þe bischop Nicholas
¶ Leoue louerd Nicholas.' wel loude echone cride   95
If hit is soþ þat me haþ.' of þe ispeke wide
In þis peryl sauue ous.' er oure schip adrenche
Louerd Nicholas sauue ous.' þat we her ne senche
As hi gradde þus hi seȝe come.' vp of þe water biside
A bischop in an abyt suiþe fair.' on him suiþe hi cride 100
¶ Lo me her quaþ þis holi man.' ȝe clipeþ me her so faste
Siggeþ me what ȝoure wille beo.' & wharof ȝe beoþ
  agaste
Louerd hi seide Nicholas.' if hit beo þi wille
Sauue ous her in þis tempest.' þat we her ne spille
Ne þore ȝe quaþ þis holi man.' herof noþing drede   105

81–82] *om.* A   85 hadde] of poer & *add.* J   89 *margin*]
Miraculum   97 er oure schip] þat we here ne J   98 we]
written wer *with* r *erased* H; oure scip AJ   her] *om.* AJ

Þat weder him was stille ynouȝ·/ þo he þis word sede
Hi bihulde after þis gode man·/ hi nuste whar he was
Hi þonkede moche Iesu Crist·/ & þe bischop Nicholas
Þane wei murie & stilleliche·/ toward þe lond hi nome
¶ Wiþoute tempest & wiþ glade hurte·/ to þe londe hi
    come   110
Echone hi dude him forþ anon·/ to þe bischop Nicholas
Þat hi neuere neseȝ er·/ ne wiste which he was
Hi stode & bihulde him faste·/ & þo hi to þis gode man
    come
To soþe hi seȝe þat hit was he·/ þat þe deþ him bynome
Louerd hi seide ihered þu beo·/ to þe we gradde blyue 115
Anoueward þe see þu come to ous·/ & brouȝtest ous to lyue
Ihered beo þe tyme þat þu most·/ an vrþe among men beo
For suche grace naþ non vrþlich man·/ as me mai of þe iseo
Þis gode man þo he hurde þis·/ þonkede & herede also
Oure Louerd þat wolde for his loue·/ such fair miracle
    do   120
¶ Hit biful anoþer tyme·/ of þe bischop Nicholas
Þat gret hunger al aboute·/ in his bischopriche was
So fulle þe ȝeres menye·/ þat no corn þer nas
Gret deol hadde þis bischop·/ of þis liþere cas

Fram ffurrene þer come schipes·/ wiþ corne þer biside 125
Þe bischop wende aȝen hem anon·/ & bad hem a stounde
    abide
For þe loue of Iesu Crist·/ leneþ me he sede
An hondred quarters of þe corn·/ þat ȝe doþ þer lede
To þis seli men þat beoþ neȝ·/ her for honger dede
Þat nabbeþ no corn to libbe bi·/ to brede ne to sede   130
Certes sire quaþ þis schipmen·/ þat neþore we do noȝt
For al þis corn þat þu sixt·/ þat we habbeþ ibrouȝt
Mid swiþe scars met mid alle·/ itake hit is ous echone
For to lede to þemperour·/ we neþore þerof make no lone
Saunȝ faille quaþ þis gode man·/ nedrede ȝe þerof noȝt 135
Þat if ȝe me wolleþ þerof lene·/ þat ȝou neschal failli noȝt
For þat fulle ȝe schulle take vp·/ þat me tok ȝou to lede

106 ynouȝ] anon J   113 Hi stode] Ech stod AJ   121
margin] Miraculum   125 wiþ] moche *add.* J   136 failli] lakki
J   137 take] ȝelden J

Ʒou neschal failli of ʒoure met⸵ noʒt a strawes brede

¶ Þis schipmen vpe trist of þis word⸵ wel largeliche him
    mete

    & toke þe bischop wel ymete⸵ an hondred quarters of
    whete   140

    Hi wende forþ to þemperour⸵ & þis corn him ladde

    & bede þe steward mete wel⸵ forte he þat fulle hadde

    Hi mete & fonde al þat fulle⸵ & wel more þerto

    For wonder hi eschte þe schipmen⸵ whi hit wexe so

¶ Seint Nicholas hi þonkede þo⸵ þat he his neode to hem
    mende   145

    & tolde anon þemperour⸵ hou moche corn hi him lende

    & hou he seide þat hit nescho[l]de⸵ for him wanye noʒt

    & hou hi hadde bi large met⸵ wel þe more ibroʒt

¶ Þis gode bischop hi herede swiþe⸵ & þonkede also

    Þat hadde þurf oure Louerdes grace⸵ such miracle ido 150

    Al þe contrai hadde ynou⸵ to mete & to sede

    Tuo ʒer & more of þis corn⸵ þat hi gonne þider lede

    Nou was he god borʒ ʒulde⸵ were alle men so gode

    As god men were lene as sulle⸵ ho so hit vnderstode

Seint Nicholas anoþer tyme⸵ bi a fair treo com   155
He fond þer men þat dude þing⸵ aʒen here Cristendom

    Hi stoden þer as hi ofte dude⸵ & dude here sacrefise

    To þe deuel vnder þis treo⸵ þat men miʒte agrise

    Seint Nicholas hem turnde anon⸵ gode men forto beo

    & makede hem bileue þe deueles lore⸵ & hewe adoun þe
    treo   160

    Þe deuel after þulke tyme⸵ to him hadde gret onde

    Forto alegge his poer⸵ in ech maner he gan fonde

Pelegrims þat were in þe see⸵ to seint Nicholas to wende
For godnisse þat hi of him ihurde⸵ if God hem wolde
    þider sende

    In forme of a fair womman⸵ þe deuel hem com to   165 f. 179ᵃ

    Louerdlinges heo seide wel is ʒou⸵ þat ʒe mowe ʒoure
    wille do

    For to siche þis holi man⸵ þat so milceful is & hende

---

147 seide] bihet AJ   nescho[l]de] l *om.* H   149 also] god
also A ; moche also J   153 borʒ ʒulde] ʒen ʒeld A   155 *margin*]
Miraculum   163 *margin*] Miraculum

Leouere me were þan eni þing.ʾ miȝte ich wiþ ȝou wende
For noþing y ne wilny more.ʾ þan þan holi man to seo
Ac doþ for me a lutel þing.ʾ whan hit nemai non oþer
    beo   170
Nymeþ her þis gode oignement.ʾ þat precious is mid alle
& whan ȝe comeþ to his churche.ʾ smyrieþ þerwiþ eche
    walle
To onure þis gode man.ʾ þat is of so gret pouste
& y nemai to him come.ʾ doþ þat in munde of me
¶ Þis pelegrims mid gode hurte.ʾ þat oignement to hem
    nome   175
To smyrie wiþ þis holi churche.ʾ whan hi þuder come
As hi wende forþ in þe see.ʾ sone hit gan bifalle
Þat þer com to hem a swiþe fair schip.ʾ wiþ noble meyne
    mid alle
A bischop þer was among hem.ʾ swiþe fair man & hende
He grette hem faire & eschte anon.ʾ whower hi wolde
    wende   180
Hi seide þat hi þoȝte wende.ʾ if hit Godes wille were
To þe cite of Mirre.ʾ to þe holi bischop þere
Ho was quaþ þe bischop.ʾ þe womman þat ȝou com to
What was þat heo tok ȝou.ʾ & what scholde ȝe þerwiþ do
¶ Sire hit is an oignement.ʾ þis pelegri[m]s sede   185
Þat þe gode womman ous bad.ʾ to þe holi bischop lede
Þerwiþ in munde of hire.ʾ whan hit were þider ibroȝt
Smyrie þe holi churche wowes.ʾ þat we ne bileuede hit noȝt
¶ Ȝe ȝe quaþ þis holi man.ʾ ȝe nute noȝt what was heo
Schowieþ me þe oignement.ʾ & ȝe schulle somdel iseo   190
Þis gode man þis oignement.ʾ amidde þe see caste
Þe water bigan to berne anon.ʾ aȝen his cunde faste
Fram stede to stede þat fur orn.ʾ & þat water brende also
[Nou luþer þrift on hire heued: þat þis oygnement ȝou
    broȝte to]
Þe liþere deuel of helle hit was he seide.ʾ þat hit tok ȝou
    wiþ honde   195

180 whower] wider A J   185 pelegri[m]s] m *om.* H   193
also] y wis J   194] *om.* H ; *written at bottom of page* A ; Here ȝe
seþ quaþ þe bischop what ȝoure oignement is J   194] *couplet
add.* J : Hadde ȝe eny þing þerof on þe cherche wal ido / Al þe cherche
hit hadde forbrent & al þe toun also   195 he seide] *om.* A J

Forto berne þulke churche·/ for he haþ þerto onde

¶ Þe bischop wende forþ anon·/ þurf oure Louerdes sonde

Þe pelegrims rue þe nexte wei·/ so þat hi come to londe

To seint Nicholas hi wende anon·/ þat hi so wide soȝte

Anon þo hi seȝe þis gode man·/ hi stode in grete þoȝte 200

Hem þoȝte þat hit was þe bischop·/ þat in to þe see com

Þat schowede hem þe oignemen·/ & þe swikedom

¶ Louerd hi seide nou þin ore·/ more is þi poer

Þat we seȝe in þe see·/ er we come her

Hi herede moche þis holi man·/ as hit wel riȝt was 205

¶ Me þinȝþ þis is a fair miracle·/ of seint Nicholas

Fairere miracles an vrþe her·/ me neschal noȝt fynde iwrite f. 179^b

Þan me mai of seint Nicholas·/ ho so hit wolde wite

Liþere men werrede in a tyme·/ þemperour of Rome

& destruyde his londes faste·/ & bataille aȝen him nome 210

¶ Þemperour nom þe grete men·/ & oþere menion

To wende wiþ gret poer·/ to werre aȝen his fon

Þis þreo princes wiþ here men·/ in þe see forþ wende

To fiȝte aȝen here wiþerewynes·/ as þe emperour hem
    sende

So þat here schipes droue·/ as hit were bi cas 215

To þe contrai of Mirre·/ as þis bischop was

¶ Þe bischop ihurde of hem telle·/ he wende aȝen hem sone

& bad hem come & ete mid him·/ & hi grantede his bone

Þis gode man for hi nescholde·/ robberi non do

He makede hem swiþe wel at ese·/ & god semblant also 220

So þat þurf þis holi man·/ hi & here fon

Wiþoute dunt oþer blod ischad·/ acorded were anon

& al to þemperoures gode·/ & his onur also

Þis þreo maistres hamward wende·/ þo þis dede was ido

¶ Hi come & tolde þemperour·/ hou hi hadde on itake 225

Þemperour was þo wel apaid·/ & gret ioye to hem gan
    make

Here liþere felawes come sone·/ & hadde þerto enuie

& seide hi hadde þemperour·/ ido gret trecherie

& fol pays ymaked wiþ his fon·/ & mid gret felonie

202 þe oignemen] þe tricherie·/ of þe oygnement A   & þe] þeueles
add. J   208] Iblessed be þe tyme·/ þat he was ibore & biȝite A
213 forþ] þ written above line H

& in diserteisoun of þemperour." hi gonne vpe him þus lie 230

¶ Þemperour in grete wrappe." let hem nyme faste
& faste bounde alle þreo." & in stronge prisoun hem caste
So faste were þis liþere men." vpe þis maistres þreo
Þat þemperour swor hi oþ." aslawe scholden hi beo
Alle his knyȝtes he let somni." þat hi amorwe come   235
Þis þreo seli men to bringe." to deþe þurf his dome

¶ Þo þis teþinge was ibroȝt." to þis prisouns þreo
Hi wope & cride dulfulliche." þat reuþe hit was to seo
Louerd hi seide Nicholas." fram wham wel glade we ȝeode
& as wis as we gulteles beoþ." help ous at oure neode   240

¶ A niȝt as þemperour." lai as louerd & sire
In his paleis þat was so strong." ibarred al wiþ ire
To him bifore his bed riȝt." seint Nicholas com
What þenchestou he seide emperour." wiþ þi false dom
Whi hauestou gultelese men." in þi prisoun ibrouȝt   245
& þenchest hem sle gulteles." wiþdraȝ he seide þi þoȝt

f. 180ᵃ   And let hem out of prisoun go." & bring hem out of bende
Oþer ich wole mi Louerd bidde." þat he schal þe schende
What ertou quaþ þemperour." & of which pouste
Þat in such tyme þerst her come." in mi paleys to me   250
Such bolde wordes to speke." wonder me þinȝþ of þe
Ich am quaþ seint Nicholas." bischop of Mirre

¶ Seint Nicholas wende also." to þe Iustise
In þe paleys biside as he lai." & makede him sumdel agrise
Þu witles wrecche he seide." what hastou iþoȝt   255
Þat redest þat þis gode men gulteles." to deþe beo ibroȝt
Wiþdraȝ þi red ich rede anon." oþer þu schalt an vrþe
   fordwyne
& beo destruyd & al þi god." & deye in stronge pyne

¶ Whar ertou þis oþer seide." þat spext wordes so grete
Þat þemperoures heȝe Iustise." þerst þrete   260

238] *couplet add.* J: Hij ȝolle & hore clodes tere & hor her also / Hij
þoȝte on þe moche godnesse þat sein nicholas hadde ido   240]
couplet add. J: Ne lat ous neuer þus gultles to deþ ben ibroȝt / Þis
holi bischop nicholas ne forȝet hom riȝt noȝt   as wis as] as wis
as wis H   246 he seide] ich rede J   248] *couplet add.* J: Þer
inne þou schalt be alto boueþ & be ibroȝt of lif dawe / & foules scholle
& wilde bestes di caroyne alto draue   260 þerst þrete] þus
baldeliche dost (darst J) þrete AJ

Ich am he seide Nicholas· þe bischop of Mirre
Bote þu wiþdrawe þi red· sone þu schalt ileoue me
¶ Þemperour lai & quakede· & sende after his Iustise
Þat adrad was as sore as he· & quaked in his wise
Aiþer tolde oþer fore· hou he to him sende   265
& bad hem leue here folie· & hasteliche amende
& þretnede hem baldeliche· wherfore hi were in drede
& forto schulde him fram his wraþþe· anoþer hi moste rede
Þe prisouns hi lete nyme vp· & sone bifore hem lede
¶ Þis seli men were sore adrad· hi wende sone beo dede   270
To þe bischop Nicholas· reuliche hi gonne grede
& bede him wiþ god entente· hem to helpe & rede
Beaus amis quaþ þemperour· what maner men beo ȝe
Þat þus mid ȝoure enchantementȝ· anyȝt derieþ me
¶ A sire merci quaþ þis oþere· whi wole ȝe sigge so   275
We necouþe neuere of such þing· vpe God we woleþ hit do
Ac gultelese men we beoþ· & gulteles her ibroȝt
As wis God schulde ous fram þe deþ· as we nebeoþ gulti
   noȝt
Iknowe ȝe eni man he seide· þat hatte Nicholas
Þer nas non of hem þat wiþ þis word· in gret hope nas   280
¶ Here honden hi hulde vp anheȝ· & loude cride & gradde
To þe bischop Nicholas· þat he reuþe of hem hadde
Þurf him quaþ þis emperour· to lyue ȝe beoþ ido
Ich ȝou ȝyue lyf & lyme· & ȝoure chateaux also
To him wendeþ hasteliche· & telleþ him wel blyue   285
Hou þat ich for loue of him· lete ȝou go a lyue
Þe prisouns wende wiþ glade hurte· to þe bischop Nicholas   f. 180ᵇ
& þonkede him as hi wel auȝte· of þis ioyful cas
¶ Þo oure Louerdes wille was· þat he scholde hunne wende
Oure Louerd he bad þat he scholde· sum angles him
   sende   290
Þo he seȝ angles come· oure Louerd he þonkede faste
Þe þretteþe saume of þe sauter· he bigan atte laste
Louerd on þe ich haue ihoped· þat y ne confunded beo

266, 272] om. J   286] couplet add. J: Biddeþ him forȝiue me
his wraþþe · & for ȝou non harm me do / Ac þat he bidde god for me ·
& for my kingdom also   288] six lines add. J   292 margin]
In te domine … (part of text bound in) H

Bouȝ adoun þyn ere.ꞏ & delyure me

He deide atte sixte vers.ꞏ þat an Englisch to sigge is   295

Ich take mi soule in þin hond.ꞏ þu bouȝtest me Louerd iwis

¶ Þe soule mid þulke word.ꞏ þangles forþ bere

Al þe cumpaignye of heuene.ꞏ wel glad þerwiþ were

He deide þreo hondred ȝer.ꞏ & in þe þreo & fourteoþe ȝere

After þat God an vrþe com.ꞏ as þe boc ous doþ lere   300

In a tumbe of marbre he was ileid.ꞏ swiþe fair mid alle

Oelle out of þe harde marbre.ꞏ anon þer gan walle

Sike men þer gonne sone.ꞏ þicke þider wende

& smyreden hem þer wiþ.ꞏ & hole were attan ende

¶ In a tyme a Cristene man.ꞏ to a Gyw ȝeode   305

Forto borwi gold of him.ꞏ in his mochele neode

He nemiȝte fynde nanne borȝ.ꞏ ne wed nadde he non

Þe Gyw to seint Nicholas churche.ꞏ wiþ him he bad gon

Vpe seint Nicholas he swor.ꞏ at a certeyn day

So helpe him God & seint Nicholas.ꞏ as god forto pay   310

¶ Þe Gyw for seint Nicholas loue.ꞏ þis oþ noȝt forsok

Ac seint Nicholas to borwe nom.ꞏ & þis gold him tok

Ac þis liþere Cristene man.ꞏ þo hit com to his daye

Þis gold nolde ȝulde noȝt.ꞏ ac þoȝte þis Gyw bitraye

Þe Gyw com & eschte.ꞏ whan he hit ȝulde wolde   315

Þu false schrewe quaþ þis oþer.ꞏ nabbe ich hit iȝulde

¶ Þe Gyw seide nai & he ȝus.ꞏ & al hit was for noȝt

Þe Gyw him let somni.ꞏ þat he was to court ibroȝt

Ac þis liþere Cristene man.ꞏ þoȝte of false enginne

His staf he nom on his hond.ꞏ al iholed wiþinne   320

Þerinne he dude al þat gold.ꞏ þat he scholde þe Gyw ȝulde

& sleȝliche hit dutte.ꞏ þat me nescholde hit bymelde

Bifore þe baillif hi were ibroȝt.ꞏ þe Gyw & he boþe

He forsoc þe Gywes dette.ꞏ & was ido to his oþe

¶ Þo he scholde his oþ do.ꞏ he leide his hond vpon þe bok   325

Þe Gyw þe while for to holde.ꞏ his staf he bitok

---

296 *margin*] In manus tua[s] domine etc.   302 walle] ualle A ;
falle J   302] *couplet add.* J : A welle of oyle þer sprong out riȝt
ate hed anon / & ate fet a welle of watter of þe harde marbelston
304] *twelve lines add.* J   311 noȝt] *a word,* forsok (?), *erased before*
noȝt H   322 hit dutte] dude A ; him dude J   þat . . . bymelde]
þat non it parseiuede ne it velde A   324] So þat þoru Iugement:
he was iput to an oþe A

As moche gold as ich borwede·/ of þe Gyw þat her is
So helpe me God & seint Nicholas·/ ich tok him iwis
¶ Þis liþere man mid his false oþ·/ wel ileoued was
  & þis oþer for he was a Gyw·/ noþing ileoued nas   330
·& þu me hast bigyled quaþ þe Gyw·/ mid þi false cas
Ich chargi þi borȝ þat he ȝulde·/ þi louerd seint Nicholas
Þe Gyw wiþ wel sori chere·/ wende forþ anon
Þe false man nom his staf·/ & hamward gan gon
As he ȝeode hamward bi þe wei·/ to slepe he hadde gode
  wille   335
As tuei weyes togadere come·/ adoun he lai wel stille
¶ As he slep þis false man·/ a cart þer com gon
  & tobrusede his false bones·/ þat he deide anon
Þat o whel todaschte al his staf·/ as meni man isay
Þat gold schadde out al abrod·/ & amidde þe weye lay 340
¶ Þe Gyw þo he þis iseȝ·/ loude he gan to crie
  & þonkede seint Nicholas·/ þat schewede his tricherie
For þe miracle men him radde·/ Cristene forto beo
Certes ynelle quaþ þis oþer·/ er ich more iseo
Ac if God & seint Nicholas·/ wolde þis liþer manes lyf
  sende   345
Cristene ich wolde þanne beo·/ & serui hem to mi lyues
  ende
¶ Fram deþe to lyue þis false man·/ þurf seint Nicholas com
Anon so þe Gyw þis iseȝ·/ he wilnede Cristendom
  & bileouede on Iesu Crist·/ & god man euereft was
Þis me þinȝþ a fair miracle·/ of seint Nicholas   350
Her ȝe seoþ hou hit goþ bi men·/ þat wiþ gyle swerieþ
  iwis
Þeȝ he þurf gyle swerie soþ·/ iwis forswore he is
¶ A god man þer was in a tyme·/ þat longe was mid his wyue
Þat no child nemiȝte habbe·/ þat euere cam to lyue
To seint Nicholas ofte hi bede·/ a child hem to sende 355
  & bihete him if hit so were·/ to him forto wende

<hr />

328 him] it him A ; aȝen *add.* J   332 he] it me *add.* A ; me
add. J   344 ynelle] noȝt *add.* A J   352] *couplet add.* J : For
he wot wel þat þe oþer man ne entendeþ his þoȝt / Þerfore be echman
ywar & ne wony him þer to noȝt   353 *margin*] Miraculum
356] *couplet add.* J : & with him with a fair coupe · þat child lede sone /
To sein nicholas holi cherche · ȝif he herde his bone

¶ Seint Nicholas ihurde here bone⁏ for god he is & mylde
Hit biful þerafter sone⁏ þat his wyf was mid chylde
& brouȝte forþ a faire sone⁏ glad þis gode man was
He let ȝarki a fair coupe⁏ to seint Nicholas   360
So faire was þe coupe of golde⁏ þo heo was ȝaru iwrouȝt
& þis hosebonde heo was so leof⁏ þat he nolde leue hire
          noȝt
Ac athuld hire in his owe hous⁏ him silue þerof to drinke
Anoþer to seint Nicholas⁏ þe goldsmyth he let biswinke
¶ Þo þe coupe was ymaked⁏ to þe louerd seint Nicholas 365
He wiste hire wiþ gret drueri⁏ ac þoþer fairere was
f. 181ᵇ ¶ Þo his sone was wel iwexe⁏ & hadde strenȝþe & miȝte
To þe pelgrimage of seint Nicholas⁏ þis gode man him
          diȝte
& nom wiþ him his leoue sone⁏ & þe coupen beye
Þe furste þat him was so leof⁏ to serui him bi þe weye 370
Þoþer to ofri seint Nicholas⁏ whan hi þider come
Hi greiþede hem a Godes name⁏ & þe holi wei hi nome
¶ So þat hi come in þe see⁏ as hi þane wei wende
After water of þe see⁏ þis gode man his sone sende
Fech me he seide of þe water⁏ in myn owene coupe   375
Þat child dude his fader heste⁏ & to þe water gan stoupe
Þe coupe ful out of his hond⁏ & anon to grounde sonk
Þe child ful in afterward⁏ & in þe water adronk
Gret deol makede þis gode man⁏ þo he seȝ þis cas
Þat he nadde bote þat o child⁏ & he adronke was   380
Awei he seide þis dai abide⁏ leoue Louerd allas
Wel ich wot ich haue agult⁏ þe louerd seint Nicholas
Þat ich bynom him þe furste coupe⁏ Louerd what schal
          ich do
Þerfore ich habbe ilore nou mi child⁏ & þe coupe also
Seint Nicholas forȝif hit me⁏ & ynelle noȝt bileue iwis 385
Þat ynelle siche þe⁏ þeȝ me beo bifalle þis
¶ Þis gode man wende forþ⁏ in deol & sori þoȝt
Er he to seint Nicholas com⁏ he neturnde aȝe noȝt
Þo he to þe weued com⁏ þat he hadde wide isoȝt

360 to] to lede to (to *om.* J) A J   371 þider] to him A J   381
þis dai] þat ich schal þis dai A   386 þe] ȝut *add.* A; ȝut *after*
ynelle J   beo] *om.* A J   389 ff. weued] auter J

Þe coupe he offrede þerto.' þat he hadde þider ibroȝt 390
Þe coupe hipte anon aȝe.' he nolde astinte þere
Ac hipte into þe flor.' wreche as þeȝ hit were
Þis gode man hire nom vp.' & offrede hire eft þere
Eftsone heo hipte fram þe weued.' forþere þan heo dude
    ere
¶ Þo was þis gode man agrise.' & þoþere aboute also 395
Louerd he seide seint Nicholas[.'] ich haue þe moche misdo
Ich wolde offri þoþer coupe.' ac y nemai þerto come
Vnderfong þus if hit beo þi wille.' for þoþer me is bynome
Vnderfong þoþer of mi sone.' for þu wost wher he is
Let mi sone to þe offri þulke.' & let me offri þis 400
For no hope of his sones lyf.' þe gode man þis nesede
Ac for he scholde his soule helpe.' & þe whatlokere do
    what he bede
¶ Mid þis word þer com in.' his sone þat was adronke
    & bar þe coupe on his hond.' þat was mid him asonke
To þe weued he ȝeode & offrede.' to seint Nicholas 405
Wele Louerd þe grete ioye.' þat of þe miracle was
Gladliche þe fader & þe sone.' here offring vp bere   f. 182ᵃ
& wende hom wiþ grete ioye.' & leuede þe coupen þere
& herede moche seint Nicholas.' as hi wel auȝte iwis
Meni is þe faire miracle.' þat of seint Nicholas is 410
¶ A Gyw was while in a tyme.' þat ihurde meni o tale
Of þe miracles of seint Nicholas.' þat he dude so fale
So þeȝ he were a Gyw.' vpe him his hurte he caste
& honurede him ynouȝ.' & biþoȝte him atte laste
An ymage priueiliche he makede.' of seint Nicholas 415
& honurede hit in his hous.' þo hit ȝare was
¶ In a tyme hit biful.' þat he hadde to done
In þe contrai þeraboute.' to come aȝe wel sone
He nuste wham his god bitake.' forte he aȝe come
Seint Nicholas ymage he bad.' nyme þerto gode gome 420
Ich þe habbe he seide.' iloued ynouȝ.' do me some god
    þerfore
Wite mi god forte ich come.' þat hit ne beo forlore
For bi seint Nicholas þat ich louie.' if hit beo awei ibore

394 hipte] lep A   402 whatlokere do] raþer ihure A   411 was
while] þer was AJ

Whan ich come aȝe þu schalt· sore abigge þerfore
Þe Gyw wende forþ his wei· & tok al his god to wite 425
Þe ymage forte he come aȝe· as hit is iwrite
Siþþe hit biful þat liþere men· & þeoues þer come
& breke þis Gywes hous· & his god awei nome
Þo þe Gyw com hom aȝe· & miste al his god
Deol & sorewe he makede ynouȝ· & furde as he were
    wod 430
To þe ymage he wende anon· as heo bi þe walle stod
What he seide hastou ido· þu settest þin harm abrod
Ich toc þe to wite al þe god· þat God lente me
Nou hit is ibore awei· & al ich hit wite þe
Whan ich triste so moche to þe· [& þu nost do my
    bone] 435
Bi riȝte lawe as ich bihet þe· þu schalt abugge sone
Whan þu ȝolde mi godhede· so vuele atte laste
Harde scourgen he nom· & þis ymage beot faste
Þat grete pieces wende awei· he furde as he were wod
& euere he bad þe seli treo· ȝulde hom his god 440
¶ Seint Nicholas þerafter sone· to þe þeues wende
& al towonded & al todrawe· as þe Gyw þe ymage rende
To soþe ich sigge ȝe schulle honge· bote ȝe hit aȝen lede
For ȝe schulle sum mid me· abugge ȝoure misdede
Þo were þe þeoues sore adrad· hi nome sone to rede 445
And brouȝte aȝe þe Gywes god· hi neþerfte noȝt elles for
    drede

f. 182ᵇ & were iknowe of al here gult· & þe miracle him sede
Hou seint Nicholas to hem com· wiþ sides blodrede
¶ Þe þeoues & þe Gyw ȝurne· seint Nicholas þo bede
Forȝyuenisse of þat & nolde· neuere do to quede 450
& þe þeoues bicome true men· & nestole neuereft more
& þe Gyw him let cristni anon· & turnde al to Godes lore

424 sore . . . þerfore] abugge: bi þe oþ ichabbe iswore A J 432
What he seide] Sei he sede wat A J 434] *couplet add.* J: Whan
ichit tok in þin warde · & þou were of pouerte / to wite hit wel ȝif þu
wost þerfore þou have maugre 435 [& . . . bone]] þu schalt
abugge sone H, *see l.* 436; *as given* A J 436] *written at foot of page
but marked for insertion here* H 437 godhede] god dede J 442]
4 lines add. J 449] To s. Nicholas & to þe giw: þe þeues ȝerne
bede A 452] *couplet add.* J: & eueft more euerichon loueþe seyn
nicholas / Me þingþ þis among al oþere · a fair miracle was

¶ Anoþer tyme a god man was· þat hadde a clerk to sone
For loue of him he wolde eche ʒer· a seint Nicholas dai bi
 wone
Of meni clerkes holde feste· & seint Nicholas also   455
Wiþ offring & feste [at] churche· gret honur to do
Þe deuel hadde þerto gre[t] onde· a dai he com þere
A seint Nicholas dai to mete· as hit a beggere were
& bad for seint Nicholas loue· sum god þat me him ʒeue
Anon so þe child him þer wiste· he nolde ne leng bileue 460
Ac bred he nom in his hond· þe schrewe forto bede
Ac þo he com toward þe ʒete· þe schrewe aweiward ʒeode
Þe child ʒeode euere after him· to ʒyue him of þe brede
Ac he ʒeode euere forþ as hit were· aweiward him to
 lede
& þo he com into a durne stede· he turnde him atte
 laste   465
As hit were to nyme his bred· ac anon he nom wel faste
Þe child bi þe seli þrote· & astranglede him anon
Þe child lai þer & deide sone· & þe schrewe gan forþ gon
¶ Þe gode man þo he miste his sone· he soʒte him wel wide
Ac þo he fond him ligge aslawe· dulfulliche he cride 470
Louerd he seide seint Nicholas· ich bidde þe milce & ore
Honured ich haue þe meni o dai· & ʒut ich þenche more
& for enchesoun of mi sone· þe more & for his lore
& þu me sendest ioye of him· & schuldest me fram sore
Whi ʒuldestou mi while þus· louerd whi dostou so 475
Seint Nicholas hou miʒtou þus· [for] reuþe bi me do
ʒif me ioye of mi child· þat ich him mote alyue iseo
& ich bihote God to serui· & god man for to beo
¶ As he was þus in his bedes· þat child aros vp alone
& herede God & seint Nicholas· among hem echone 480
Þat him hadde lyf isend· for his fader bone þer
& tolde him hou þe deuel· him hadde astrangled er
For as moche as he honurede· so seint Nicholas
Þis me þinʒþ as meni oþer· a fair miracle was
¶ Nou God þat for seint Nicholas[·] such miracle hast ido 485

453 *margin*] Miraculum   456 [at]] & H; at AJ   457 gre[t]]
gred H; *om*. AJ   472 þenche] hopie AJ   476 [for]] þe H; for AJ
478 God . . . beo] him to þi seruice: þat he schal goodmon beo AJ

Schuld ous fram þe pyne of helle:/ & fram dedlich synne
also   Amen

f. 183ᵃ Seinte Lucie þe holi maide:/ in Cisille was ibore
    Wel ȝung heo gan to serui God:/ & bileuede synne
      & hore
Dame Eutice hire moder het:/ þat hire to womman brouȝte
Of such a child wel glad heo was:/ as heo wel ouȝte
¶ So þat hire moder cam an vuel:/ swiþe greuous & longe 5
For four ȝer heo hadde mid grete pyne:/ þe meneisoun
    stronge
In fisiciens heo hadde ispend:/ mochedel of hire gode
Ac þer nas non þat miȝte hire hele:/ þat heo ne bledde blod
So þat wel wide in þe lond:/ me tolde of seint Agace
Of miracles þat at hire schryne:/ come þurf Godes grace 10
In þe cite of Attenes:/ þer þis holi womman lay
Þat folc wende þider þicke:/ boþe niȝ[t] & day
Bi meni þousend togadere:/ of eche lond aboute
¶ Þo seinte Lucie iseȝ aldai:/ of folc so gret route
Moder heo seide þu hauest an vuel:/ swiþe greuous mid
    alle   15
& we hureþ aldai miracles:/ of seint Agace falle
Go we forþ þider mid oþere:/ to þe holie seint Agace
& þu schalt þer to hele come:/ þurf oure Louerdes grace
¶ Nou was Lucie stilleliche:/ iturnd to Cristendom
Ac hire moder heþene was:/ & al þat folc þat heo of com 20
To an heþene man Lucie was:/ iwedded in ȝunghede
Ac naþeles clene maide he wa[s]:/ wiþoute ech fol dede
Hire moder heo nom stilleliche:/ & mid oþer forþ wende
To þe tumbe of seint Agace:/ hire moder lyf to amende
Þo hi were þider icome:/ hi leuede a stounde þere   25
& hurde þe masse þer a dai:/ wiþ oþere þat þer were
So þat þe godspel was a dai:/ as Lucie vnderstod
Of a womman þat while hadde:/ þe meneisoun of blod
& com & tuochede þe lappe:/ of oure Louerdes cloþ ene
As he wende in grete presse:/ & was hol anon & clene 30

Lucy. 6 þe meneisoun] blodi mesison A; of blod *add.* J   7
fisiciens] *first* s *written over* c H   12 niȝ[t]] t *om.* H   21
heþene] hei A   22 wa[s]] s *om.* H

¶ Leoue moder quaþ Lucie.' if þu leouest in Holi Churche
& þe wordes of þe godspel.' & wolt þerafter wurche
Þurf tuochinge of seint Agace tumbe.' þu worst hol anon
As þe womman was þurf oure Louerd.' þat after him gan
   gon
Þo þat folc was al iwend.' seinte Lucie com   35
To seinte Agace holi tumbe.' & hire moder wiþ hire nom
Þer hi leye in here bedes.' hi nolde þanne gon
So þat Lucie þis maide.' worþ aslepe anon
Þat holi maide seint Agace.' fram heuene to hire aliȝte
Wiþ gret cumpaignie of angles.' hire croune schynde
   briȝte   40
Lucie heo seide leoue soster.' whi trauaillestou so   f. 183ᵇ
Whi biddestou me so ȝurne þing.' þat þu þe silue miȝt do
Þi bileue þat is so god.' helpeþ þi moder iwis
Anon þurf þe & þi godnisse.' þi moder iheled is
& also as þis cite.' is moche ihered þurf me   45
Also schal þi contrai.' beo ihered þurf þe
¶ Þo seinte Lucie awok.' heo gan to quake sore
Moder heo seide þu ert hol.' þe neþer drede namore
For þe loue of þe holi maide.' þat þe haþ to hele ibroȝt
Ne fonde þu neuere to bringe me.' of mi clene þoȝt   50
Ne let neuere mi spouse in folie.' mi maidenhod aspille
Ne let me noȝt leose þe longe lyf.' for a lute fol wille
Ac al þat þu igranted hast.' to mi spouse ȝyue mid me
Let me hit ȝyue pore men.' moder ich bidde þe
¶ Þe moder þo heo hol was.' god womman heo bicom   55
& þe douȝter þurf þe moder wille.' al hire god nom
& delde among pore men.' while hit ilaste oȝt
To him þat hire spouse was.' þe teþinge was ibroȝt
¶ To seinte Lucie norice he wende.' & eschte hire faste
What Lucie were so on bicome.' hire god awei to caste 60
& whi heo dude hit so awei.' & whoder heo dude hit bere
Þe norice queynteliche.' ȝaf þerof answere
& seide to sulle heo haþ ifounde.' dureworþe þing iwis
Þat is such a þousend worþ.' as al hire þing is

46] couplet add. J: For þi clene maidenhod & for þin holi lif y wis /
þi wonyng is ȝare y mad wit ous in heuen blis   52 lute] scort AJ
62 þerof] him þerto A; him þerof J

Þe beste cheffare hit is ibou3t꞉ þat euere man to drou3 65
Woldestou entri þerinne in part꞉ þu were riche ynou3
Þe cheffare was heueneriche꞉ þat þis maide hadde ibou3t
Þoþer wondrede of þanswere꞉ & stod in gret þo3t
So þat þoþer vnder3at꞉ þat heo Cristine was
In grete wraþþe he tolde fore꞉ þe Iustice þat het Pascas 70
¶ Lucie was wel sone ifet꞉ & tofore þe iustise ibro3t
Maide seide þe iustise꞉ what hastou iþo3t
Bilef he seide þi folie꞉ ich rede in alle wise
& to oure godes as ri3t is꞉ þu do sacrefise
¶ Ich haue quaþ þis holi maide꞉ al þis þreo 3er ido 75
Mi sacrefise to Iesu Crist꞉ & 3ut ich wole also
Al þat ich hadde ich haue isold꞉ & itake am to his lore
& nou ich wole mi bodi þerto take꞉ whan þer nis bileued
   nomore
Ich 3ulde him vp al mi bodi꞉ sire Iustise atfore þe
To spene ech lyme in his seruise꞉ do what þu wolt bi me 80
f. 184ᵃ ¶ Nou ich wot quaþ þe iustise꞉ wharto þu turnest þi mod
For in hordom & in lechours꞉ þu hast ispend þi god
& whan þu nast nomore to spene꞉ þu saist in þi speche
Þeron þu wolt spene al þi bodi꞉ & þerof þu dost preche
For þu spext as an hore strong꞉ whan þu wolt forsake 85
Þi louerd to wham þu ert iwedded꞉ & to lechours take
Iwedded ich was to Iesu Crist꞉ þis holi maide tolde
Þo ich ifulled was꞉ þulke weddin ich wole holde
Ac to hordom þu woldest me bringe꞉ whan þu woldest me
   make
Mi swete spouse Iesu Crist꞉ for eni oþer forsake 90
Þu him schalt forsake quaþ þe iustise꞉ haddestou hit
   iswore
Oþer to comun bordel꞉ beo ilad oþer ibore
& þer schal meni a moder child꞉ go to licame
& ligge bi þe ech þat wole꞉ in hordom & in schame
¶ Nemai no womman quaþ þis maide꞉ of hire maidenhod
   beo ido 95

66 riche] man *add.* AJ   77 am to] In AJ   78 þer] me AJ
78] *couplet add.* J: Spene icholle nou al my bodi · fram þe fot to
þe hed / & ech lyme in his seruise · whan me nis nomore bileued
93 to] þi foule *add.* AJ

For no dede þat me do þat bodi·' bote hire hurte beo þerto
For þe more aȝe mi wille·' mi bodi defouled is
Þe clennere is mi maidenhod·' & þe more mi mede iwis
¶ Þe Iustise let aboute wide·' into al þe contrai crie
Þat alle þat wolde bi such a fair womman·' do eni folie 100
¶ To hire come alle þat wolde·' for alle heo scholde take
For in bordel heo scholde beo ido·' & non of hem forsake
He het his men hire nyme faste·' & to bordel hire lede anon
Alle þat miȝte neȝ hire come·' hi droȝe faste echon
Hi schoue & droȝe al þat hi miȝte·' hi nemiȝte hire a fot
   awinne 105
Ne make hire icche anne fot·' of þe stede þat heo was inne
¶ Þo nome hi ropes stronge ynou·' & to fet & honden tyde
& alle þat miȝte þerneȝ come·' faste hi drowe & breide
A þousend men mid al here mayn·' hire one gonne drawe
& euere heo lai as stille as ston·' hi nemiȝte hire enes
   wawe 110
¶ What hou goþ þis quaþ þis Iustise·' what reisoun mai þis
   beo
Þat a þousend men nemowe hire enes·' of þe stede teo
Sire Iustise quaþ þis maide·' þu huntest aboute noȝt
¶ For þeȝ þu haddest ȝut to hem·' ten þousend ibroȝt
Ȝut ich wolde beo for ȝou alle·' ich fele bi me her 115
Þe holi vers þat seint Dauid·' saiþ in þe sauter
Þat a þousend men scholde in mi side falle·' & to grounde
   beo ibroȝt
& ten þousend in mi riȝt half·' & me aprochi noȝt
Þerfore hit is al for noȝt·' þat þu huntest aboute
God is strengere þan þu beo·' þerfore nabbi no doute 120
¶ Þu ert wicche quaþ þe Iustise·' þerof me mot þe bringe
Mi clerkes & myne enchantours·' bynyme schulle þi f. 184ᵇ
   wicchinge
His clerkes he let bringe forþ·' & his enchantours echone
& hi dude here enchantementȝ·' aboute hire alone
¶ Þo hi hadde ido þat hi couþe·' þat folc gan eft drawe 125

96 beo] asente A   108 þerneȝ] nei hire AJ   110 as ... ston]
stille as an hul AJ   115] Ȝut hit scholde bifore ȝou alle · be ifeld
bi me her J   118 aprochi] aperchi A ; a perci J   120 nabbi]
Inabbe AJ

& euere heo lai stille as an hul˸ hi nemiȝte hire noȝt enes
   wawe
Þ[e] Iustise þo he iseȝ þis˸ for wraþþe was wel neȝ wod
Certes he seide hire wicchinge˸ neschal do hire no god
¶ Stronge temes he let fecche˸ of oxen menion
   & bringe þer þat maide was˸ & teye to hire echon   130
He let hem prikie & harli faste˸ hi gonne to drawe &
   tuicche
& euere lai þis maide stille˸ hi nemiȝte hire enes icche
Wel ich wene wher me miȝte˸ þurf eni lasse drawinge
Eni womman an vrþe nou˸ to suche folie bringe
Ac for alle men nabbeþ noȝt˸ of oxen so god won   135
Summe þeȝ hit fewe beo˸ mid lasse drawinge wolleþ gon
¶ Certes quaþ þe iustise˸ oþer what we mote do
   Wiþ oþer þing we schulle hire welde˸ whan we nemowe
   noȝt so
Makieþ vpe þe hore as heo lyþ˸ whan we nemowe iwynne
   hire henne
As strong fur as ȝe mowe make˸ þat heo al forbrenne 140
¶ Þo þis fur was strong ymaked˸ he sat amidde wel stille
Nemiȝte þat fur hire enes brenne˸ ne harmi worþ a fille
Þo nomen hi & walde pich˸ & brimston wel faste
& vpe hire tendre bodi naked˸ al seoþinge gonne hit caste
& euere sat þis maide stille˸ hit negreuede hire noþing 145
Ac prechede euere wiþ glade hurte˸ of Iesu heuene king
¶ Þo nuste þe liþere Iustise˸ what he miȝte do more
   Whan he nemiȝte þis clene þing˸ ouercome mid his lore
A scherp swerd he let & kene˸ þurf out hire þrote do
To bynyme hire speche˸ & hire holi lyf also   150
Þo heo was þurfout þe þrote ismyte˸ þe bet heo spac
   ynouȝ
& prechede ȝurne of Iesu Crist˸ & wel smere louȝ
¶ Ȝe heo seide þat Cristene beoþ˸ glade & bliþe ȝe beo
Nou nebeo ȝe adrad of noþing˸ for gret ioye ich iseo
A ioyful teþinge ich ȝou telle˸ þat soþ is & les noȝt 155

---

127 Þ[e]] Þo H; Þe AJ   131 tuicche] plukke J   135–6]
om. A   140 al] to dost J   140] *couplet add.* J: A strong fur &
gret y nou · þis tormentors wroȝte / Aboute þis holi clene maide to
brenne hire al to noȝte   144 seoþinge] furi J

Þat riȝt nou is Holi Churche· in god pees ibroȝt
For oure tuei wiþerewynes· þat habbeþ ibeo so ȝare
Beoþ riȝt nou to noȝt ibroȝt· ȝe neþore of hem noȝt care
For þe liþere Dioclician· þat so moche harm haþ ido
Ipult is out of his kynedom· he necomeþ neuere more
    þerto   160
& also Maximian· þat so liþer haþ ibeo   f. 185ᵃ
Riȝt nou deide in liþere deþe· ȝe nescholle hem nomore
    iseo
Þis glade teþinge ich ȝou bringe· þeȝ hi fur hunne beo
Ihered beo God þat ich moste[·] þis dai alyue iseo
Ich wole ȝou nou bitake Iesu Crist· for ich wole fram ȝou
    wende   165
Bringeþ me oure Louerdes flesch· for þat schal beo myn
    ende
Preostes wende forþ anon· & þat folc þat þer stod
& fette to þis holi maide· Godes flesch & his blod
Þo heo hit hadde vnderfonge· & hire riȝtes also
& þe oreisouns were alle iseid· þat bifulle þerto   170
Wiþ þe laste word heo ȝaf þe gost· as hi amen sede
Angles al ȝare were· hire soule to heuene lede
Þer heo is wiþ Iesu Crist· in ioye wiþouten ende
Nou God for þe loue of hire· ous lete þider wende   Amen

Seint Thomas þe gode apostle· ymartrid was in Yndę
Of his lyf we mote rede· as we doþ in boke fynde
Þe while oure Louerd an vrþe was· wiþ him he wende
    aboute
Me clipede him siþþe a tuo name· Thomas longe in doute
For þo oure Louerd fram deþe aros· in doute þerof he
    was   5
Þapostles leouede hit wel· alle bote seint Thomas
Ac he seide he nolde ileoue· bote he seȝe his wounde

---

157 oure] hire AJ   160 Ipult] Iput AJ   162] *couplet add.*
J: So þat þe luþer wiþerwifes þat of holi cherche were / Out of hor
poer beþ ibroȝt ȝe ne dorre haue no fere   169 Þo] Þᵗ *with* o *add.*
H   169 riȝtes] hadde *add.* A ; riȝt ido J   172 lede] bere *first
written and deleted* H
    Thomas the Apostle. 6 wel] echone *add.* AJ

& he felde & pulte his fynger·˅ þerinne to þe grounde

For his misbileoue me him clipede·˅ Thomas longe in doute

As me redeþ in Holi Churche·˅ whan his dai comeþ
   aboute   10

Siþþe com oure Louerd Crist·˅ mid his wounden al ablode

To him & to his oþere disciples·˅ as hi togadere stode

¶ Thomas he seide hider þi fynger·˅ & pult her in mi side

& nebeo þu noȝt misbileoued·˅ for mi wonden þu sixt wide

Þo leouede he wel þat he hit was·˅ & also euermore   15

Mi Louerd he seide & mi God·˅ ich bidde þe milce & ore

¶ Þo þat he þat soþe iseȝ·˅ of oure Louerd he prechede faste

& his name & Cristendom·˅ þe while his lyf ilaste

Hit biful longe after þe tyme·˅ þat oure Louerd to heuene
   wende

Þat Gundofre þe kyng of Ynde·˅ wide alonde sende   20

If me miȝte eni carpenter·˅ fynde noble & sleȝ

In eni londe þat couþe arere·˅ a paleys noble & heȝ

In þe lond of Sceȝare·˅ seint Thomas was þo

Oure Louerd aliȝte þer adoun·˅ & aȝen him com go

Thomas he seide þe kyng of Ynde·˅ haþ isend her neȝ   25

To siche after a carpenter·˅ þat were queynte & sleȝ

f. 185ᵇ   Com wiþ me & ich wole·˅ þider to him þe sende

Louerd merci quaþ þis oþer·˅ y nerecche whoder ich wende

Bote þat y necome in Ynde·˅ þerof me doþ agrise

Send me elles whoder þu wolt·˅ & þider in none wise   30

Þu schalt þider quaþ oure Louerd·˅ & ich wole wiþ þe

& whan þu þurf prechinge·˅ þat lond hast iturnd to me

Þer þu schalt ymartrid beo·˅ & þanne to me wende

Go we to þis messager·˅ forþ ich wole þe sende

Hi come & fonde þe messager·˅ þat brouȝte hem þis
   teoþinge   35

As he com furst vp of þe see·˅ amidde þe chepinge

¶ Aban he was ihote·˅ oure Louerd sone he mette

& eschte what he souȝte þer·˅ & wel faire him grette

Mi louerd Gundofre quaþ Aban·˅ þat is kyng of Ynde

Sende me hider·˅ if ich miȝte·˅ a queynte carpenter
   fynde   40

17–18] om. A   31 & ich wole] wende ichulle A ; & ichol be J   34
forþ] vor A J ; þuder add. (after þe A) A J   37 second he] him A J

Þat ich hou ich on toke.' in alle manere him brou3te
& wiþ catel if he were þral.' of his louerd him bou3te
Oþer ich if he freo man were.' hurede him deore ynou3
& forto do sumwhar mi neode.' hiderward ich drou3
Ich haue a man quaþ oure Louerd.' þat ri3t myn owe man
   is   45
Þat whan ich him ofte aboute sende.' he wircheþ wel iwis
& doþ his mester swiþ wel.' whoder he euere wende
& euere þat he bi3ut he bringeþ me.' oþer doþ me sende
For queyntere bold he can make.' þan euere in Ynde
   were
Ne such man nis in Ynde non.' þat such bold couþe
   arere   50
For myn owe man ich take him þe.' þat he wiþ þe wende
& 3e him whan he haþ ido.' wiþ honur a3en him sende
¶ Oure Louerd bitok seint Thomas.' Aban bi þe honde
& vpe þe foreward ymaked.' he ladde him to his londe
Me þin3þ he au3te wirche wel.' for his bor3 was god
   ynou3   55
If he makede breke his bor3hod.' me þin3 hit were wou3
¶ Aban of þis foreward.' glad & bliþe was
Into þe schip he wende anon.' mid þe gode man seint
   Thomas
Sone he eschte seint Thomas.' as hi bi þe see wende
Whar he purliche his man were.' þat him þider sende 60
If ich nadde quaþ seint Thomas.' purliche his man ibeo
His manrede ich wolde habbe forsake.' þo he me toc to þe
Sai me þanne quaþ Aban.' what is þi seruise
Wherof þu seruest þe he3e man.' þat 3e beoþ so wise
Carpenter quaþ [þis] oþer.' ich am queynte & sle3 65
Paley[s] and bold ich can rere.' suyþe noble & he3
Strong & li3t & swiþ fair.' wiþoute & wiþinne   f. 186ᵃ
Þat noman nemai hit fille adoun.' mid stren3þe ne mid
   ginne
Ne tempest ne wynd so strong.' þat hit mowe greue o3t

41 þat . . . toke] þat ich so on toke A; þat ich houso ichon toke J
49 *and elsewhere* bold] bord J   56 bor3hod] 3 *above line* H;
borwscipe AJ   62 His manrede] My manhede J   64 beoþ]
boþe *add.* AJ   65 [þis]] *om.* H; *given* AJ   66 Paley[s]] s
om. H

So queynte bold nas neuere non:/ to no prince iwroȝt 70
A dieu merci:/ quaþ þis Aban:/ þat þi louerd gret man is
Þat so queynte man haþ vnder him:/ ynot no such iwis
¶ Heȝ man he is quaþ seint Thomas:/ & heȝ manes sone
Vp an heȝ hul his woning is:/ & þer he wole euere wone
Þer he halþ his heritage:/ & his fader kynedom anheȝ 75
Þer nis non of fon so strong:/ þat him mowe come neȝ
Sik man ne pore nis þer non:/ so riche þe lond is
So riche lond nas neuere iseȝe:/ of such solaȝ ne blis
Tellinge hi wende forþ:/ so þat þurf gode wynde
Þe soueþe dai hi come alond:/ wel a þis half Ynde 80
Hi aryuede in an heȝ cite:/ þeras a kyng lay
Þat let weddi to an heȝ man:/ his douȝter þulke day
At þis brudale was ioye ynou:/ song & gret hoppinge
Tabours fithele & sinfonye:/ & murȝþe þurf alle þinge
¶ Seint Thomas & þis Aban:/ wende to þe feste 85
As ofte menye doþ:/ wiþoute bede & heste
A gleo man song atte mete:/ as hit riȝt was
As he song vp & doun:/ he bihuld seint Thomas
Him poȝte he was a Cristene man:/ to paye him he gan
    singe
Cristene men habbeþ:/ o God þurf alle þinge 90
¶ Þo seint Thomas ihurde þis:/ he bad him singe eftsone
Þis gleoman song vþ & doun:/ & dude Thomas bone
Þe botille[r] chidde wiþ seint Thomas:/ for he bad him
    singe more
A buffet he smot him vnder þe ere:/ þat him smurte
    sore
Inele noȝt arise quaþ seint Thomas:/ hunne fram mi
    fere 95
Er an hound bringe þulke hond:/ bifore ous alle here
Þo þat folc hadde neȝ iȝete:/ þe botiller wende sone
To a welle out to fecche water:/ as he was woned to done
Þo he out to þe welle com:/ a lioun þer com gon

70 non] on erþe AJ   73 manes] kynges AJ   76 fon]
is fon AJ   78 riche] muri AJ   79 wende] seilede A ; rewe J
84 & murȝþe . . . þinge] stiues & harping J   86 menye] on
add. A ; man add. J   wiþoute bede] with liȝt bidding J   87,
92 gleo man] taborer J   90 þurf alle] lord of (ouer J) al AJ
93 botille[r]] r blurred H   98 was woned] hadde AJ

& hente þe botiller bi þe þrote.· & astranglede him
  anon   100
& todrouȝ ech lyme fram oþer.· an hound þer com bi cas
& kipte þe hond in his mouþ.· þat he smot wiþ seint
  Thomas
& bar hit in bifore þat folc.· & bifore þe kinge
Þer nas non þat hit iseȝ.· þat newondrede of þe þinge
Hi seide þis is an holi man.· þat God doþ for such dede 105
Bi þe botiller hit is icome.· riȝt as he him sede
Þe king let clipie bifore him.· seint Thomas anon   f. 186ᵇ
& seide þu ert an holi man þat þus.· þe wrekest of þi fon
Þu schalt mid me to mi douȝter.· into chambre wende
& blesci hire & hire spouse.· þat hi habbe þe betere
  ende   110
¶ Seint Thomas gan wiþ þe kinge.· into chambre gon
Þe ȝunge brude & hire spouse.· aȝen come anon
Seint Thomas his holi hond.· vpe here heuedes leide
& blescede hem a Godes name.· & his oreisoun seide
¶ He nom his leue & wende aȝe.· & þis ȝunge spouse   115
Lad him forþ & þonkede him.· þat he com into here house
A ȝerd of palm com in his hond.· he nuste whannes hit com
As he ladde seint Thomas.· wel gladliche he hit nom
Þe ȝerd was ful of dates.· waxinge as þeȝ hi were
Gret wonder & ioye hi hadde.· of þis ioye þere   120
¶ Þis ȝunge man bar his ȝunge wyf.· þat frut fair & swete
Of þe frut hi nome boþe.· & gladliche þerof ete
Þo hi hadde þerof yȝete.· hi nemiȝte forgon
Ac here aiþer lai bi oþer adoun.· & fulle aslepe anon
Me beddede hem so softe as me miȝte.· & palles vpe hem
  caste   125
& wende alle out bote hem silue.· & þe dores makede
  faste
¶ As hi leye boþe & slepe.· a fair kyng to hem com
& bituene hem stod in fair abyt.· & in his armes hem nom
Mi leoue childrene he seide.· myn apostle þat was her
Blescede ȝou for ȝe scholde.· of heuene beo partiner   130

112 aȝen] him *add.* AJ   113 heuedes] beire heued AJ   120
second ioye] miracle AJ   124 & fulle aslepe] In softe slep A : &
softe slepe J

Doþ after him & ȝe schullen beoꝰ þer wiþouten ende
Stille he let hem slepeꝰ & softe gan aȝe wende
Þo hi awoke hi leye & toldeꝰ hou hit miȝte beo
Ac hi necouþe for noþingꝰ insiȝt þerof iseo
As hi leye & herof toldeꝰ seint Thomas to hem wende 135
Þe kyng he seide þat spac mid ȝouꝰ hider to ȝou me sende
Þe dores & þe ȝates beoþ ymakedꝰ in he me haþ ibroȝt
If ȝe wolleþ þe ioye afonge[ꝰ] þat he ȝou haþ iwroȝt
& his blescing þat ich ȝou ȝafꝰ þurf me wite also
In þe ioye wiþouten endeꝰ in heuene he wole ȝou do 140
For ȝe habbeþ ȝut ȝoure maidenhodꝰ þat of ech godnisse
  is quene
Þat neuere ne wanteþ tofore Godꝰ ac euere is briȝt &
  schene
¶ Þis ȝunge þinges fulle adounꝰ bifore seint Thomas akneo
  & cride on hem þat he hem taȝteꝰ hou hit of oure Louerd
  beo
[Seint Thomas hem tolde anonꝰ hou it of oure Lord is] 145
  & brouȝte hem boþe to Cristendomꝰ & þe kyng & alle his
  On of his disciples siþþe he nomꝰ þat ihote was Dionis
f. 187ª & makede him maister of þat folcꝰ þat hi nedude noȝt
  amis
Þis Dionis he maked preostꝰ & let him churche arere
Þat folc com þider eche daiꝰ & hurde seruise þere 150
Þo þat lond was ibroȝtꝰ in god stat ynouȝ
Seint Thomas his leue nomꝰ & toward Ynde drouȝ
¶ Anon so Aban miȝteꝰ seint Thomas to Ynde bringe
  Wiþ gret ioye he ladde him forþꝰ & brouȝte bifore þe
  kynge
  To a fair place þe kyng him laddeꝰ & eschte him in alle
  wise 155
  If he couþe such bold arereꝰ as he couþe deuise
¶ Seint Thomas bihuld þis placeꝰ sire he seide ȝe
  So fair bold nis in al þis londꝰ as y can rere þe
  A perche he nom & met abouteꝰ as ech hous scholde beo

131 ȝe] above line H   133–4] om. A   137 Þe] Þei A; Þei þe
J   139 me] my A   142 ne wanteþ] aswydeþ A; ne forserit J
briȝt & schene] ilich grene J   144 hou hit . . . beo] In gode lyue
(bileue J) to beo AJ   145] om. H; as given AJ

Sire he seide mi deuys· þu schalt sone iseo   160
Þe halle ich wole furst arere· in þis place in eche wise
Estward þe dore & þe porche· as þe sonne doþ arise
Þat þe sonne as sone as heo aryst· atte dore in schold
     shine
Herȝund ich wole þe chambre habbe· ymete bi myne lyne
Herȝund ich wole þe kychene habbe· þe condut þer-
     biside   165
He diuisede al euene ynouȝ· & long ynou & wide
So noble bold nemiȝte beo· as he gan þer deuise
¶ Þe kyng of his sotylte· gan sumdel agrise
Certes he seide ich ȝyue þe pris· for þe beste carpenter
& queynteste þat ich euer iseȝ· & best deuisest her   170
He tok him gareisoun ynouȝ· such bold to arere
& wende him silf out of þe lond· þat tuo ȝer he necom þere
¶ Seint Thomas þis tresour nom· & wide wende alonde
& moche folc brouȝte to Cristendom· þurf oure Louerdes
     sonde
Churchen he rerde menyon· & preostes he sette þere   175
Such bold noble & queynte hit was· þat he wolde þe king
     arere
¶ Þe þridde ȝer þe kyng cam hom· & wende al ȝare fynde
His bold as he hit hadde bispeke· þo was hit al bihynde
After seint Thomas he sende· þat bitrayde him so he sede
Sone me tolde him hou hit was· & al of his dede   180
Þe kyng him let nyme anon· & into strong prisoun do
& Aban þat him þuder broȝte· me dude bi him also
& swor his oþ þat hi scholde· al quik ihuld beo
& ibrend al to douste· & siþþe awei fleo
Þe kinges broþer þat het Gaad· al atte deþe lai   185
Þe king forȝat al seint Thomas· for deol þat he sai
He het his men him witie wel· & his felawes also
Forte his broþer betere were· þat he miȝte here dom do
So þat his broþer deide sone· þe king makede deol ynouȝ   f. 187ᵇ
He let him greiþi faire mid alle· & elles hit were wouȝ 190

165] written after l. 167 but marked for insertion as above H   173]
couplet add. AJ: & prechede men of cristendom: & of god to vnder-
stonde / Þat tresour he delde pouere men· aboute in to al þe londe
184 first &] seþþe add. AJ   & siþþe] & wiþ þe (þe om. J) wind AJ

Four dayes he huld him inne./ þat he agreiþed were
In porpre & cheisil & ʒymmes./ þat no defaute nere
Þo he was nobliche agreiþed./ þe furde dai hi him nome
& wiþ heʒe men meni on./ to his burynge come
As hi wolde þis heʒe man./ in his putte do   195
Wiþ gret noblei & prute ynouʒ./ & wiþ wop & sor also
He aros vp fram deþe to lyue./ among hem echone
Þo makeden hi boþe ioye & blis./ þat luste er bet to grone
Broþer he seide þo he aros./ þu dost an vuel dede
Þat seint Thomas þe holi man./ to prisoun letest lede 200
For mid God of heuene he is wel./ & þurf him ich am
    nou
To lyue ibroʒt as ʒe seoþ./ ich wole ʒou telle hou
¶ Þo ich was ded angles come./ & mi soule bere
& schewede me þe ioye of heuene./ þeʒ ich vnworþi were
Þat noble bold hi schewede me ek./ þat seint Thomas let
    rere   205
Of tresour þat þu him bitoke./ God ʒyue ich were þere
Imaked hit is al as he þe seide./ & noblikere if hit may
Of ʒymes & stones preciouse./ noblere neuere y nesay
Lo seide to me þangel þo./ sixtou þis noble bold
Þis haþ seint Thomas arerd./ of þe siluer & of þe gold 210
Þat þi broþer him bitok./ elleswhar to bigynne
Ac þi broþer vnworþi is./ to come ʒut her ynne
Louerd seide ich þo./ þat hit ʒoure wille were
Þat ich moste her porter beo./ for no betere worþ ynere
¶ We schulleþ quaþ þangles þo./ oure Louerd for þe
    bisiche   215
Þat þi soule wende to vrþe aʒe./ þi lyf forto eche
Forto libbe an vrþe more./ to don al þi wille
Ac beo seint Thomas of prisoun ibroʒt./ ich rede þat ʒe him
    ne spille
Þo he hadde þis tale itold./ he orn to seint Thomas
& ful to his fet & þonkede him./ as he in prisoun was 220
& tolde him al hou hit was./ & bad him ʒurne also
To forʒyue his broþer þe king./ þat he him hadde misdo
¶ Þe king þo com vrne also./ & bad him milce & ore
To forʒyue him his trepas./ & he nolde nomore

Hi brou3te him sone of prisoun꞉ wiþ ioye & blisse
 ynou3   225
Þat folc onurede him as a god꞉ & þicke aboute him
 drou3
Moche haþ oure Louerd quaþ seint Thomas꞉ for 3ou alle
 ido
Þat schewede 3ou his priueite꞉ whan 3e nebeoþ worþi
 þerto
Þe paleys is noble & riche ynou3꞉ þat ich habbe iwro3t f. 188ᵃ
Mid þe tresour þat þe king me tok꞉ to ende hit is ibro3t 230
Ech man þat wole do after me꞉ þider he schal wende
Louerd & prince forto beo꞉ euere wiþouten ende
3e mo[we] wende into al þat lond꞉ & iseo al aboute
Ech contray ful of churchen꞉ þerfore 3e mowe beo proute
Sire kyng alle hi beoþ arerd꞉ wiþ þat þu me bitoke 235
¶ If þu nelt ileoue me꞉ wend aboute & loke
Þe king & al þat oþer folc꞉ þat þikke aboute him com
Hi leouede on God for þis miracle꞉ & turnde to Cristendom
Fourtene þousend men꞉ to oure Louerd turnde þere
Wiþoute children & wimmen꞉ þat meni also were 240
Seint Thomas hem tau3te þe ri3te lawe꞉ & þerof makede
 hem wise
At eche churche he sette a preost꞉ to do Godes seruise
¶ Þo hi were alle in god poynt꞉ his leue faire he nom
 & wende forþ in to þe lond꞉ & prechede Cristendom
In anoþer contrai he com꞉ þer he stinte a stounde 245
He pulte him forþ baldeliche꞉ & prechede al to grounde
Deue & dumbe & oþere ek꞉ in siknisse ibounde
He helde anon þurf Godes grace꞉ whan he eni founde
Such miracle as he dude꞉ þurf oure Louerdes sonde
Nas neuere among hem ise3e꞉ in none stede of þe londe 250
Þe cri sprong of him wel wide꞉ meni iourneyes þanne
Þat God was þer in Ynde icome꞉ in forme of a manne
He was man gladdest꞉ þat mi3te þider wende
To habbe enes a si3t of him꞉ aboute in eche ende
¶ Þe presse com aboute him þicke꞉ of þe contray fur &
 ne3   255

233 mo[we] wende] mowende H ; *as given* A J 235 wiþ þat]
myd þe (þe *om.* J) tresour þat A J 244 forþ] forþere A ; ferror J

& huld him [God] in manes forme⸭ ech þat him iseȝ
Þe riche men þat þer were neȝ⸭ a riche croune wrouȝte
Of gold & ȝymmes swiþe riche⸭ & to þis holi man brouȝte
Ech maner cloþing⸭ þat kyng werie scholde
To cloþi him as a king⸭ & crouny him wiþ golde   260
Gret tresour hi brouȝte him ek⸭ if he hit werie wolde

¶ Seint Thomas stod & bihuld⸭ þerof noþing he nolde
Ȝe leoueþ he seide mi leoue freond⸭ þat ich beo þat ynam
   noȝt
Inam no kyng such þing to afonge⸭ as ȝe me habbeþ ibroȝt
Inam noȝt God as summe weneþ⸭ ac ich am his hyne 265
& he me haþ hider isend⸭ to schulde ȝou fram helle pyne
To teche ȝou forsake þe false godes⸭ þat nemowe ȝou
   helpe noȝt
& bileoue on ȝoure riȝte God⸭ þat ȝou haþ iwroȝt

f. 188ᵇ   Bileoueþ on him ich ȝou rede⸭ & ȝe schulle to ioye wende
Þe tresour þat ȝeo beodeþ me⸭ pore men ȝe sende   270
Sike men þer come picke⸭ aboute in eche side
Blynde dombe & oþere ek⸭ here hele to abide
Seint Thomas alle þe sike men⸭ brouȝte in one place
& among hem sat adoun akneo⸭ & bad oure Louerdes
   grace
Þat he cudde his miȝte in þe place⸭ & here hele sende
   þere   275
Þat þe folc þat soþe iseȝe⸭ þat he almiȝti God were
Þo he hadde oure Louerd þus ibede⸭ among hem alle þer
   com
So gret liȝtinge & schyninge⸭ þat here siȝt almest hit
   bynom
Furst hit ouerspradde seint Thomas⸭ þer he lai in his bede
& al þat folc ful adoun⸭ riȝt þer in þe stede   280
& leye in þe place alle to grounde⸭ þe mountance of half a
   tide

---

256 [God]] *om.* H; *given* AJ   257 *second* riche] noble AJ
261 werie] fonge A; afonge J   263 leoueþ] weneþ AJ   266
schulde] bringe AJ   269 Bileoueþ] o *above line* H   270
beodeþ] bringeþ AJ   272 *couplet add.* J: Mesele & crokeþ ek &
men in palesie / Þikke stode in þis place on þis holiman to crie
278 liȝtinge] liȝt AJ   280] *written at foot of page* H   281 in
þe place] plat J

Þe while þis grete liȝt ilaste·/ ech bi oþeres side
¶ Þo þat liȝt ipassed was·/ þat ech miȝte oþer iseo
Alle hi rise hole & sounde·/ hollere nemiȝte non beo
Þer was ioye & blisse ynou·/ þer nemiȝte beo nomore   285
Hi onurede seint Thomas·/ & cride him milce & ore
Þer turnde neoȝe þousend men·/ & ibaptised were
Wiþoute childrene & wimmen·/ þurf þis miracle þere
Þe cri was þo þerof so moche·/ þat al þat lond wel wide
Þerof me spac & þider orn·/ aboute in eche side   290
Karrik het þe kinges mei·/ þat of þulke londe was
Migdonie het his wyf·/ þat oure Louerd ȝaf fair cas
For Migdonie þis gode wyf·/ to a womman com
Þat heo kneu er & was þo·/ iturnd to Cristendom
Þat hadde six ȝer ibeo blynd·/ & siȝt hadde þo   295
Leoue soster quaþ Migdonie·/ hou is hit of þe ago
Þat þu hast so longe blynd ibeo·/ & nou ert iheled so
What is þulke wise man·/ þat such miȝte mai do
Certes dame quaþ þis oþer·/ þe nobleste man hit is
Þat among men euere an vrþe com·/ wiþoute God silf
    iwis   300
For of siknisse he doþ al his wille·/ he nefailleþ neuere
Haddestou him enes iseȝe·/ þe gladdere þu woldest beo euere
¶ Dieu merci quaþ þis gode wyf·/ hou mai ich on take
Þat ynadde iseȝe þis holi man·/ þat such wonder can make
Wel þu schalt do quaþ þis oþer·/ for to morwe as he
    sede   305
He wole prechi al þat folc·/ hou hi schulle here lyf lede
Þu schalt wiþ me þider go·/ priueilliche ich rede
Þi face ihud in oþer cloþes·/ þat noman nute þi dede
¶ Þis gode wif ne forȝat þis noȝt · ac dude as heo hure radde C. f. 1(
Changede hure cloþes & hudde hure neb · & ȝude as heo
    hure radde   310
To is holy prechinge he[o] com · þat noman nekneu hure
    þere
And hurde þane holyman · hou he gan þat folk lere

287] At this line the gap in C ends; see l. 309   turnde] þo add.
ACJ   295 siȝt] god siȝte J ; hure siȝt C   302 þe . . . beo] þe
betere þu were A   308 in] & in AC   After this line 1 folio (80 ll.)
is missing in H. The rest of the legend is transcribed from C   310
ȝude] wende AJ   radde] ladde AJ

Þe grete miracle he[o] say ek · þat oure Louerd for him
    wroȝte

Heo nuste wat for ioie do · ac stod in grete poȝte

He[o] wilnede more panne eny þing · to speke wiþ him
    anne þrowe   315

Ac he[o] ne dorste for noþing · leste he[o] were iknowe

Hom he[o] wende so al ihud · ac euere he[o] hadde in
    poȝte

Anoþer tyme wiþ him to speke · wanne oure Louerd þane
    time broȝte

Byuore hure bedde he[o] lay a niȝt · & cride on oure
    Louerd longe

Þat he[o] moste þoru sein Thomas· Cristendom auonge 320

¶ At midniȝt sein Thomas com · & stod bi hure attelaste

He[o] nuste neuere hou he com in · þe doren were al faste

Be[o] glad [he] sede Mygdoni · God haþ ihurd þi bone

Þou hast muche desired · þat ich come to þe sone

God wole þat þou beo on of his · and þat þou come þoru
    me   325

To liue þat euere ssel ileste · and þat ich be[o] aslawe for
    þe

f. 169ᵇ   For þe ich ssel ymartred beo · and boþe we ssolleþ wende

To þe blisse of heuene and þere beo · togadere wiþoute
    ende

¶ Sein Thomas hure ȝaf Cristendom · ar he þanne wende

And teiȝte hure also Godes lawe · hure lif forto amende 330

Þis wif god womman bicom · and nolde neuere eft mo

After þulke tyme for noþing · to hure louerdes bedde go

Hure louerd was þerof sore anuyd · þo he nemiȝte for
    noþing

Make hure enes nei him come · he playnede to þe kyng

¶ Þe kyng het þe quene anon · to Mygdonie wende   335

And rede hure honury [hure] louerd bet · & do as þe hende

For wymmen conneþ of oþeres red · þer fore þe quene he
    sende

Þe quene a day simpleliche · to þis gode womman wende

And radde hure to hure louerd go · to ssulde hure fram
    vilenie

323 [he]] heo C   329 he] he[o] C   336 [hure]] *om.* C; *given* A J

And noþing iluue þane ualse man · þat radde hure to
  folie 340

¶ A dame merci quaþ þis oþer · þou nost neuere hou it is
Wustestou al þat ichot · þou noldest noȝt so segge iwis
For so noble man as he is · nas neuere an eorþe ido
Haddestou enes him iseie · þou woldest segge also
And iseie þou ȝute þat ich iseo · þe wolde wondri iwis 345
For Sinphori þe noble kniȝt · þat of kniȝtes maister is
His sone was todai ded · and Simphori him sulf soȝte
Þane holi prophete sein Thomas · & to is sone him broȝte
And þare he haþ him riȝt nou arered · fram deþe to lyue
And þere he sit nou inis hous · & precheþ þat folk blyue 350
Aboute him also sike men · wel þicke comeþ nou gon
Crokede & blinde & oþer ek · & he helpeþ ham anon

¶ Leoue soster quaþ þe quene · ware þis mowe soþ be[o]
Certes dame quaþ þis oþer · and ȝif þou wolt ise[o]
Go we þuder & þou sselt [·] þat soþe vinde anon 355
Þe quene þoȝte þo wel longe · ar heo were þuder igon
Hi come & fonde sein Thomas · riȝt as þis womman
  sede
Þe quene stod & him biheld · & al is holy dede
To is fet he[o] uel adoun · he[o] nemiȝte no leng abide
And bad him ȝiue hure Cristendom · & merci faste cride 360

¶ So sone as he[o] icristned was · hamward þane wei he[o]
  nom
To þe kynge & longe hure þoȝte · er he[o] to him com
Sire he[o] sede ich habbe ifonde · þis gode wif Migdonie
In gret wisdom & ich wende er · to finde hure in folie
And of hure wisdom God ich þonke · he[o] partede wiþ
  me 365
So þat ich nelle in þi folye · namore siwe þe

¶ Þo was þe kyng sory inou · he nuste wat here of do   f. 170ᵃ
Forto quelle is wif þerfore · he nadde non heorte þerto
He clupede Carrik is cosin · we beoþ bitraid he sede
Mi quene ich sende as þou wost · þi wif forto rede 370
To bringe hure out of fole þoȝte · as þou me er bede
And nou ich habbe hure forlore · forþ wiþ hure ich drede
For loue of þe one ylore boþe · alas þe wrechede

348 holi] above line C   352 helpeþ] heleþ A ; helit J

We mote awreke us of þe þeof · þat bringþ ȝam in such
   dede

¶ He let sende after sein Thomas · ȝif me miȝte him finde 375
Þo þis holyman ifonde was · faste me gan him binde
And harly forþ biuore þe kyng · is honden him bihinde
So þat he was to deþe ibroȝt · in þe lond of Inde
For þo he com biuore þe kyng · þe kyng him het anon
To honury þere is false godes · þat of treo were & ston 380
And bote he dude & swor is oþ · it ssolde anoþer gon
He wolde him lete tormenti · & to drawe fleiss & bon

¶ Þo þis holyman forsok · is heste forto do
Plates he let nyme of ire · brode & longe also
And lete ham caste amidde þe fure · þat berninge hi were
   anon 385
And suþþe he made þis holyman · barefot þeron gon
Anon so þis holymon · is fet sette þer on
A welle of water þer sprang out · of þe harde ston
To aquenche al þat fur · þat so hot & strong was
Þis godeman wende him forþ þer oppe · & noþewors him
   nas 390

¶ Þo was þe kyng al out of witte · an o[uen]e he let hete
Þat he was al glowynge fur · er me wolde him lete
Þis holyman hi nome anon · and amidde him caste
Ac þo he was þerinne ido · þat fur no leng ilaste
Ac it bigan to aquenche anon · þat so gret hete er drou 395
Þer inne was þis holyman · in ioie & murþe inou

¶ Þo þe kyng þis isei · he nuste hou on take
Carrik he seide hou geþ þis · oure godes us habbeþ forsake
Ne mowe we noȝt þis luþer þeof · myd none gynne aquelle
Certes sire quaþ Carrik · anoþer ichelle þe telle 400
We ssolleþ nyme þis luþerman · & to oure godes lede
And make him honury ham · myd eiȝe and mid drede
Þoru wan he ssel is louerdes wraþþe · habbe out & out
And his merueile him be[o] bynome · þoru wan he is so
   prout

381–2] *om.* A   389] *The text of* H *begins again and is collated
with* C   To aquenche al] & aqueynte HA • 391 o[uen]e] ode C;
ouene HA   393–4] A *substitutes*: Þis holi mon amidde hi caste:
ac þo he was þer Inne idon / Þat fur noleng ilaste.' ac gan to quinche
anon

¶ To þe maumes þis holyman · ybroȝt was wel sone　405
　Mid strengþe to honury ham · as hi were iwond to done

¶ Sein Thomas biheld þis maumes · as he biuore ham stod　f. 170ᵇ
　Ich coniuri ȝou inis name · þat for us ssadde is blod
　Ȝou deueles þat þer inne beoþ · and wiþ foles habbe ispeke
　Þat ȝe sone þer of fle[o] · and þe maumes to breke　410

¶ Anon so þis was ised · þe maumes ne miȝte dure
　Ac bigonne al to multe awey · ase wex deþ aȝen fure
　Þo hi were al to noȝt ibroȝt · as hi neuere er nere
　Þe men stode al in wonder gret · þat in þe place were
　Echone hi gonne mid o mouþ · wel loude grede & crie　415
　O God is almiȝti on ibore · of þe maide Marie
　Of wan sein Thomas haþ ispeke · to him we wolleþ al take
　And þis false godes alle · clanliche her for sake

¶ Þo þe kyng & Carrik · and þe false prestes also
　Þat þe maumes witede · ihurde þis · hi nuste þo wat do　420
　Þe kyng & Carrik for fin angwise · out of þe place wende
　Þo hy seie þat seint Thomas · hare godes so foul ssende
　Hi ne dorste for Cristene men · sette on him non hond
　Ne also for þe grete miracles · þat me aldai wiþ him fond

¶ Ac þe prestes of þe false lawe · in grete wraþþe stode　425
　Þe on gripte anon a muche swerd · mid wel wroþe mode
　Ichelle he sede of þis þeof · myne godes anon awreke
　Þat ham haþ þus issend · wo so it euere bispeke
　He leide on þis holyman · mid þis swerd to gronde
　Op al is body & made him so · many a biter wonde　430
　And martrede þis holyman · and slowe him in a stonde
　Cristene men were wroþ inou · þo hi him ded fonde

¶ Þane preost hi wolde habbe forbarnd · ac he fley anon
　And þane kyng & Carrik habbe aslawe · ac hi were awei
　　　ygon
　Þis holy bodi hy nome anon · and to churche it bere　435
　And burede him wiþ gret honur · & wiþ gret nobleie þere

¶ So þat strengþe of Holy Churche · wexinge euere was
　Þus com in Inde Cristendom · ferst þoru seint Thomas

---

409 Ȝou] u *above line* C　　416 O . . . on] Þer nys bote on al
miȝte god A　　420 witede] wiste H; *om.* A　　421 fin angwise]
pur wo H; fyn anuy A　　426 gripte] kipte HA　　muche] gret H;
kene A　　430 biter] harde HA

Nou sein Thomas þat in Inde · Cristendom ferst broȝte
Bring us to þe ioie of heuene · to wan oure Louerd us
   boȝte   440

De sancta
Anastacia

Seint Anastace was ibore · at Rome by olde dawe
Of swuþe heie men icome · al of þe olde lawe
Heo let hure cristny priueliche · þat vnneþe enyman weste
And seruede God stilleliche · þat non of hure freond it
   nuste
An heyman hure louede · þat ihote was Papille   5
Iwedded he[o] was to þis man · al aȝen hure wille

f. 171ᵃ

And wanne he wolde bi hure ligge · oþer folie do
Heo feinede hure euere sik · and ascapede so
¶ Þis maide ȝeode to Cristene men · & confortede ham ilome
Priueliche in prison · as þe luþer men ham nome   10
So þat hure louerd it vnderȝet · he nam hure wel uaste
And wiþ oþere Cristene men · in strong prison hure caste
Þis maide lay in prison · forte hure louerd was ded
Ac sone he[o] was deliuered þo · þoru hure frenden red
¶ In grete nobleie hi hure dude · in ioie & wille inou   15
Ac þis maide euere stilleliche · to Godis seruise drou
Þreo maydens hure were bitake · hure to serui þere
Þe fairoste þat myȝte be[o] · þreo sustren it were
Cristene hi were alle þreo · as hare leuedi ham gan lere
Hi seruede God al iuere · ac iknowe þerof hi nere   20
¶ Þis þreo faire sostren · þat so uair ham bere
Þe prince louede in folye · fram ȝere to ȝere
So þat he wondrede of ham · þat hi turnde to God hare
   poȝt
Þe þre[o] maidens he nam sone · ac hare leuedy noȝt
In a chambre of þe kychene · he bilek ham faste   25
Þer me crokkes and caudrons · of þe kychene in caste
¶ So hadde he in a day · to þis maidens fol wille
He vnlek þe dore & wende in · to do folie stille
As sone so he wiþinne cam · witles he was anon

Anastasia. 3 þat vnneþe] er H   15 wille] wele H   20 al
iuere] togadere alle HA   21 ham bere] gan lere H   26,
32, 39 crokkes] potte(s) HA   27 he] *above line* C

As gidie as he miȝte beo · he necouþe iknowe noȝt on 30
¶ Þe maidens he wende cluppe & cusse · as is wille was to do
He clupte & custe þe crokkes faste · and þe caudron[s]
also
Þat stode þere vnwasse somme · among hom he walwede
faste
Lolloker schrewe nemiȝte be[o] · so bidoubed attelaste
Þo he wende habbe al ido · wel glad he wende out 35
He nesei him sulf noȝt wuch he was · to is men he wende
wel prout
Nas him noȝt wel iþeined · ȝuse me þingþ iwis
His lemman he hadde after wille · bote he ȝeode a lite
amys
His cosses were wel biset · bote þe crokkes were to clene
Þeie somme oþere were yserued so · hi nere noȝt to
bymene 40
¶ Anon so is men him iseie · so grislich and amad
Hi wende it were þe deuel of helle · & sore hi were adrad
Wiþ staues & stones hi leide him on · þat he gan nei þat
lyf lete
Wy uare ȝe so quaþ þis wrecche · wolle ȝe ȝoure louerd
bete
Þo were hi wroþer þanne hi were er · hi smite on him
duntes grete 45
He nuste weþer him betere was · faire speke oþer þrete
Oure louerd hi sede neuere þou nere · þi miȝte þe is bynome f. 171ᵇ
Þe were betere atom in helle · þanne amang us habbe
icome
¶ Þe wrecche nuste non oþer red · bote atorn attelaste
And hi leide him on as he atorn · mid stones wel faste 50
To þe emperor he wende to plainte · hou is men him hadde
ibete
And þo he was fram ham ascaped · he gan ham faste þrete
¶ Þo he come fram þe emperor · to plaine ope ȝam þere
Hi were al agrise & wende also · þat þe deuel it were

30 gidie] wod HA   32 caudron[s]] caudrond C   34
Lolloker] Lodlikere H; Lodloker A   35 glad] stille H   37
iþeined] i above line C; igreiþed A   38 he . . . lite] he ȝeode H;
he ne eode noþing A   45 hi were] om. HA   on him] om. H;
him om. A   51 to plainte] & pleignede H   53 fram] to HA

Wiþ dinge & stones hi leide him on · & somme atourne
    for fere   55
Hi spatte on him & smite faste · & al hi þe wrecche totere
¶ Weilawey he seide wi fare ȝe so · nas ich er ibete inou
    Ich com hider to habbe riȝt · & ȝe me beteþ more mid
    wou
    Nam ich Iustice vnder þe emperor · wi fare ȝe so mid me
    Þou luxst queþe þe oþere · þou ert a deouel · & þat we
    solleþ cuþe þe   60
    For grisloker deouel þanne þou ert · non neuere iseie nas
    Þo wondrede him for alle seide · þat he so lolich was
¶ Certes he seide ich am Iustice · wat so ȝe by me wene
    And ȝif ȝou þingþ oþer þanne ich am · biwicched ich am
    ich [wene]   64
    For þe þreo horen þat ich nam · þat in myne prison beoþ
    For ich lay bi ȝam hi me habbeþ · biwicched as ȝe iseiþ
¶ Þo vette þe emperor þeos maidens · biuore him anon
    And esste at ȝam wat hi were · & wat lif hi ladde echon
    Sire hi sede we beoþ Cristene · & Cristene we wolleþ be[o]
    Þou miȝt do mid us wat þou wolt · we nolleþ noȝt þane
    deþ fle[o]   70
    Þe emperor het is tormentors · strupe ham naked anon
    And bote hi forsoke Iesu Crist · quelle ham echon
¶ Þe tormentors hupte forþ · hare cloþes of to drawe
    And hi alle þane leste þred · nemiȝte enes wawe
    Ac on ham so faste hi sete · as hi cleuede to þe rugge 75
    Hou geþ þis quaþ þe emperor · þe wicchen it ssolleþ abugge
    For nou ichot þat my Iustice · of ham soþ sede
    Stronge wicchen hi beoþ alle · certes hi ssolleþ be[o] dede
¶ Þer he let ham sle anon · þis clene þinges þre[o]
    Hare soulen to heuene wende · þer hi solleþ euere be[o] 80
    Ac it were lite harm þei many fol · þat folie wilneþ do
    Toke on as þe Iustice dude · and were iserued so
    Ferst idaubed & ypined · and suþþe iboned faste
    Were hi ofte iserued so · hi wolde be[o] somdel agaste

---

55 dinge] digne H; dunge A   58 habbe] siche me H; fecche A
62 lolich] loþlich H; lodliche A   63 wene] wite A   64
[wene]] *om.* C; wene H; ȝite A   66 iseiþ] *in diff. hand and ink*
over stain C; iseoþ H   83 ypined] ipeint A   iboned] ibounde H A

¶ Þo þe emperor ihurde of Anastace · þat he[o] was Cristene
 also 85
For he[o] of heiemen was icome · he nuste wat wiþ hure do
¶ An heyman he tok hure of þe londe · for habbe hure to f. 172ⁱ
 wyue
Ʒif he miȝte þoru eny loue · changi of hure lyue
He com ferst to þis holy maide · & wolde hure cusse in
 pleye
And ar he it euere miȝte do · is eiȝene wende out beye 90
He stod as a witles man · he ne dorste go for eye
To is maumes he wende anon · ac me ladde him bi þe weie
Me þingþ so he moste nede · oþer he moste steppe amys
To loue hi hadde feble hap · þe Iustice & he iwis
Þe on bidaubed and tobete · and þe oþer suþþe ablend 95
Lite was me þingþ hare biȝete · hi helde ham boþe issend
¶ Anon he esste þe maumes · wi he were ablend so
Þe maumet sede for þou hast · Anastace misdo
Þou ert oure lif & soule · þou nemiȝt noȝt fram us fle[o]
And mid us þou sselt wiþoute ende · in þe pine of helle
 be[o] 100
Me ladde þane wrecche hom aȝen · & as sone as he hom
 com
He fel doun ded as a stok · and þane heie wei to helle nom
¶ Þo þe emperor ihurde of is frend · þat to such cas was igon
Wroþ he was mid Anastace · after hure he sende anon
And esscte war he[o] to hare godes · turne wolde hure
 þoȝt 105
Certes sire he[o] sede nay · þou specst embe noȝt
Þo hc[o] nolde oþer do · a gret fur me tende
Wiþ wode and col gret inou · and þis maide brende
And so he[o] let þer þat lif · and to heuene wende
Angles fonge hure soule sone · þat oure Louerd þuder
 sende 110
¶ A Midwinter day heo was ymartred · as ȝe habbeþ ihurd
 biuore

89 in] & HA   92 bi] *above line* C   93–96] *om.* A   95
first and] þe oþer *written above and erased* C   104 Wroþ] *retraced
over blot, er sign add. in diff. hand and ink* C; wroþ H; wroþer A
105–9] *opening words retraced in diff. hand and ink over blot* C   106
specst] ert HA   107 Þo he[o] nolde] Þo he nemiȝte HA

Two hondred ȝer & four score · after þat God was ibore
For þe heynesse of þulke daye · me singþ of hure þe lasse
For me neseiþ bote a munde of hure · atte middel masse
Lesinges me seiþ manion · þat he[o] mid oure Leuedi
 was   115
Þo oure Louerd was ibore · ac neuere soþ it nas
Ac som fals man ferst yuond · þulke lesinge wiþ vnriȝt
For me haþ of hure a munde · eche ȝer þulke niȝt
And þe manere is to muche an eorþe · forto luue lesynge
To þe ioie of heuene þer he[o] is inne · God oure soule
 bringe   120

**De sancto
Steffano**

Seinte Steuene was a Gyu · & of Giwes he com
And þoru prechinge of þe apostles · turnde to Cristen-
 dom
So þat he wende aboute wide · & prechede of God wel
 uaste
In þe sinagoge amange þe Giwes · he com attelaste
And prechede ham & prouede ek · wiþ gode resons inowe 5
Þat hare bileue nas riȝt noȝt · ac þat hi to þe deouel drowe
f. 172ᵇ ¶ Þere arise up of þe Giwes · þe wisoste þat þere were
And desputede aȝen him · and aȝen þat he gan lere
Ac hare resons were wel badde · wel sone hi were ouercome
Þere arise oþer þreo þo · þat hare red hadde inome 10
And sede þat he misseid hadde · by Moises lawe
And þat Iesus Nazaren wolde · þulke stude todrawe
Ech of þeose þreo luþermen · oþer witnesse bar
Þat seinte Steuene sede so · þat biuore ham stod þar
¶ Hy nome seinte Steuene anon · as it were for þe none 15
And sette him amidde þe synagoge ·among ham euerich-
 one
Þo sson is face briȝtore · þanne þe sonne liȝt
Þat þer nas non of ham · þat miȝte him biholde ariȝt
¶ Seinte Steuene seide ham þo · many a pprophecie
Þat prophetes bi Iesu sede · þat ibore was of Marie 20
He ssewede ham ek in hare bokes · ware hi were iwrite
And hou hi were to ende ibroȝt · ȝif hi it wolde iwite

Stephen. 12 And] seide *add.* H 16 sette] sitte *corrected in same
ink to* sette C

And þe luþer men he seide · wiþoute gult him slowe
Þe Giwes grennede on him uaste · & to busmere him lowe
Þis holyman amang ȝam alle · biheld up anhey   25
Iesu Crist in heuene · inis fader riȝt hond he sey
¶ Lo he sede ich ise[o] · þoru Iesu Cristes sonde
Heuene iopened and Iesus · inis fader riȝt honde
As wolues þe Giwes ȝolle on him · & nome him faste
    echone
And ladde him wiþoute toun · and hende him wiþ stone 30
¶ Ferst hi strupte is cloþes of · & at a childes fet þruste
And for he ne couþe do namore · hare cloþes sat & weste
Helpe he wolde him to sle · ac he nemiȝte for ȝonghede
Saul was þe ȝute is name · he dude many luþer dede
For þo he hadde mannes strengþe · worse man non nas 35
And suþþe he com to Cristendom · and Poul icluped was
¶ Þat was sein Poul þe gode apostel · he was a luþer grom
And naþeles he as manie oþere · to a godman suþþe bicom
As þe Giwes seinte Steuene · wiþ stones hende faste
Þe godeman held is hond up · & to heuene is eiȝene
    caste   40
¶ Louerd ȝif it is þi wille · vnderfong mi soule he sede
Þo gan he sitte adoun akneo · and wel loude grede
Louerd ȝif it is þi wille · forȝiue ham þis misdede
For hy nute weþer hi doþ · wel oþer to quede
¶ Þe Giwes þrewe stones faste · so þat he deide sone   45
And wende to þe ioie of heuene · as is riȝt was to done
And þus he þolede martirdom · and þe ferste martir was f. 173ᵃ
After oure Louerdes passion · so wel miȝte him be[o] þas
For twelf monþe after is deþ · and þre[o] quarters also
Þane morwe after Midwinter day · to deþe he was ido 50
Men wende forþ suþþe for drede · þat vnderstode is lore
And burede him stilleliche · and bymende him wel sore
¶ Anon so he ymartred was · and no wreche þerof necom
Þe Giwes were þe hardiore · to werri Cristendom
Holy Churche in Ierusalem · hi werrede in eche side   55
Godes deciples were to sprad · in þe lond wel wide

28 honde] stonde *add.* A   29 As] Ase *with* e *erased* C   32
sat] he sat HA   40 held] hef H   41–42] *om.* A   44 wel]
god H   54 hardiore] baldere H

Ac seinte Steuene þis holyman · vnder eorþe lay
Ar he were in ssrine ido · many a long day

enione
sancti
steffani

An holy preost þer was suþþe · þat was god Cristene man
Þat louede God & Holy Churche · is name was Lucian 60
In a Vriniȝt as þis preost · þe þridde tid of þe niȝte
Lay inis bedde al wakynge · him com a wonder siȝte
¶ Þer com to him a uair oldman · biuore is bedde alowe
His berd long & swuþe sid · is cloþes wiȝt so snowe
Is mantel wiþ croises al aboute · wel uaire aboute him drou 65
Hosen & sson ek al of golde · him þoȝte fair inou
A ȝeord of golde he bar anhonde · & þerwiþ he smot þrie
Lucian þe holy preost · and wel mildeliche gan crie
¶ Lucian.ꞌ Lucian.ꞌ Lucian.ꞌ aris
And seie þe bissop of Ierusalem.ꞌ Ion þat is so wis   70
And esse him hou longe [w]e ssolle [·] in þe eorþe iclosed be[o]
Bidde him þat he us openy · þat men us mowe ise[o]
Þat þe holy dore of milce · oure swete Louerd vndo
Þ[e] watloker for loue of me · & of myne felawes also
¶ Ich ne segge þis noȝt for me · ac for mine felawes þre[o] 75
Þat longe vnder eorþe beoþ · & ssolde aboue be[o]
For ich am Gamaliel · þat forþ broȝte iwis
And norissede sein Paul · þat nouþe apostel is
Seinte Steuene þe holyman · bi us liþ also
Þat after oure Louerdes passion · ferst was to deþe ido 80
Nichodemus þe godeman · my neueu is þe þridde
Þat to oure Louerd com a niȝt · is wissinge forto bidde
Þe veorþe is myn owene sone · Abibas þe gode
We ne liggeþ noȝt þere faire · wo so him vnderstode
¶ Þo Lucyan awok · and þis siȝte hadde al yseie   85
He nuste wat him was to done · he was in gret eyȝe

f. 173ᵇ Ȝeorne he bad Iesu Crist · þe sikeror forto be[o]
And ȝif þe siȝte were þoru him · þat he it moste eft ise[o]
¶ Þe nexte Friday afterward · at þulke sulue tide
Gamaliel efsone cam · he nolde no leng abide   90

61 Vriniȝt] fridai nyȝt A   63 alowe] al one A   64 wiȝt so
snowe] so whit so snowe H ; scinede so þe sonne A   69 aris] vp
aris A   71 [w]e] he C ; we HA   74 Þ[e]] þat C ; þe HA

In þe sulue abit þat he dude er · Lucian he sede
Wy nastou ido þat ich þe bad · biþench þe bet ich rede
¶ Louerd quaþ þis Lucian · ich was somdel in drede
Þat it bote a sweuene nas · to do such holy dede
Þere fore ȝif þou woldest · come þe þridde tide   95
Þou miȝtest gladie me þe more · þat ich nolde no leng abide
¶ Þe niȝt eft a seueniȝt · com þis holyman
In þe manere þat he dude er · to þis Lucyan
He esste him anon in grete wraþþe · wi he abod so longe
And wat penance biuore God · he wolde þerof auonge 100
¶ A Louerd quaþ þis Lucian · ichelle nou hie faste
Ich ne abod noȝt bote for ich wolde be[o] · siker þerof
    attelaste
Þis Lucian him dude forþ · to þe bissop Ion
And tolde him þe holy mannes heste · & þis siȝte anon
Þe bissop gan for ioie weope · and lufde al þat he sede 105
And wende forþ hasteliche · to do þis holy dede
¶ Hy come and dolue faste inou · wel depe in þe gronde
So þat þoru oure Louerdes grace · þis holyman hi fonde
Seinte Steuenes holy bones · in þe est half hi fonde þere
Þo hi miȝte wonder ise[o] · alle þat þere were   110
For anon so he was ifonde · þe eorþe quakede faste
Þat al þe folk wondrede þerof · and were sore agaste
Þer smot out also of is bones · a noble smul & swote
Þat spradde aboute in to al þe place · & monymon com to
    bote
For þre[o] & seuenti men · þat in gret siknesse were 115
Iheld were þoru þulke smul · anon among hom þere
Hy nome op þis holy bones · wel clene and richeliche
And to þe churche of Sion · bere ham swuþe heiliche
For of þe apostles he was ymad · in þulke churche þere
Ercedekne of Cristene men · er he ymartred were   120

94 nas] *above line* C; nere HA   101 faste] þer fore *add.* A
102 siker . . . laste] þe sikerrore A   106] Leoue broþer Lucian.᛫
we schulle do þe holi dede *written at foot of column* H   107 *mar-
gin*] The word post *is written and a slip of parchment containing
7 short couplets on the subject of this vision is sewn to the edge of the
folio. The hand is that of some of the corrections and headings in* C
112 sore] *above line* C; somdel HA   115 þre[o] . . . men] þreo
hondred & souene & tuenti men H

In þulke churche his holy bones · were ido in ssrine
Nou God for þe loue of seinte Steuene · ssuld us fram
  helle pine

De sancto
Iohanne
ewangelista

Sein Ion þewaungelist · þat apostel also is
Was oure Louerd is aunte sone · & sein Iames broþer
  iwis
Is moder was oure Leuedi soster · Marie Salome
And iwedded to is fader · þat het Zebede

f. 174ᵃ

Zebede hadde twey sones · by Marie is wyf   5
Sein Ion and sein Iame · þat ladde wel holy lif
Sein Ion was ȝongore þanne oure Louerd · twelf monþe
  oþer þer aboute
For is kunne he was þe betere man · þerof nis no doute
And naþeles he was as ich wene · þritti ȝer old ney
Ar he weste of oure Louerd oȝt muche · oþer muche of
  him isey   10
¶ For oure Louerd nas bote lite iknowe · he ne cudde him
  noȝt
Ar he ibaptized were · and to Cristendom ibroȝt
And ȝute nekudde he him noȝt abrod · er þat sein Ion were
Islawe for loue of Holy Churche · þat he gan Herodes lere
Ac þo he imartred was · oure Louerd ne sparede noȝt   15
Ac ȝeode & prechede aboute · forte he was to deþe ibroȝt
To is deciples ferst he ches · tweie breþeren þo
Seinte Peter & seint Andreu · as he gan bi þe se go
And þer he sey tweie breþeren · sein Iame & sein Ion
Wiþ þe oldeman Zebede · hare fader avisseþ gon   20
Ham he clupede also to him · & hy bileuede anon
Hare uader & siwede him · & chose wel þe betere won
¶ Sein Ion was best mid oure Louerd · of þe deciples echon
Þat was isene þo he lenede · and slep up his brestbon
For þe wile he made is cene · as a Ssereþoresday   25
Sein Ion lenede op is brest · & wel softe aslepe lay
Amorwe as a Godefriday · he deide uppon þe rode
His swete moder & sein Ion · faste bi him stode

John the Evangelist. 3 Salome] Cleofee H   10 oȝt] *om.* HA
19 he sey] *above line* C   22 chose] toke HA   27-284] *lost*
H; *passage collated with* A J

Þere in sein Iones warde · is swete moder he tok
Tou wardi as is owe moder · as we findeþ in bok   30
Hure wardein he was after ek · þat he to heuene wende
Euere þe wile heo was an eorþe · forte he after hure sende
Riȝt it was to wardi hure · wanne heo is aunte was
And for þer nas noþer of ham · þat clene maide nas
¶ Clene maide to wardi oþer · riȝt it was to do   35
Þeruore inis swete warde · oure Louerd hure tok two
After þat oure Louerd was · to þe ioie of heuene iwend
And a Witesoneday to is deciples · þe Holy Gost hadde
  isend
Hi wende forþ wel baldeliche · euerich inis side
Al aboute in diuerse londe · and prechede wel wide   40
Into þe lond of Assie · sein Ion þewaungelist
Wende to wissi þulke side · and prechede of Iesu Crist
To þe cite of Ephese · attelaste he com
Þer he hadde him sulf hous & hom · prechede of Cristen-
  dom
¶ Þe emperor Domician · þat luþer was inou   45 f. 174ᵇ
Alle Cristene men þat he uond · he tormentede oþer slou
¶ So þat sein Ion was icome · þat longe was isoȝt
Biuore þe emperors Iustice · to Rome he was ibroȝt
Þe Iustice him het anon · fram God turne is poȝt
Certes quaþ þis holyman · þerto ne bringest it noȝt   50
For ichelle do more after God · þanne after þe iwis
Wel wroþ was þe Iustice · þo he hurde þis
Eoly he nam a tonne uol · & let it boily faste
And amidde þe seoþinge eoly · þe holyman me caste
¶ Sein Ion þerinne sat · so longe so it was   55
He ne changede noȝt enes is hiu · neþeworse him nas
Ac al hol wiþ oute harm · of þis eoly he aros
Þe Iustice þat þeron him broȝte · wel sore þerof agros
Þis was in Rome biuore a ȝat · þat þis dede was ido
Þe Porte Latyn me clupede · and ȝute me clupeþ it also   60
A sein Iones dai it was · þat is þe sixte day of May
For þulke miracle me halt ȝut · into al þat lond is day

30 is owe moder] hire owe sone J   38 hadde] *above line* C
42 prechede] prechi A   44 hom] *& follows* AJ   61 þat . . .
May] þat biginning is of may J

And for þat ȝet het Porte Latyn · þat þe dede was ido
Ȝute me writ þulke day · of Porte Latin also

¶ Domician þe emperor · þo he sei þis cas 65
Þat sein Ion nas noþewors · þat he in eoly was
Sori he was & wroþ inou · & naþeles he ne dorste noȝt
For Cristenemen þat he were · þoru him to deþe ibroȝt
He het him vleo out of þe londe · þat he ne come namore
    þere
Iharled he was out of Rome · as he a strong þeof were 70
And youtlawed as a þeof · þat in þe contreie ne come
Into þe ile of Pathmos · he wende out of Rome
And wonede þer in penance · twelf monþe ney
Of oure Louerdes priuetes · muche þere he sey
For of þe priuetes of heuene · oure Louerd him sse[u]de
    þere 75
War of he made þer anne bok · as Holy Churche to lere
Þat me clupeþ þe Apocalips · þat me ret in churche aday
Muche of Godes priuetes · þat he þer isay

¶ Þe ferste ȝer þat sein Ion · þus ioutlawed was
Of þe emperor þat him drof awei · þer fel a wonder cas 80
For þe cenatour him slou · þat was þo of Rome
In contek þat ham was bitwene · for hi contekede ilome
Sein Iones pais was sone ycried · and alle oþeres also
Þat hadde þoru þe emperor · in issil be[o] ido

f. 175ᵃ Sein Ion him wende aȝenward þo · mildeliche inou 85
Touward þe cite of Efese · to is owene hous he drou
For he hadde þer hous & hom · & kyn & frendes inowe
Men & wymmen of þe toun · wel þicke aȝen him drawe
For [to] welcomye him mid grete ioie · to toune hi him
    broȝte
Wiþ swuþe noble procession · as hi fol wel oȝte 90

¶ As hi wende þus þoru þe toun · mid þus gret ioie þere
Men & wymmen aȝen ham come · mid wel dreori chere
For Drusiane a ded womman · toward eorþe hi bere
Þer was for hure deol inou · and sori alle hi were
Gret loue þer hadde er ibe[o] · bitwene hure & sein Ion 95

71 youtlawed] y *written above* hi *crossed out* C þat] þat he AJ
75 sse[u]de] ssende C; scewede A; scheueþe J 76 as] al AJ
89 For] *om.* AJ [to]] *om.* C 93 ded] god A

So sone as·þat folk him isey · aȝen him hi come anon
And cride on him faste inou · sire hi seide þin ore
Lo Drusiane þi gode frend · þat was under þi lore
¶ Þo[u] wost wel he[o] þe louede muche · & nou ne may heo
    namore
In þis bere heo liþ her ded · heo makeþ us karie sore   100
Heo ne wilnede noþing · þe wile þat heo sik lay
Bote þat heo moste þe iseo · er hure ende day
And nou it is þus as God wole · & þou suxt heo nemay
Þench hou he[o] þe haþ iloued · suþþe he[o] þe uerst isay
And ȝif [þou] us wost þe grace do · & aȝen to lyue hure
    bringe   105
Euere we ssolde herie þe · and þe king of alle kynge
¶ Sein Ion gan to sike sore · in poȝte as he were
He bad ham abide anne stonde · & sette adoun þe bere
Softe he sat adoun akne[o] · and cride on oure Louerd þere
Þis womman þat him louede so · ȝif it were is wille arere 110
¶ Þo is orison was ido · þoru oure Louerdes grace
Þis womman aros up hol and sound · anon in þe place
And herede uaste Iesu Crist · and þe holyman sein Ion
Þere was prece of alle men · þat miȝte þuder gon
Sein Ion hure bad go hom anon · & greiþe somwat to
    mete   115
Atom in hure owene house · þat he miȝte wiþ hure ete
¶ Þis Drusiane wende forþ · and greiþede mete inou
And made sein Ion fair semlant · elles it were wou
¶ In þe cite of Efese · sein Ion bileuede longe
And prechede þat folk of God · Cristendom to auonge 120
And ordeinede eke prestes · & churchen let arere
Bissops he made þe heioste men · þat folk forto lere
Þe godemen þat were vnder him · bissops & oþere also
Fondede boþe niȝt & day · after is wissinge do
Hi cride on him faste inou · alle of þe cite   125 f. 175^b
For he vnderȝet so muche · of oure Louerdes priuete
Þe wile he was wiþ him an eorþe · & next him was also
Þat he ssolde of is holy liue · in som boc do
And al of is cunde wat he was · & þat folk aboute lere
Þat hy miȝte al þe bet iwite · wat oure Louerd were 130

    99 Þo[u]] Þo C   105 [þou]] *om.* C; *given* AJ

¶ Sein Ion biso3te þat folk þo · for him þat hi bede
In fastinge & in orisons · to do such holy dede
And wende into a deorne stude · & bad oure Louerd faste
Þe wit of þe Holy Gost · inis heorte þat he caste
Þe holy gospel of him to make · Holy Churche to lere　135
Warþoru euerich Cristenman · þe bet biluued were
He bad also þat þer ne ssolde · þoru oure Louerdes grace
Wind ne rein ne oþer weder · come in þulke place
To lette him of is holy dede · þe wile he þere aboute were
Oure Louerd hurde is bone wel · ne reinde it neuere eft
　　þere　　140
Ne no wind com 3ute to þis daie · as þis holiman it bad
Ne no tempest in þulke stude · þat þis bok ymad
¶ Holy is þe holy boc · wanne so holy is þe stude
Þat þer nemay no tempest come · as þis holiman it hadde
　　ibede
Anon þo sein Ion bigan · to do þis holy dede　　145
Of þe Holy Gost he was itend · þat al þat he sede
He sek of oure Louerdes brest · as he þerto lay
Þe wile he made is swete cene · a Ssereþoresday
Þer he sek out þat holy wi3t · of þe holy gospelle
Þat he made suþþe in Ephese · amang Cristene men to
　　telle　　150
¶ He was þe ueorste ewaungelist · and herre nas þer non
And is gospel he made last · of ham euerichon
For sein Mattheu & sein Mark · & sein Luc iwis
[Hor gospelles hadde long ymad er he bigonne his
Ac sein Ion bigan his hext for þeron he bigan　　155
Of our Lord al what he was er þan he were man
He bigan so heie his gospel · of our·Lordes kende ywis]
Þat vnneþe eny eorþlich man · entendiþ wat it is
For he so3te out so deope is cunde · & of him bigan so
　　heie
In forme of ern he is iwrite · as we seoþ alday wiþ ei3e 160
For ern is such best of alle foules · & heiost he mai fle[o]

138 come] to him come A; come ney him J　　140 is] al *deleted*
before is C　　142 ymad] was imad AJ　　151 ueorste] hexte A
herre] raþer A　　154-7] *om.* C; *space for two lines left blank* A; *text*
from J　　161 is such] if A; swyft J

For wanne he is in þe lift so heie · þat herre nemay non be[o]
3ute he may here in þe gronde · a lite worm ise[o]
& atte se gronde a smal viss · to cheose woder te[o]
He may also heie vleo · and þe firmament so ney   165
Þat he for swelþ is feþeren · wanne he is so hey
¶ Sein Ion þat in forme of ern · is gospel wel heie bigan
Þer inne he tolde oure Louerdes lif · þe wile he was an eorþe man
Þe gospel is wel iholde · as wel ri3t it is   f. 176ª
For muche del of Holy Churche · þer þoru iloked is   170
¶ Sein Ion cudde is gospel sone · & prechede faste also
3ute þere were luþermen · þat hadde envie þerto
O tyme manye luþermen · to gadere hare red nome
And to sein Ion þewaungelist · to grete wraþþe come
And het him wende swuþe uorþ · to hare maumes anon 175
And forþ wiþ ham onury · oþer it ssolde anoþer gon
¶ Beu freres quaþ þis holyman · ichelle 3ou segge o soþ
Ich habbe of 3ou reuþe gret · þat 3e nuteþ wat 3e doþ
Ichelle do hom chois of two þinges · þer of cheose 3e
Þat ich go wiþ 3ou to 3oure temple · oþer 3e to churche mid me   180
Wanne 3e to churche comeþ · 3if 3e þoru godes lawe
Mowe make þe churche ualle · ichelle biluue on him vawe
And 3if ich may so 3oure temple · biuore 3oure owe si3te
Ich rcdc biluuc[þ] on Iesu Crist · wanne 3e seoþ is mi3te
¶ We granteþ wel queþe þis oþere · þou sselt ferst bigynne   185
To cuþc þinc Louerdes mi3te · þe maistrie forto wynne
To þe falce temple hi wende ferst · & þo hi were nei alle
Sein Ion ham bad stonde auer · þat hy nere offalle
Þo hi were alle wiþdrawe auer · sein Ion auer stod
Iseo 3e he seide þis temple alle · þat 3e holdeþ so god   190
Ich hote nou in my Louerdes name · þat he falle anon
Þat 3e mowe þat soþe ise[o] · biuore 3ou euerichon

169 *first* wel] heie *add.* AJ   174 *second* to] in AJ   176 onury] hem *add.* AJ   178 nuteþ] þ *inserted above line* C   179 hom] 3ou AJ   181 godes] 3oure godes AJ   182 him] hem AJ   184 biluue[þ]] d *for* þ C

¶ He nadde bote þis word ised · þat it ne uel up and doun
Fram ende to oþer al þis temple · mid wel grisliche soun
Þat al þe folk þat þere stod · þis miracle ysey   195
Hy gonne to crie on Iesu Crist · and on sein Ion anhei
Twelf þousond men þer turnde · to Cristendom echon
Wiþoute children & wymmen · þat turnde ek manyon
¶ Aristodimus þe bissop · and maister of þe lawe
  Ȝute nemiȝte noȝt sein Ion · to oure Louerd is herte
    drawe   200
For þo he sey þe miracle · þat þe temple fel þo þere
Ȝute nolde he noȝt iluue · þat it miracle were
He nolde iluue in no manere · þat oure Louerd were of
  miȝte
Sein Ion stod & biþoȝte longe · hou he miȝte him bringe to
  riȝte
¶ Sey me he seide wat ssel ich do · þat þou þe soþe ise[o] 205
And bote ich it do ne luf þou noȝt · þat my God almiȝti
  be[o]
Parfei quaþ þis luþerman · ichelle nou herkeny þe
Do nou þat ich þe wolle segge · & þou sselt wynne me
f. 176b Venim ich habbe strong inou · þat wo so þer of drinkeþ oȝt
Ne come þer so lite wiþinne him · to deþe he worþ
  ibroȝt   210
Drink þerof biuore myn eiȝen · & ȝif it ne greueþ þe noȝt
To Iesu Crist þat is so god · ichelle turne al mi þoȝt
¶ [Þou] seist wel nou quaþ sein Ion · bring nou hider to me
Þat stronge venim & ichelle · drinke it biuore þe
Þis false bissop him biþoȝte · to agaste him sore þere   215
And for[to] se[o] al to soþe · þat is godes of power were
Tweie men þer were to deþe idemd · for hare luþer dede
Þe false bissop let ȝam boþe · biuore sein Ion lede
And made ham drinke of þe venim · riȝt biuore is eie
Anon so it oȝt wiþinne him com · boþe hi gonne to deie 220
¶ Sein Ion suþþe þe coppe tok · þo he sei al þis cas
And drank þerof a gret draȝt · & noþewors him nas

196–7] *written in reverse, marked for order given* C   210 so]
noso AJ   212 so] þi A; nu (?) J   213 [Þou]] No C; þou AJ
216 for[to]] for C; to AJ   al to] al þat A; also þat J   220
him] hem A; *om.* J

Ac euere þe leng afterward · þe more ioie he made & bliss
Þat folk stod in gret wonder · þo hi seie al þis
Hi stode & biheld him lange · þre[o] tiden & more   225
And euere þe leng þe gladdore · hi seie him for al is sore
Hy gonne turne to Iesu Crist · and cride him mercy anon
So þat to Cristendom · þer turnde þo manyon
¶ Ac Aristodimus þe bissop · was euere in luþer þo3te
And nolde biluue on Iesu Crist · for al þat he wro3te   230
¶ Wat lackeþ 3ute quaþ sein Ion · me þingþ it is mid wou
Þat þou ne biluuest on Iesu Crist · ne sucstou no3t 3ute
     inou
Bote þou most 3ute quaþ þe bissop · þe dede to lyue arere
Þat to deþe mid þis venim · apoisened nouþe were
¶ Þou seist wel nou quaþ sein Ion · ac þat þou þe soþe
     ise[o]   235
Ich nel no3t mi sulf aney ham come · ac upe þe it ssel al
     be[o]
Mi curtel nym here to þe · & leie ope ham anon
And in þe name of Iesu Crist · hot arise and gon
Þe bissop nam sein Iones curtel · biuore þe Iustice
And leide upe þe dede & het ham · a Godes name arise   240
Mid þis word þe dede men · arise to liue anon
And 3eode forþ hol & sonde · & þonkede sein Ion
¶ Þe bissop þo he þis isei · and þe Iustice also
Cride merci Iesu Crist · 3if hi hadde misdo
And turnde þer to Cristendom · & folk also inou   245
For þe miracle þat hi seie · & elles it were wou
Þe miracle þat sein Ion dude · no tonge telle nemay
Þeruore þat folk him siwede · & þis miracle ysay
¶ Tweie wilde louerdlinges · þat 3onge and stronge were   f. 177ᵃ
Siwede him and dude also · as he ham gan lere   250
Ferst hi solde al 3are god · þat ham bileuede no3t
And turnde al to Iesu Crist · hare hurte & hare þo3t
And siwede sein Ion also · þat ham þerto hadde ibro3t
And prechede of Iesu Crist · þat ham hadde deore abo3t
¶ A dai as þis tweie 3onge men · riche men and hei3e   255
Wiþ nobleie & prute inou · bi þe weie hi seie

238 hot] het hem A; hot hom J   241 word þe] above line C
251 solde] vorsoke A   252 al] hem A; hom alle J

Þoȝte hi such nobleie · we were iwoned to lede
In iolifte & prute inou · and nou we beoþ in wrechede
In miseise and in pouerte · & riche were byuore
Me þingþ sori mowe we beo · þat we euere were ibore 260
¶ Sein Ion weste al hore herte · þei he ne hurde hom noȝt
ȝou foles he sede wat is ȝou · wi change ȝe ȝoure þoȝt
ȝeorden and bowes ueccheþ me · and stones also
Þis ȝonge men him vette anon · hit was sone ido
¶ Sein Ion turnde þis ȝeorden · in pur gold & cler 265
Þe stones in ȝimmes precious · þoru oure Louerdes poer
And þis tweie wilde bachilers · ȝaf it euerich del
Here wiþ he sede ȝe moweþ nou · habbe many a god mel
A[nd] as muche lond bugge & more · as ȝe ssolde byuore
For ȝe habbeþ · bote ȝe þe bet do · þe ioie of heuene for-
lore 270
¶ Þis ȝongemen nome þis tresour · and glad þere wiþ were
And to many a goldsmiþ · wide aboute it bere
Þis goldsmiþes swore echone · þat þis gold iseie
Þat so clene gold ne puȝ · hy ne seie neuere wiþ eiȝe
Hou miȝte fairor miracle [be] · oþer fairore poer 275
Þanne bouwes & ȝeordes teorne · in so pur gold & cler
¶ As sein Ion þe waungelist · vorþore wende þere
And boþe þis men forþ wiþ him · þat so riche of golde were
A ded man toward buringe · me broȝte up a bere
Þe moder cride to sein Ion · þat he ssolde him arere 280
¶ Louerd he[o] seide ich bidde þe · þat þou habbe ruþe of me
And of mi sone þat is ded · ibroȝt here aȝen þe
Haue reuþe of him ich bidde þe · for Iesus wondes fiue
As þou haddest of Drusiane · þo þou re[r]ddest hure to lyue
¶ Þo gan sein Ion to wepe sore · and bad astunte þe bere 285
And bad oure Louerd for is grace · þe dede body arere
Þis ȝongeman anon mid þis word · to liue aros þere

f. 177ᵇ
Þar was ioie & blisse inou · among alle þat þere were
Ich hote þe nou quaþ sein Ion · þat ded hast ibe[o] þus
ȝare
Þat þou somþing telle þis men · þat þou seie elles ware 290
And namelich here þis tweie men · þat beoþ nou forlore

258 iolifte] nobleie AJ   262 ȝou] ȝe AJ   269 A[nd] as] As
as C   275 [be]] om. C; given AJ   284 re[r]ddest] r om. C

Þat beoþ iturnd nou to þe deuel aȝen · wam hi seruede
biuore

¶ Þis ȝongeman þat was to liue arered · biheld þis oþer tweie
Alas he seide þe wrechede · þat ich isey to ȝou beie
Þulke tyme þat ȝe forsoke · þis holy mannes lore`   295
Angles þat ȝou weste er · weopeþ for ȝou wel sore
And ȝute doþ as ich isei · deuelen in hore ende
Made for ȝou ioie inou · to wam ȝe gonne wende

¶ Alas wrecches þe muche pine · þat to ȝou is al ȝare
Þat ich isei in helle to ȝou · to ȝam ȝe solleþ fare   300
Þo þis tweie men hurde þis · hi gonne to crie anon
And wope & made deol inou · and cride uppon sein Ion

¶ Alas ȝe foles quaþ sein Ion · ȝe nute wat ȝe solleþ be[o]
Ȝif God wole habbe merci of ȝou · ȝe mowe sone ise[o]
Iredi he is to sunfol men · þat wolleþ to him wende   305
Þare fore crieþ ȝeorne on him · þat he ȝou milce sende
And þat soþe ȝe moweþ iwite · wanne he ȝou haþ milce
isend

Wanne þis gold & þis ȝymmes · to hare kunde beoþ iwend

¶ Hi cride þo in Iesu Crist · and in penance were
In fastinge and in orisons · þritti dawes þere   310
Þo turnde þat gold biuore hare eiȝene · into bowes of
tre[o]
And þe ȝymmes into harde stones · as hy hadde er ibe[o]

¶ Þo þe ȝongemen þis iseie · glad hi were inou
Aȝen þare as hi ham fette · hi bere euerich bou
And forsoke al þe worles prute · and token as þe wise   315
And endede attelaste hore lif · in oure Louerdes seruise

¶ A tyme as þis holyman · wende into þe contreie
A ȝong partrich he bar on is hond · & þerwiþ he gan to
pleie
A wilde louerdling þer com · aȝen him in þe weie
Iwepned wel baldeliche · him ne stod of noman eiȝe   320
Abusmare he lou sein Ion · þo he sei him bere an honde
Þe ȝonge foul and pleie þer wiþ · þer of he adde onde

¶ Lo he seide þis olde coeng · inis olde lyue

---

300 to ȝam] þider H; ȝuder A   315 token] dude HA   320
him] he HA   321 lou] bihuld HA   323 coeng] cherl H;
cong A

Such prophete as me him halt · oþer men to ssriue
Wel bytrufleþ he þat folk · here me may ise[o]   325
Hou pleieþ he wiþ þis ȝonge voul · he nemiȝte noȝt wis be[o]
¶ Leoue broþer quaþ sein Ion · ich bidde tel þou me
Wat is þat þou berst an honde · & war of it serueþ þe

f. 178ᵃ ¶ A bowe ich bere quaþ þis oþer · and arwen þerto
To sseote wiþ wilde bestes · and foules also   330
Bend þi bowe quaþ sein Ion · and loke wat he can do
Þis ȝonge man nom & bende is bowe · & bar him longe so
Þer afterward he nam is bowe · & vnbende him as he couþe
Wy destou so quaþ sein Ion · wat ssel he vnbend nouþe
¶ For he wole quaþ þis oþer · þe smertore driue efsone   335
And ȝyue þe betere dunt · wanne ich habbe [t]o done
For ȝif ich bere longe ibend · þe feblore he wolde be[o]
And euerich draȝt þe worse driue · and þat may echman yse[o]
¶ Beau douȝ frere quaþ sein Ion · also it farþ iwis
By mannes heorte here an eorþe · þat feble & liþi is   340
Ȝif he is toward Iesu Crist · ibend euere mo
Febly he ssel and be[o] al sad · and is strengþe al ago
And ȝif he is oþerwile vnbend · and iturnd to solas
Wanne me bent him he worþ efsone · strengore þanne he er was
And in gode seruise þe bet dure · and be[o] þerto strong   345
¶ Þare fore mot ech holyman · solaci him among
And turne is heorte to somme trufle · wanne he may eny ise[o]
Þat he mowe to Godes seruise · þe strengore efsone be[o]
¶ Þe ern is foul of alle foules · þat heiost may fle[o]
And ȝute he mot nede to reste him · aȝen to gronde te[o]   350

329, 330 þerto, also] *reversed* HA   333 Þer afterward] Þerafter longe HA   336 [t]o] do C   337 ich] *above line* C; ich him HA   longe] to longe A   341 ibend] faste *precedes* H; *follows* A   345 gode] godes HA   347 turne] turnde C; turne HA 348 þe strengore] þe swiftere & þe strengore H; stiuore & strengore A   efsone] *om.* HA

Hou miȝte he euere fle[o] anhei · bote he reste him atte
   gronde
Namore nemay mannes heorte · bote he reste him som
   stonde
Þare fore bel amy þou miȝt · þat soþe here ise[o]
Þat pleinde man þe bet may · in Godes seruise be[o]
¶ Sein Ion wende wide aboute · and churchen he let rere
And made bissops & prestes · þat folk forto lere   356
Ac Aristodimus þe bissop · þat he turnde er to C[ri]sten-
   dom
In þe cite of Effese · swuþe holyman bicom
And a churche of sein Ion · in Effese he rerde blyue
And sein Ion suþþe in þulke churche · wende out of þis
   lyue   360
A dai as þis holyman · his seruise hadde ido
A ȝongman he sei þer biside · stalworde & fair also
Ac of liȝt red he was & of þunne witte · sein Ion biheld
   him faste
And up a bissop þare biside · is eien anon he caste
¶ Ich take þe to warde þis man · he seide lo   365
And þou him lokie & witie wel · þat he noȝt ne misdo
Þat þou me answerie of is warde · wanne þou me comst eft
   two
Witnesse ich take Iesu Crist · and al Holy Churche also
¶ Sire vawe quaþ þis bissop · þis ȝongeman he tok softe   f. 178ᵇ
Sein Ion him chargede of þis warde · & munege[de] ek
   ofte   370
Þat he him wardede so wel · as he answerie wolde
And bitok ham boþe Iesu Crist · and wende woder he
   wolde
¶ Þis bissop nam þis holyman · and ladde him to is inne
And norissyde him softe & wel · sein Iones loue to wynne
And prechede him of Iesu Crist · to bileue is folie   375
So þat þis ȝongeman to gode turnde · and bigan merci to
   crie

354 pleinde] pleyinge HA   357 C[ri]stendom] ri *om*. C   369
Sire vawe] Swiþe vayn A   370 munege[de]] de *om*. C; Myne-
wede H; menugede A   371 wolde] scholde H   373 holy-]
ȝunge H; iolif A

And bar him uaire & louede wel · God and seinte Marie
And dude al as þe bissop wolde · and hard lif gan dreoye
¶ Attelaste þis bissop gan · somdel is heorte wende
As ofte verlich bigynnynge · fleccheþ attenende   380
He soffrede þis ȝonge man pleie · and to habbe is wille
And lite and lite do folie · and let him al aspille
For ferst he gan to haunti wakes · and þoru companie
He wax a [s]iutour of tauerne · and hantede glotonie
Þo ne miȝte he be[o] wiþoute · ac turnde to lecherie   385
And bicom holour strong · and wende al to folye
So longe to holde up is folye · smale þinges he nom
After þe smale he nom þe more · and strong þeof bicom
So þat he hadde gret dedein · smale þufþe to do
Bote it were þe grettore þing · he ne turnde noȝt þerto 390
¶ To a companie of outlawes · attelaste he com gon
Vnder non oþer he nolde be[o] · ac hare maister anon
Oþere þat er maistres were · bicome is men echon
He robbede ouer al to gronde · and slou ek manyon
More sorwe nemiȝte be[o] · þanne he dude in eche ende 395
For ofte vuel chastement · to vuel wole wende
¶ So þat sein Ion in a tyme · to þis bissop com
Wam he bitok er in warde · god ȝeme aboute he nom
Sire bissop ȝeld me up he sede · þat god tresour ich rede
Þat ich tok þe in warde · and acountes of is dede   400
¶ Þo was þe bissop sore adrad · sire merci he sede
Ich ne may þe him ȝulde noȝt · for he is ded ich drede
Alas quaþ sein Ion war he be[o] · in wuche manere is þis
Certes sire quaþ þis oþer · aȝen god ded he is
His soule is ded þei is body · an eorþe aliue ȝute be[o] 405
For outlawe strong he is bicome · as manyman may ise[o]
¶ Op an hei hul he woneþ · wiþ outlawes manyon
And let quelle & robby ek · al þat he may ofgon
Þo bigan þis holyman · to weope and sike sore
For deol is cloþes he to tar · Louerd he sede þin ore   410
A feble tresour ich ches · and þoru is feble lore

381 to] to moche H; muche A   383 þoru] to H; fole A   384
a [s]iutour] aiutour C; a sutour H; aseutour A   hantede] vsede H;
siwede A   386 holour] horling A   389 dedein] deinte A
395 sorwe] schreuhede H   410 to tar] todrouȝ HA   411
tresour] tresourer HA

f. 179ª

Mi deorworþe tresour ich habbe ilore · i ne triste to him
    namore
¶ Alas sire bissop þi feble warde · i ne þonke þe noȝt þer uore
  Wanne it nis non oþer ich mot seche · þat þou hast ilore
  Let greiþi me an hors anon · and a man in a stounde   415
  Þat me mowe þane wey teche · forte ich him habbe yfonde
¶ Þis holyman þat [feble] was · and ouercome ney mid elde
  Op a god hors arnde forþ · ouer mor and felde
  So þat as þis outlawes were · he com attelaste
  Þe ssrewen were al ȝare sone · & nome him sone vaste 420
  To robby him and to sle him ek · & hete ho[ld]e him stille
  O beu freres quaþ sein Ion · ich mot nede do ȝoure wille
  Ac ich bidde ȝou for ȝoure corteisi · ȝoure maister let me
    se[o]
  And lete him sulue wiþ me do · wat is wille be[o]
¶ Þe maister com iarmed wel · prikie & erne uaste   425
  Anon þo he ope þis holyman · is eiȝene auer caste
  And wuste wel þat he it was · him gan to ssame so sore
  Þat he bigan to fleo anon · & ne miȝte him iseo namore
¶ Þo sein Ion þis isey · he arnde after anon
  And siwede him as hasteliche · as is hors miȝte gon   430
  He arnde as he a ȝongman were · sone he seide þin ore
  Wy flucstou me nam ich þi uader · nedred þe noȝt so sore
  Spek her wiþ þi feble fader · vnarmed & in eolde
  Abid nou me and ichelle for þe · oure Louerdes reson ȝelde
  Ich am prest þe deþ auonge · for þe in stronge pine   435
  As oure Louerd dude for us · and my soule ȝiue for þine
  Spek wiþ me bote þou wolle more · ich hote a Godes name
  Þe oþer astunte & abod · vnneþe he miȝte for ssame
  He aliȝte & vnarmede him · and wepinge wel sore
  He fel to sein Iones fet · and cride him milce and ore 440
  And bihet him stableliche · þat he nolde misdo namore
  Ac louie God and Holy Churche · and libbe al bi is lore
  So þat he was afterward · godman & stable inou
  And bi sein Ion is rede ladde is lif · & to alle godnesse
    drou

417 [feble]] fel C; feble HA   419 as] þer HA   421 ho[ld]e him]
hote him C; him holde H; him be A   434 nou] þu H   Louerdes]
louerd HA   442 libbe al bi] do after H; do al after A

¶ Sein Ion lyüede here so longe · & so monye is dawes were 445
  Þat he nemiȝte ouer þe eorþe go · bote as is deciples him bere
  Hi bere him for feblesse & for eolde · to churche mid alle teone
  And euere he prechede ham · þat loue ham were bitwene

f. 179ᵇ ¶ Þo he was of an hondred ȝer · bote o ȝer wane vnneþe
  And seuene & sixti ȝer it was · after oure Louerdes deþe 450
  Oure Louerd com & is deciples · to him fram heuene anhey
  Com forþ he sede mi leoue frend to me · þi tyme is ney
  Hit is ney time þat þou come · to my riche feste
  Wiþ þine breþeren in my riche · þat ssel euere ileste
  For þou sselt nou a Soneday · þat þe vifte day henne is 455
  Þe day of myn oprisinge · to me come iwis

¶ Þis holyman het is deciples · þat hi him to churche bere
  Þat of him and inis name · Aristodimus let rere
  Þat folk com sone þicke þuder · wiþ deol & sorwe inou
  For it was sone couþ · þat [he] toward is ende drou 460
  Þe seueniȝt wel tyme [he] bigan · his seruise to do
  And suþþe he gan þat folk to wisse · & to prechi also

¶ Atte uerste cokken crowe · he gan to prechi faste
  And forte hei vndern of þe daye · is prechinge ilaste
  Þo het he ham þat a put · four heornede hy made 465
  Faste bi þe heie weued · mid ssouele & mid spade
  And þat hi caste out atte churchedore · þe eorþe ȝeorne he bad
  Mid wop and mid sor inou · þis put was ymad

¶ Þo þis put al ȝare was · biuore hare alre siȝte
  Þis holy man wel softeliche · þeron gan aliȝte 470
  Is honden he held up anhey · swete Louerd he sede
  Comynde ich am to þi feste · as þou me er bede
  Louerd muche ich þonke þe · þat it þi wille is
  To þi gustnynge clupie me · for ich wilny iwis

446 ouer] vpe HA   449 wane] om. A   452 to me] com H
460 [he]] om. C   toward is ende] to þe deþe H; to deþe A   461
tyme] bityme HA   [he]] om. C   470 softeliche] stilleliche H;
mildeliche A

Þin sones ich take þe to loke · wanne i nemai ham no leng
 wite   475
Þat Holy Churche þi clene spouse · þoru me þe haþ bi riȝte
¶ Vnderuong me wiþ my breþeren · þat þou broȝtest wiþ þe
Þou bede me to þine feste · & come after me
Þo com þer aboute þis holyman · so gret liȝt & liȝte
Þat noman ne miȝte for cler leom · of him habbe a siȝte 480
Þis holyman him blessede · and wel softe adoun lay
Mi breþeren he sede iblessed ȝe be[o] · & habbe wel goday
Þis godeman wende out of þis world · al clene wiþoute pine
As he was clene in maydenot · he com to a swete fine
Þe cler liȝt þat aboute him was · last almest a tide   485
Þat folk ne sei non oþer þing · wel faste hi wope & cride
¶ Þo þis liȝt ipassed was · hi lokede þane put to gronde
Þar inne of þis holyman · noþing hi ne seie ne fonde
Ne noþing bote smale grenes · þat hi miȝte vnderȝite   f. 180ᵃ
Þat holy þing is þat icluped · manna in holy write   490
¶ Þe wile God in forme of rein · fram heuene to eorþe sende
Þe children of Ierusalem mete · þo hi of Egipte wende
Þis manna þis holy grein · ȝute to þis daie deþ springe
Of þis put þat many men · bringeþ to botnynge
Non oþer þing of sein Ion · me nemiȝte an eorþe finde 495
Al clene ich wene in heuene he is · þer nis no lyme bihinde
Of eche halwe me fond þat soþe · þat body bileuede here
Bote of oure Leuedy & of him · þat maidens were so clere
Worþi a þing is maidenot · as it was on ham isene
Sein Ion wende in þis manere · out of þis world ich
 wene   500
¶ Seint Edward þat was nou late · in Engelond oure king
Sein Ion þe ewaungelist · he louede þoru alle þing
Me ne ssolde him noþing bidde · for loue of sein Ion
Þat he miȝte do wiþoute blame · þat he ne grantede anon
¶ A day þer com a po'ereman · wiþ wel dreori mod   505
And bad him for sein Iones loue · to ȝiue him som god

476 þoru me ... riȝte] bi me haþ biȝite H; þoru me haþ biȝete A
479 liȝt & liȝte] liȝt anyȝt H; leme & briȝt A   480 cler leom]
clernesse A   485 almest a] fele HA   490 þat] om. HA
491 Þe wile God] Þat god wule A   492 Ierusalem] israel HA
mete] to here mete HA   496 nis no lyme] ne bileuede noþing H;
nys noþing A   497 me] above line C   500–22] om. A

Seint Edward biþoȝte him þo · he nadde nei him noþing
Forto ȝiue þis pouereman · bote a guldene ring
Þis ring he louede wel inou · and for þe loue of sein Ion
He ȝaf hine ȝute þis pouereman · and he wende forþ
    anon   510

¶ Þer after suþþe sein Ion com · to a kniȝt of Engelonde
As he was biȝende se · auntres forto fonde
Wend he sede wanne þou hom comst · to Edward ȝoure
    king
And seie þat he for was loue · he ȝaf þisne ring
Him sende her is ring aȝen · and þonkede him also   515
Þo þis kniȝt com to Engelond · is erande he gan do

¶ Seint Edward ikneu þane ring · & vnderstod anon
Þat þe pouereman þat he him ȝaf · was þe louerd sein Ion
Þulke ring is ȝute at Westm[i]nstre · in relike ido
As me sseweþ pilgrims · þat ofte comeþ þertwo   520
Nou sein Ion þe waungelist · ȝif it þi wille is
Bidde for us þat we mote · come to heuene blis

De sancto
Thoma
archiepi-
scopo et
cantuariense

Gilberd was sein Thomas fader · þat triwe man was
    & god
He louede God & Holy Churche · suþþe he wit vnderstod
Þe crois to þe Holy Lond · inis ȝonghede he nom
And mid on Richard þat was is man · to Ierusalem he com
Þare hi dude hare pilgrimage · in holy studes faste   5
So þat amang Sarazins · hi were inome attelaste

f. 180b   Hi and oþere Cristenemen · and in strang prison ido
In miseise & in pine inou · in honger & chile also
In strang swinch niȝt & day · to of swinke hore me[te]
    stronge
In such swinch & hard lif · hi liuede ham þoȝte to longe 10
For volle oþer half ȝer · gret anuy hi hadde & ssame
In þe prince is hous of þe lawe · Amiraud was is name

¶ Ac þis Gilberd of Londone · best grace he hadde þere

519 Westm[i]nstre] i *om.* C
Thomas à Becket. 1] *four lines precede in* A: Engelond glad þou beo:
vor þou miȝt wel eþe / & al holi chirche also: for one monnes deþe /
Þe erchebiscop S. Thomas: þat hire wel dere boȝte / Wiþ his derworþe
brayn! þat þe scharpe swerd soȝte   9 me[te]] me C; mete HA
11 anuy] pyne HA

Of þe prince & alle his · among alle þat þare were
For ofte al in veteres · and in oþer bende 15
Þe prince he seruede atte mete · for he þoȝte him god &
    hende
And ofte þe prince also god · in conseil him wolde drawe
And þe manere of Engelond · him esste and of þe lawe
¶ So þat me wolde is felawes · muche god ofte do
For is loue & alle hi uerde · þe bet for him also 20
And nameliche for a maide · þat louede þis Gilberd uaste
Þe princes doȝter Amiraud · þat hure heorte al upe him
    caste
And louede him in triwe loue · in gret mornynge and wo
And þe princes eir he[o] was · for he nadde children namo
And of hure he hadde lite blisse · and lite harm it was 25
For he[o] com to betere ende · as ȝe ssolle ihure þat cas
¶ Þis maide þat louede so · þis Gilberd deorneliche
He[o] spak þo heo sei hure tyme · wiþ him priueliche
And esste him of Engelond · and of þe maner þere
And of þe lif of Cristendom · & wat hare bileue were 30
¶ Þe manere of Engelond · Gilberd hure tolde uore
And þat þe toun het Londone · þat he was inne ibore
And þe bileue of Cristen men · & þe blisse & þan ende
In heuene ssolde hare mede habbe · wanne hi ssoldeþ
    hanne wende
¶ Wostou quaþ þis maide þo · wo so bode it þe 35
Þolie deþ for þi Louerdes louc · Gilberd sede ȝe
And þat him were swuþe leof · wo so him þerto broȝte
Þo þe maide him sei so studeuast · he[o] stod longe in þoȝte
¶ Ich wolde he[o] sede al my lond · bileue for loue of þe
And Cristen womman bicome · ȝif þou wolt spousi me 40
Þo Gilberd hurde þis · he was in grete þoȝte
And feinede is word here and þer · & ne grantede al noȝt
And seide he was al to hure wille · ac he moste him
    biþenche
For he was strange he dradde ȝut · of womman wrenche
¶ He drof euere forþ wiþ faire biheste · þis maide longede
    sore 45

23 triwe] durne HA   33 & þan] wiþouten HA   44 wom-
man] wommanes H; wommane A

And louede him deorneliche · euere þe leng þe more

¶ Gilberd and is felawes suþþe · as God þe grace sende

Prison breke & bi[n]iȝte · out of þe londe wende

Þe reue amorwe þat ham ssolde · to hare labour lede

Nuste þo he miste ham · wat him was to rede   50

Faste he siwede after ham · he and oþer mo

Ar hi come to Cristen men · me ne miȝte ham noȝt ofgo

Ac wanne hi ne miȝte hom oftake · aȝen hi turnde þo

And dude hare beste aȝen þe prince · ac arst ham was wel
    wo

¶ Þe ma[i]de made þo deol inou · þat he[o] was euere ibore 55

For al þe ioie of þis lyf · hure þoȝte he[o] hadde ilore

He[o] weop and made so muche deol · þat me nuste neuere
    of more

Ne telle of womman þat me weste · þat boȝte loue so sore

For by niȝte he[o] wende al one · he[o] nuste woderward

And of spence wiþ hure nom · to seche þis Gilbard   60

And bileuede al hure gret heritage · & hure heie kun
    also

And ne sparede for non eritage · þat hure miȝte come to

Ne for siknesse ne for deþ · ne for honger ne for wo

Ne for peril in þe se · ne alonde noþemo

Ne þat he[o] ssolde amang Cristene men · vylore þan an
    hound be[o]   65

Ne þat hi ne knewe hure speche noȝt · ne þat he[o] weoste
    woder te[o]

¶ Ne ware he[o] ssolde þis Gilberd · alyue finde oȝt

Ne weþer he wolde spouse hure · wanne he[o] him hadde
    al isoȝt

And naþeles he[o] wende forþ · mid wel god pas

Hou þingþ ȝou was he[o] hardi oȝt · for Gode me þingþ
    he[o] was   70

¶ He[o] wende and esste to Engelond · & gret peril anhonde
    nom

So þat in pine and wo inou · at þan ende þuder he[o] com

47 gilberd & is felawes] *add. as tag at foot of* f. 180ᵇ C   48
bi[n]iȝte] -miȝte C; niȝte HA   55 ma[i]de] i *om.* C   60 And
of . . . nom] & nadde spence wiþ hire non A   62 eritage] sorewe
HA   70 *first* was] nas HA   71 wende] nom H; eode A

And þo he[o] elles þuder com · he[o] ne couþe Engliss
   word non
Bote Londone Londone · to esse woderward gon
And þare þoru me teiȝte hure þe wey · so þat he[o] þuder
   com   75
And ȝeode aboute as a best · þat ne couþe no wisdom
As he[o] were of anoþer world · þat folk þicke inou
To biholde a such mopiss best · aboute hure þicke it
   drou
¶ And nameliche childrene · and wilde boyes also
For þe wonder hi siwede hure · & scornede hure þerto 80
So þat mid noise & cry inou · attenende bicas
He com aȝen þulke hous · as þis Gilberd inne was
And sein Thomas was suþþe þerinne ibore · gracious was
   þat cas
Þat is nou an ospital · irered of sein Thomas
¶ As Richard wiþinne was · þe noise he hurde þere   85
Out he ȝede forto awaite · wat þat noyse were
He stod þo he hure ykneu · as a man þat were forlore   f. 181ᵇ
In gret wonder in he orn · and tolde is louerd fore
¶ Þis Gilberd þoȝte wonder gret · ac þan cheson wel he
   þoȝte
He het Richard þat he hure nome · & mid a god wif hure
   broȝte   90
Þare biside fair inou · and wiþ semblant hure nom
Suþþe þo þis Gilberd · byuore þis maide com
Þe mayde vel upriȝt iswowe · anon so [heo] him isei
Þat deol was among al folk · þat þare was ney
¶ Þis Gilberd him held somdel stille · as him noþing nere 95
Ac sixe bissops þulke tyme · at sein Poules þare were
Ac hi were at parlement · for neode of þe londe
Þis Gilberd in þis wonder cas · him gan vnderstonde
And ȝeode & tolde ham euerich del · red of ham to auonge
Þare of alle hi wondrede · and in conseil stude longe 100
¶ Þe bissop verst of Chichestre · is auis sede þanne

73 elles] alles H ; al A   79 childrene] ȝunge childerne HA   84
þat] þer HA   85 Richard] his mon add. A   86 noyse] wonder
HA   91 biside] þat add. HA   92 Suþþe] Attan ende HA
93 [heo]] om. C   97 Ac hi] As hit HA   100 hi] hem HA

B 4132.2   S

Þat it a bitokne of God is · and noȝt of manne
And þat he wolde þat hi were ispoused · & such cas sende
　þerfore
And þat þer miȝte som holy child · bytwene ham be[o]
　ibore
Þereuore alle hy radde & bitwene ham · gonne byse[o] 105
Þat þis Gilberd hure ssolde spouse · ȝif he[o] wolde
　Cristene be[o]
So þat þis maide amorwe · biuore þis byssops com
Hy radde hure for Gilberdes loue · auonge Cristendom
¶ Wel vawe quaþ þis maide þo · ȝif he me wole spouse oȝt
For ȝe mowe alle vnderstonde · ȝif ich nadde þat iþoȝt 110
Inadde noȝt bileued al my kun · ne so wide isoȝt
Ne mid honger ne mid oþer wo · so deore him iboȝt
Þis maide ibaptized was · among þis bissops echon
And heiemen þare at of þe lond · þer were ek manyon
For reuerence of þe heie kunne · & for þe gentil blod
　also 115
Of wan he[o] com · and for he[o] was · seme & fair þerto
¶ Of þis bissops hi were anon · ispoused in þe place
Ech man may segge wel · þat þer was Godes grace
For þe uerste niȝt þer afterward · bitwene ham biȝete was
Þis gode child of wam we spekeþ · þe holy sein Thomas 120
¶ Þis Gilberd anon amorwe · so gret wille him com to
To wende eft to þe Holy Lond · þat he nuste wat do
Of is wif was is meste care · hou he miȝte fram hure be[o]
　ibroȝt
Þat was so ȝong & ne couþe · of þe londes maner noȝt
So muche he carede deorneliche · þat it was deol to
　se[o] 125
Is wif was eke in grete þoȝte · ware fore it miȝte be[o]
And dradde þat it were for hure · þat hy were ispoused þo
Ne mai noman clene telle · of hore beire deorne wo
¶ Þis ȝonge wif nolde fyne · on hure louerd to grede
Forte he þe encheson of is sor · al clanliche sede 130
And hou is care was al for hure · to þe Holy Lond to
　wende

f. 182ᵃ

Sire quaþ þis godewif · oure Louerd is grace þe sende
Lite we habbeþ togadere ibe[o] · & lite ioie auonge
After myne pines & angwises · þat bitere were & stronge
And noȝt for þan ich bidde þe · ȝif þou hast wille &
 þoȝt   135
In oure Louerdes seruise to wende · ne bilef it for me noȝt
¶ For ich hopie þat oure Louerd · þat me haþ iwest herto
Þe wile þat ich ne kneu him noȝt · þat ȝute he wol also
And bet nou ich am of his · þeruore ich bidde þe
Ȝif þou wolt inis seruise · ne bilef it noȝt for me   140
And bilef me Richard þy man · þat my wardein mowe be[o]
Þat knoweþ me wel & my langage · forte ich þe eft ise[o]
¶ Gilberd þo he hurde þis · in gret ioie was ido
He ordeinede wel is hous · and is meyne also
And is wif hou he[o] libbe ssolde · forte God sende oþer
 sonde   145
And wende forþ a Godes name · toward þe Holy Londe
And was oute þreo ȝer · and an half · ar he ham com
Þo he com hom he fond is sone · a god goinde grom
¶ Þeoinge fair & manliche · so eny child miȝte be[o]
Ech man tolde of him pris · þat him miȝte ise[o]   150
Wel it wax and iþei · and to eche godnesse drou
Ȝong it was to lore iset · and spedde wel inou
Is moder him wolde alday rede · and faste on him crie
To lede chast lif & clene · and fleo lecherie
And louie for al oþer þing · God and seinte Marie   155
And serui ham and Holy Churche · & bileue alle folye
¶ Þis child þei it were ȝong · fol wel þis vnderstod
For sely child is sone ilered · þar it þingþ he[o] god
Þo þis child was bet in elde · of two & twenti ȝer
Is moder wende out of þis lyue · þat so muche him louede
 er   160
Þis child wolde go leng to scole · ac is fader him nolde finde
For child þat haþ ilore is moder · is help is muche byhinde
Þis child þoru is fader heste · as a man þat oþer red not

134] & if þu wendest þane wey,· oute þu worst wel longe H   140
wolt] wende add. HA   149 Þeoinge] Þriuynde A   152
lore] skole H   158 þingþ] wole HA   160 of þis] of þ in diff.
hand and ink over erasure C; of þisse H; of þis A   163 oþer] no
HA

Seruede a borgeis of þe toun · and is acountes wrot
So longe þat he com to court · and was in god offis 165
Wiþ þe erchebissop of Kanterburi · sire Tibaud god &
wis

f. 182ᵇ He seruede hym so hendeliche · þat in a lite stounde
He made him al is conseiler · so studeuast he him founde
¶ Is ercedekne he made him suþþe · & dude al bi is rede
Swuþe wel gan þis ercedekne · Holy Churche lede 170
And stilleliche held up hure riȝte · as alle men iseie
And þer of nolde þolie wrong · þei he ssolde deye
Wel ofte he wende to Rome · for Holy Churche also
Such prelates nou to vewe · þar beoþ an eorþe ido
So þat þe duc of Normandie · ymad was al in pes 175
Henri king of Engelond · after Steuene þe Bleis
¶ Þis king Henri þe gode kyng · þo he to londe com
Louede muche wel to do · and godemen to him nom
And fondede habbe god conseil · & wis bi al is miȝte
Forto holde riche and pouere · and echeman to riȝte 180
Of þe ercedekne sein Thomas · me tolde him sone inou
Hou he was stable iwis · and to alle godnesse drou
Þoru þe erchebissop grant · he made him is chanceler
For euere me mot him abowe · þat haþ mest power 184
¶ Þo sein Thomas was iturnd · fram offis of Holy Churche
To a gret offis of þe world · þar after he moste werche
Al to nobleie of þe world · is contenance he broȝte
Þat me ne held nawer so prout man · þei oþer were inis
þoȝte
Wiþ more nobleie he rod inou · þanne he was iwoned to do
Is loreins were of seluer · stirops and spores also 190
¶ Þat plei he siwede of hondes · and of haukes inou
As men þoȝte in euerich point · to alle prude he drou
Ac inis heorte it was anoþer · hou so he him bere
And euere chast þoru alle þing · he was hou so it were
And euere he was for Holy Churche · and for pouere men
also 195
Aȝen þe proute courteors · þat ham wolde misdo

171 stilleliche] stifliche HA   172 ssolde] þerfore add. HA
184 mot . . . abowe] mounteȝ him aboue H   190 seluer] golde
HA   194] om. H   196 courteors] conteckours H

[To holde vp þe riȝtes of Holi Churche· so moche wo he
  gan dryue
Aȝen þe liþere conteccours· þat nuyede him of his lyue]
As he þe erchebissop tolde · wepinge we[l] sore
And oþere ofte in priuetes · þat louede him þe more   200
¶ He wilnede mest of alle þing · and on oure Louerd gan
  crie
Þat he moste wiþ honur · bileue þulke baillie
And ech oþer seruise of court · wiþ þe kinges gode wille
For he nemiȝte noȝt paie is court · bote he wolde is soule
  spille
Ac þe king him fond so stable · and so god conseiler   205
Þat he nolde make for noþing · non oþer chanceler
¶ He ne triste to non so muche · ne þer nas non so hei
Þat so muche wuste is priuete · ne þat him were so ney
So muche is herte on him was · þat inis warde he gan [d]o   f. 183ᵃ
Is eoldeste sone sire Henri · and is eir also   210
Þat he were is wardein · and al is ordeinour
To wissi him after is wille · to þe kynges honour
¶ Þe kyng wende into Normandie · to soiorny þere
And bileuede is sone mid sein Thomas · þat he is wardein
  were
Boþe þe uader & þe sone · mest hore heorte caste   215
Ope sein Thomas þe holyman · þe wile it wolde ilaste
Þer nas man in Engelond · þat hadde so gret poer
Of þe kynedom as hadde sein Thomas · þat was þo
  chanceler
¶ Hit biuel suþþe þat Tebaud · as God þe grace sende
Erchebissop of Kanterburi · out of þis worlde wende   220
Þat cri was sone wide aboute · amang þiwe and fre[o]
Þat sein Thomas ssolde after him · erchebissop be[o]
Þe kyng also in Normandie · þo me tolde him þat cas
Anon bar is heorte mest · to do þar sein Thomas
Þe couent of Kaunterburi · desirde him also   225
So as echman it wolde · it was ibroȝt þerto

197-8] om. C; *given* HA   198 liþere conteccours] prute
courteours A   199 we[l]] we C   200 priuetes] priueite HA
209 muche] he caste *add.* HA   was] *om.* HA   [d]o] go C; do
HA   213 soiorny] seo tourney H   215 heorte] loue HA
221 aboute] couþ HA

At Westministre he was ichose · to þulke heie poer
Þe vifte ȝer þat he was ymad · chanceler
Of eolde he·was þulke tyme · of foure & fourti ȝer
His owe deþ he aueng · and is martirdom þer   230
¶ For þe kyng was in Normandie · ipresented he was
To is sone in Engelond · þo non oþer kyng nas
Ac þei it were aȝen is wille · he nolde it noȝt forsake
Ac he axede in wuche manere · he ssolde þe crois take
¶ Me seide him þat me ssolde auonge · Holy Churche so
    freo   235
Þat he nessolde vnder noman · bote vnder þe pope beo
Ne noþing þenche bote holde up · Holy Churche lawe
In þis manere quaþ sein Thomas · ich it auonge vawe
¶ Atte Witesontid þis was · þat þis dede com to ende
Þis godeman toward Kanterburi · anon bigan to wende 240
Al þe contreie wiþ onur · aȝen him com and drou
Þer was for him in Kanterburi · ioie & blisse inou
¶ Þe day of þe Trinite · isacred he was
And aueng þe dignete · þis gode sein Thomas
Sire Henri þe kynges sone · was atte sacrynge   245
And sixtene bissops ek · þis dede to ende bringe
Þo þis dede was ido · hi gonne sende sone
After þis palm to Rome · as riȝt was to done
f. 183^b Þe pope Elysandre was þo · at Mounpailers
Þuder wende þis wise men · þat were messagers   250
¶ Þe abbot Adam of Eusam · hore cheueintein hy nome
To þe pope Elysandre · to Monpaillers hi come
Hore erande hi hadde sone · for þe pope noþing ne we[r]nde
Hy nome of him hore leue sone · and hamward aȝen
    turnde
An þis palm was · to seint Thomas ibroȝt   255
Þis holyman it aueng · wiþ wel milde þoȝt
¶ Þo he was inis dignete · al clanliche ido
He gan to changi is lif · and is maners also
Þe here he dude on next is liche · is fleiss is maister to be[o]

229 fourti] fifti A   238 it] hire HA   244 gode] man *add.* HA
245 atte] at his HA   248, 255 palm] pallioun HA   251
cheueintein] cheuetyn HA   253 we[r]nde] wende C; wornde H;
wernde A   255 An] & H; Þo A   was] fram rome *add.* A

Sseorte and brech streit inou · anon to þe kne[o]   260
For him [þoȝte] he miȝte wel [·] of oþer habbe maistrie
Ȝif he hadde of is owe fleiss · al out þe seygnurye
¶ Ȝif is soule is maister were · and is fleiss is hyne
Him þoȝte he miȝte is dignete · bringe to gode fine
Anouwarde þe her suþþe · þe abit of monk he nom   265
And suþþe clerkes robe aboue · as to is stat bicom
So þat he was wiþoute clerk · wiþ[inne] monk also
Þoru þe abit þat he hadde · on him priueliche ido
¶ In penance and in fastinge · he was niȝt and day
And in orisons bote som tyme · wanne he aslepe lay   270
Euere wanne he masse songe · he weop & siȝte sore
Faste he hastede þer wiþ · nemiȝte noman more
Faire he uedde him at is bord · wiþ gret nobleie & prute
And of þe beste him sulf he et · ac swuþe scarse & lute
Of is ordres he was wel streit · and he was in gret fere 275
Forto ordeyni enyman · bote þe betere he were
¶ Idel nolde he neuere be[o] · ac euere doin[d]e he was
In eche manere of betere lyue · neuere no bissop nas
Sire Henri þe kynges sone · þat wiþ him was ibroȝt
Bileuede euere inis warde · and fram him nolde noȝt 280
Þe loue þat was hom bitwene · neuere nas iseie
Ne þis child nadde neuere · of noman more loue ne eiȝe
¶ Suþþe it biuel þat þe kyng · of Normandie com
To Engelond to loke þe stat · of is kynedom
¶ Sein Thomas nom wiþ him · sire Henry is sone   285
And wel faire aȝen him · wende to Souþ Hamtone
Þar was ioie and blisse inou · þo hy togadere come
Hi custe hom vaste & clupte · and herede God ilome
¶ Þe kyng bileuede [in Engelond·] to loke is kynedom   f. 184ª
And to al is priue conseil · sein Thomas he nom   290
And huld him euere as he dude er · is hexte conseiler

260 anon] adoun H; anon doun A   261 [þoȝte]] *om.* C; *given*
HA   262 al out þe] þurfout H; out riȝt þe A   265 Anou-
warde] Aboue HA   267 wiþoute ... monk] wiþinne (wiþþe A)
monek; wiþoute clerk HA   wiþ[inne]] wiþ oute C   273 at is bord]
atte mete H   277 doin[d]e] doinbe *or* dombe C; doinge HA
281 nas] such nas HA   286 wel] wende HA   wende] anon HA
289 bileuede] wende A   [in Engelond·]] *om.* C; *given* HA *with* into
for in A

And nolde is þonkes habbe iheued · non oþer chaunceler
And naþeles wanne he eny þing · dude aȝen riȝte
Sein Thomas was þer aȝen · euere wiþ al is miȝte
¶ Suþþe it biuel þat þe bissop [·] of Wircestre ded was 295
And sire Gilberd Foliot · as God ȝaf þat cas
Þat was bissop of Herford · ibroȝt was ȝute to more
And ymad bissop of Londone · þat ne ofþoȝte him noȝt
   sore
So þat boþe bissopriches · vulle into þe kynges hond
Of Wircestre and of Hereford · as lawe was of þe lond 300
¶ Þe kyng ne ȝaf ham anon noȝt · ac huld hom wel longe
Inis hond þat he miȝte · þe more prou auonge
¶ Hit ne likede noȝt sein Thomas [·] þat Holy Churche so
Ssolde for a lite couetise · in þe kynges hond be[o] ido
Him þoȝte þat it was wel muche · aȝen oure Louerdes
   wille   305
And þat þe kyng miȝte so · al Holy Churche aspille
¶ In vaire manere he bad þe kyng · þat he ne ssolde byleue
Þat ulke two bissopriches · somme godemen [he] ȝeue
¶ Þe king anon in faire manere · grantede al is bone
And þis bissopriches ȝaf · tweie godemen wel sone   310
Sire Rogger he made a godman · bissop of Wircestre
Sire Roberdes sone þat was · eorl of Gloucestre
¶ Bissop he made of Herford · an holyman inou
Sire Roberd de Melons · þat to eche godnesse drou
Anon sein Thomas þoȝte wel · þat he nemiȝte noȝt al
   paye   315
Þe kyng ne his conseil · bote he wolde Holy Churche
   bitraie
In care and sorwe he was inou · hou he miȝte best do
For he nemiȝte noȝt [paie] þe kyng · and oure Louerd also
Sein Thomas halwede þulke ȝer · þe churche of Redynge
Þat ifonded was and arered · þoru Henri þe oþer kynge 320
Þat liþ þere faire ibured · Willam is sone bastard
In þulke ȝer ek sein Thomas · ssryned seint Edward

295 ded] *above line* C   297 was] *above line* C   298
ofþoȝte] reude HA   300 þe] *above line* C   302 he] hene *with*
ne *deleted* C   303 sein Thomas] *above line* C   304 hond] ward
A   308 [he]] *om.* C; *given* HA; hem *add.* A   309 in faire manere]
myldeliche H; wel mildeliche A   318 [paie]] *om.* C; *given* HA

At Westmistre as he lyþ · þat biuore kyng Willam was
Bote king Harald was bitwene · for is poer no leng nas
¶ Þe loue was euere gret inou · bytwene sein Thomas   325
And þe kyng forte þe deuel · destourbed it alas
Lite and lite þe contek sprang · for pouere men riȝte
For paie oure Louerd & þe kyng · sein Thomas ne miȝte
¶ Þe ferste tyme þat sein Thomas · outliche him wiþsede   f. 184ᵇ
Was for aȝen pouere men · þe kyng dude an unriȝt dede 330
Þe kyng nom þoru al Engelond · fram ȝere to ȝere wel
    wide
After is wille a somme of panes · ideld bi eche side
And suþþe þoru enqueste · he let þoru þe contreie enquere
Hou muche echman ssolde paie · and hou muche is riȝte
    were
So longe he nom it to talage · þat he esste it attelaste 335
Ech ȝer for a certein rente · þoru al Engelond wel faste
Wat for loue wat for eiȝe · non him ne wiþsede
Ac euere þoȝte sein Thomas · [þat hit was] an vnriȝt dede
¶ He þoȝte on God and on is soule · & bileuede is manhede
And to þe kyng wel baldeliche · wende wiþoute ech
    drede   340
Sire he sede ȝif it is þi wille · þou ert riche and hende
And king of gret poer inou · oure Louerd þe more sende
A tailage þou askest her · þoru out al þi londe
And axest for a certein rente · wiþ vnriȝt ich vnderstonde
¶ For a certein rente ssel be[o] take · ech ȝer at a certein
    daie   345
And som certein assigne[d] · as þou wost wel bi riȝte lawe
Ac þis nis certein itake · ac ech ȝer asommed is
Þoru enqueste of þe contreie · as talage iwis
War þoru me þingþ a certein rente · þou nemiȝt it noȝt
    make
Ac a tailage and somdel · wiþ vnriȝt itake   350
¶ Thomas Thomas quaþ þe kyng · þou ert my chanceler

---

324 was] him was H; hem was A   327 men] manes H;
menne A   328 sein Thomas] noman HA   332 ideld]
igadered A   338 [þat hit was]] om. C; given HA   343
askest] hast H; takest A   her] ech ȝer HA   344 axest] hit add.
HA   346 som] siþþe a H; summe A   assigne[d]] d om. C; as given
HA   347 nis] nas H; noȝt add. HA   asommed] assigned H

Þou aȝtest bet holde up · þanne wiþsegge my poer

¶ Sire quaþ þis holyman · ich habbe ibe[o] wiþ þe
And þou hast God it ȝulde þe · gret god ido me
Ac anoþer baillie ich habbe auonge · þei it were aȝen mi
    wille   355
And ich ne may noȝt loke boþe · bote ich my soule aspille
For ich am to lite worþ · þe on forto loke
Þanne dude he gret folie · þat me boþe bitoke
Þere fore ich ȝulde up hure · al out þe chancelerie
And take me al to Holy Churche · to God & seinte
    Marie   360

¶ Þo was þe kyng wroþ inou · more þanne he euere was
Ac naþeles euere is heorte bar · mest upe sein Thomas

¶ Þe þridde þing ȝute mest of alle · in contek hom broȝte
A preost þer was a luþer man · þat of God lite þoȝte
Þat of manslaȝt was bicluped · & inome þeruore also 365
And in þe bissops prison was · of Salesburi ido
Þe mannes frend þat was aslawe · siwede uppon him uaste
So þat þe preost to iugement · ibroȝt was attelaste

f. 185ª ¶ Me acusede him faste of þe dede · he ne answerede noȝt
    þerto
Ac huld him al to Holy Churche · and ope non oþer nolde
    do   370
Iloked he was to purgi him · þoru clergi ȝif he miȝte
And þer of him was a day yset · þoru Holy Churches riȝte
Þo þe day him was icome · he nemiȝte him purgi noȝt
He was sone ilad aȝen · and into prison ibroȝt
Þo was þe bissop in gret doute · wat was þerof to done 375
Forto habbe wisor red · to sein Thomas he wende sone

¶ He him sende word aȝen · þat he ssolde þe preost take
And disordeiny him of is ordre · and a lewed man him
    make
And suþþe in strong warde him do · þat he neuere eft out
    newende
In penance and in pine inou · is sunne forto amende 380

¶ Þe bissop of Salesburi · dude sein Thomas heste

355 *margin*] ijª contencio   356 loke] holde A   359 out] clene
HA   361 more] wroþere HA   363 *margin*] iijª contencio
364 þoȝte] rouȝte HA   376 wende] sende HA

So þat þis preost was ibroȝt · in tormens wiþ þe meste
So þat þe tiþinge her of · to þe kyng com
Þat a luþer þeof and a man quellare · hadde so liȝt dom
Him þoȝte þat nas no lawe · ne þat nemiȝte noȝt be[o]
    so   385
And Phelip de Brois a chanone · him hadde eke misdo
Þare fore was ech oþer clerk · þe more him aȝen wille
Him þoȝte þat such lawe ssolde · pais of londe spille
¶ He wilnede as a god kyng · pais of is londe
And in god entente wel to do · he dude ich vnderstonde 390
For þe pais of is londe · he wolde holde as vawe
As sein Thomas inis manere · Holy Churche to lawe
He sey þat þe deueles lymes · þat ycrouned were so
Þat miȝte so allonge day · aȝen is pais misdo
¶ For hore iugement was so liȝt · þe lasse hi wolde doute 395
Ac do þufþe and robborye · in al is lond aboute
To Westmustre he let somny · þe bissops of is londe
And clerkes þe grettest · and hexst · ich vnderstonde
¶ Beu seignurs he sede · inot wat ȝe habbeþ iþoȝt
  ȝif ȝe goþ forþ as ȝe habbeþ ymunt · oure pais ne worþ
    ȝute noȝt   400
  ȝif a clerk haþ a man aslawe · oþer gret þufþe ido
And he mowe be[o] desordeined · and to lyue come so
Misdo hi wolde allonge day · and þare up be[o] wel bolde
And so ssolde þe pais of þe londe · wel vuel be[o] iholde
For wel lite hom wolde recche · to leose hare ordre so 405
Wanne for hare ordre [hi] ne sparieþ · þufþe forto do
And euere þe herre hare ordre is · me þingþ bi pur lawe
Þe strengore hor dom aȝte be[o] · wanne hi wolleþ to
  þufþe drawe
¶ Sire sire quaþ sein Thomas · ȝif it is þi wille   f. 185ᵇ
  Loþ us were do enyþing · þi pais forto aspille   410
Ac clerkes þat beoþ iordeined · þou wost wel bereþ a signe
Þat hi beoþ lymes of Holy Churche · þat so worþ is &
  digne

---

387 him aȝen wille] aȝen his wille HA   388 of] *in diff. hand and
ink over erasure* C; is *add.* A   392 Churche] chirches A   to] *om.*
HA   400 as ȝe . . . ymunt] mid ȝoure wille HA   ȝute] riȝt HA
406 [hi]] *om.* C   408 to þufþe drawe] mysdrawe A   412
worþ] worþi HA

Ʒif hi were þanne wiþ þulke signe · to vile deþ ido
Auyled were & assend · al Holy Churche so
Ak ʒif hi beoþ ferst desordeined · & for þulke sulue
　　dede　　　　　　　　　　　　　　　　　　415
¶ Suþþe to deþe þoru dom ibroʒt · hit nere noʒt wel to rede
For it nas neuere lawe ne riʒt · double dom to take
For on trespas as þou wost wel · & sunne it were to make
And vnworþer þanne a lewed man · Holi Churche were so
For a lewed man for a trespas · nis bote on iugement
　　ido　　　　　　　　　　　　　　　　　　420
Þare fore þi grace we bisecheþ · ʒif it is þi wille
Þat þou nerere no lawe · Holy Churche to spille
For we biddeþ niʒt & day · as riʒt is þat we do
For þe and for þi children · & for þi kynedom also
¶ Beu sire quaþ þe kyng þo · þou seist wel inou　　425
Ich hadde loþ by my concience · do Holy Churche wou
Ac lawes þare beoþ & costomes · þat habbeþ euere ibe[o]
　　holde
Of bissops þoru al Engelonde · as oure auncetres us tolde
And bi þe kynges day Henri · þat oure grant sire was
Iconfermed were and iholde · þat noman þer aʒen nas 430
Woltou þulke lawes holde · do me to wite sone
We solleþ sire quaþ sein Thomas · al þat us is to done
Alle þe lawes & costomes · we solleþ holde mid oure miʒte
Þat beoþ to holde & habbeþ ibe[o] · sire saue oure riʒte
¶ Saue ʒoure [riʒte] quaþ þe kyng · beu sire wy seistou so 435
I ne ssolde noþing bi þat word · aʒen þi wille do
Þat þou nost segge þat it were · aʒen Holi Churche riʒte
And so bringe al mi lond · in contek and fiʒte
Ac þare wiþ oute hold þe lawes · for siker ich vnderstonde
Þat þulke word be[o] uenymous · to þe stat of my londe 440
¶ Sire quaþ þis holyman · ne meoue ʒou riʒt noʒt
Wel þou wost þat ech of us · ar we were herto ibroʒt
Triwenesse we swore as riʒt was · & eorþlich honur also
Saue oure ordre & oure riʒte · ac þat was out ido

420 iugement] giwise A　　　422 no] nue add. HA　　　429 grant
sire] ancestre HA　　　432 solleþ] do add. HA　　　435 [riʒte]] om.
C; riʒtes H; riʒte A　　　439 hold þe] olde H; holde A　　　440 stat]
pays HA　　　441 ʒou] ʒe ʒou HA　　　443 we] þe HA

Hou ssolde we nouþe oþer do · ȝe ne aȝte us noȝt beode 445
For Godes loue hold us to riȝte · for ȝe nehabbeþ non oþer
  neode
¶ Ich ise[o] wel Thomas quaþ þe kyng · warto þou wolt
  drawe
Þou ert icome to late forþ · to bynyme us oure lawe
Þou wost make me more wrecche · þanne eny euere was f. 186ᵃ
Þou ert ycome þer to late · þou hast icast ambes as 450
¶ Þe kyng aros in wraþþe anon · and let ham sitte echon
And to is chambre [wende] forþ · and ne grette ham noȝt
  on
Fram Londone he wende sone · in wraþþe as þei it were
He ne sede noman of is þoȝt · ac bileuede hom alle þere
¶ Þe bissops þoȝte þo echon · þat he was wroþ inou 455
Þare [were fewe bote] sein Thomas · þat toward him
  nedrou
On sein Thomas hi cride vaste · is þoȝt forto wende
Oþer he wolde al þat lond · wiþ þulke o word ssende
Kniȝtes and oþere ofte come · þat wiþ þe kyng were
And bede ententifliche · þat he þat word forbere 460
And him were gret folie · þe king in wraþþe brynge
And destourbi al þat lond · for so lite þinge
¶ Sein Thomas stod in þoȝte longe · leoue breþeren he sede
Neuere aȝen þe kynges onur · nel ich do no dede
Ac ech word ichelle bileue · þat aȝen is onour is 465
Þo were þis oþere glad inou · þo hi hurde þis
And radde him wende to þe kyng · is wraþþe forto stille
Leof ich hadde [quaþ] sein Thomas · mid riȝte do is wille
¶ To þe kyng he wende to Oxenford · and wiþ him þer he
  uond
Grete eorles and barons · þe hexte of þe lond 470
Þe kyng him wolcomede so · wiþ wel liȝte chere
Bissops he let clupie · and eorles þat þare were
¶ Beu freres he sede ich am kyng · mid riȝte of þis londe
Costomes þere were biuore · yused ich vnderstonde

449 eny] kyng *add.* H; kyn *add.* A   450 þer to] þerto to HA
452 [wende]] *om.* C; *given* HA   456 [were fewe bote]] fore we
for bide C; *as given* HA   468 ich hadde] me were H [quaþ]]
om. C; *given* HA   471 liȝte] lute H; lutel A   473 freres]
sires HA   474 yused] iset A

And so muche wrecche nam ich noȝt · þat ich nele þe
lawes holde 475
Þat vure auncestre[s] hulde wile · as oure conseil us tolde
Þare fore ichelle þat ulke lawes · iconfermed be[o] echon
Of myn eorles and myne kniȝtes · þat hi ne wiþsegge noȝt
on
Þeruore ich hote ȝou echon · þat ȝe be[o] þulke day
At my manere at Clarindone · wiþoute ech delay 480
To confermi þulke lawes · ope peine þat ichelle sette
Ich hote þat ȝe be[o] þere echon · þat noþing ȝe ne lette
¶ So departede þo þis court · to is inne ech drou
Ac euere was sein Thomas · in care and sorwe inou
¶ Þis bissops and þe baronie · come alle to þe daye 485
To Clarindone in Wiltessire · þe kyng forto paye
Þis parlement him was iholde · in þe elefþe ȝer
Of þe kynges crounement · þat so muche folk broȝte þer
f. 186ᵇ ¶ Enleue hondred ȝer · and in þe voure and sixti riȝt
It was after oure Louerd · þat inis moder was aliȝt 490
Noble was þis parlement · of þis Clarindone
For þere was ferst aforeward · þe kyng and is sone
And þe erche bissop of Kanterburi · and sire Rogger also
¶ Þe erche bissop of Euerwik · were þare boþe two
And sire Gilberd Foliot · bissop of Londone 495
And þe bissop Roberd of Lincolne · were alle at Clarin-
done
And sire Nel bissop of Eoly · and þe bissop of Wir-
cestre
Sire Roger & sire Illare · bissop of Chichestre
Þe bissop of Salesburi · Iocelin and Roberd
Þe bissop of Herford · and also sire Richerd 500
Þat was bissop of Chestre · þeos bissops echon
Were at þis grete parlement · and eorles manyon
¶ Sire Roberd eorl of Cornwale · & þe eorl of Leicestre
Sire Roberd & sire Roger · eorl of Gloucestre

476 auncestre[s]] s *om.* C   490 þat] *before* oure HA   492
aforeward] & *precedes* HA ; foreward A   498] *four lines add.*
HA: Þe bischop William of Nortwich,· & þe bischop of Wychestre /
Sire Henri & sire Bartlomeu,· bischop of Chichestre / Sire Osbern &
sire Godefrai,· bischop of Excestre / Sire Austin & sire Blas,· bischop
of Wircestre   503 Roberd] Renald H ; Renaud A

Sire Conan eorl of Brutaine · & Ion eorl of Aungeo 505
Sire Geffrei eorl de Mandeuile · was-þere also
Sire Hue eorl of Arondel · þat so noble was & fers
Sire Hue eo[r]l of Chestre · and sire Willam de Forers
¶ Barons þare were ek manyon · sire Willam de Lucy
Sire Reinaud de Warenne · & sire Reinaud de Walri 510
Sire Roger Bigod also · sire Richard de Caunvile
Sire Willam de Brewes ek · sire Roberd de Dunstauile
Sire Nel de Moubray · sire Homfrai de Boun
Sire Symond de Beuchamp · louerd of mani a toun
Sire Iocelin [de] Bailol · sire Willam de Hasting 515
¶ Sire Huwe de Morvile · so wel was mid þe kyng
Sire Willam Malet · sire Ion þe marchal
Sire Symond le Fis Peris · gret man þoru out al
Sire Willam Maudut · sire Geffrei de Uer
Þeos alle grete louerdlyngs · & ȝute wel mo were þer 520
¶ Nou God helpe sein Thomas · for he was al one
Þat wiþsede attelaste · þeos louerdlinges echóne
Þo hi bigonne þis parlement · þe kyng hom esste anon
War hi wolde þe lawe holde · þat is auncestres hulde
echon
¶ Sire sire quaþ sein Thomas · ȝif it þi wille is 525
Echman mot speke for him sulue · & ich for me iwis
For my stat & for Holy Churche · ich answerie þertwo
Þat alle þe gode olde lawes · and þat ȝute beoþ also
Grante ichelle for Holy Churche · forto habbe þin ore   f. 187ᵃ
Saue oure ordre and oure riȝte · þou ne miȝt esse na-
more 530
¶ For þat word þe kyng was wroþ · þat gan him euere mis-
like
Sein Thomas wep inis herte · and soȝe bigan to sike
Al to blody was þat word · and deore it was iboȝt
For þere fore to deþe he was · attelaste ibroȝt
Þe bissop of Salesburi · and of Norþwich also 535

507] after l. 508 HA; H reads for 507: Were at þis parlement?
stout ynou & fers   Hue] Willam A   508 eo[r]l] r om. C
509 sire] as sire HA   510 Walri] seint Walri H   515 [de]] om. C
516 so wel] þat so wel H; þat þo A   517 marchal] seneschal HA
528 and þat] þat habbeþ ibeo? & H   534 For þere fore] Vor
encheson of þulke word A   attelaste] om. A

Kneolede wepinge to him · þat he ssolde anoþer do
¶ Louerdlings quaþ sein Thomas · ich am ȝute ȝong man
And lite wile bissop ibe[o] · and þer of lite can
Þare fore of þis olde lawes · transcrit ȝe me take
And ichelle þer uppe conceily · wuche be[o] to forsake 540
¶ Þe king him let transcrit take · of þis costomes echon
Sein Thomas grantede somme · and wiþsede manyon
Þe lawe þat ichelle nou telle · he grantede wel vawe
Ȝif a bondeman haþ a sone · to clergie idrawe
He ne ssel wiþoute is louerdes leue · noȝt icrouned
  be[o]   545
For þe man ne may noȝt be[o] · ymad wiþoute is louerdes
  leue [freo]
¶ Anoþer lawe he granted ek · þat ȝe mowe nou ise[o]
Ȝif eny man of Holy Churche · halt eny lay fe[o]
Parson oþer wat he be[o] · he ssel do þare fore
Seruise þat þe kyng biualþ · þat is riȝt nc be[o] forlore 550
In plai stonde in eche place · and in iugement also
Bote ware man ssel be[o] bylymed · oþer to deþe ido
¶ He grantede ek ȝif enyman · þe kynges traitour were
And enyman of is chateus · to Holy Churche bere
Þat Holy Churche ne ssolde noȝt · þe chateus þere lette 555
Þat þe kyng wel baldeliche · as is owene hom vette
For al þat þe feloun haþ · þe kynges it is
And echman mai in Holy Churche · is owene vecche iwis
¶ He grantede ek þat a churche · of þe kynges fe[o]
In none stude eu[er]e & euere · ne ssolde iȝiue be[o]   560
As to hous of religion · wiþoute þe kynges leue
And þat he oþer þe patroun · þe uerste ȝift ȝeue
¶ Sein Thomas grantede vawe · þeosȩ and oþer mo
Ac þis oþere he wiþsede · þat dude him wel wo
¶ Ȝif bitwene tweie lewede men · were eny striuinge   565

536] *four lines add.* HA: & habbe reuþe of holi churche ⫶ & of hem
echone / Þat hi nere to grounde ibrouȝt ⫶ þurf þulke word alone / Heȝe
men of þe kinges Curt ⫶ meni on eke wende / & kneulede to fore
seint Thomas ⫶ þat word to amende   540 conceily] me *add.* HA
541 take] make HA   546 þe] þu H; þewe A   louerdes leue]
louerd HA   [freo]] *om.* C; *given* HA   551 plai] plaiding HA
556 as is owene hom] out of þe churche hit H; In holi chirche hem A
557 kynges] good *add.* A   558 vecche] take HA   560 eu[er]e] er
om. C   562 þe uerste] furst þe HA   563 oþer] fele oþere HA

Oþer bitwene a lewede & a clerk · for Holy Churche þinge
As for [v]oueson of churche · weþer ssolde þe churche ȝiue
Þe kyng wolde þat inis court · þe play ssolde be[o] dryue
For as muche as a lewed man · þe on partie was   f. 187ᵇ
Clanlich was vnder þe kyng · and vnder no bissop nas 570
¶ Anoþer was þat no byssop · ne no clerk noþemo
Ne ssolde wiþoute þe kynges leue · out of Engelond go
And þanne hi ssolde swerie hore oþ · ope þe bok iwis
Þat hi ne ssolde porchacy non vuel · to þe kyng ne non of
    his
¶ Þe þridde was ȝif enyman · in mansinge were ibroȝt 575
And suþþe come to amendement · & aȝen riȝte nere noȝt
Þat he ne swore noȝt ope þe bok · ac borwes finde ssolde
To stonde al þat Holy Churche · mid lawe him loke wolde
¶ Þe veorþe was þat [no] man · þat of þe kyng held oȝt
In chef oþer in eny seruise · in mansinge were ibroȝt 580
Bote þe wardeins of Holy Churche · þat broȝte him þertwo
Þe kyng sede oþer is baillifs · wat he hadde misdo
And lokede uerst ware hi wolde · to amendement it bringe
And bote hi wolde bi hore leue · do þanne þe mansinge
¶ Þe vifte was þat bissopriches · and abbeis also   585
Þat vacans were of prelat · in þe kynges hond were ido
And þat þe kyng ssolde al þat lond · as is owe take
For[te] attelaste þat him luste · eny prelat þare make
And þanne þulke prelat ssolde · inis chapel ichose be[o]
Of is clerkes wuch he wolde · to such prelat bise[o]   590
And þanne wanne he were ichose · inis chapel riȝt þere
Omage he ssolde him do · ar he iconfermed were
¶ Þe sixte was ȝif eny ple · in chapitre were idrawe
And enyman made is apel · ȝif me dude him vnlawe
Þat to bissop fram ercedekne · is apel ssolde make 595
And fram þe bissop to þe erchebissops court · & suþþe non
    herre take
And bote þe erche bissop to riȝte · him wolde bringe

567 [v]oueson] doueson C; auoweisoun H; voweson A   568
court] hond H   578 al] to al H   lawe] riȝte HA   579 [no]]
many C; no HA   588 For[te]] For C; Forte HA   590 to such
prelat] to prelat H; of his chapel A   595 ssolde] he, me scholde
HA   596 court] om. HA   597 erche bissop] archebischopes
curt HA

Þat he ssolde fram þulke court · biclupe to þe kynge
And fram þe king non herre mo · so þat attenende
Plaidinge of Holy Churche · to þe kyng ssolde wende 600
And þe king amende ssolde · þe erchebissops dede
And be[o] as in þe popes stude · ac sein Thomas it wiþsede

¶ Þe seueþe was þat pleidinge · þat of dette were
To ȝulde wel þoru truþe ipliȝt · and noȝt iholde nere
Al þei þoru truþe it were · þe ple ssolde be[o] ibroȝt 605
Biuore þe king and his baillifs · and to Holy Churche noȝt

¶ Þe eiȝteþe was þat in þe londe · citacion non nere
Þoru bulle of þe pope of Rome · ac clanlich bileued were

f. 188ᵃ ¶ Þe niþe was þat Petres panes · þat me gadereþ manyon
Þe pope nere noȝt isend · ak þe kyng echon 610

¶ Þe teoþe was ȝif eny clerk · as felon were itake
And for feloun iproued ek · and nemiȝte it noȝt forsake
Þat me ssolde uerst desordeiny · & suþþe þoru pur lawe
And þoru iugement of þe lond · bring him of lif dawe

¶ Þe kyng þeose lawes pulte forþ · and monie oþer anon 615
And het þoru out al is lond · þat me ham helde echon
Þis was biuore Candelmasse · þe veorþe day ido
Þe kyng het sein Thomas anon · and þe oþer bissops also
On þis chartre sette hore sel · þat non after tale nere
Þat þoru al is lond · þe costome iholde were 620

¶ Sire sire quaþ sein Thomas · for Godes loue þin ore
To conseili bet ȝif us leue · ar we speke more
So þat respit was inome · and eche wende inis side
Sein Thomas nom is transcrit · and nolde noleng abide
To Winchestre he wende þanne · wiþ sorwe inou 625
Hou he miȝte Holy Churche · ssulde fram þis wou
Wanne oþer men were aslepe · he wep & siȝte sore
He bad God helpe Holy Churche · & cride milce & ore

¶ He sai þer nas bote o wey · oþer he moste stif be[o]
Oþer Holy Churche were byneþe · þat mid riȝte was so
fre[o] 630
Carfol he was and sori · þat he tok on so

---

604 iholde] iȝulde HA   607 citacion] somouns A   610 þe]
To *precedes* H   þe] to *precedes* HA   615 lawes] custumes
HA   616, 620 is lond] Engelond HA   622 conseili] ous *add.* HA
leue] furst HA   625 sorwe] & care *add.* HA

Forto entri into answere · þare he ne ssolde noȝt do
Þat he aueng þe transcrit · and respit hadde ibede
For him poȝte al Holy Churche · he misdude in þulke stude
For Holy Churche ne ssolde noȝt · in no stude stonde to
    dome   635
¶ Ne answere king ne prince · bote þe pope of Rome
Þe deol þat sein Thomas made · no tonge telle ne may
Louerd he sede alas alas · þat ich euere isay þis day
Þat ich þe warde of Holy Churche · so folliche ssolde take
And so ffre as he[o] was er · so þeu hure nou make   640
¶ He[o] þat was so hei and fre[o] · by mine auncestres daye
Þat ich ssolde byneþe bringe · alas and so bitraie
For þis martirs þat wile were · for hure to deþe ido
And he[o] is þeu þoru me imad · alas wi dude ich so
Vnworþe icham al Holy Churche · wardein forto be[o] 645
And as vnworþe þerto inome · as echman may ise[o]
For inam and riȝt were · fram non ordre inome
¶ Ac fram kynges court to Holy Churche · þat uuel wole
    bycome
¶ Of houndes ich was and haukes · wardein wiþ þe kyng   f. 188ᵇ
And wardein am of soulen nou · þat ne veiþ noþing   650
Ich þat forsok myn owe soule · þe wile ich was chanceler
So mony soule habbe to loke · alas wat ssolde ich her
Ich doute God me haþ forsake · hou tok ich on alas
Þat deol þat made þis holyman · wiþoute ende was
He wep and siȝte niȝt and day · he huld him al forlore 655
Ȝif he miȝte asoiled be[o] · to þe pope he þoȝte þare fore
He wende toward Kanterburi · sone þe kyng me tolde
Þat þe erchebissop nolde noȝt · is status holde
¶ Þe kyng het is baillifs · and sende aboute is sonde
Forto greuy sein Thomas · ouer al up is londe   660
Þe baillifs were þo prest inou · and ope is maners wel
    uaste
Nome is bode and greuede him · and wende þer wiþ agaste
Sein Thomas let al iworþe · and ope God is heorte caste
And wende him wel priueliche · biniȝte attelaste

642 ssolde] hire *add.* HA   645 al] of HA   652 ssolde] do
HA   654 was] euere hit was H   658 status] statutȝ H
659-64] *om.* H   659 and] anon A   663 God] *above line* C

¶ Toward þe se toward Rome · þat non of his men it
    nuste   665
  Bote tweie þat he tok wiþ him · þat is priuete mest wuste
¶ Suþþe þo is men him miste · and nuste ware he bicom
  And hi seie hi were louerdles · ech is red nom
  Forto do euerich is beste · ech wende inis side
  As men þat were louerdles · hy nuste wat abide   670
¶ Þis holyman him wende forþ · him dude in þe ssip sone
  And wende him forþ toward þe se · as he þoȝte to done
  Þe wind com as God it wolde · and drof him aȝe to londe
  Suþþe he wende eft in þe se · þe passage to fonde
  Þe wind him drof efsone aȝen · and eft in he wende   675
  Euere he was aȝen idriue · as oure Louerd þe grace sende
¶ Þo sai wel þis holyman · þat it nas noȝt Godes wille
  Þat he þe ȝute of londe wende · he turnde aȝe wel stille
  On of is sergans sat a niȝt · þe wile þat men woke
  Inis chambre at Kanterburi · is chambre forto loke   680
  In þe euenyng he het is knaue · to steke þe dore faste
  Þe knaue ȝeode toward þe dore · and is eiȝen aboute caste
  Þo sey he sein Thomas · in an hurne stonde
  He orn and tolde his louerd fore · and þonkede Godes
    sonde
¶ Þe sergant ne luuede it noȝt · ac naþeles up he aros 685
  And fond sein Thomas in þis heorne · somdel him agros
  Þer was sone ioie and blis · his folk to him drou
  And wolcomede him and made feste · wiþ ioie & blisse inou
f. 189ª ¶ Hi sette bord and spradde cloþ · and gonne to soupe faste
  Sein Thomas wel mildeliche · tolde ham attelaste   690
  Woder he þoȝte habbe iwend · and wuch cas God him sende
  And hou it was Godes wille · þat he þe ȝute wende
¶ Þe typinge com to þe kynge · þat þis godeman sein
    Thomas
  Aȝen þe status of Clarindone · of londe iwend was
  For þe status was þat no bissop · ne ssolde by non ende 695
  Wiþoute leue of þe kyng · out of þe londe wende

665 Toward] To H ; Vorþ to A   668 ech] of hem *add*. HA
670 wat] noȝt wher H ; war A   680 *first* chambre] in H   681
het] bad HA   686 him] his herte A   692 was] nas noȝt HA
693 þat] hou H ; hou þat A

¶ Þe kyng sende his men anon · to saisi al is lond
And þe erchebissopriche also · as is traitour inis hond
Þe baillifs come to Kanterburi · as hi ihote were
Þo hi wende habbe al hore wille · hi fonde sein Thomas
    þere   700
Noþing nemiȝte hi seisi þo · hore wei hi hadde forlore
As hi come hi wende aȝen · and tolde þe kyng fore
¶ Ȝute sein Thomas poȝte eft · forto fondi more
Ȝif he miȝte habbe of þe kyng · betere milce & ore
He ȝarkede him wel mildeliche · and to him þe wey
    nom   705
He fond him at Wodestoke · and to him þuder he com
As is eorþliche louerd · he grette him faire inou
Þe king bihuld him al an hoker · and ascorn somdel lou
¶ Thomas he sede hou geþ þis · be[o] we so grete fon
Þat we nemowe wonie in none londe · hou ssel þis Thomas
    gon   710
¶ Sire sire quaþ sein Thomas · so ne ssolde it neuere be[o]
Ac God sende Holy Churche · betere grace to þe[o]
And sende þe wille to louie hure bet · & God for is
    miȝte
Lete me neuere aȝen þi wille · do þing wiþ vnriȝte
¶ Þe erche bissop of Euerwik · fondede forto bringe   715
Acordaunt loue bi is poer · bitwene sein Thomas & þe
    kynge
¶ Þe kyng swor anon is oþ · þat non oþer acorde nolde
Bote þe status of Clarindone · ech bissop holde wolde
And nameliche þeos biuore alle oþere · ȝif a clerk hadde
    misdo
And for felon ypreoued were · and for þeof also   720
Þat me ssolde desordeiny · and suþþe anon þoru lawe
Þe kynges baillifs deliueri him · to honge oþer to drawe
¶ Sein Thomas isei wel þo · þat þer nas wei bote on
Þat he moste stif wiþstonde · oþer is riȝtes forgon
He poȝte þat Holy Churche · he nolde neuere bitraye 725

698 inis hond] as he him fond A   710 none] one HA   711
it] *above line* C; we A   713 wille] wit A   716 Acordaunt]
Acord & HA   717 nolde] he nolde HA   718 wolde] scholde HA
721 ssolde] him *add.* HA

And þat he nolde neuere in such seruage · hure bringe bi
   is daye
Raþer he wolde [as] oþer were · to martirdom be ido
Þane Holy Churche were so bineþe · iredi he was þerto

f. 189^b   Neuere ne miȝte þe kyng and he · acordi noþing þer
Ac departede al in wraþþe · as hi ofte dude er   730
¶ Þe kyng made him wroþ inou · þat so ofte in bar[et] was
For o man þat wiþ him sede · and non oþer aȝen him nas
In grete wraþþe he swor is oþ · he wolde of him be[o]
   awreke
And þat sein Thomas ssolde anoþer · wiþ him speke
He let somni sein Thomas · þe nexte Tiwesday þat were 735
Biuore sein Lukes day · at Norhamtone to answere þere
And alle þe bissops of þe lond · and þe baronie also
He het be[o] þere þulke day · is heste forto do
¶ Sein Thomas is londes ek · inis hond is men nome
As to destreini him · þat he to is court come   740
Nou God helpe sein Thomas · for oþer frend naþ he non
Among so many tirans to come · þat were is fon
Bodi and soule he bitok · Iesus Godes sone
And to is day isomned · wende to Norhamtone
In þe castel sat þis court · of þis tirans echon   745
Þis holyman a Godes name · among hom wende anon
¶ Sire king he sede God þe loke · and saue þi dignete
Somens ich hadde at þis daie · here to answerie þe
Ac erche bissop of Kanterburi · nas neuere isomned so
Ne so destreined of no kyng · inot wat þou þengst do 750
Inot wat is þe niwe lawe · þat þou wolt forþ drawe
Bote it be[o] of Clarindone · þat þou þengst bringe to lawe
On me nastou power non · such destresse [to] do
¶ Imad ich am Holi Churche heued · þei ich vnworþe be[o]
   þerto

---

727 [as]] þat C; as HA   731 bar[et]] barte C; baret HA
732 wiþ him sede] him wiþsede HA   734] If he moste abide þe
dai,' & wiþ tunge speke H   anoþer] reson add. A   735 þat] þer
add. H; he add. A   736 to] ȝeue him add. HA   742 þat] alle
add. HA   744 is day] þe dai of his somouns A   746 anon]
one H; al one A   748 Somens . . . at] Isumned ich am to H
751 wolt] gynst HA   753 [to]] om. C   754 Holi Churche
heued] wardeyn of holi churche H

Þi gostliche fader ich am · þei þou of me lite lete   755
Hit nas neuere ordre · þat þe sone þe uader ssolde bete
Ne þat þe deciple bet is maister · al þis were aȝen lawe
Al þis wo so riȝt bihalt · þou biginst forþ drawe
And þis bissops also god · þat wardeins beoþ mid me
To holde up þe honur of Holy Churche · & þe dignete 760
Beoþ aboute hure to ssende · and bring hure in vilte
Sire kyng God ȝiue al Holy Churche · betere grace to þe
Ȝif þou wolt oȝt toward me · þou wost i nemay noȝt fiȝte
Ȝare ich am þane deþ auonge · for Holy Churche riȝte
¶ Inelle noman quaþ þe kyng · for Holi Churche quelle 765
Beu sire þou spexst as a fol · anoþer þou sselt telle
Com to morwe bi speche tyme · þat þou þe day ne breke
And answere me of oþer þing · þat ichelle to þe speke
¶ Þus departede þo þe court · amorwe þane Friday   f. 190ᵃ
Sein Thomas wende þuder aȝen · þo he þe tyme isay .770
Þe king sat anhei inis ce · and acoupede him wel faste
Þou were he sede my chanceler · ac al to longe it laste
Ich lenede þe þo an hondred pound · ac [þ]ou ne ȝoulde
     me noȝt on
Sete me þer of a ssort day · for þou sselt is ȝulde echon
¶ Sire quaþ sein Thomas · God sende us bet þin ore   775
I ne wende noȝt of þulke panes · hure acountes more
For ich hadde þulke tyme · betere grace of inou
Of þe þanne ich habbe nou · and þat me þingþ wiþ wou
Gode grace ich hadde þo to þe · þou lenedest me inou þo
And þulke panes þou ȝeue me · and wost ȝute wel mo 780
Wel ich am þerof iknowe · þat ich am aueng of þe
And of þi ȝiftc wiþ gode heorte · for siker þou ȝeue me
And so hei man as þou ert · it miȝte wel be[o] stille
To axi þing þat þou ȝeue er · mid so gode wille
¶ Þe kyng him esste ȝif enyman · þulke þinge isay   785
And ware he miȝte þe ȝifte preoue · & he sede nay
Nou louerdlinges quaþ þe kyng · ȝe hureþ wel al þis
Of þe gerison he is iknowe · þat ich him bitok iwis

760 second þe] heȝe add. HA   764 Ȝare] Iredi HA   773
an] vyf HA   [þ]ou] ȝou C; þu HA   774 is] om. H; hem A
776 hure] ȝulde H   778 wiþ] is H   779 lenedest] louedest
HA   785 þinge] ȝifte HA   786 &] sire HA

Ac þe ʒifte nemay he preoue noʒt · as ʒe moweþ alle ise[o]

Iugement ich esse of þis court · hou it ssel þerof be[o] 790

¶ Þe court him lokede as he was · iknowe of þe þing

And nemiʒte noʒt þe ʒifte preoue · to ʒulde eche ferþing

¶ Þe kyng him het ʒulde ech peny · oþer sikernesse him make

Oþer is marchals anon uaste · is body to prison take

Sein Thomas of is bissopriche · hadde wel lite god   795

Ac helples among is fon · wiþoute conseil he stod

¶ Þe marchals iredi were · to prison him lede anon

Hy hete him do sikernesse · oþer he ssolde wiþ hom gon

¶ Þis holyman nuste oþer red · bote soffre al hore wou

Somme godemen þer þat [stode ·] hadde of him ruþe inou   800

Vif kniʒtes nome hom to rede · & wende hom to þe kynge

And nome an hond for sein Thomas · of alle þulke þinge

Ech of hom an hondred pount · for þis holyman to paie

Þo was he al quit inou · as to þulke daye

¶ Amorwe þe Wendesday · to court efsone hi wende   805

Forto hure þe kynges wille · hore heorte forto amende

¶ Þe kyng sat adoun inis ce · sein Thomas byuore him stod

Bel amy þou hast quaþ þe kyng · ystole muche god

f. 190b To longe þou were my chanceler · and haddest in þin hond

Abbeis and bissopriches · and muche del of my lond 810

And me ʒoulde þer of non aconte · þat reweþ me wel sore

Þer of þritty þousond pound · þou sselt me and wel more

Þare fore make þe ʒare anon · þine acountes to ʒeolde

For siker þou be[o] þou sselt it do · ʒif ich þe may awelde

Alle þat hurde þis demande · in gret wonder stod þer 815

And sede among hom ech to oþer · þat hy ne hurde it neuer er

And þat sein Thomas was al byne[þe] · þat he ope þe pointe was

To b[eo] icast in prison · and non oþer wey þer nas

792] Þat he schulde al þe catel · ʒulde to þe kinge H   796 Ac
helples] As helples man H   799 soffre] suffrede HA   800
[stode ·]] om., caesural mark after hadde C; as given HA   804 he]
above line C   805 Wendesday] Saterdai HA   hi] he HA
806 hore heorte forto] if his hurte wolde HA   817 byne[þe]]
þe om. C   818 b[eo] icast] bicast C; beo icast HA

¶ Sein Thomas stod in þoȝte longe · of þat þe kyng hadde
  ised
And bad he him moste conseily · and þerof nyme is red 820
Þe bissops he nom to conseil · þe kyng ne wernede him
  noȝt
In a chambre fast iloke · alle hi were ibroȝt
Þat hi nessolde ofscapie noȝt · ar hi responce sede
Nou louerdlinges quaþ sein Thomas · her of ȝe mote me
  rede
For so God me bringe out of care · inabbe þer of gult
  non   825
Ac me to ssende he askeþ hom · mid vnriȝt echon
For ich was wiþ him er wel inou · þat bringeþ me nou in
  teone
And þerfore ne tok ich no witnesse · of þat was us bitwene
¶ Þe bissop Henri of Wynchestre · ferst bigan to rede
Sire he sede þus me þingþ · þou miȝt do of þis dede 830
Þou miȝt segge þat þulke tyme · þat þou were wiþ þe kyng
And þo þou wendest of þi baillie · he neaskede þe noþing
And þou auonge þe erche bissopriche · so clene and so
  fre[o]
Þat þou of non oþer þinge · ne ssost icharged be[o]
And he quaþ þe quiȝt al clanliche · of ech oþer cure þer 835
Ne esse þe noþing of no dede · þat þou haddest idon er
Ware þoru þe þingþ of noþing · þou ne sselt answere noȝt
Bote to wardi wel Holy Churche · of alle oþer cure þou ert
  ibroȝt
¶ Þe bissop Gilberd of Londone · sede þo is auys
Sire he sede ȝif þou þingst · as godman ssel and wys 840
Wat god þe kyng þe haþ ido · and in wuche poer ibroȝt
And hou lite god þer wol come · of so wonder þoȝt
And in wuche wo þou bringst us alle · & Holy Churche also
And peril of þin owe body · bote þou is wille do
Ȝif þou al þis vnderstode · me þincþ wel iwis   845
Þat þou wost fondi him to paie · and elles þou dust amis

827 wiþ him er] him er *in diff. hand and ink over erasure* C; er mid
him H   831 were] *above line* C   836 Ne esse] *two or three*
letters above esse *erased* C; neschte HA   no dede] node H; no dette
A   837 þe þingþ] me þinȝþ H; þe kyng A

¶ Þo seide þe bissop of Wircestre · sire Gilberd be[o] stille

Wy suspendest such conceil · for it nis noȝt worþ a uille

Ȝif þe erchebissop ssolde abowe · al to þe kynges wille

Þe riȝtes he ssolde of Holy Churche · aneþeri & aspille 850

¶ Þe bissop Illare of Chichestre · bigan to speke þo

Sire he sede my conseil is · hou so it euere go

In faire manere to fondy · to paie þe kynges wille

Mid faire biheste forte efsone · þat it were somdel stille

Þanne we miȝte wanne he were · of þis distresse ibroȝt 855

Þe bet cheue of oure conseil · for nou ne do we noȝt

¶ Þe bissop Roberd of Lyncolne · radde wel þertwo

Sire Thomas he sede · for Gode þou most it do

Oþer þou leost þi bissopriche · and par auenture þi lif

And þanne þou biȝute lite · me þingþ of þi strif   860

¶ Þe bissop Bartelmeu of Excetre · bigan to segge is þoȝt

In al þe sorwe of þe world · & care we beoþ ibroȝt

Betere it were þat on heued · in peril him broȝte

Þanne Holy Churche were bineþe · and ibroȝt al to noȝte

¶ Þe bissop Rogger of Wircestre · longe in þoȝte stod 865

Inelle he sede on ne oþer · for inot wat is god

Ȝif ich rede forto be[o] · al to þe kynges wille

Min owe mouþ my sulf demeþ · al Holy Churche to spille

And ȝif ich rede aȝen him be[o] · in þis place som is

Þat wolde telle þe king fore · & make him my fo iwis 870

Bi þe bissop of Londone · þulke word he sede

Þat aȝen sein Thomas euere was · mid worde & mid dede

Þare fore he sede on ne oþer · inelle segge iwis

God conseil God us ȝiue · for al neod it is

¶ Hy alle ne couþe þis conseil · bringe to god ende   875

Ne deuisi hou hi miȝte best · out of þe chambre wende

Attelaste ope sein Thomas · þis conseil moste gon

Tweie eorles of þe kynges hous · he let clupie anon

We habbeþ he sede louerdlinges · ispeke of þis þinge

And as uer forþ as we mowe mid riȝte · we wilneþ paie þe
    kynge   880

848 Wy suspendest] We suspendieþ HA   849–50] *om.* H   850 aneþeri] *in diff. hand and ink over erasure* C; any þeri A   855 he] we HA   866 sede] sigge *add.* HA   867 be[o]] abowe HA 868 my sulf] mi soule HA

Ac for we nabbeþ noȝt iredi her · oure conseil al clene
Forte þe nexte day we biddeþ ferst · þat ȝe grante us ene
¶ So þat respit was igranted · and ech wende inis weie
Monie of sein Thomas is men · bileuede him for eiȝe
And kniȝtes þat were ek wiþ him · al fram ward him
   drowe 885
Sein Thomas nom bi þe wey · pouere men inowe
And ladde wiþ him to is in · and to þe mete hom sette
And seruede hom is owe body · and mete inou ham vette
Þis beoþ he sede Godes kniȝtes · oþer men me habbeþ for- f. 191ᵇ
   sake
Þeose kniȝtes ich louie more · to hom ichelle take 890
¶ Þe Sonedai þer nas no court · iholde for þe day
Þe Moneday sein Thomas · wel sore sik lay
In þe vuel of maudeflank · þat to him ofte com
And for þe care þat he was inne · wel þe wors it him nom
Me sede þat he made him sik · for he ne dorste noȝt forþ
   wende 895
Þe kyng in gret wraþþe inou · after him let sende
¶ Wel ȝe seoþ quaþ sein Thomas · þat i nemay come noȝt
Ac certes to morwe ichelle · hou so ich þuder be[o] broȝt
Þei ich ssolde be[o] þuder ibore · in barwe oþer in bere
Þuder ichelle þoru Godes grace · God be[o] min help
   þere 900
¶ Amorwe þe Tiwesday · oure Louerd him gan arere
Þe morwe after sein Lukes day · as it fel in þe ȝere
Þulke day he aȝte vnderstonde · as mony anoþer also
For bi costome al is gret anuy · bi Tywesdai com him two
¶ Alle þe bissops þane Tywesday · erlich to him wende 905
Sire hi sede in vuel point þou ert · God þe amende
We habbeþ oure red þerof inome · & mid one mouþ echon
We redeþ þe to paie þe kyng · hou so it euere gon
Oþer he þe wole bere an hond · þat þou ert is traitour
And forswore wanne þou him swore · to don him eor[þ]liche
   honur 910
Ac ne dest him nou onur ac tricherie · as he þe wole bere
   an hond

889 Godes] gode H   891 þe] heȝe add. HA   906 vuel]
feble HA   þe] þi stat H; it A   910 eor[þ]liche] þ om. C

And bynime þi stat & bi cas · driue þe of is lond
¶ Mi leoue breþeren quaþ sein Thomas · ȝe seoþ wel echon
Þat al þe worle gret on me one · & alle myne fon
And is mest reuþe ȝute of alle · ȝe þat mine breþeren
    beoþ   915
And me þei ich sunfol be[o] · ȝoure fader in torment iseoþ
And beoþ mine meste fon of alle · and also beoþ al ȝare
In seculer court to deme me · and it nolde noȝt wel fare
For ȝe habbeþ in þis tweie dawes · þat bispeke ilome
Nou God helpe Holy Churche · and take þerto gome   920
¶ Ac in obedience ich ȝou hote · þat [ȝe] þer ney ne be[o]
Ȝif ich am ibroȝt to iugement · ac ȝe raþer fle[o]
And enyman hond on me sette · ich [ȝou] hote also
Þat [ȝ]e sentence of Holy Churche · for such violence do
And holdeþ op þe riȝtes of Holi Churche · þat ȝou is
    bitake   925
For i nessel for no drede of deþ · hure riȝte forsake
¶ Þe bissops were þo wroþ inou · & wende to court echone
Nou God helpe þis selyman · for he was þo al one

f. 192ᵃ   Bote þe bissop of Wynchestre · þare ne leuede mid him
    non
And þe bissop of Salesburi · þat nere alle fram him
    agon   930
¶ Sein Thomas triste al to God · and greiþede him anon
And song a masse of seinte Steuene · ar he come among is
    fon
He song after þulke masse · for as he doþ byginne
Þer ferste offis was propre inou · to þe stat þat he was
    inne
¶ Þe bygynnynge of þulke masse · an Englis is þis   935
For wanne princes habbeþ isete · & aȝen me ispeke iwis
And luþer men porsuede me · Louerd min help þou be[o]
Mony sede þat þis ihurde · nou we mowe ise[o]
Þat he singþ þe masse for þe none · for þe kyng & for
    his

914 alle] beoþ *add.* HA   915 is] þat is HA   921 [ȝe]] *om.*
C; *given* HA   922 ȝe raþer] raþere þat ȝe HA   923 [ȝou]]
ȝoute C   924 [ȝ]e] he C; ȝe HA   933 after] ofte HA   934
offis] vers þer of A   936 habbeþ] beþ A   938 nou we] her
bi me HA

And þat [he] halt hom al luþer men · þat aȝen him specþ
   iwis 940
¶ Þis word com to court sone · ware þoru hi were echon
In þe more angwisse aȝen him · and þe more is fon
And somme of þe kynges conseillers · to him ofte wende
And sede bote he held him stif · al is lond he ssende
Ȝif he grantede sein Thomas · at þulke tyme is wille 945
¶ Is poer inis owe lond · nere neuere eft worþ a uille
Bote lete þe clergie al iworþe · & hold him sulf stille
And clerkes diȝte al is owe lond · and þe reume aspille
And attelaste bi hare owe wille · make kyng and cheose
And so ssolde ech kyng after him · is franchise leose 950
Þare fore he moste him wel biþenche · & ne flecchi noȝt
Such wordes and many oþere · apeirede ofte is þoȝt
¶ Þo sein Thomas hadde is masse ido · is chesible he gan of
   weue
Ac alle þe oþere vestemens · he let on him bileue
Oþer armure nadde he non · for Holy Churche to fiȝte 955
Anouward he caste is clerkes cope · þat fel him to riȝte
Godes fleiss he tok and is blod · wiþ him stilleliche
A crois he nom inis hond · and wende forþ baldeliche
Þe vestemens [were] is armure · as fel to suche kniȝte
Þe crois was is baner · for Holy Churche to fiȝte 960
¶ Forþ wende þis gode kniȝt · among al is fon
Nou swete Iesus be[o] is help · for oþer frend naþ he non
Þe crois he bar inis hond · and arerede is baner
Þe bissop Robe[r]d of Hereford · wende anon him ner
¶ Sire he sede ich crie þin ore · þi chapelein make þou me 965
Biuore þe lete me bere þi crois · for it ne falþ noȝt þe
¶ Þe wile ich is bere quaþ sein Thomas · and þe fourme ise[o]
I ne douti of noman · þe hardiore ich may be[o]
¶ Þo sede þe bissop of Londone · þat euere was is fo   f. 192ᵇ
I ne rede noȝt þat þou so byuore · þe kynge go 970
For wraþþi he wolde him anon · & awreke him in þe place
Ich take me quaþ sein Thomas · al to Godes grace

940 [he]] om. C   956] God almiȝti beo his help: bi daye & bi
nyȝte H   957–60] om. H   959 vestemens] *final s, apparently
in same hand, crowded in after* n C   [were]] was C   962 frend]
help H   964 Robe[r]d] r *om.* C

¶ ȝe al þi lyf quaþ þis oþer · a fol þou hast ybe[o]
  And þat neltou neuere bileue · as me may here ise[o]
¶ Sein Thomas þus wiþ þis crois · in to þis court gan gon 975
  Þo þe kyng him sei come so · he wrappede him anon
¶ Louerdlynges he sede here ȝe seoþ · hou þis man me
    schend
    In wuche manere is he here · in to þis court among us
    iwend
    As ich ne biluuede noȝt in Cristendom · ne in oure Louerdes
    name
    Ne mot ich nede awreke me · ne deþ he me gret ssame 980
¶ Þo sede al þe court anon · sire ȝe mowe ise[o]
  Þat he is prout and contekour · and euere haþ ibe[o]
  And in despit of þe and þine · þis dede he haþ ido
  And ȝif þou wolt þou miȝt be[o] iwar · to take eft on so
  To bringe in so gret poer · such as he is   985
  To be[o] þin hexte of þi londe · as þou madest him iwis
  Þere fore we nemeneþ þe noȝt · for þou nost beo iwar biuore
  Ac we seggeþ by him echon · þat he is purliche forswore
  And as bi such man do by him · as bi on of þi fon
  For he þe swor eorpliche honur · and he ne deþ þe non 990
¶ Þe bedeles and þe oþer schrewene · grennede on him uaste
  And abide euere þe kynges heste · in prison him to caste
  Þe king let crie anon aboute · ȝif eny so wod were
  Þat were at sein Thomas conseil · oþer companie him bere
  Þat as þe kinges traitour · me ssolde him nyme anon 995
  Nou swete Iesus be[o] is help · among al is fon
¶ Þe bissop of Excetre · to sein Thomas fel akne[o]
  Merci he sede for Godes loue · for sorwe þou miȝt ise[o]
  Haue reuþe of þe and of us · oþer þou wolt us alle ssende
  We worþe al ybroȝt to noȝt · bote þou þi þoȝt wende 1000
¶ Sire bissop quaþ sein Thomas · þou miȝt as wel be[o] stille
  Go hanne of þe nekepe ich noȝt · do echman is wille
¶ Þe bissops wende togadere alle · and hore conseil nome
  And þo hy hadde hore forme iset · to þe kyng hi come
¶ Sire hi seide we beoþ anuyd · and ofþencheþ sore   1005

985 in] me in to A   such] on add. H   994] Þat seint Thomas
consaillede.' & cumpaignye bere H   1005 we beoþ] þu ert, after
anuyd H; ȝe beþ A   and] ous hit add. H; vs add. A

Forȝif us þat ȝe on us bereþ · & we nesolleþ misdo namore
Wel we witeþ þat þis wrecche · þat ssolde oure chef be[o]
Fals he is and forswore · and þat may echman yse[o]
For he swor to holde þe eorþliche honur · and he haþ f. 193ᵃ
  ibroke is oþ
And þat we ssolleþ prouy wel · ȝif ȝe nolleþ noȝt be[o]
  wroþ   1010
For ȝif us þi wraþþe we þe biddeþ · and we ssolleþ to
  Rome wende
To bynime is erche bissopriche · and as a wrecche him
  ssende
Forswore we wolleþ him proue · sire bi ȝoure rede
Þe kyng bihet hom gret honur · to don þulke dede
¶ To sein Thomas þer he was · hi wende alle anon   1015
Þe bissop of Chichestre · tolde for ham echon
Sire he sede oure gostliche uader · þou were here byuore
Ac for uader we forsakeþ þe · for þou ert fals & forswore
For þou swore þe kyng eorþlich honur · & nelt him do non
¶ Þarefore to þe court of Rome · we biclupeþ þe echon 1020
To answere us tofore þe pope · of þat þou hast ido amys
Louerdlinges quaþ þis holyman · ich hure wel al þis
Nou swete Iesus beo is frend · wanne all oþere beoþ is fon
Þe kyng him let clupie faste · þat he come forþ anon
Þe eorl Roberd of Leicestre · and oþere manyon   1025
Come after him and het him sone · byuore þe kyng gon
¶ Louerdlinges quaþ sein Thomas · ȝe witeþ wel echon
Hou wel ich was wiþ þe kyng · þei ich habbe nou luþer
  won
Erche bissop he made me · to soþe aȝen my wille
For euer ich dradde for vnco[nn]ynge · my soule forto
  aspille   1030
Þo esste ich byuore al þat folk · in wuch manere he me
  toke
Þe maistrie of Holy Churche · to warde and to loke
He me bitok þo Holy Churche · in ech manere so fre[o]
¶ To be[o] quit of al oþer court · as wiþ riȝte ssolde be[o]

1006 on] hond *add.* H   1007 we] ȝe A   1012 is] him his HA
1016 bissop] hillari *add.* HA   1021–2] *om.* H   1030
vnco[nn]ynge] vn com̃yge C; *as given* HA

And wanne Holy Churche is so fre[o] · inelle answere þe
    kynge   1035
Ne non oþer inis court · of non eorþlich þynge
For led nepasseþ noȝt so muche · in bounte as gold iwis
For þe dignete of preost · herre þanne lewed is
And is gostliche fader ich am · ȝif he wolde nyme ȝeme
Hit is no lawe þat þe sone · þe fader ssolde deme   1040
Þare fore ich segge at o word · inelle me noþing take
To iugement of kniȝtes court · ac outliche it forsake
¶ And take me al to Holy Churche · and to non eor[þ]lich
    dome
And biclupie to fore ȝou alle · to þe court of Rome
Saue þe stat of Holy Churche · and my dignete   1045
Þat Iesu Crist it saue wel · wanne it ne may noȝt þoru me
And ȝou bissops ich biclupie · to þe court of Rome also
Þat ȝe honureþ more an eor[þ]lych kyng · þanne ȝe God
    almiȝti do

f. 193ᵇ   And so þoru riȝte of Holy Churche · out of þis court ich
    wende
To bringe þis cause of Holy Churche · byuore þe pope to
    ende   1050
Þis holyman wel mildeliche · out of þis court gan gon
¶ Þe kyng and al þat mid him was · wraþþede ham anon
Hi cride on þis holyman · and belwede echon
Mid as gret noise as al þe toun · biset were mid hore fon
Hy ne miȝte make more cri · þei al þe toun were afure 1055
Þanne hi dude upe þis holyman · þat deol it was to hure
Nou God almiȝti be[o] is help · for [he] hadde þere lite
    rewe
For in al is lif he hadde · gode dawes vewe
¶ Forþ him wende sein Thomas · as him noþing ne roȝte
For more me ssende Iesu Crist · þo me him to deþe
    broȝte   1060

1037 led, gold] *interchanged* H   as] *om.* HA   1038 For þe] As
HA   preost . . . is] preosthod; passeþ þe (þe *om.* A) lewed man þat
is HA   1040 Hit is] t is *in diff. hand and ink over erasure* C; &
hit nere HA   1042 kniȝtes] kinges HA   1043 eor[þ]lich] þ
om. C   1048 eor[þ]lych] þ *om.* C   1053] *om.* H   belwede]
volwede A   1054] H *adds*: Þis holi man him wende forþ; as stille
as eni ston H   1057 [he]] *om.* C

He werþ up is palfrei · and to is in wende so
Vnneþe he miȝte wiþ is honde · þeos þreo þinges do
Blessy þat folk & bere is crois · and is bridel wisse
Þe simple uolk orn him aboute · wiþ ioie inou & blisse
For hi wende wel h[e] hadde ibe[o] · at court faste
    inome   1065
Hi herede alle Iesu Crist · þat he moste among hom come
¶ To is in at seint Andrewes · hy siwede faste inou
Alle þe pouere men mid him · to þe mete he drou
And sede comeþ here uorþ mid me · for myne frendes ȝe
    beoþ
Inabbe non oþer frendes þanne ȝou · as alle men iseoþ 1070
He let hom vede echone wel · for al is hous ney
And him sulf þe gladdore was · þat he hom ysey
¶ As sein Thomas sat atte mete · þei he no wille nadde
Þis word þat oure Louerd het · his redare touore him radde
Ȝif me porsuwede ȝou in o toun · into anoþer ȝe vle[o] 1075
Þis holyman þoȝte by him · þis word miȝte wel be[o]
And it was Godes wille · into anoþer lond to gon
A man as þe gospel seiþ · forto fleo is fon
Þe hardiore he was þo · of londe forto wende
Wanne he miȝte ofscapie wel · & God wolde þe tyme
    sende   1080
¶ Þo it was toward þan eue · tweie sergans come
Sore wepinge & warnede him · þat he som red nome
For þe kynges men hadde iswore · þoru heste of þe kynge
War so hi him finde miȝte · to stronge deþe brynge
Sein Thomas þoȝte anoþer · he let make is bed a
    niȝt   1085
In þe heie churche anhey · bitwene two weuedes riȝt
Þo oþer men were al aslepe · and noman him nas ney
He ros him up and biheld · on þe image anhey
¶ He fel adoun akne[o] byuore þe weued · & on oure Louerd f. 194ᵃ
    gan crie
And sede ferst þe vij saumes · and suþþe þe letanye 1090

1065 h[e]] hi C; he HA   1066 alle] moche H; vaste A   1067
Andrewes] Edwardes A   hy . . . inou] þis gode mon sone com A
1068 drou] nom A   1071 for al] ful H; vol al A   1081
come] þer come HA; fram þe kinge add. H   1082 þat . . . nome]
þat me wolde; to stronge deþe him bringe H, see l. 1084

And wepinge ech halwe bad · his help forto be[o]
And at ech halwe up aros · and sat suþþe adoun akne[o]
Nou Crist of heuene be[o] is help · for neod he hadde inou
For him was toward muche wo · as 3e ssolleþ ihure mid
    wou
¶ Þo he hadde ido is preiere · stilleliche he gan gon   1095
A lite byuore cokkes crowe · out of þe churche anon
And wende him out of Engelonde · þat noman wiþ him
    nas
Bote a frere of Se[m]pringham · þat wel priue wiþ him was
Þis godeman flei Engelonde · for Holi Churche ri3te
Of al is wo ne3af he no3t · 3if he it amendi my3te   1100
¶ Þe ni3t þat fram Norhamthone · sein Thomas þane wey
    nom
To on of is clerkes · in auision þer com
A cler uois þat sede · of þe sauter þis
As it were a sparwe · oure soule ibro3t is
Out of þe hontares bende · and þe bend is vndo   1105
And al defouled and we beoþ · deliuered so
On wam was þis auisyon · bote of sein Thomas
Þat out of þe bendes of is fon · deliuered þo was
¶ Þat word com of sein Thomas · to þe king sone
Þe heie men nome þer of red · wat were to done   1110
¶ Þe king and al is baronie · and þe bissops echon
Þat a3te wiþ sein Thomas be[o] · were is meste fon
To þis conseil euerichon · hi encentede atte nende
Þat þe kyng ssolde of is hexte men · to þe court of Rome
    sende
A3en him wanne he þuder come · and þe pope do vnder
    stonde   1115
Þat he was fals and forswore · and destourbour of þe londe
And to do þis grete neode · þe wisoste men forþ nome
And þat þis king were al in pes · forte hi a3en come
¶ Þe erche bissop of Euerwik · and þe bissop of Excetre
To Rome wende for þis neode · & þe bissop of Chichestre
Þe bissop ek of Londone · and of Wircestre also   1121

1094.toward] to cominge H; to come A   1098 Se[m]pringham]
written sein *ors eint* pringham; *also at ll.* 1130, 1132 *&c.* C   1113
encentede] assentede H; consenteden A

And grete eorles and barons · and clerkes þerto
To bere witnesse of þis falshede · wanne hi to court come
Noble ʒiftes & giuwe[l]s · wiþ hom also hy nome
For þerwiþ me may · þe riʒte bringe to wou   1125
¶ Nou Crist helpe þis holyman · ffor he was pouere inou
None ʒiftes he nadde to ʒiue · to holde up is riʒte
Fram Norhamthone barefot he ʒeode · for Holy Churche
   to fiʒte
¶ Fram seint Andreu þis holyman · fram Norhamthone f. 194ᵇ
   wende
Wiþ a frere of Se[m]pringham · are God þane day
   sende   1130
Viue and twenti mile he wende · to þe toun of Graham
Ar he stunte in eny stude · wiþ þe frere of Se[m]pringham
Al norþward he drou him uerst · al framward þe se
Þat þe kinges men ne fonde him noʒt · to nyme ne to sle
Suþþe he wende fram Graham · viue & twenti mile
   also   1135
To þe cite of Lyncolne · ar he wolde to reste him do
¶ Þe morwe ope sein Lukes day · Tiwesday was þo
He departede fram þe kynges court · mid such sorwe & wo
And þe wei þe Wendesniʒt · out of þe toun he nom
Sone amorwe þane Þoresday · to Lincolne he com   1140
At an foulares hous · is in he nom þere
Al gate is wei he nom biniʒte · þat he awaited nere
¶ In water he dude him at Lincolne · ar God þane day sende
And þe Friday forti mile · al bi water wende
To an ermitage of Se[m]pringham · þat amidde þe water
   is   1145
Þare he bileuede hardeliche · þreo dawes iwis
¶ To sein Botulf þanne he wende · þat þanne was þre[o] mile
And þare he dude him eft in water · and com in to an
   ile
To þe hous of Auerholt · þat of Sempringham eke is

1124 giuwe[l]s] l *om.* C; gewels H; riche A   1125 may] ofte at
Court *add.* HA   1126 holy-] pore HA   1128 barefot] bar H; as
A   1130 are] as HA   day] grace H   1131 Graham] *changed
to* Granteham A   1137 was] hit was HA   1139 Wendesniʒt]
Wendesdai aniʒt H; Wendesdai nyʒt A   1147 þre[o]] ten HA
1148 in to an ile] in a lute (lutel A) while HA

Þe frere him ladde bi þulke hous · þe sikeror to be[o]
   iwis 1150
¶ Fram þanne he wende to Estreie · is o manere wiþ riȝte
And þe erchebissops · ȝif he were of myȝte
Þat was ney þe se inou · he abod wel þere
And lokede is point to passy · wanne best tyme were
¶ Seueniȝt he leuede þere · forte Al Soulene day 1155
In a chambre riȝt bi þe churche · day & niȝt he lay
Þat noman ne ssolde of him iwite · ne iwar of him be[o]
Þoru þe churche wal he made an hol · þe sacringe to se[o]
And forto hure þare is masse · and hi þat to c[h]urche
   come
Nuste noȝt þat he was so ney · ne tok of him no gome 1160
Wuch an auncre he was bicome · Louerd þat him was wo
Þe erchebissop of Kanterburi · þat ne dorste among men
   go
¶ An Alle Soulenday þe Tiwesday · ar God þane day sende
He tok God al Holy Churche · and into þe se wende
Hi rewe forþ al þane day · and aȝen þe euenynge 1165
A mile hy ariuede biside · þe hauene of Grauenynge
Oye me clupeþ þulke stude · as hi come to londe
In þe lond of Flandres · as ich vnderstonde
f. 195ᵃ ¶ Forþ moste þis holyman · hors nadde he non
For al is erchebissopriche · auote he moste gon 1170
And noman him ne kneu · þe abit of frere he nom
And as a frere forþ he ȝeode · þo he to Flandres com
Blac was is cope aboue · is curtel wiȝt blanket
Op is rugge is cope he bar · forto go þe bet
¶ Þe rein was gret & swuþe strong · & þe wei deop inou 1175
So weri was þis holyman · þat vnneþe is lymes he drou
So weri he was of þe wey · and of þe se byuore
Þat he sat adoun & ne miȝte veor · bote he were ibore
¶ Þo ȝeode forþ on of is men · and hurede him a mere
For an Engliss peni wiþ an halter · þis holyman to
   bere 1180
Þis holyman is cloþes nom · and ope þe mere hom caste

1151 o] owe H   1152 And þe erchebissops] þe archebischop
(es A) of Canterbury HA   1159 c[h]urche] h om. C   1171
And] & þat H; Þat A   1178 veor] no fur H; forþ A

And werþ up aboue is cloþes · and rod him forþ uaste
A weilawey such a man · vuel it was is riȝte
So febliche wende ouerlond · muche is Godes miȝte
¶ Vuel him bicom go afote · oþer up such best to ride 1185
Holi Churche he boȝte deore · þat me telleþ of wide
Wiþ þis haltere ope þis mere · forþ rod þis holymon
As a frere and let him clupie · frere Cristian
For he nolde liȝe noȝt · for Cristian he was
And he was adrad to be[o] iknowe · ȝif me clupede him
Thomas 1190
¶ At a god mannes hous · is in a niȝt he nom
He sat atte bordes ende · as him wel noȝt ne bicom
Al is men sete al w[iþ] inne · as he lowest were
Is oste nom wel gode ȝeme · hou hi hom alle bere
He nom ȝeme of þis holyman · atte bordes ende 1195
Hou milde he was atte borde · & hou corteis & hende
Hou corteisliche he delde is mete · hom þat bifore him
stode
And hou lite him sulf he et · wiþ wel simple mode
¶ Is lymes also he biheld · hou gent hi were and fre[o]
Honden faire wiþ longe fingres · none fairore nemiȝte
be[o] 1200
Is face brod & long · also is front large inou
And biuore alle oþere mest · is herte to him drou
¶ Of þe erchebissop of Kanterbury · he gan him vnder-
stonde
Þat it was couþ ouer al · þat he was iwend of londe
His herte him ȝaf þat it was he · in gret steodie it was
ibroȝt 1205
He rounede inis wiues ere · and tolde hure al is poȝt
Is wif after þulke tyme · þat soþe also poȝte
He[o] seruede þis holyman · and of deintes him broȝte
Applen and peres and notes ek · and fondede in eche f. 195ᵇ
manere
Amang al þis oþere men · to gladi þis seli frere 1210

1183–4] second half-lines interchanged HA 1186 telleþ of] tiȝþ
on H; spekeþ of A 1193 Al] in diff. ink over erasure C; & HA
w[iþ]] iþ om. C; wiþinne H 1205 steodie] i inserted above line C
1207 Is wif af] in diff. hand and ink, Is in margin, rest over erasure C;
His wyf after H; Þat wif after A

He[o] bileuede to serui oþere · and upe him was al hure
   þoȝt
Sein Thomas it vnderȝet · he[o] nepaide him þerwiþ noȝt
¶ So þat he bihüld aboute · anon after soper
   Wel mildeliche he bad is oste · forto come him ner
   And to sitte bi him adoun · to solacy a stounde   1215
   A sire merci quaþ þis oþer · ichelle sitte in þe gronde
¶ He sat adoun at is fet · sein Thomas him bad arise
   Certes sire quaþ þis oþer · i ne ssel in none wise
   Nolde God þat ich bi þe sete · my louerd ihered þou be[o]
   Þat þou ssost in myn hous come · & ich þane day ise[o] 1220
¶ Lyte deinte quaþ sein Thomas · of a such pouere man
   A seli frere as ich am · ihote frere Cristian
¶ Sire þin ore quaþ þis oþer · wel ich vnderstonde
   Erche bissop þou ert of Kanterburi · iwend out of
   Engelonde
¶ Wi seistou so quaþ þis oþer · þou hast selde yscie   1225
   Þe erche bissop of Kanterbury · in such manere wende bi
   weie
¶ Sire quaþ þis oþer þou it ert · as me seiþ my þoȝt
   And ich bidde for þe loue of God · ne ofsak aȝen me noȝt
¶ Sely Thomas him biþoȝte · þat oþer he moste lye
   Oþer be[o] iknowe þat he it was · so þe oþer gan on him
   crie   1230
   Attelaste he was iknewe · ac wiþ him amorwe he nom
   His oste þat he ne wreide him noȝt · fforte he a uer wei
   com
¶ He ȝeode him forþ uer ar day · and in wel voule weye
   Twelf mile he ȝede gret inou · to a grei abbeye
   Þat me clupeþ Cler Mareis · of greie monkes iwis   1235
   Þat biside þe castel · of seint Omer is
¶ To þe abbei of sein Bertin · fram þanne suþþe he wende
   And þare bileuede forte oure Louerd · betere tidinge him
   sende
¶ Þe bissops of Engelond · and þe barons also

1215 solacy] him add. H   1229 Sely] Seint HA   1231 wiþ
him] om. H; to him after amorwe A   1232 þat] & bad þat H
1235 greie] wite A   1236 þe castel · of] a castel stont: þat
of A

Toward þe court of Rome · wende hore erende to do 1240
To þe king of France hi wende · & lettres wiþ him bere
Fram þe kyng of Engelond · þat þus an Engliss were
To is louerd þoru grace of God · sire Lowes þe kyng
¶ Henri kyng of Engelond · sent loue & gretyng
Thomas þat þe erche bissop was · of Kanterburi biuore 1245
Out of mi lond is iwend · as my traitor & forswore
Þare fore as myn eorþlich louerd · ich bidde þe by my sonde
Þat þou ne soffre noȝt þat he be[o] · irescettet in þi londe
¶ Þo þis king þis bone hurde · a wile in poȝte he stod   f. 196ª
Certes he sede me þingþ · þis bone nis noȝt god   1250
So strong þeof nis in Engelond · ȝif he in France come
Þat he ne miȝte bileue þer · as me sucþ ilome
Nere he iproued so strang þeof · oþer hadde þe lond forswore
I nemiȝte him do for noþing · þat he hadde þere misbore
¶ And watloker ssolde such an hey mon · necome he noȝt so
   sone   1255
Ac noþer ich ne he nabbeþ · wiþ oure bissop to done
For myne bissops wiþ Holy Churche · hore wille ich lete do
And fairore were him me þingþ · lete his iworþe also
Þanne entre metie of Holy Churche · hure riȝte forto
   aspille
And loke þe pes of is lond · me þingþ he deþ is wille 1260
¶ Nemiȝte þe heie men of him · non oþer word auonge
So þat hi wende hore wei · þo hi hadde abide longe
Maister Herbard of Bosham · and oþer suþþe wende
To þe kyng Lowes of France · as sein Thomas hom sende
And tolde þe king of al þe wo · þat seint Thomas hadde
   mid wou   1265
Þe kyng wep þo he hurde þis · and made deol inou
And tolde ham hou þe kynges men · were at him biuore
And wuch answere he ham ȝaf · & hou hare wei was forlore
¶ Þis godemen wiþ ioie inou · hore leue at him nome
And fram him wende mildeliche · to þe court of Rome 1270
Þare nere hi noȝt wel wolcome · for þe bissops biuore

1254] I nemiȝte do hit for noþing/ þeȝ he him hadde þer misbore
H; He ne miȝte him do her noþing: for þat he hadde misbore A
1258 him] þe king HA   his] him H; hem A   1271 bissops]
schame H; come add. A

Hadde desclandred sein Thomas · þat he was fals & for-
swore

And naþeles þe grace h[i] hadde · þat to þe pope hi miȝte
go

Him sulf hi tolde in priuete · of sein Thomas is wo

¶ Of þe status of Clarindone · hou hy ferst forþ come 1275

Hou he was ibroȝt at Norhamthone · biuore þe king to
dome

Hou he wende out of Engelond · in wuche miseise and wo

Hou he changede is name · þe sikeror forto go

¶ Þe pope gan to sike þo · wiþ wel dreori þoȝt

Þe teres folle out of is eiȝen · he nemiȝte hom weorne
noȝt 1280

He þonkede God þat such prelat · vnder him moste be[o]

So studeuast to Holy Churche · and þat he moste þe day
ise[o]

¶ Amorwe come þis bissops · and þis barons also

To procuri al þat vuel · þat hi miȝte do

Biuore þe pope as he sat · wel nobliche hi come 1285

And biuore þe cardinals · and al þat court of Rome

¶ Þe bissop of Londone · þat euere luþer was

Bigan ferst to telle is tale · aȝen sein Thomas

f. 196ᵇ ¶ He stod up biuore al þe court · beu pere he sede

To þe we beoþ icome to mene us · of wrechede þat we doþ
lede 1290

Ȝoure riȝt it is up to holde · alle þat gode beoþ

And foles bringe of folie · wanne he eny iseoþ

A destance þer is spronge · liȝtliche in Engelonde

Þat destorbeþ al þat lond wiþ vnriȝt · ich vnderstonde

Þe erchebissop of Kanterburi · al aȝen oure wille 1295

A folie bigan in Engelond · Holy Churche to spille

¶ To binyme þe kynges ffranchise · and is riȝte also

Ac he ne miȝte us makie · for noþing concente þerto

Þare fore for wraþþe suþþe · for we nolde is wille do

Ope us he caste is owe gult · and ope þe kyng also 1300

1272 Hadde desclandred] & þe desclandre H; & desclaundrede A
1273 h[i]] he C; hi HA   miȝte go] come miȝte H ,   1274 wo]
wiþ vnriȝte add. H   1279 þo] sore HA   1284 procuri] prouy
A   1291 Ȝoure riȝt it is] Oure (Ȝoure A) riȝtes HA   1292
he] we H; ȝe A

And attelaste as it were · þat lond forto blende
Þat noman strengþe him ne dude · of londe he gan wende
For men þat weste þe soþe · ssolde vnderstonde
Þat þe kyng him [dude] vnriȝt · and driue him out of
    londe
Þo he hadde al is tale itold · and mid is grete wise   1305
He sat adoun and þe byssop · of Chichestre gan arise
¶ Beu pere he sede to þe pope · me þingþ it falþ to þe
To destorby þing þat valþ to harme · of þe comunite
Þat o man ne be[o] isoffred noȝt · to go forþ wiþ is wille
To bringe al þat lond to ssunnesse · & Holy Churche to
    spille   1310
Þat haþ þe erchebissop iþoȝt · & þat is isene iwis
Wanne echman of þe lond · faste aȝen him is
¶ Þe erchebissop of Euerwik · þo [he] is tyme isey
Aros him op & gan to telle · is tale al anhey
Sire he sede noman ne knoweþ · so wel as ich do   1315
¶ Þe erche bissop of Kanterburi · ne þe bissopriche also
Þe erchebissop is wilfol · and wanne he is elles ibroȝt
In a wille þat is lite worþ · he ne bileueþ it noȝt
For noman nessel for noþing · bringe him of is þoȝt
In such fol wille he is nou · þat we habbeþ deore aboȝt 1320
Liȝ[t]liche þer inne he com · ac he ne bileueþ it neuere mo
Bote ȝe pulte ȝoure hond þerto · to bringe us out of wo
¶ Sire sire quaþ þe bissop · of Excetre þo
Þis case he mot amendi sone · hou so [it] euere go
And ȝif ȝe ne luueþ noȝt þat soþe · þat me deþ ȝou vnder-
    stonde   1325
Send wiþ us fot wiþ fot · a leget to Engelonde
To enqueri þat soþe þer · and let him þer after worche
For certes bote ȝe oþer þenche · ȝe ssendeþ Holy Churche
¶ Þo aros þe eorl of Arondel · man of gret poste   f. 197ᵃ
Sire he sede for Godes loue · a stonde herkne to me 1330
We lewede men þat here beoþ · þat ne conne Latyn non

1303 weste] nuste HA   1304 [dude]] om. C; given HA   1305
and mid . . . wise] & ymaked al his wise H; In his grete wise A
1310 ssunnesse] schindisse H; noȝt A   1311 þe] oure HA   1313
[he]] om. C   1317 elles] alles HA   1318 ne bileueþ] nele
bileue HA   1321 Liȝ[t]liche] t om. C   1324 he] ȝe HA
[it]] blurred C   1329 poste] dignete HA

Noþing ne habbeþ vnderstonde · þat ȝe habbeþ itold echon

Ac in langage as we conne · suche men as we beoþ

Heiȝe barons & noble kniȝtes · as ȝe bi ȝou yseoþ

¶ Telle ich wol biuore ȝou alle · wi we beoþ hider iwend 1335

Oure louerd þe kyng of Engelond · us haþ hider isend

Noȝt þat we wrappi enyman · oþer enyman segge amis

And nameliche oure alre heued · þat oure alre chef is

¶ To wam al þe world abouþ · þat God holde longe is miȝte

Þat aȝte echman bidde to holde · echman to riȝte 1340

And such kniȝtes as we beoþ · hider we beoþ iwend

Þoru my louerd þe kynges heste · þat us haþ hider ysend

To ssewy ferst þe reuerence · and þe grete loue also

Þat he haþ euere to ȝou ibore · & euere þingþ to do

¶ And he sent ȝou word bi us · as ȝe seoþ us stonde 1345

Bissops eorls & barons · þe hexte of is londe

Ȝif he eny herre hadde yheued · hider hy hadde iwend

Ac to so heie court as þis is · he haþ us hider isend

To ssewy ferst inis name · þat as wide as þe world is

So triwe prince nis to Rome · ne þat ȝou louie so muche iwis 1350

Ne so muche honureþ Holy Churche · and euere haþ ido

Þe erchebissop of Kanterburi · noble man is also

Þat ȝif o manere of him nere · as ich vnderstonde

Þare nere lond in Cristendom · aȝen Engelonde

¶ Ne Holy Churche so wel issulde · fram ech wou 1355

Vnder swuþe noble prince · & prelat god inou

Ac þis erche bissop Thomas · haþ a lite wille

Þat appeireþ muche is godnesse · & þat lond ginþ aspille

Is wille is such þat wanne he is · icome into fol þoȝt

He nele þoru conseil ne þoru red · þer of be[o] neuere ibroȝt 1360

In such folie he is nou icome · oure Louerd is þoȝt wende

¶ Bote me mowe him þer of bringe · þat lond he wole ssende

Þare fore mi louerd þe kyng ȝou bit · þat ȝe wiþ us sende

A leget into Engelond · to enquere þerof þan ende
Oþer certes he is ope þe pointe · al þe lond to aspille 1365
Bote ʒe chaste him þoru lawe · and bynyme is fole wille
¶ Of þe clerkes þat þare sete · non of ham þer nas
Þat ne preisede muche þis h[eʒe] man · for he so renable
   was
¶ Louerdlinges quaþ þe pope · we seoþ wel inou   .   f. 197ᵇ
Þat he to þe erchebissop telleþ · be[o] it riʒt oþer wou 1370
Oc we nemowe no dom ʒiue þerof · bote him sulf here were
For me ne iugeþ noman bihinde him · no riʒt it nere
¶ Sire quaþ þe eorl of Aroundel · ʒe mote bet vnderstonde
A certein day us is iset · to come into Engelonde
And þe day ne dorre we noʒt breke · for oure louerd þe
   kynge   .   1375
Þare fore ʒe mote us grace do · somdel of þis þinge
¶ We biddeþ ʒou ʒif it is ʒoure wille · a leget wiþ us sende
And þe erchebissop hot also · into Engelond aʒen wende
And as þe leget þer enquereþ · þer after he may do
Certes beu frere quaþ þis pope · inelle noʒt take on so 1380
¶ Inot wanne þe erchebissop comþ · wat he wole forþ drawe
To deme a man bihinde him · þou wost it nis no lawe
¶ Certes sire quaþ þis oþer · we ne dorre abide noʒt
De pardeus quaþ þe pope · doþ as ʒe habbeþ yþoʒt
Þis oþere were wroþ inou · wel faire hore leue hy nome 1385
And wende ham forþ in grete wraþþe · & to Engelond
   aʒen come
¶ Sein Thomas was þo in Flandres · in hudinge as it were
In þe hous of sein Bertyn · for he abusseþ him þere
Attelaste he aroʒ biniʒte · and of Flandres wende
Al priueliche into France · as God þe grace sende 1390
Þe kyng of France þat was þo · king Lowes god & hende
Hurde telle of þis holyman · he lette him sone ofsende
¶ Þo þis holyman to him com · gret ioie he gan him make
And het him up al is lond · moneie of his take
To spene to him and to alle his · war so he euere come 1395

1367 Of] alle add. HA   1368 h[eʒe]] holy C ; heʒe HA   1370
he] ʒe HA   1371 bote] he add. HA   1381 wat] ne what HA
1382 nis] nere H ; were A   no] vn- A   1388 for . . . him] vorte
abide A   abusseþ] abussede H   1394 moneie] ynouʒ HA

Nolde sein Thomas no3t abide · ar he come to Rome
Þe king him tok spence inou · to him an[d] two alle his
And sende wiþ him god condut · to bringe him þare iwis
¶ Þo þis godeman to Rome com · he was faire vnderfonge
And þe pope was somdel anuyd · þat he abod so longe 1400
Me acused him of þe trespas · þat þe bissops tolde er
And bad him answerie for is stat · & aleggi ri3t þer
Sein Thomas wolde up arise · me bad him sitte adoun
Biside þe pope he sat · and schewede is resoun
¶ Sire he sede ich am iset · þei ich vnworþe be[o]   1405
To warde þe churche of Kanterburi · as 3e mowe yse[o]
And þei ich ne be[o] no3t wel wis · so muche fol iwis
Naþeles nam ich no3t · þat þe kyng and alle his
f. 198ᵃ ¶ Ich wolde for no3t bileue · and in such contek bringe
And 3if ich wolde is wille do · and paie him of alle
     þinge   1410
He me wolde louie inou · and al is lond iwis
Scholde at my wille beo · and [alle þing] þat is his
Ac my profession · þat ich habbe to Crist ido
And þe biheste þat ich habbe ymad · ne soffreþ me no3t so
And 3if ich ssolde 3ute bileue · inadde no neode   1415
To noman to go bitwene · myn erende forto beode
¶ A[c þe] churche of Kanterburi · was iwoned to ssyne wide
And be[o] as þe sonne amang oþere · of al þe west side
Þe sonne þat was er so cler · derk he is bicome
Brode cloude & stronge inou · hure li3t habbeþ by-
     nome   1420
Ouercast he[o] is mid þis clouden · þat li3t ne 3af he
     non
Ware þoru þe churche of Engelond · ideorked beoþ
     echon
¶ Þe king þat ssolde hure gouerny · binymeþ al hure ri3te
And as clouden hure ouercaste · þat he[o] nemay no leng
     li3te

1397 an[d] two] antwo C; & HA   1402 ri3t þer] for him hou
hit were H; hou hit were A   1407 ne, no3t] om. A   wel wis]
worþi H; vn werþi A   so . . . iwis] such fol nam yno3t HA   1408]
Þat þe king scholde þurf me꞉ in wraþþe (contek A) beon ibro3t HA
1409–10] reversed HA   1412 [alle þing]] om. C; given HA   1417
A[c þe]] Atte C; as given HA   1423–4] reversed HA

And [ich] þat ssolde hare wardein be[o] · þare aȝen ich
   mot fiȝte   1425
And stonde aȝe & wiþsegge · hore wrong mid al my miȝte
¶ For þei ich hadde a þousond liues · as inabbe bote on
Raþer þanne ich wolde þolie · ȝiue ich ȝam wolde echon
Þe costome aȝen Holy Churche · þat þe kyng haþ forþ
   ibroȝt
Here ȝe mowe ȝam ihure nou · ȝif hi beoþ to granti oȝt 1430
He bigan to rede þe luþer lawen · as he hom hadde iwrite
He wep þe teres orne adoun · þat deol it was to wite
¶ Þe pope and þe cardinals · þat yseie him weope so sore
And hurde ek þis luþer lawen · nemiȝte for bere namore
Ac wope also pitesliche · and herede God also   1435
Þat hy miȝte fiȝte for a such prelat · ouer Holy Churche
   ido
Þat hulde hure so wel to riȝte · and ne soffrede no wou
Hy þonkede God of such a man · and onurede him inou
¶ Þe pope let is clerkes alle · þoru al Cristendom
Wiþsegge suche luþer lawen · ware so eny com   1440
And þat hi nere isoffred nawer · hou so hi come to ende
And þat hi deide raþer þare fore · þanne Holy Churche
   ssende
¶ Þo spak him eft sein Thomas · wepinge wel sore
Inabbe noȝt he sede so muche wo · þat inere worþ more
For þoru strengþe of eorþlich man · in such poer ich am
   ido   1445
Ac ich doute aȝen Godes wille · þat ich be[o] vnworþe þerto
¶ Þare fore God þoru riȝt wreche · vuel bygunnyng me deþ
   sende
Ac ich doute for mi wrecche gult · þat wors ssel be[o] þe
   ende
¶ Þare fore þat Holi Churche · ne be[o] to gronde ibroȝt   f. 198b
For my sunne and myn vnmiȝte · þat i ne may hine
   warde noȝt   1450
Ich ȝulde ȝou up þe bissopriche · and anoþer ȝe mote þare
   do
Þat hure mowe wardi bet · for vnworþe ich am þerto

Is ring he nom & tok þe pope · and ȝeld up is bissopriche
Þe pope wel deluoliche · and wel inliche gan sike
¶ Þar of conseilede al þe court · wat þe beste red were 1455
To lete him beo erchebissop · oþer to do anoþer þere
¶ Me þingþ quaþ a cardinal · in such cas as nou is
Best it were to do anoþer · inis stude iwis
Forto paie bet þe kyng · and such cas miȝte biualle
Þat þe kyng wolde swagi and bileue · þe luþer lawen
alle   1460
For betere it were in faire manere · wo so miȝte to ende
bringe
Þanne contek holde in such londe · & nameliche aȝen þe
kynge
And me myȝte porueie þis godeman · as god as þat is
Inot wat conseil ȝe wolleþ lede · for ich wot ich rede þis
¶ Þo sede anoþer cardinal · i ne rede noȝt so iwis   1465
For þat wolde ȝiue ensample · alday to don amis
For wanne a kyng wiþ a bissop were wroþ · for eny þinge
Anon to bringe him adoun · he wolde vuel lawen bringe
And so were Holy Churche þiu · þat leuedi ssolde be[o]
Þare fore þis red me þingþ feble · a betere me mot
bise[o]   1470
¶ Þe pope wende to sein Thomas · & tok him aȝen is ring
To bileue erchebissop forþ · and stable þoru alle þing
Studefastliche to holde up · Holi Churche riȝte
And he him wolde aȝen echman · helpe him mid al is
miȝte
Ac he ne ssolde noȝt þe ȝut · to Engelonde wende   1475
Ac abide betere grace · ȝif God him wolde sende
¶ To þe abbeie of Ponteneie · to soiorny þere
He sende þis holyman · forte it betere were
Wiþ lite folk and lite ese · þare he gan bileue
Forte he nadde him sulf noȝt to spene · bote as hi him
ȝeue   1480
¶ Is men he broȝte in seruise · hore mete to wynne þere
Him sulf he was al one ney · heyman þei he were

1454 inliche] myldeliche HA   1456 beo] leue H; bileue A
erchebissop] þerchebischopriche H   1460 swagi] above line C
1480 him sulf noȝt] siluer non H; no seluer A

Lif he ladde hard inou · he hadde of harde here
Sserte & brech streit inou · hardore non nere
Þe strapeles were eke strei3t · wiþ manie a knotte also 1485
Þe sseorte anon to is kne[o] · þe strapeles anon to is ho
Þe knotte wode into is fleis · aboute in eche side
Wel vnesy was is brech · aboute forto ride
Harde mi3te he ligge adoun · and harde sitte also   f. 199ᵃ
Louerd deore abo3te he heuene · wel a3te he come
   þerto   1490
¶ Þe bissops of Engelond · þat a3en him were at Rome
And eorles and oþer ek · þo hi to Engelond come
Hi tolde þe kyng al þat cas · hou hi nadde noþing isped
So sori and wroþ þe kyng was · þat he was nei awed
Alas he seide þulke traitour · þat ich habbe forþ ibro3t 1495
Þat he me ssel such ssame do · i nemai it soffre no3t
Wanne he flucþ out of my lond · þat i nemay to him come
¶ Ich wol me awreke of is cunne · hi solleþ it abugge somme
He let seche out clene is kun · and is frendes echon
And drof ham out of Engelond · he ne bileuede no3t
   on   1500
Sik ne feble 3ong ne old · ne wymmen mid childe
Ne children þat soukynge were · so muche he was vnmilde
¶ In armes þat moder bar þat child · & in hare wombe
   somme
Þer hadde þe kyng me þingþ · a feble wreche inome
Iharled hy were in gret miseise · out of þo londe alas 1505
Ech godman hadde reuþe of hom · þat hurde of þat cas
And amang ham sede stilleliche · þat [h]e luþer kyng was
More ssrewede þe kyng biþo3te · 3ute up scin Thomas
¶ Þe men þat he drof of londe · were ham leof oþer loþ
He made ham swerie ope þe bok · eche after oþer an
   oþ   1510
Þat hi ne ssolde in none steode · leue none stounde
Ar hi come to sein Thomas · war so hi him founde
And tolde him fore hou hi were · out of londe ibro3t

1483 hadde of] werede HA   1484 streit] hard HA   1485
eke strei3t] istreynd harde ynou3 H ; istreyned A   1486 first anon]
tilde anon HA   kne[o]] þies HA   strapeles] brech HA   ho] to
HA   1487 knotte] n, s add. HA   1489 sitte] vp add. A   1496
soffre] þolie HA   1507 [h]e] þe C ; he H ; he a A

To brynge him in þe more sorwe · ȝif he miȝte turne is
þoȝt

¶ Ȝute he biþoȝte a luþer dede · more ope sein Thomas 1515
He let hote þoru al Engelond · as wide as is poer was
Þat noman ne ssolde for him bidde · in churche ne elles
ware
As me for þe erchebissop doþ · and ido haþ wel ȝare

¶ Louerd muche was þe ssame þo · þat Holy Churche bitidde
Wanne me [ne] moste among oþer men · for hore heued
bidde   1520

¶ Þat folk of sein Thomas kun · wel þicke aboute him drou
Alle [d]aie þat were iflemd for him · in deol and sorwe inou
And wope and cride deoluoliche · and tolde al þat cas
Hou hi for him were idriue · and wuch hore sorwe was

¶ Sein Thomas bihuld hom deoluoliche · & bigan to siche
sore   1525
And naþeles he made fair semlant · to conforti ham þe
more
And sede þis word to gladi hom · þat me vnderstod longe
Ech lond is he sede owe contreie · to þe stronge

f. 199ᵇ As wo seiþ þei he be[o] here · in stronge contreie ibroȝt
Ȝif ȝe beoþ stronge in Godes lawe · it nessel ȝou greue
noȝt   1530

¶ Alle þe heie men of þe lond · þat hurde of þe cas
Acorsed þe kyng and sede · þat he luþer man was
Þis sely men aboute hy nome · for loue of sein Thomas
And fond ham sustenance inou · in miseise non þer nas

¶ Þo þe tidinge to þe kyng · of Engelonde com   1535
Þat þis men were wel vnderfonge · gret deol to him he nom
Certes he sede wanne he nemay · his hurte þus buye
In more miseise ichelle him bringe · þat is lif him ssel
anuye
Greie monkes of Cisteus · fram ȝere to ȝere
A chapitre made general · of abbotes þat þare were 1540
For ech abbot of greie monekes · to þulke chapitre com

1520 me [ne]] ne *om.* C; heo ne HA   1522 Alle [d]aie] Alle þaie
C; Aldai HA   1537 *second* he] y HA   1539 Greie] Wite A
1541 For . . . monekes] For monekes of ech grei abbei H   greie
monekes] wit abbeies A

Wiþinne a certein [terme] as ȝute doþ · þoru al Cristendom
¶ Þo þe chapitre plener was · þe king þuder sende
To þe abbotes plenerliche · þat to þe chapitre wende
And sende hom word þat him þoȝte · wonder gret inou 1545
Þat hi wolde so muche do · vnkunde dede and wou
To susteini is wiþerwine · among hom and is fo
In þe hous of Ponteneie · þat broȝte him in such wo
And bote hi him bileuede · and nesusteinede him namore
Al þe grei hous of Engelond · ofþenche ssolde sore 1550
For ȝif hi susteined is fo · no wonder it nere
Þei he awreke him of þulke hous · þat inis londe were
¶ Þo þis lettres to Cisteus · among þis abbotes come
Of þe þretynge hi dradde sore · and gret conseil nome
So þat hi bede sein Thomas · is beste forto do 1555
For hi nedorste aȝen þe kynges wille · namore him holde so
¶ Þo sein Thomas þis ihurde · he gan to sike sore
He bad Iesus him helpe þo · and cride him milce and ore
Louerdlinges he sede þat me habbeþ · isusteined many o
day
In my grete neode Iesu Crist it ȝelde · þar i nemay 1560
Þe kyng þat þreteþ ȝou so faste · ȝif ȝe holdeþ her me
lange
Ȝif Crist wole ȝe nesolleþ for me · neuere harm auonge
¶ War ich so mowe an eorþe be[o] · fram ȝou ich wole wende
Þat ȝe ne be[o] for me apeired · oure Louerd is grace me
sende
For ich may ȝute my mete bidde · inam noȝt to god
þerto 1565
God þat fet þc wilde best · me may uede also
Ac hou so it of me biualle · God if it be[o] is wille
Holde up þe riȝte of Holy Churche · þat he folliche ne
aspille
¶ As þis holyman in þoȝte stod · woder he miȝte wende f. 20cᵃ
Þe kyng of France þat was so god · sone him gan word
sende 1570

1542 certein [terme]] terme om. C; certain om. HA 1544
plenerliche] priueliche.A 1546 do . . . wou] misdo; vncundeliche
& wouȝ H; vnkundenesse do A 1550 ofþenche] riwe it A
1558 bad] above line C

Þat he bileuede up al is lond · warto is herte best drou
Cheose he him sulf and he him wolde · finde spence inou
Þare it was soþ for wanne a man is · in mest sor and teone
Þanne is oure Louerd is help next · as it was þo isene

¶ Þis holyman is leue nom · mildeliche and softe   1575
And sore wepinge wende forþ · & siȝte sore and ofte
Þe abbot of Ponteneie · somdel forþward him broȝte
He esste at him wy he were · in so deoluol poȝte

¶ Ich þe telle quaþ sein Thomas · wi ich carie so
Þat þou ne telle noman fore · ar myn endeday be[o]
    ido   1580
Icham siker þat ich ssel deiȝe · in martirdom
Fo[r] t[o] niȝt in my slep · a wonder metynge me com

¶ In þe churche of Kanterbury · me poȝte ich stode iwis
And striuede [for] Holy Churche · aȝen þe kyng and his
Þo come þare four kniȝtes gon · and smite me ope þe
    crowne   1585
Ech after oþer þat my brayn · ssadde al abrod þare doune
For me ich þonke Iesu Crist · þat ich ssel deie so
And for myne men ich sike sore · for inot wat hi solleþ do

¶ Þis holyman wende forþ · in care and deol bitweye
Forte he com to Seines · xij mile fram Ponteneye   1590
Þar he bileuede in soiorn · as longe as he wolde
Þe king him fond to spene inou · of seluer and of golde
Þis holyman bileuede þar · in pais and reste inou
Ac euere he carede for Holy Churche · þat þe king dude
    so wou
And sende to þe kyng of Engelonde · þat he lete be[o]
    stille   1595
And werri noȝt Holy Churche · ȝif it were is wille

¶ Suþþe þe kyng of Engelond · as is wille him nom
Passede þe se as God it wolde · and to France com

¶ Þe king of France was aboute · ȝif God wolde grace sende

1572 *second* him] *in diff. hand and ink over erasure* C; *given* HA
1574 next] wel neȝ H; ney A   1576 & siȝte sore and] & ȝoxede &
siȝte H; & siȝte among wel A   1577 somdel forþward] vnder wei A
1579 telle] wole sigge HA   1582 Fo[r] t[o] niȝt] ffouteniȝt C;
Forto niȝt HA   1584 [for]] aȝen C; for HA   1586 ssadde . . .
doune] schadde on þe grounde adoune H; sone gan falle þer doune A
1588 men] meyne HA   1589 bitweye] bi weye HA

To acordy him and sein Thomas · ȝif he it miȝte bringe
    to ende   1600
So þat hy were togadere ibroȝt · to a day þat hi sette
Sein Thomas com biuore þe kyng · & as is louerd him
    grette
And to is fet fel akne[o ·] and wep and cride sore
Haue reuþe he sede of Holy Churche · and ne werre it
    namore
And ichelle do al þi wille · as ich sede er by my miȝte 1605
Saue my louerdes honur · and Holy Churche riȝte
¶ Þe kyng made him wroþ for þat word · as he hadde ofte
    ibe[o]
Nou ȝe mowe he sede echon · is falshede ise[o]
¶ For me ne ssolde do upe þis word · noþing aȝen is wille   f. 200ᵇ
Þat he nolde segge þat ich wolde · Holy Churche aspille
And þat it were aȝen Godes lawe · and in such manere he
    miȝte   1611
Þat lond destorby and bynyme · mi franchise & mi riȝte
¶ Gode bissops þere habbeþ ibe[o] · byuore him ȝe witeþ
    iwis
Ac þat ȝe se[o] [mi] trunesse · and þe wrong is al his
As þe wisost bissops · þat biuore him euere were   1615
Aȝen þe meste fol kyng · biuore [me hem] bere
Do he also aȝen me · and paie me wel inou
And ȝif he is aȝen þis forme · me þingþ he haþ wou
Oþer him þingþ þat bissop neuere · so wis as he non nas
Oþer he halt me þe meste wrecche · þat euere biuore me
    was   1620
¶ Þo sede þe kyng of France · and alle þat hurde þis
Certes he sede þou beost him loue inou · þe wrong is al his
¶ Sein Thomas stod longe in þoȝt · & bigan to siche sore
Þei ich habbe he sede ihed anuy · ȝute me is to come more
Ȝif þe erche bissop[s] biuore me · hadde ido hore miȝte 1625
It nadde ibe[o] nou no neod · to contekki ne to fiȝte
For are þis it were stable · þor godemannes siȝte

1614 [mi]] in C; mi HA   1615 wisost] & þe beste *add.* HA
1616 [me hem]] him Ine C; *as given* HA   1617 and] ich *add.* HA
1622 beost] beodest H; best A   1625 bissop[s]] *final* s *om.* C   1626
contekki ne] *in diff. hand and ink over erasure* C; contecki ne H; con-
tek ne A   1627 þor] bi HA

And costome ne beoþ to holde noȝt · ȝif hi beoþ aȝen riȝte

¶ For þe bissops touore me were · to nesse as ich finde

Hore folie ich mot nou abugge · oþer it worþ bihinde 1630

Ichot þer habbeþ ibe[o] biuore · costomes in Engelonde

Ac aȝen riȝte hi beoþ and wrongfol · as ich vnderstonde

And þei hi longe isoffred be[o] · & to costome idrawe

Þare nemay noman to soþ segge · þat it nebeo riȝt ne lawe

For oure Louerd loueþ riȝt and soþnysse · & uuel costome

    non iwis   1635

And he sseweþ bi a word · þat in þe gospel is

¶ For oure Louerd him sulf eueneþ · to soþnisse iwis

Ac he ne eueneþ nawer to costome · for aȝen riȝt it is

Þare [fore] me þingþ riȝt it is · þat we to soþnisse drawe

And vuel costomes destorby · þat beoþ aȝen þe lawe 1640

Þare fore inelle none costomes · soffre by mine miȝte

Þat aȝen soþnisse beoþ · and Holy Churche riȝte

¶ Her me may iseo þat vuel lawen · no godman ne ssel

    auonge

Ac destorby wiþ al is miȝte · þei [hi] habbe ibe[o] holde

    longe

For he þat susteineþ vuel lawen · as wel he haþ sunne 1645

Bote he is alegge ȝif he may · as he þat deþ ȝam bigynne

¶ Þo þe kyng of France hurde þis · and oþer þat þare were

Þat sein Thomas þis wiþsede · ipaid noþing hy nere

f. 201ᵃ ¶ Sire erche bissop he se[de] · ich ise[o] nou wel þi wrong

Þe king þe beot loue inou · on þe is al þe strif ilong 1650

Wostou binyme lawes · þat nere neuere by nome

Ac habbeþ bi holde of kynges · þat biuore him habbeþ

    icome

Gret maister wostou alonde be[o] · to muche were þi poer

To muche ich habbe onured þe · in my londe her

Bote þou grante þe riȝte lawen · ichelle bicome þi uo 1655

And ȝif we beoþ þine uon boþe · inot woder þou wolt go

¶ Sein Thomas him held euere in on · þe kinges hom made

    wroþe

1634 to soþ] *in diff. hand and ink over erasure* C; to soþe HA
1637 iwis] þere HA   1638 is] were HA   1639 [fore]] *om.* C;
given HA   1644 [hi]] ich C; hi HA   1646 is] hem HA
1649 se[de]] se C; seide H; sede A   ise[o] nou] ihure HA   1650
beot] t *in diff. ink over erasure* C; beodeþ H; bet A

And departede fram him so · in gret wraþþe boþe
Hy þretnede & made noise inou · sein Thomas held him
    stille
For raþer he wolde þolie deþ · þan hore luþer wille   1660
¶ Nou helpe Crist þis holyman · for neode he haþ þerto
Nou boþe kynges beoþ is fon · woder may he nou go
Iflemd he was of Engelond · and of France also
His men made deol inou · and nuste þo wat do
And nameliche is kynesmen · þat for him iflemd were   1665
Louerd hi sede alas alas · þat we of lyue nere
We beoþ idriue out of Engelond · & out of France also
Wat ssolde more sorwe Louerd · þanne is icome us two
¶ Sein Thomas him made glad inou · and gladede is men
    anon
Be[o] stille he sede for ȝe makeþ · nedles deol echon   1670
Ȝoure mete ȝe mowe ofswinke · as godemen doþ manion
Be[o] ȝe fram me hi wolleþ beo frend · þat nou beoþ ȝoure
    fon
For ȝe nabbeþ hate of noman · bote for me wiþ wou
Ac be[o] ȝe fram me iwend · me wol ȝou louie inou
¶ A sire mercy quaþ þis men · we witeþ wel al þis   1675
For us sulue nis us noȝt · bote for þe iwis
For we ssolleþ oure mete awynne · ac we nute wat þou
    sselt do
Bote þou ssolle for honger deie · Louerd ware þou ssolle so
¶ Ich may bidde my mete quaþ sein Thomas · inam noȝt to
    god þerto
God ȝulde ȝam þat for is loue · eny god me wolleþ do 1680
Bitwene Borgoine & Prouence · as me deþ [me] to vnder-
    stonde
Godemen beoþ and almesfol · and of kunde londe
If i nemot in France be[o] · þuder ichelle wende
And bidde my mete for Godes loue · ȝiue God hine me
    wole sende
Ȝute som godman me may ise[o] · ȝif it is Godes wille 1685
And habbe reuþe and helpe me · þat miseise me ne aspille
¶ Is men for him and for ham sulue · made deol inou
Þis godeman amang al is wo · confortede ȝam and lou

1668 ssolde] we *add.* A   1681 [me]] *om.* C; *given* HA

f. 201ᵇ ¶ Alas þe deol þat þer was · such heyman bitidde

Þat þe erche bissop of Kanterburi · ssolde is mete
bidde 1690

Deore aboȝte he Holy Churche · and Holy Churches riȝte

Wel aȝte echman her after drede · aȝen Holy Churche to
fiȝte

And ech haþ nou is leue of oþer · aboute forto wende

And þis holiman ek inis side · woder God him wolde
sende

Ware God wolde is mete to bidde · forte God sende oþer
won 1695

God sende is grace amang ham alle · þat sori were echon

¶ Þe kinges messager of France · to sein Thomas com go[n]

And sede þat þe king him bad · come to him anon

Forþ wende þis holyman · ac he nuste for wuche þinge

He tok him al to Godes wille · and com biuore þe kynge 1700

¶ Þe kyng anon so he him isei · aȝen him com gon

And to is fet fel adoun akne[o] · and cride him mercy anon

Blind he sede ich habbe ibe[o] · and þat ich vnderstonde

Al mi lond to þi wille · ich take þe an honde

Þe wile ich of France am king · ich wolle finde þe inou 1705

For ich vnderstonde þat soþe · þat þe kyng haþ þe wou

¶ To [Seines] he sende aȝe · þis holyman iwis

And fond him þare to spene inou · to him and to alle his

More he dude is miȝte ȝut · and bitwene hom sende is
sonde

To bringe acord bitwene him · and þe kyng of Enge-
londe 1710

At Mon Martre in France · þis day was inome

Þuder were þis kynges boþe · and sein Thomas icome

¶ Þe kyng of France dude is miȝte · þat hi were at on ibroȝt

Ac þo hi hadde togader ispeke · al it was for noȝt

For þe kyng swor euere is gret oþ · þat he nolde acord
non 1715

Bote þe status of Clari[n]gdone · iholde were echon

1693 And . . . of oþer] As ech man his leue nom H ; As ech mon at
oþer his leue nymeth A   1695 oþer] betere HA   1697 go[n]]
gom C   1707 [Seines]] see l. 1590 ; is enymis C ; seint Denys HA
1716 Clari[n]gdone] n om. C

¶ And seint Thomas swor bi is daye · he nolde holde noȝt on
  Raþer he wolde þane deþ auonge · bote þare were oþer
  won
  Wiþ wraþþe hi departede · and nolde non oþer do
  Sein Thomas gan to sike sore · and wep inliche also 1720
¶ Louerd he sede help nou · for þine swete vif wonde
  Oþer Holy Churche is ope þe pointe · to be[o] ibroȝt to
  gronde
  Maister Herbard [of] Bocham · þat [on] of is clerkes was
  In priuete bitwene ham two · sede to sein Thomas
  Sire he sede þe Mon Martre · þis hul icluped is   1725
  As ȝe habbeþ ispeke of þe pais · of Holy Churche iwis
  As þe name seiþ of þis hul · ich doute on my þoȝt
  Þoru þi martirdom Holy Churche · worþ ferst to pais
  ibroȝt·
¶ Þis oþer siȝte sore and sede · God ȝeue it were so   f. 202ᵃ
  Þat þoru mi deþ Holy Churche · in pes were ido   1730
  And þat ich hadde wiþ mi blod · & wiþ mi lif aboȝt
  Þat he[o] were in riȝte lawe · and in god pes ibroȝt
  Aȝen mid somer hit biuel · þat þe kyng [gan] vnderstonde
  And in wraþþe of sein Thomas · aȝen wende to Engelonde
¶ To seisi sire Henri is sone · mid al is kynedom   1735
  And to crouny him and longe him þoȝte · ar he þuder com
  And is conseil sede þat it was · mest of alle þinge
  Holy Churche & sein Thomas · in vnriȝt to bringe
¶ For erche bissop is riȝte · of Kanterburi it is
  To crouny þe kyng of Engelond · & non oþer iwis   1740
  And þe king in preiudice of him · & to binime him is riȝte
  Let oþer bissops crouny is sone · and cudde a lite miȝte
¶ Four bissops him crounede · aȝen riȝte and wone
  Þe erche bissop of Euerwik · and þe bissop of Londone
  Þe bissop of Salesburi · and of Roucestre also   1745
  At Westmestre in seinte Petres churche · þis dede was ido
  Þe fader seruede þe sone · atte mete a day
  And wiþ þe reume seisede him · as al þat folk ysay

1720 inliche] reuliche A   1721 help] me add. HA   1723 [of]]
om. C   [on]] om. C; given HA   1728 ferst to pais] to riȝte HA
1729 oþer] r above line C   1731] om., after l. 1732 H adds: & if
ich hit miȝte bringe þerto.· of mi deþ nere me noȝt   1733 [gan]]
om. C   1741 preiudice] despit A   1742 a lite] þer his A

¶ Þe typinge of þis þinge · to sein Thomas come
　Of þis vnriȝt he sende sone · to þe court of Rome　1750
¶ Þe pope him sende is lettre aȝen · & is bulle þat he ssolde
　Amansi þe kyng & is conseil · wuche tyme he wolde
　And suspendi þe bissops · þat such vnriȝt dude þare
　And entrediti al Engelond · forte it amended were
¶ Seint Thomas athelt þe lettre · forte God þe grace
　　sende　1755
　Þat he miȝte him sulf þe dede do · to Engelond wanne he
　　wende
¶ Ȝute com Henri kyng þe olde · ef sone into France
　Þe king of France was anuyd · of þis distorbance
　And wende aboute to make acord · & aboute wende faste
　So þat hi were as God it wolde · acorded attelaste　1760
¶ A seinte Marie dai Magdalein · ido was þis dede
　In a mede þat me clupeþ · traitours mede
　Also ferde þe acord · as þo [mede] icluped was
　For þer after a lite stonde · noþing isene it nas
¶ Muche hi speke in priuete · & mid grete loue partede
　　atwo　1765
　And sein Thomas wende þat þe kyng · al is wille wolde do
　Maister Herbard of Bocham · to þe kinge suþþe wende
　Ope forwarde þat hi hadde ispeke · as sein Thomas him
　　sende
f. 202ᵇ　And bate him hote ȝulde aȝen · as feruorþ as he miȝte
　Þat is baillifs inis bissopriche · nome mid vnriȝte　1770
¶ Ȝe quaþ þe kyng wolde he so · ȝute he ssel abide
　Ichelle ferst loke hou he wole bere him · in oþer side
　Paranture he may so uaire · bere him aȝen me
　Þat ichelle ȝulde him ech ferþing · þare fore cheose he
¶ Lo wuch acord þis was · and hou sone ido　1775
　Þe anuy þat hadde sein Thomas · nas noȝt yended so
¶ Maister Herbard wende aȝen · and sein Thomas tolde fore
　Ȝe poȝte þis holyman · þis pes is forlore
　Him sulf sein Thomas suþþe · to þe kyng wende
　To speke more of þis acord · ȝif he it miȝte amende　1780

1749 þis þinge] þis kinges, þe kyng HA　　1759 aboute wende]
bituene sende HA　　1762 *first* mede] stede HA　　1763 [mede]]
om. C; *given* HA　　1770 nome] wonne A

¶ Þe king him wolcomede al liȝtliche · as [he] ne hulde noȝt
    þerto
And wende him forþ to hure is masse · & sein Thomas also
He was iwoned to habbe is masse · as it fel to þe day
And þo nom he forþ þe soule masse · þat noȝt þerto nelay
For he nolde cusse mascos · to cusse sein Thomas   1785
Þis holyman þoȝte wel wy · þe encheson was
Wel narwe þe kyng him biþoȝte · to turne is luþer þoȝt
Þis acord was sone ido · and to feble ende ibroȝt
¶ Þo þe masse was ido · in conseil longe hi stode
Wel ofte þe king him upbreid · þat he dude him er to
    gode   1790
Hou lou màn he com to him · & in wuch poer he him
    broȝte
And þat he aȝte vuel aȝen him be[o] · ȝif he him wel
    biþoȝte
So hi were togadere longe · & þo hy hadde al ido
Þei it lite wile ilaste · wiþ loue hi partede atwo
¶ Sein Thomas gan to sike sore · þo he gan vnderstonde 1795
Þat he hadde so longe ibe[o] · out of Engelonde
Þei it were aȝen is wille · hit þoȝte him a luþer dede
Þat is bissopriche hadde ibe[o] · wiþoute gouern & rede
¶ To þe kyng of France he wende ferst · & to oþer god &
    hende
Faire at hom is leue nom · to Engelond to wende   1800
He þonkede ham of al honur · þat hi him hadde ido
Wiþ fair condut and gret loue · fram ham he wende so
Wiþ gret honur he wende of France · toward Engelonde
At an hauene he gan abide · þat me clupeþ Wiȝtsonde
Þe bulles þat he hadde of Rome · to Engelond he sende 1805
To do þe sentence al abrod · tofore him ar he wende
¶ Þe erchebissop of Euerwik · in centence he let do
And þe bissop of Salesburi · and of Londone also
For hi hadde icrouned þe ȝonge kyng · aȝen is dignete   f. 203ª
Wiþ vnriȝt inis bissopriche · he amansed alle þr[eo] 1810

1781 [he]] *om.* C   1787 turne] dryue H; biturne A   1788
ende] *in diff. hand and ink over erasure* C; ende HA   1790 er to]
er of H; erore A   1799 god] men *add.* HA   1805 bulles]
lettres HA   1806 al] *repeated* C   1810 þr[eo]] þroe C

Þo þe tiþinge to hom com · hy made hom wroþ inou
And þretnede þis holiman · þei it were mid wou
¶ Sein Thomas ȝeode toward þis bissop · to Engelond to
    wende
A man þer com fram Engelond · aȝen him god and hende
A sire he sede for Godes loue · ne passe noȝt ȝute þe se 1815
Four kniȝtes beoþ in Engelond · iredi þe to sle
At ech hauene hi awaiteþ þe · to kepe þe manyon
Ȝif þou comst among hom oȝt · þou worst aslawe anon
¶ Certes quaþ sein Thomas · inele noleng abide
To Engelond ichelle me drawe · tide me wat me bitide 1820
Þe ich be[o] to drawe lyme mele · inele bileue namore
To longe ich habbe þanne ibe[o] · þat reweþ me wel sore
Þe soulen þat ich habbe to loke · six ȝer ne more iwis
Wiþoute wardein habbeþ ibe[o] · alas to muche it is
¶ Wel ich wot ich worþe þar · aslawe ar come longe   1825
Ichelle for Holy Churche riȝte · þanc doþ vawe auonge
Ac bidde for me Iesu Crist · ich bidde ȝou por charite
Ac for al oþer nameliche · o þing bidde for me
Þat God for is holy grace · to Kanterburi me sende
Þat ich mot quik oþer ded · into myn owe churche
    wende   1830
Ȝif i nemay noȝt þer aliue come · ar ich imartred be[o]
Þat my body mote ded · God it grante me
¶ Is leue he nom deoluoliche · to schipe to wende þo
He þonkede hom al onur · þat hy hadde him do
And biteiȝte al France Iesu Crist · and blessede it wel
    uaste   1835
Þat folk made sorwe inou · þe deol longe ilaste
¶ At Douere were kniȝtes ȝare · þat hurde of him telle
As sone as he com up þere · iredy him to quelle
Sire Reynaud of Warenne · & sire Randolf de Brok
And also Gerueis þe ssereue · gret folk wiþ him tok   1840
To kepe þis selyman at Douere · wanne he come up of þe se
And bote he wolde hore wille do · al ȝare him to sleo

1813 toward þis bissop] toward schipe H; in to scipe A   1816
Four] For HA   1819 Certes] sire *add.* HA   1820 *first* me]
nou H   *third* me] *om.* HA   1823 ne] & HA   1825 ar
come] er þen come out A   1828 *first* for] to fore HA   1834 al]
of alle A

¶ To þe hauene of Sanwich · þe bissop wel euene drou
And þe oþer abide at Douere · wiþ þretinge inou
In þis ssipes seil anhey · þis holyman let do   1845
Þe crois þat me uer ysey · hy ssowede faste þerto
Þat was signe of is baner · for oþer ne kepte he non
Men stode at Sandwich · and biheld þe crois manion
¶ We seoþ nou hiderward hi sede · oure bissop Thomas   f. 203ᵇ
Þe ȝut he was fer in þe se · hi weste þat he it was   1850
Þat cri was sone couþ · þat folk orn faste inou
And ar he were to londe icome · faste aȝen him me drou
Hi cride and þonkede Iesu Crist · þat hi miȝte him alyue
  iseo
Hi wolcomede him wiþ ioie inou · nemiȝte non more be[o]
¶ Þe þridde day of þe Aduent · biuore Cristes masse it
  was   1855
Þat he com þus to Engelond · þis godeman sein Thomas
Þe seueþe ȝer þat he ferst wende · out of Engelonde
For six ȝer and a monþe he was · fleme ich vnderstonde
Þis was enleue hondred ȝer · & six[ti] ȝer and tene
After þat God inis moder · aneorþe aliȝte ich wene   1860
¶ Þat word to þis kniȝtes com · at Douere of þis cas
Hou sein Thomas þis holyman · at Sandwich ariued was
¶ To Sandwich hi wende faste · sein Thomas hi fonde anon
Wiþ luþer semlant inou · hi wolcomede him echon
Hy sede hou hastou þane wei · to Engelond inome   1865
Þat destorbest þat lond · as sone as þou ert icome
¶ And also al Holy Churche · as we alday iseoþ
Þat amansest þe bissop[s] · þat þine felawes beoþ
Þou aȝtest mid alle lawe · loue and pes arere
And þare nas neuere alonde pes · suþþe þou bissop
  were   1870
Ȝif þou wenst wel to do · wiþdrau þi dede sone
Oþer me ssel do bi þe · as bi such man is to done
¶ Mi leoue frend quaþ sein Thomas · soþ it is inou
Þe mansinge ich let do · mid riȝte & noȝt mid wou

1843 þe bissop] þat schip HA   1846 hy ssowede] isowed HA
1852 me drou] me *over erasure*, drou *add., both in diff. hand and ink* C;
me *om.* HA   1859 six[ti]] ti *om.* C   1868 bissop[s]] s *om.* C
1872 to] *above line* C   1874 ich] *in diff. hand and ink over erasure*
C; ich HA

And by my louerdes leue þe kyng · þat ech man in riȝt
   were   1875
Þat so gret trespas ne wende forþ · þat it amended nere
And were efsone afterward · mid vnriȝt aȝen lawe
In desertison of my churche · to costome idrawe
¶ Þo þe kniȝt[es] hurde þat þe kyng · consentede þerto
Hi bileuede hore grete mod · & hore þretyng also   1880
And in faire manere bede him · vndo is mansinge
To norissy loue to is felawes · and bitwe him & þe kynge
¶ Þo respit bitwene hom · of þis answere hy nome
Forte sein Thomas amorwe · to Kanterburi come
¶ Sein Thomas amorwe · to Kanterburi him drou   1885
Þe contrei aȝen com · wiþ ioie & blisse inou
Ech prest somnede is parissens · in eche ende
To be[o] ȝare aȝen him · wiþ procession to wende
f. 204ᵃ So þat wiþ procession · monie and faire inou
Wiþ crois and wiþ tapres · þe contreie aȝen drou   1890
¶ Þare was ioie and blisse · ne may þer non more be[o]
Hy þonkede alle Iesu Crist · þat hy moste þe day ise[o]
Of bellen and of tapres · so gret was þe soun
And of eche melodie asong · þo he com into þe toun
Þat me nemiȝte oþer þing ihure · bote þe noise so gret 1895
More ioie nemiȝte be[o] · þanne was in eche stret
¶ As oure Louerd a Palmesoneday · honured was inou
Þo he rod into Ierusalem · and toward þe deþe drou
Also was sein Thomas · as þou miȝt ise[o] þere
For oure Louerd [wolde] þat is deþ · semlable to is
   were   1900
¶ Ar þis holyman sein Thomas · to is churche come
Þe monekes wiþ procession · aȝen him þe wei nome
Of is palfrei he liȝte adoun · & þe monkes custe echon
To þe heie weued mildeliche · hi ladde him up anon
Þo hi hadde at churche ido · al þat þere was to done 1905

1878 costome] costomome C   1879 kniȝt[es]] es om. C
1886, 1890 aȝen] him add. HA   1887 parissens] parosche ; clan-
liche HA   1891 first half of l. 1890 repeated here H   1892
moste þe day] miȝte him alyue HA (him before miȝte A)   1893
tapres] tabores A   1894 And . . . asong] Of instrument & of song
H; Of ech instrument & song A   1900 [wolde]] om. C; given HA
semlable] iliche H; semblabe A   1902 aȝen . . . nome] wel faire
aȝen him come A

Wiþ is men mildeliche · to is in wende sone
¶ Nadde sein Thomas noȝt ibe[o] · at is paleis wel longe
Þat þis kniȝt[es] after necome · hare answere to auonge
Hi bede him as hi bede er · vndo is mansinge
And asoili þe bissops þat he let · þere inne bringe   1910
¶ Beu freres quaþ sein Thomas · þat nemai ich do noȝt
For hi beoþ in sentence · þoru þe pope ibroȝt
And i nemay noȝt vndo is dede · ȝe witeþ in no place
Ac noȝt for þan ich triste wel · so muche on is grace
Þat ichelle asoily ham · in þis forme vawe   1915
Þat hi do surance forto stonde · to Holy Churche lawe
¶ And to lokynge of Holy Churche · and in oþer forme non
Þe kniȝtes þo hi hurde þis · bigonne to wraþþe anon
And þo hi nadde non oþer word · in wraþþe forþ hi wende
And tolde þe bissops hore answere · þat hom þuder
  sende   1920
¶ Þe bissops made hom wroþ inou · and þretnede faste
Ac naþeles tweie of ham · wiþdrou ham attelaste
Þe bissop of Salesburi · and of Londone also
To Holy Churche hi wolde stonde · & oppe hure lokynge do
¶ Ac þe erchebissop of Euerwyk · anon ham wiþsede   1925
Day þat he sede þat so follich stonde · so at ȝoure rede
Forto do us inis grace · þat euere was oure fo
He haþ ido us many a ssame · and þanne he wolde mo
Þei he habbe of ȝou poer · he naþ noȝt of me   f. 204^b
¶ For erche bissop ich am · ȝc witeþ as wel as he   1930
Ich habbe ichot a lyte cofre · þat stont hol & sond
Þer beoþ inne ȝute atteleste · eiȝte hondred pound
¶ Ȝare ich am to spene þat · and ȝute me þingþ to lyte
Forte awreke us [wel of him] · and forto alegge is prute
Wende we to þe king anon · and telle him of þis dede 1935
And þat him ne tit neuere pes · bote þer of us do rede
¶ Þis þreo bissops hasteliche · ouer se þane wey nome

1908 kniȝt[es]] es *om.* C   after] eft HA   1909 *second*
bede] dude(n) HA   1916 surance] surte A   1917 lokynge]
þe heued H; þe kynge A   1918 bigonne ... anon] faste hi chidde
echon H; chidde vaste echon A   1924 oppe] to H; at A   1928
wolde mo] wole do ous mo H; wolde more do A   1934 [wel of
him]] fel afyn C; *as given* HA   1935 him] we HA   1936
bote ... rede] bote he him þerof rede H; bote he þerof rede A

A lite byuore Cristes masse · to þe king hi come
Hy fonde him in Normandie · adoun hi folle akne[o]
Hy bede him holde up is onur · and stableliche hore help
    be[o] 1940

¶ Hi tolde him hou þis godeman · þo he to londe com
Destorbede al Holy Churche · and al is kynedom
And hou he hadde in grete prute · in sentence ido
Alle þat made is sone kyng · and encented þerto
And hou in despit of him · he dude such luþer dede 1945
And þat he nere neuer in pes · bote he nome oþer to
    rede

¶ Þe kyng þo he hurde þis · for wraþþe was ney wod
He ȝeode up and doun as witles · and ofte in poȝte stod
Ȝif alle þat made my sone kyng · he amanseþ he sede
Mid þe ferste he amanseþ me · for it was my dede 1950
Wo miȝte in such sorinesse · such lyf longe lede
Þe traitour aspilþ al þe lond · and bringþ us in wrechede
Ofte he corsede alle þe[o] · þat he hadde forþ ibroȝt
Þat hi of þe false preste is fo · ne awreke him noȝt
Þat destorbede al þat lond · and broȝte in wrechede 1955
As he ȝeode op and doun · ofte þat word he sede

¶ Þis kniȝtes þo hi hurde þis · hi stode hom sone stille
Hy biþoȝte hom stilleliche · to paie þe kynges wille
Four þat meste ssrewen were · biþoȝte hom of gile
Sire Reinaud le Fiȝours · sire Huwe de Moruile 1960
And sire Willam Traci · and sire Richard de Brut
Hore name for hore ssrewede · ne beoþ forȝute ȝut

¶ Hy nome hom to rede stilleliche · to passy þe se
And to paie þe kynges wille · sein Thomas to sle
Stilleliche hi wende forþ · þat noman it nuste 1965
Hi were ney wat atte se · ar þe kyng it weste

¶ Þo þe king vnderȝet it · after hom he sende
Þat hi leuede hore folye · and aȝen to him wende

f. 205ᵃ   Ac þis messager ne miȝte · oftake him wiþ no gynne
For ar he come to þe se · hi were ver þer inne 1970

¶ Þo made þe king deol inou · þo hi were forþ iwend

And þat is messager hom ne oftok · þat he hadde after
  ysend
Sein Thomas at Kanterburi · a Midwinteresday
  Stod and prechede þat folk · as many man ysay
Inis predicacion · he gan to siche sore   1975
And deol and sorwe made inou · ne miȝte noman more
He weop swuþe sore · þe teres orne adoun
Þer was ek many wepinge eiȝe · sone into al þat toun
¶ Mi leoue frendes quaþ þis holyman · wepinge wel sore
  Ȝoure preost ich habbe awile ibe[o] · ac i nemay nou
    namore   1980
For myn endeday is nei icome · i ne worþ here noȝt longe
Icham for Holy Churche riȝte · iredy þane deþ auonge
Biddeþ for me for Godes loue · and for Holy Churche also
Þat geþ almest nou to gronde · bote God nyme ȝeme
  þertwo
Ac þane deþ ichelle vawe auonge · ȝif it is Godes wille 1985
For þe riȝtes of Holy Churche · raþer þanne he[o] aspille
¶ Boc and candle he nom an honde · and amansede riȝt þere
Alle þat werrede Holy Churche · and aȝen hure riȝtes were
And nameliche sire Randolf de Brok · & Roberd de Brok
  also
Þat þe bissopriche of Kanterburi · gret vnriȝt habbeþ
  ido   1990
For þe wile sein Thomas was out of londe · kyng Henri
  bitok
Þe bissopriche al to loke · sire Randolf de Brok
And made Roberd de Brok is clerk · þat was þo
Wardein of þis vnder him · þat dude þe lond wel wo
¶ Hi destrude al þe bissopriche · and two hom sulf nom
  inou   1995
And let him gret bold arere · of þat he nom wiþ wou
Þer inne a Cristes masseday · þo þis mansinge was ido
He sat and et nobliche · and mony wiþ him also
He caste þe hondes of is bred · þat biuore him lay

1977 He . . . sore] He wep & lokede þerto.' hou H; & sore wep &
ȝoxede A   1984 geþ almest nou] is almest (reversed A) ibroȝt
HA   1989 Randolf] Randolf above Renald deleted H; Renaud
A   1990 habbeþ ido] hadde misdo HA   1995 destrude]
disturbede A

And euerich hond it forsok · as al þat folk ysay   2000
Þo handlede he oþer bred · and let menge it attelaste
Wiþ oþer bred þat biside lay · and þe hound it caste
Al þat he ihandled hadde · þe houndes forlete
And chose out þat oþer þe[re] among · and clanliche it ete
¶ Þe mansynge was on him isene · anon þulke day   2005
Þare was gret wreche of God · as al þat folk ysay
As þis foure luþer kny3tes · of wan we gonne telle
To Engelonde were icome · sein Thomas to quelle

f. 205ᵇ ¶ To þe castel of Fiss Salt Wode · a sein Iones day hi come
Six mile fram Kanterburi · and þare hore in hy nome 2010
And sire Randolf de Broc [·] to hom com wel sone
Þulke tyme hy nome hore red · þe luþer dede to done
Þe morwe a Childes masseday · as [God] þan day sende
Sire Randolf de Brok priueliche · to Kanterburi wende
Forto enqueri sein Thomas · ware hi mi3te finde   2015
Þat he ne drou him no3t awey · ne hudde him bihinde
¶ Þis kni3tes þane Tiwesday · nolde no leng bileue
Ac wende hom to Kanterburi · wel ar it were eue
Aboute þe tyme of euesang · to sein Thomas hi come
Þan eue [wei] baldeliche · to is chambre hy come   2020
Hi come and fonde him stilleliche · inis chambre stonde
Wiþ is priue clerkes · and gret conseil hadde an honde
¶ Sire Reinaud le Fis Ours · grimliche forþ wende
Sire he sede oure louerd þe kyng · in message us hider
    sende
Fram him out of Normandie · an heste we habbeþ
    ibro3t   2025
Þat þou do is comandement · þat þou ne bileue it no3t
Þat þou wende to is sone · þat 3ong kyng yṁad is
And amende a3en him þat þou hast · is fader idon amis
And swere þane oþ to be[o] him triwe · of þe baronie
    also
Þat þou halst of him in chef · do þat þou a3test do ·2030

2004 þe[re]] þe C; þer HA   2006] couplet add. HA: Whan hi
þat bred forsoke; þat tofore him lay / Bi afridai þulke 3er; was
cristes masse day   2009 Fiss Salt Wode] Saltwode HA   2012
tyme] ni3t HA   2013 [God]] om. C   day] grace HA   2016
hudde] hulde A   2020 Þan eue [wei]] wei om. C; Þane wei H;
Þen euene wei wel A   2029 þane] him HA

Þe clerkes þat þou bringst mid þe · ȝif hi wolleþ here
  astonde
Swerie þe kyng triwe to be[o] · oþer hi solleþ out of londe
¶ Beu freres quaþ þis holyman · inelle noþing lye
Ichelle do þe kyng al þat ich aȝte · of þe baronie
Ac nolde God þat Holi Churche · vnder fote were so 2035
Þat ich oþer mine clerkes [·] eny oþ ssolde do
For þou wost þat alle lewede men · þat beoþ inis londe
Ne swerieþ him noȝt þulke oþ · as ich vnderstonde
Nou were Holy Churche · in seruage ido
In more þanne a lewed man · nay ne worþ it noȝt so 2040
¶ Me þingþ wel quaþ sire Reynaud · þat þou nelt do noþing
Of þe heste þat we bringeþ [þ]e · fram oure louerd þe kyng
We hoteþ þe inis half · þat þou asoili also
Is bissops þat þou hast [·] in centence ido
¶ Beu freres quaþ sein Thomas · it nis mi dede noȝt 2045
Ac þoru þe pope owe mouþ · in centence hi beþ ibroȝt
And þou wost i nemay noȝt wel · þe pope is dede vndo
Þei þe pope it do quaþ sire Reinaud · þoru þe it is so
¶ Ȝif þe pope haþ quaþ sein Thomas · in sentence hom ibroȝt f. 206ª
Þat habbeþ myne churches misdo · it ne mispaieþ me
  noȝt 2050
¶ In eche manere þou ssowest wel · sire Reinaud sede þo
Forto anuye oure louerd þe kyng · and þou ert is fo
Ware þoru we wel iseoþ · þat þou wilnest him do wo
And bynyme is crounc ȝif þou miȝt · ac ne ssel it noȝt
  be[o] so
And king wost be[o] inis steode · ac neworst þou neuere
  mo 2055
Certes sire quaþ sein Thomas · i ne þenche noþing þertwo
¶ Ac ich him wole þerto helpe · as muche as ich may
And for him and for his onur · ich bidde niȝt and day
For þer nis nou noman on eorþe · þat ich loue more iwis
Þanne ich do him wiþoute is fader · þat mi louerd is 2060
Ac a seinte Marie day Magdaleyin · to soþe ich segge þe

2033 freres] sire H   2039 were] wolde þe HA in] gret add. HA
2042 [þ]e] he C; þe HA   2045 freres] sire HA   2050
churches] s om. HA   2954 be[o] so] go so H; go A   2059 þer]
repeated C nou noman] non H; mon A   2060 wiþoute] sauf HA

Þo þe acord was ferst ymad · bitwene mi louerd and me
He sede me þat ich let amansi · al þat hadde misdo
In mi churche þat is owe moder is · & ich habbe ido also
¶ Auoi sire prest quaþ þis oþer · to muche þou spext ney 2065
Þou desclandrest þin owe louerd · þou nert noþer god ne
    sley
Seistou þat my louerd þe kyng · in mansinge let do
Alle þat made is sone kyng · ne encentede he noȝt þerto
Nas it is owe dede · ne bi non oþer mannes lore
Auoi sire prest biþench þe bet · and ne sey so namore 2070
¶ Certes sire quaþ sein Thomas · þou wost wel it was so
For þou were þare þo þisulf · and manie oþere þerto
Erchebissops and bissops · and oþer grete and heie
Ȝe vif hondred men and mo · as þou þi sulf iseie
¶ Be[o] stille quaþ þis luþer kniȝt · hold þi mouþ ich
    rede 2075
Þou misseist foule þi nowe louerd · day þat wo it sede
Wo miȝte soffre such desclandre · bote he nome þerof
    wreche
Bi þe fei þat ich owe to God · me ssel þe anoþer teche
Is felawes also euerichon · hore armes abrod caste
And ferde as men þat wode were · and þretnede faste 2080
¶ To þe monekes hy wende anon · comeþ here forþ hi
    sede
Ȝe holdeþ here þe kynges fo · witeþ him wel ich rede
Þat he to þe kynges wille · is body habbe ȝare
Oþer he ssel ȝoure lond aboute · & ȝoure maners make bare
¶ Sire Reinaud quaþ sein Thomas · wenstou ichelle fle 2085
Nay parde noȝt a uot · for þe kyng ne for þe
¶ Bi God preost quaþ þis oþer · bi þat þou wost þan ende
Þi fleinge worþ lite worþ · þou ne sselt noȝt fer wende
f. 206ᵇ ¶ Þis kniȝtes in grete wraþþe inou · wende ham forþ anon
And let ham army swuþe wel · and come aȝen echon 2090
Wiþ swerdes and wiþ axes · and wiþ oþer armes mo
Roberd de Brok þe luþer clerk · was also wiþ ham þo.

2064 In] *om.* HA   2066 noþer god ne] noþin(g) HA   2069
it] al bi *add.* H; al *add.* A   2070 sey] þu *add.* HA   2077 Wo
miȝte] Hou miȝte he A   2083 he] her H; ȝe A   2084 lond]
londes HA   2087 preost] o *above line* C; sire *precedes* HA
2088 worþ lite worþ] worþ swiþe schort H; wole be lute worþ A

¶ In to þe cloister of Kanterburi · wiþ gret noise hi gonne
    weue
Þe monkes songe complin · for it was ney eue
Somme for þis grete noyse · fel adoun for fere   2095
Somme bygonne to fleo aboute · as men þat witles were
Sein Thomas nom a crois an honde · and oþer arme non
And þare wiþ wel baldeliche · ȝeode aȝen is fon
¶ Þe monekes orne to him sone · sire mercy hi sede
For Godes loue abid ȝute her · oure Louerd þe may ȝute
    rede   2100
Soffre þat we þe ȝute helpe · oþer þat we wiþ þe deiȝe
Somme wolde make þe dore · þo hi þis folk yseye
¶ Bileueþ quaþ þis holyman · ȝe nedoþ noȝt as þe wise
Singeþ forþ ȝoure complin · and oure Louerdes seruise
Me ne ssel of Holy Churche · castel make non   2105
Leteþ foles a stounde aweode · and in hare folye gon
¶ Þis kniȝtes come reke in · hore folye forto do
Ware is hi sede þis traitour · and fals bissop also
Sein Thomas bar þe crois an honde · and answerede is fon
Icham here he sede Godes preost · traitor nam ich non 2110
Secheþ þat wole ȝou fle[o] · o[þ]re drede ȝoure þretynge
No prestore ne beoþ ȝoure swerdes · me to deþe bringe
Þanne myn heorte prestore nis · þane deþ forto take
For þe riȝte of Holy Churche · inele noȝt þane deþ forsake
¶ Þare wende forþ on [anon] · and is hure of him drou 2115
And is mantel afterward · wiþ luþer heorte inou
Sire Reinaud le Fiȝ Ours · porsiwede faste anon
Sire Reinaud quaþ sein Thomas · hou ssel nou þis gon
Ich habbe god ido ofte · þe and oþer mo
Þou sselt quaþ þis oþer · iwite hou it ssel go   2120
¶ Traitor þou ert ded anon · non oþer nel ich do
To soþe quaþ þis holy man · wel prest am ich þerto
For þe riȝte of Holy Churche · þane deþ ich am wel vawe

2100 second ȝute] wel HA   2104 Singeþ] Seggeþ A   complin]
euesong H   2107 reke in] reken in H; rakynge A   2109 bar]
nom H; huld A   an] and C   2111 þat] him þat HA   o[þ]re]
ore C; oþer HA   2115 [anon]] and on C; anon HA   him] om. HA
2116 luþer heorte] vylte HA   2117 faste] him HA   2119
habbe] þe add. HA   2120 sselt] sone add. HA   2123 þane]
of þe HA

3if 3e mi3te þer afterward [·] in pes be[o] and in lawe 2124

¶ Ac ich bidde 3ou 3if 3e me sleþ · in oure Louerdes name

Þat 3e ne come ney non oþer man · harm to do ne ssame

For non oþer gulti þer nis · of þat 3e witeþ me

Ac gulteles hi beoþ bote ich one · þerof siker 3e be[o]

f. 207ᵃ And also as hi gulteles beoþ · harmles let 3am wende

¶ Þis godeman sat adoun akneo · þo he say þan ende 2130

And forto auonge is martirdom · is heued he buide adoun

And wel softe as some heorde · he sede þis horison

Oure Louerd and seinte Marie · and seint Deonis also

And alle þe auowes of þis churche · in was ore icham ido

Ich bitake mi soule he sede · and Holy Churche ri3te 2135

3ute he bad for Holi Churche · þo he nadde oþer mi3te

¶ Sire Reynaud le Fi3 Ours · mest sorwe of echon

Forto smite þis holyman · is swerd he drou anon

Ac Edward Grim þat was is clerk · of Grantebrugge ibore

To helpe is louerd 3if he mi3te · pulte is arm byuore 2140

He wonded is arm swuþe sore · þat blod orn adoun

Mid þulke dunt also he smot · sein Thomas ope þe croun

Þat þe blod orn bi is face adoun · in þe ri3t half of þe wonde

Loude gradde þis luþer kni3t · smiteþ alle to gronde

¶ Edward Grim and al is men · þat aboute him so were 2145

Ourne aboute ech inis side · ope þe weuedes for fere

As iţ bi oure Louerd ferde · þo þe Giwes him nome

Is deciples flowe anon · me nuste war hi bicome

For in þe gospel it is iwrite · þat oure Louerd him sulf þo sede

Wanne me smit þe ssep hurde · þe ssep wolleþ tosprede 2150

And oure Louerd bad þat me ne ssolde · is deciples non harm do

Þer on þo3te sein Thomas · and bad for is also

¶ Anoþer kni3t smot sein Thomas · in þulke sulue wonde

2124 3e] heo HA 2125 me sleþ] sicheþ me HA 2128
Ac] Alle HA 2131 buide] bed H 2134 in was ore icham]
þat ich an on H; on wam icham A 2135 he sede] her HA 2137
sorwe] schrewe HA 2152 is] men *add.* HA

And made him buye is face adoun · & loke toward þe
  gronde
Þe þridde in þulke sulue stude · þer after smot anon 2155
And made him aloute al adoun · is face ope þe ston
In þulke steode þe veorþe smot · þat þe oþer hadde er ido
Þat þe point of is swerd brak · in þe marbre ston atwo
¶ Ȝute þulke point at Kanterburi · þe monekes leteþ wite
For þe honur of þe holyman · þat þerewiþ was ismite 2160
Wiþ þulke strok he smot al of · þe scolle and eke þe croune
Þat þe brain orn abrod · in þe pauement þare doune
¶ Þe wite brain was ymeng · wiþ þe rede blod þere
Þe colour was wel uair to se[o] · þei it rulich were
Al round it orn aboute is heued · as it were a diademe 2165
Al round þere aboute lay · war of me tok gret ȝeme
For wanne me peint an halwe · ȝe ne seoþ noȝt bileued
Þat þer nis ipeint a round · al aboute is heued
Þat is icluped diademe · and me say þare a uair cas   f. 207ᵇ
B[i] þe diademe of is heued · þat he halwe was   2170
¶ Þo þis holyman was ded · loude hi gradde echon
Þis traitour is to deþe ibroȝt · wende we hanne anon
Siweþ us þe kynges men · and þat wiþ him beoþ
Of þis traitor we beoþ awreke · as ȝe nou iseoþ
He þoȝte be[o] herre þanne þe kyng · & binyme him is
  croune   2175
And to noȝte bringe al Engelond · & nou he liþ þare doune
As þe Giwes bi oure Louerd sede · þo hi wolde him to
  deþe do
Þat he made him kyng and non nas · & Godes sone also
¶ Þo þis luþer kniȝtes were · fram sein Thomas igon
Roberd de Brok him biþoȝte · and aȝen turnde anon 2180
And þoru þe scolle smot is swerd · deope wiþinne þe
  heued
Þo was þe scole al amty · and no brain bileued
¶ As þe Giwes smite oure Louerd · to þe heorte gronde
After is deþ wiþ a sper · and made him þe vifte wonde

2156 aloute] buie A   2157 er ido] *in diff. hand and ink,* er *over
erasure* C; er ido HA   2159–60] *reversed* HA   2168 aboute]
aboue A   2170 B[i]] Boþe C; Bi HA   2171 ded] aslawe HA
2173 þat] alle þat HA   2174 nou] alle HA   2175 He] He[o] C
2181 deope] fur H   2182 brain] þer inne *add.* HA

Þis luþer men alle in o stude · smite sein Thomas   2185
In þe scolle euene abrod · as þe croune was

¶ He nas þe man þat enes wolde · is heued wiþdrawe
Ne fonde forto blenche awey · ne is [fot] aweiward wawe
Ne enes grone ne make cri · as mildeliche and softe
His heued held euene forþ · þei hi him smite ofte   2190
Þis luþer kni3tes wende anon · to al is tresorie
And breke is doren & is coffren · & dude hore robberie
Hi nome is cloþes & is hors · and is tresour also
Chartren and oþer priue writes · þat inis cofre were ido
Hi bitoke sire Randolf de Brok · þat he þare wiþ
          wende   2195
To þe kyng in Normandie · & segge þat hi him sende
Þat he dude þare wiþ wat he wolde · & 3if þere eny were
Þat wiþsede eny word · he ssolde is bane arere

¶ Amang is tresour he fond ek · tweie wel stronge here
Wel villiche hi caste ham awey · as þei it no god nere 2200
And naþeles hi biþo3te þo · and were somdel in fere
And bispeke bitwene hom stille · þat he godmon were

¶ Sire Willam Traci tolde · of þis godeman sein Thomas
Þe bissop of Excetre · as he in ssrifte was
Þat þo sein Thomas was aslawe · and hi outward wende
          þere   2205
Hom agros so sore þat hy were · nei witles for fere
Þo ham þo3te as hi outward wende · ne 3eode hi neuere so
          blyue
Þat þe eorþe openede vnder ham · to forswolwe ham alyue

f. 208ª ¶ Þo sein Thomas aslawe was · and þe knites out agon
Into al toun of Kanterburi · couþ it was anon   2210
Þat folk cride deoluoliche · and to churche faste drowe
And onurede þat holy body · and custe it ek inowe

¶ Þe monekes come þuder sone · and þe holy body toke
And in a bere faire it leide · & biuore an auter it biwoke

2188 awey] a strok HA   [fot]] om. C; given HA   aweiward]
enes A   2195 þare wiþ] to þe kinge HA   2196 To þe kyng]
Þerwiþ HA   2198] A3en his franchise & his wille;' þat he hit
(hem A) sone to tere HA   2202 stille] stilleliche H; priueliche A
2203 tolde] siþþe tolde HA   2204 in ssrifte] om. A   was]
ischryue was HA   2205 wende þere] were HA   2208 vnder
ham] hem a3e H; a3en hem A   2210 al] þe add. HA

Þe face was wiȝt and cler inou · and no blod þer inne   2215
Bote fram þe riȝt half of is uorheued · to is lift chinne
And a smal rewe þare was of blod · þat ouer is nose drou
Namore blod nas inis face · as al þat folk iseie nou
¶ Þe wonde bledde allonge niȝt · me hente þer of iwis
   In þe churche of Kanterburi · of þe blod ȝute is   2220
   Ac he nas of þe worse hiu · of al þat he bledde þere
   Bote cler & yhuwed wel inou · as he aliue were
   Somdel liȝinge wiþ þe mouþ · he lay as he slepe
¶ Þat folk was aboute him þicke · þat blod forto kepe
   And forto gaderi of þat blod · þat issad was in þe
      gronde   2225
   And of þe eorþe þat was ibled · & glade were wanne hi it
      fonde
   For þat hom nolde noman weorne · þicke awei me it drou
   And wo so him miȝte enes touche · he was glad inou
¶ Amorwe þis luþer kniȝtes · armede hom efsone
   And wiþoute toun nome hore red · wat hom was to
      done   2230
   Hi biradde hom to nime is bodi · & mid wilde hors to
      drawe
   An[d] on a waritreo honge it suppe · and sede it was lawe
   For he nas worþe to beon ibured · in churche ne in churche
      ȝerd
   Þe monekes oftrowede þis · and were somdel aferd
   Hy burede þis holi body · in haste þare biside   2235
   Wiþ lite solempnite · for hi ne dorste noȝt abide
¶ Þis holy body was ibured · in þe ministre of Iesu Crist
   Biuore seint Austins weued · and sein Ion þe Baptist
   Hi ne dorste no leng abide · forte he iwasse were
   Ac al vngreiþid leide it on · and hudde it for fere   2240
   As hi strupte is cloþes of · al wiþoute hi fonde
¶ Clerkes cloþes as him biuel · ac anoþer atte gronde

2216 uorheued] frount A   2218 face] necke H; neb A   2220
ȝute] þer add. HA   2224 was] wende A   2232 An[d]] An
C   suppe] heie A   2234 oftrowede] ouertrowede H; hurde
A   þis] herof telle A   2235 haste] a stede H   2236 noȝt]
no leng HA   2239 no leng] so longe HA   he] þe bodi HA
2240 hudde it] hiȝede H; hudde A   2242 anoþer] he was
add. A

For monkes abit was wiþinne · as hi fonde þere
Boþe couele & stamin · hi fonde next is here
So þat he was monk wiþinne · & seculer wiþoute   2245
Nuste noman is priuetes · þat him was aboute

¶ Nexst is fleis þe here was · wiþ knottes manyon
Þat deop inis fleiss wode · somme anon to þe bon

f. 208ᵇ   Þare of he hadde sseorte and brech · lite ese he miȝte uele
So þat he was þare on ibonde · fram schuldren to þe
    hele   2250

¶ Wiþ lite ese he miȝte sitte · an[d] vnseliliche ride
And vneseliche ligge ek · and wende up oþer side
Fol of wormes was is fleiss ek · to al oþer wo
In no creature ich vnderstonde · neuere nere iseie mo
For in eche stude of is fleiss · þo þicke hi were isete   2255
Þat þe grete ne miȝte come · for þe smale to hare mete
Faste hi crope and ssoue ek · as eneten al aboute
Ac þe smale cleueþ faste to · þe grete leuede wiþoute

¶ He deide enleue hondred ȝer · and seuenti and on
After þat oure Louerd aliȝte · to nyme oure fleiss &
    bon   2260
Of elde þre[o] and vifti ȝer · he him sulf was þo
He hadde many a fair day · ilyued in care and wo

¶ Þe king was euere in Normandie · and her of nuste noȝt
He made deol and sorwe inou · þo þe tiding him was
    ibroȝt
In þe castel of Argentim · he soiournede þo   2265
Wiþoute þe ȝet ne cam he noȝt · four dawes ne mo
Ac euere him huld in priuete · in wop and oþer wo
For no neode þat me him sede · wiþoute he nolde go
He neþoȝte noþing of þe world · wel lite he roȝte also
Þe sorwe and deol þat he made · nemiȝte neuere be[o]
    ido   2270

¶ He sende anon to Kanterburi · for þis deolfol dede
And þe monekes bede pitesliche · þat hi for him bede
And sende ham word þat it nas · noþing bi is rede

2243 wiþinne] byneþe A   2251 an[d]] an C   vnseliliche]
vneseliche HA   2253 ek · to] to eche A   2255 þo] so HA
2257 eneten] emeten H; empten A   2266 four] fourti HA
2269 neþoȝte] neroȝte HA   roȝte] et HA

Ac þe kniȝtes wende forþ · and noþing him ne sede
And he sende after hom · þat hi come aȝe to me   2275
And ar þe messager miȝte come · hi were ver in þe se
¶ To þe pope also god · þe king sende sone
And bad in conseil priueliche · wat him were to done
And bad him for þe loue of God · in such angwisse him rede
Þat he were ischriue & asoiled · of þe luþer dede   2280
Þe pope hadde gret pite · þat he such word him sende
And gret ioie þat he hadde wille · is lif forto amende
¶ Tweie cardinals he sende him · wise men boþe two
And ssriue him of þulke sunne · and asoile also
And þe bissops to asoily · þat were in mansinge   2285
Welle þat þis cardinals · wolcome were þe kynge
¶ Þe kyng bad hom deoluoliche · to ssriue him of þe dede
And bihet hom stableliche · to stonde al at hore rede
He swor ek ope þe halidom · þat it nas þoru him noȝt   f. 209ᵃ
¶ Ne bi is wille ne bi is heste · þat he was to deþe ibroȝt 2290
Ne þat for is fader deþe · so sori man he nas
Ne for is moder noþemo · as he for him was
And þat he wolde wiþ gode heorte · þe penance al auonge
Þat hi wolde legge on him · nere hi noȝt so stronge
For he was encheson of is anuy · & of is deþe also   2295
For þe knites to paie him · broȝte him þertwo
¶ Þo þe cardinals yseie · þat he to repentance drou
Hi asoilede him and leide on him · penance strong inou
In priuete as riȝt was · þat noman it nuste
And þeose ek þat ich nou telle · þat þe folk of weste 2300
Þat he fonde in þe Holy Lond · to hondred kniȝtes to fiȝte
And al a ȝer wiþ temple[r]s · for Holy Churche riȝte
And þe status of Claringdone · ssolde al out wiþdrawe
¶ For wan þis holyman · was ibroȝt of dawe
And he clanliche ȝelde aȝen · þat al bynome was   2305
Þe bissopriche of Kanterburi · for wraþþe of sein Thomas
And þat he ssolde is uuel wille · clanliche forȝiue
To alle þat he hadde of londe · for wraþþe of him idriue

2275 to me] om. HA   2278 priueliche] pitousliche HA   2284
And] To HA   2294 second hi] hit H; heo A   2297 to
repentance drou] repentant wiþdrouȝ HA   2299 In . . . was]
Wiþþoute þulke In priuete A   2302 temple[r]s] r om. C   2303
al out] outriȝt A   2304 wan] wuch þinge A

¶ Þe king grantede al hore wille · wepinge wel sore
    And sede þat it was to lite · and bad legge on him
        more   2310
    And sede al to ȝoure wille here · mi body ich take
    Ȝiueþ me penance inou · inelle non forsake
¶ He wende out atte churche dore · asoilled forto be[o]
    And ne held him noȝt worþe · þat me ssolde him wiþinne
        ise[o]
    Wiþoute churche piteisliche · he sat adoun akne[o] 2315
    Ac þe cardinals nolde noȝt · is body al vnwre[o]
    Ac somdel aboue is cloþe · hi asoilede him riȝt þere
    For deol hi wope ek pitesliche · moni þat þare were
¶ He made eke ane biheste · mid wel dreori chere
    Is fader penance to folveolle · ȝif he of power nere 2320
    Ȝif he falle in feble stat · þat he ne miȝte it folende
    Þe charge he nom ope him sulue · and dude as þe hende
    Þus was þis holyman · ybroȝt to martirdom
    Mani was þe faire miracle · þat for him sone com
    M E weste in Ierusalem · þat he was to deþe ido 2325
      Wiþinne þe ferste fourteniȝt · þat he com þerto
    For a monk of þulke londe · inis deþ vuel lay
    And is abbot to him com · biuore is ende day
f. 209ᵇ   And coniurede him þat he ssolde · after is deþ þere
    Come to him and telle him fore · in wuch stat he were 2330
¶ So þat þis monk deide sone · as God ȝaf þat cas
    To is abbot suþþe he com · as he coniured was
    And sede þat he saued was · in þe ioie of heuene an hey
    And tolde him muche of þe ioie [·] þat he in heuene isey
    He tolde þat þulke tyme · þat he to heuene com 2335
    Þe erchebissop of Kanterburi · þolede martirdom
    And is soule þulke tyme · to heuene wende anon
    Fair was þe procession · þat aȝen him com gon
    Of angles and patriarcs · and of apostles also
    Of martirs and of confessours · & of uirgines þerto 2340
¶ Hy nome alle þis holy soule · and biuore oure Louerd sone
    Broȝte it wiþ ioie inou · as he sat one inis trone

2319 He made] As sone he make H; His sone made A   2322
charge] penance H   2329 coniurede] halsnede A   2332
coniured] halsned A

Is croune was al of ismite · blody was is heued
Is brain was issad · þar nas noþing bileued

¶ Thomas Thomas quaþ oure Louerd · þus it falþ to
þe   2345
To come into þi Louerdes court · in such maner to me
For þi seruise ich þe ȝiue · as muche ioie and blis
As ich ȝaf seinte Peter · þat myn apostel is

¶ A croune he sette uppon is heued · of gold cler and god
Wel bicom þe briȝte golde · uppon þe rede blod   2350
More ioie ne miȝte be[o] · þat in heuene for him was
Þe erche bissop of Kanterburi · þis was sein Thomas

¶ Þe Tiwesday after Cristemasseday · þe veorþe þat þer
com
Þis holyman in Engelond · þolede martirdom
And wanne þou hurst telle of is deþ · of men of Enge-
londe   2355
Þou sselt luue me of þis tale · and soþ þerof vnderstonde

¶ Þe abbot sone amorwe · ne forȝet noȝt sein Thomas
Ac þe patriark of Ierusalem · he tolde al hou it was
So þat forþore in þe ȝere · it was wel vnderstonde
Þe pilgrimes þuder come · out of Engelonde   2360
Pilgrims tolde al þat soþe · as he hadde er ised
In wat manere he was aslawe · & in wuche tyme ded
Ikud was þus in Ierusalem · þe deþ of sein Thomas
Wiþinne þe veorste forteniȝt · þat he imartred was

Þe vifte ȝer ich vnderstonde · after is martirdom 2365
Bitwene kyng Henri and is sone · gret contek þer
com
Þe sone bicom prout anon · for is kynedom
And of is fader tolde lite · and worre upe him nom

¶ Þe meste deol was wiþ þe sone · of al Engelonde   f. 210ᵃ
And þe kyng of France also · and þe king of Scotlonde 2370
Þo þat þis sely oldeman · in sorwe was inou
Al he it weste þe luþer dede · þat me seint Thomas
slou

¶ He wende out of Normandie · toward Engelonde

2353 veorþe] nexte H; verste A   2355 þou] *in diff. ink over
erasure* C; þu HA   2358 hou it was] þat cas HA   2360 þe] þat
H; þo A

Ar he come to Kanterburi · he nolde reste nawer a stounde
Þo he com ferst wiþoute toun · he gan to liȝte adoun 2375
And al auote al bareuot · he wende him into þe toun
Inis curtel vngurd · as al þat folk isay
And to þe place wende þo · þare sein Thomas lay
¶ At is tombe he fel akne[o] · wepinge wel sore
He held up is honde deoluoliche · and cride him milce
   & ore 2380
Wepinge inis orisons · al fastinge he lay
At þis holymannes tombe · on niȝt & a day
And bad God and seint Thomas · þat he ssolde him grace
   sende
And for ȝiue him þe sunne · þat he let brynge to ende
Cᶦ. f. 217ᵇ ¶ Of euerich monek in þe hous · he let him discipline 2385
Wiþ a ȝerd & ȝute him þouȝte · þer was lute pine
He bad ȝham alle deoluoliche [·] to bidde vor him one
He swor eke to legge adoun [·] þe luþere lawen echone
So þat he let singe a masse · er he þanne wende
Of seint Thomas þis holie man · þat he his grace sende 2390
¶ Þe while me þis masse song · as God ȝaf þat cas
Þe kyng of Scotlond was inome · þat his meste vo was
& manie oþere eke wyþ him · þat were hys meste von
So þat hii þat were vninome · nadde power non
So þat þys sely olde kyng · þat al byneoþe er was 2395
Al aboue was sone ibrouȝt · þorw þe grace of seynt Thomas
& hys sone was byneoþe · & so he byȝat lute
To werry aȝen hys fader [·] vor hys sory prute
By hym men mowe nyme ensaumple [·] vor beo to hastyue
Vorto ȝeue ȝhare sones vp ȝhare lond · þe whyle hii beoþ
   alyue 2400
¶ Þe sone þer afterward · prouede vuel ynow
Wel longe byuore hys fader · toward þe deþe he drow

2374 reste nawer a stounde] reste *in original ink written faintly
above line, the other words in diff. hand and ink over erasure* C; nowhar
atstonde HA   2375 ferst] fur H; *illegible* A   2278 þo] so HA
2379–80] *reversed* HA   2383–4] *om.* HA   2385–2412] *om.*
C. *At this point is a mark for the insertion of the missing material which
is appended on f.* 217ᵇ *in a diff. hand and from a diff. copy of the text.
This appended material is here marked* Cᶦ   2386 was] to *add.*
HA   2394 vninome] ynome H   2401 sone] timeliche *add.* A

& vorpinede in þe menyson · þat hys lyf him þouȝte longe
& deyde suþþe deoluolyche · in greot pyne & stronge
Hys broþer also syre Geffrey · þat of Brutaygne eorl
    was   2405
Deyd[e] eke in þe menyson · in þulke sulue cas
So þat after ȝhare vader deþe · þer ne byleuede eyr non
Bote ȝhare broþer kyng Rychard · & suþþe kyng Ion
Ak syre Geffrey hys chyld [·] myd ryȝte lawe in londe
Scholde habbe ibore þe erytage · as ich vnderstonde 2410
Þer vore þat mayde of Brutaygne · þat hys douȝter was
In warde was al hure lyf · vor þulke sulue cas

Þys luþer kniȝtes alle foure · þat slowe seint Thomas   C. f. 210ᵃ
    Deide in strong deþ inou · as no wonder nas   2414
    Hi echone repentant were · nemiȝte nomen more
Euere hi cride on sein Thomas · to ȝiue ham milce and ore
¶ Sone after he was aslawe · al hore god hi lete
And wende to þe Holy Lond · hore sunnes þe bet to bete
Ac sire Willam Tracy newende noȝt · forþ wiþ þe oþer
    þre[o]
He hopede here in Engelond · repentant man be[o] 2420
¶ Ac he bicom þare afterward · in gret miseise & strang
Is fleiss bigan to breke out · and rotede & foule stank
So longe þat he stonk so foule · þat deol it was to se[o]
Þat vnneþe miȝte enyman · for stench nei him be[o]
¶ Is fleyss rotede on him ek · and alday fel awey   2425
Þat is bones were al bare · him ne likede þo no pley
He todrou wiþ is owe honde · is fleiss attelaste
Þece and oþer al abrod · and awei fram him caste
¶ He todrou honde and armes · mest of echon
Þat þer nas no fleiss bileued · bote synuen & bare bon 2430
Monyman it þoȝte wel · þat bi is wille were
Forto bete is sunne her · þat is soule in peril nere
Wrecchedore gost ne miȝte be[o] · þane þis seli prison was
Euere he cride deoluoliche · mercy seint Thomas

2406 Deyd[e]] e *partially erased* C¹   2413–44] *text from* C *with*
variants of C¹   2417–19] *ends of lines damaged* A   2420
man] ynouȝ to HA; ynouȝ C¹   2422 out] awei A; al out C¹
2423–44] *om.* C¹   2427 owe] *before* fleiss H; *om.* A   2431 bi
is] hit his H; godes A

¶ Attelaste he let is lyf · in þis stronge pine   2435
3if it Godes wille were · com to gode fine

f. 210ᵇ   Þis kni3tes after hore luþer dede · deide sone echon
So þat in þe þridde 3er · þare ne leuede alyue no3t on

¶ For þe sauter seiþ þat such men · þat of tricherye beoþ
Ne ssolleþ no3t hore dawes lybbe · as we alday iseoþ 2440
Þei hy be[o] wel repentant · as þis kni3tes were ich wene
3ute ne lybbeþ hi no3t al hore lyf · as it was bi hom isene
Nou for þe loue of seint Thomas · þat soffrede so strang
    martirdom

Vs 3yue part of þulke ioie · þat is soule to com. Amen

Cˡ. f. 217ᵇ   Seint Thomas þys holy man · onder eorþe lay
[Translacio   Er þat he ysshryned were [·] manye a lang day
Sancti
Thome   He lay þer inne vyfty 3er · ar me comencede þer to
martiris]   & aboute an heyte dawes · er he were of eorþe ydo
God wolde abide a god tyme · to do so noble þyng   5
Whanne hii were boþe gode · erchebysscop & kyng
Vor þe kyng Ion þat longe was · & euere of luþer rede
Lute þou3te by hys daye · to do so god dede
Ak þe kyng Henry hys 3onge sone · nolde no leng fyne
Þo he was 3[o]ng kyng ymad · er he were in sshryne   10

f. 218ᵃ   Kyng he hadde ibeo þryttene 3er · ar he dude þys noble
    þyng
& hit was in þe veorþe 3ere · þat he was ymad 3ong kyng
Þe gode erchebisscop Steuene · radde euere vaste þert[o]
So þat by hare beyre red · þys dede was ydo
Þe pope Honori þat was þo · þuder he gan sende   15
[P]andulf a leget vram Rome · vor bringe þys to ende
Þe pope 3[e]f alle greot pardoun · þat þuder wolde gon
Þat me nuste longe in Engelond · so greot pardoun non
Vorto honoury þys holy man · þer com volk ynow3
Of bysscopes & of abbo[te]s [·] monyon þuder drow3   20

2440 hore] half here HA   2442 al] half HA   2443–4] om.
HAC¹; Guthlac, in a later hand, follows in C; no break HA
    Translation of St. Thomas.   1–74] text from C¹   3 vyfty]
fourti HA   ar . . . þer to] & half 3er þerto H; & half a 3er also A
7 euere] was add. HA   10 3[o]ng] o blurred C¹   11] Initial letters
and words on the inner margin of f. 218 are badly rubbed and in some
cases illegible. Such are here put in brackets without further comment.
11 Kyng he hadde ibeo] He nas no3t of HA   12 3ong] om. HA
20 abbo[te]s] abbos C¹; as given HA

Of pryoures & parsons [·] & of oþer clerkes also
Of heorles & barouns · & many a knyȝt þerto
Of seriauns & squyers [·] & hosebondes ynowe
& of simple men eke of þe lond [·] so þykke þuder drowe
Þat al þe contrey þer aboute [·] & toune wyde & longe
Myȝte vnneþe al þat folk · þat þer com vndervonge   26
So þat þis heye men · þat scholde þys dede do
Were in care hou hii myȝte · vor presse com þer to
So þat þe erchebysscop Steuene · of wham ich ȝou sede
& þe bysscop Rychard of Salusbury · nome ȝham to rede
& þe priour Water of þe hous · & þe couent also   31
Wende ȝham alle in pryuete [·] þys dede vorto do
By nyȝte þo men leye aslepe [·] & lute þer of rouȝte
[H]ii nome up þys holy bones · & in a chuste ȝh[a]m
      brouȝte
& sette ȝham in a priue stude [·] vorte þe day were ycome
Þat hyt were icryd into al þat lond · þat he ssholde beo
      up ynome   36
Þys was in þe monþe of Iulye · euene þan seueþe day
Þat bi a Tywes day was þo · as al þat folk ysay
Þo þys day was icome · to þys munstre wende anon þo
Þe kyng Henry þys ȝonge chyld [·] & þys heye men also
Aboute onderne of þe day · to þys holy body hii come   41
Pandulf wende furst þerto · þe leget of Rome
& þe erchebisscop of Caunterbury · & Reyns also
Þat vor þulke sulue þyng come [·] fram byȝeonde se þerto
& sire Vberd de Brouȝ [·] þat was þo iustyse   45
& vore greote louerdlynges · þat noble were & wyse
Vp ȝhare ssculdrenc hii nome vp · þys holy body anon
& bisscopes & abbodes [·] eke were manyon
To þe heyȝe weued of þe Trinite [·] þys holy bones hii bere
& leyde þe chuste al þer wyþ [·] in a noble sschryne þere
Þe kyng Henry was þo ȝong · þat he ne dorste nouȝt   51
Myd oþere bere þys holy bones · leste me hurte him ouȝt
Þys was by a Tywesday · þat þys bones vp hii nome
Alle hys chaunces þat he hadde · by Tywesdawes hii come

25 contrey] lond H   toune] contrayes H; tounes A   29 ȝou]
er add. HA   39 þo] om. HA   40 also] echon HA   51 þo]
so HA

By Tywesday he was ibore · & of hys moder wombe com
& also as me bryngeþ a þeof · vorto vonge hys dom   56
Byvore [þe] kyng at Norþhamthone [·] by a Tywesday
Wyþ greot sschame he was ibrouȝt · as al þat folk ysay
Vyloker þan eny þeof · þat folk him þer sschende
By Tywesday he was yflemed · & of Engelonde wende
By Tywesday at Pounteny · oure Louerd to hym com   61
& sede him þat swete word [·] of hys martyrdom
Thomas sede oure Louerd · ȝut sschal of þy blode
Alle my churches yhered beo · þys wordes were gode
By Tywesday also god · to Engelond he com   65
After þat he was yflemd · to vonge hys martyrdom
By Tywesday at Caunterbury · to deþe he was ydo
[&] suþþe by a Tywesday · ysschryned was also
Þeos seue þynges by Tywesday [·] hym come at þe leste
Þer vore me suk manye men [·] makye ane byheste   70
To byleue fleysch þan Tywesday · oþer to o mcl veste
Vorto hy come to Caunte[r]bury to [·] honoury þe heyȝe
   feste
[N]ou Iesus vor þe swete loue · þat seynt Thomas on þouȝte
[B]rynge vs to þulke ioye · þat he so dure bouȝte A·M·E·N·

C¹. f. 214ª   I vdas was a luþer brid · þat Ihesus solde to rode
              Som wat me may of hym telle · ac lute of eny gode
              Vor me ne schal noȝt war of wyte · bote wo so wole
                 lye
Ruben was is fader icluped · is moder Tyborie
Þis Ruben in Iherusalem · wonede myd is wyue   5
Þey ȝare sone a schrewe were · hii were of gode lyue
¶ As þis Ruben bi is wyf · a nyȝt ileyȝe hadde
Harde metingge his wyf mette · whar of is wyf dradde
¶ Hire mette ȝeo hadde ibore a child · þat al þe wordle
   was loþ

57 [þe]] hole in MS. C¹   65 also god] ȝut also A   70 ane
byheste] here faste H   72 Caunte[r]bury] l for r C¹   74 A·M·E·N·]
Énd of text C¹
   Judas. The legends of Judas and Pilate are not included in AJ.
They are recorded in C in the appendix (C¹) before the conclusion of the
Thomas of Canterbury legend.   8 is wyf] he sore H   9 mette]
þoȝte H   wordle] worldle C¹

& al þe wordle him acorsede · & were wyþ him wroþ 10
& þat acorsed he scholde euere beo · þe wule þe wordle
  stode
& þat al is kun me cors[i] wolde · vor such a luþer vode
¶ Þis wyf was wel sore of drad · hire louerd heo tolde anon
3e he sede hyt is þe mase · & also hyt wole gon
Wel ich wot quaþ þis gode wyf · 3yf ich am wyþ chylde 15
Þat hyt is toknyng of a bern · luþer & vnmylde
Þis wyf rikenede þe time · & suþþe heo gan ywryte
& heo velede þat heo was mid chylde · & þulke time by3yte
¶ Sori heo was & sore adrad · hire freondes 3eo tolde vore
Hii nuste wat hem was to done [·] þo þat chyld was
  ibore 20
Loþ hem was to morþry [·] 3are flechs & 3are blod
& loþ a bern to norysy · so luþer & so vngod
¶ So þat hii biseye 3am þat hii made · a barel attelaste
Þer inne hii dude þis luþer chyld · & amydde þe se hyt
  caste
Þe se him harlede vp & doun · as a lute clot 25
Suþþe hyt caste hym alond · vpe þe yle of Scariot
¶ Þer vore Iudas Scarioth · euereft icluped he was
Vor in þe yle of Scariot [·] ifounde he was bi cas
Þe kyng & þe quene of þe lond · togadere were longe
Ak hii ne mi3te chyld for no þing · bitwene heom auonge 30
So þat þe quene eode a day · & pleide bi þe stronde
In þe yle of Scariot · þis luþere chyld heo vonde
Þo heo ysey þat hyt was a chyld · monlich & vayr
Glad heo was and hopede · on him habbe an eyr
¶ He[ʋ] lette hit wytye in priuete · mid chylde heo hire
  made 35
Þe kyng & al þat lond also · þer of were glade
¶ Sone þe time 3eo nom vorþ · þat þe child scholde beo ibore
Me schewede vorþ þat luþere bern · glad was þe kyng þer
  vore
Þo he hyt ysey vair & hende · he lette hyt nempne Iudas
Hyt nys no3t al god þat is vayr · ysene þer hyt was 40

12 cors[i]] *faint mark in MS. over erasure may be part of* i C¹; cursi
H   25 lute] liþer H   27 he] *above line* C¹   32 chyld]
bern H   34 on] of H
B 4132.2   Z

Þat child was ido in gode warde · as kynges sone scolde
Sone hyt vel þer after · as oure Louerd hyt wolde

¶ Þat þe quene myd chylde was · of hire louerd biȝute
Glad was boþe kyng & quene · þo hii hit vnderȝute
So þat heo hadde a knaue chyld · þat vayr & gentyl was 45
Þe quene vp him hire heorte dude · & þe lasse vp Iudas

¶ Þis chyldren wo[x]e swiþe wel · Iudas bigan sone
To do luþer & qued oueral · as his riȝte was to done
Children þat he com to · he wolde smyte & bete
& breke ȝare heued & do ȝam harm · & þat god lete 50

¶ To þe kynges sone he hadde envie · vor he was iloued
more

f. 214ᵇ
Of þe kyng þan he were · hit ofþouȝte hym sore
Þer vore he al tobet þat chyld · wanne he miȝte it one
iwyte
Ak þe quene him bet sore aȝen · wanne ȝeo it miȝte vnder-
ȝite
Ak þervore nolde he neuere bileue · vor neuere ichasted
[he] nas 55
Sone þe quene vpbreyd a day · þat he vinlyng was
After þulke time þis luþer þyng · þat chyld hatede ynouȝ
He awaytede his time wel · & priueliche hyt slouȝ
Þo ne dorste he noleng abide · leste he hadde his dom
Stilleliche he wende to Ierusalem · me nuste whar he
bicom 60
Þer was Pilatus þo · of þe londe Iustise
Þis Iudas anon vnder him · bileuede in seruise
So wel he bilouede him anon · þat styward he him made
Of al hys þing · & het his men · do al þat he.ȝam bade
Þe o schrewe wyþ þe oþer · maysteʳ was as riȝt is 65
Vor ech þyng loueþ hys ilyk · so seyþ þe bok ywis

¶ Vor þey in al a contreye · bote tweye schrewen nere
Ȝut hii wolde felawes beo · ȝif hii togadere were
So þat þis tweye schrewen · þe louerd & þe styward
A day eode al one pleye · vnder a uayr orchard 70

¶ Swiþe vayr applen · Pilatus sey þer inne

46 him] *short word erased after* him C¹   47 wo[x]e] wore C¹;
waxe H   50 heued . . . harm] armes & here heued H   52
kyng] quene H   55 [he]] *om.* C¹; *given* H

Clymme he bad euere Iudas · somme þer of to wynne
Iudas brak þe ȝard anon · & sone was in ibroȝt
His owe fader orchard hit was · ak he nuste hyt noȝt
Com þe godeman þat was is fader · & eȝste wat he were 75
& bi whas leue he brak is ȝard · & what he dude þere
¶ Iudas sede ichulle her beo · maugrey þine teþ bivore
& of þis applen habbe & bere · þey [þu] hyt haddest
    iswore
¶ Þis godeman was anuyd · of þis luþere answere
Þe schrewe him missede aȝen · he ne miȝte hit noȝt vor-
    bere 80
So þat hii nome eyþer bi þe top · & made stronge wounde
Þe schrewe was strenggore þan is fader · & brouȝte him
    sone to grounde
So þat he smot him mid a ston · bihinde in þe pate
Þat al þe scolle todaȝste · þe brayn veol out þer ate
So þat he slou his owe fader · & þo me miȝte ywyte 85
Þat his moder mette of him soþ · þ[o] he was biȝyte
¶ Ȝut were is fader betere · to habbe ibroȝt hym of dawe
As sone as he was ibore · þen he hadde him aslawe
Of þe applen þe schrewe nom · & of þe peren also
& bar Pilatus & tolde hym vore · al þat he hadde ido 90
Pilatus wende anoþer day · to þe godemannes house
& ȝef Iudas al is good · & made him weddi is spouse
¶ Vor he was mayster & iustise · he miȝte do vnriȝt ynouȝ
Þo weddede þe schrewe his owe moder · & is fader slouȝ
¶ As þis godewyf lay a nyȝt · bi hire schrewe louerd þere 95
Ȝeo gan to sike swyþe sore · he eȝste why hyt were
Certes sire quaþ þis wyf [·] wel auȝte ich sike sore
Wo & sorwe me comþ to · none womman more
Glad ne bliþe ne worþ ich neuere · whanne ich me biþenche
Vor ich nadde neuere sone bote on · & þulke ich lette
    adrenche 100
Suþþe ich vond my louerd aslawe · y not in whuche wyse
& myn vnþonkes ich am þe ywedded · þoru strengþe of
    iustise

72 euere] ouer *after* Clymme H   78 [þu]] *om.* C¹   80 him
missede] he misdude H   81 eyþer] oþer *add.* H   86 þ[o]] o
om. C¹   89 *second* þe] þat þe H   nom] whan H

¶ Þo Iudas ihurde þis · sory he was ynouȝ

Certes he sede ich am þy sone · & my fader ich slouȝ

Þo was þis godewyf soriore [·] þan heo euere was   105

Sone ȝeo sede what mowe we do · after schryft alas

f. 215ᵃ Iudas hurde telle þat our Louerd [·] an eorþe þo eode

Þat he halp manimen [·] in syknesse & in neode

¶ Þorw his moder red to schryfte [·] to oure Louerd he
          wende

Repentaunt & wyllyngge he was [·] hys lyf to amende 110

So þat he siwede oure Louerd longe · to wute of hys
          manere

Oure Louerd hym made his deciple · to beo þe apostolene
          ivere

Suþþe oure Louerd him made his apostel · to vondi his
          mod

& suþþe bourser [of] is panes · to spene al his god

¶ Vor monymen ȝeue oure Louerd god · þat were of gode
          þouȝt   115

To sosteny his apostles · vor oþer þing nadde he nouȝt

¶ Ak þo Iudas wyþþynne was · & he is myȝte founde

Of oure Louerdes god þat he wuste · he stal hyt al to
          grounde

Bote he myȝte more of ech þyng · þe teoþingge he wolde
          stele

A schrewe he was al hys lyf · me may hyt no leng hele 120

Wel wuste oure Louerd what he was · & alle hys luþere
          dede

Ak naþeles he moste voluulle · þat þe prophetes of him
          sede

¶ Seynte Marye Magdeleyn · to oure Louerd com

Tovore his swete passion · & muche oygnement wyþ
          hire nom

Hys vet ȝeo weȝs wyþ hire teres · & wypede hem wyþ
          hire here   125

Wyþ þis swete oyle ȝeo smurede · oure suete Louerd þere

105 *second* was] were H   106 after schryft alas] þat we ischryue
nere H   107 þat] *above line* C¹; of H   an] þat he an H   114
bourser] pursberer H   [of]] & C¹; of H   116 vor, þing] *om.* H
119 Bote . . . more] Whan he miȝte H   121 what he was] þas H
126 oyle] oignement H   suete] *om.* H

Iudas ofþouȝte þis oyle · vor hyt muche worþ was
& sede þat hyt was vuel ido · þat hyt ysold nas
An hondred panes hyt was worþ · & þer myde me myȝte
vulle
Monye pouere men þer myde · who so hyt moste sulle 130
¶ Þat [he] sede vor he wolde · ȝef þe boxes hadde ibeo solde
Habbe ispend & to hym · þe teoþyngge iholde
¶ Þe teoþingge þerof was þrytty panes · sore him ofþoȝte
þer vore
Þat so mony panes of is þeofþe · scholde fram him beo
ibore
Þer vore oure Louerd vor þritty panes · he solde myd
vnriȝte   135
Þat he þe teoþyngge of þulke boxes · to hym keouere
myȝte
Hym sywede ek luþere þeoues · vor he louede baret &
stryf
He was strong þeof & manquellare · & also endede hys
lyf
¶ & suche men scolleþ anhonged beo · & þo noman hyt
nolde do
Hym sulf he heong vppon a treo · vor such deþ he
scholde to   140
His wombe tobarst amydde atwo · þo he scholde deyȝe
Hys gottes volle to grounde · þat monymon hyt yseyȝe
Þer wende out þe luþer gost · ate mouþe he ne myȝte
Vor he custe er oure Louerd · þer wyþ myd vnryȝte
Nou suete Louerd þat þoru Iudas · isold were to þe treo 145
Schulde ous fram þe luþere stude · þat we weneþ he inne
beo

Pylatus was a luþer man · & com of luþere more
Bitwene a kyng and a fol womman · in spousbruche
was ibore
Þe kyng Tyrus was greot man [·] & of greote fame

129 An] Þreo H   130 þer myde] afingred H   131 [he]]
om. C¹   134 ibore] ilore H   137 ek luþere þeoues] eche liþere
þewe H   146 þat . . . beo] þer we weneþ þat he beo H
Pilate. 3 greot] an heȝ H

Bi a milewardes [dou3ter] he lay · Pyle was hyre name
And bi3at on hire vnder þe quene · þe luþer biern bi cas 5
Þe myleward þat was hire fader · Atus ihote was
Þer vore þe dou3ter þat het Pyle [·] & þe fader Atus
Of 3are beyre name hii made · & clupede hym Pylatus

¶ Þat chyld wax & wel iþey3 · & þo hit was of þreo 3er
Þe womman hyt sende to his fader · vor he was of greot
   poer 10
Þe kyng hyt louede swyþe wel · & lette hyt wel lere
Þe quene hadde bi hym anoþer chyld · boþe hii were of
   one 3ere

¶ Þat chyld þat was ri3t bi3ute · & Pilatus also
To norisy & to lere wel · togadere hii were ido

f. 215ᵇ ¶ As hii voxe hii toppede ofte · þer nas wyþ 3am no loue 15
Ak þat chyld ri3t bi3ute · euere hyt was aboue
Pylatus awaytede hys poynt · & þou3te 3ulde hys wule
He stal to a day stilleliche · & slou þat chyld myd gyle

¶ Þo þe kyng þis vnder3et · sory he was inou3
He nuste what do myd þe schrewe · þat his ry3te sone
   slou3 20
He þou3te 3ef he slowe hym · þat were double wo
& he ne mi3te blyþe beo · wanne he him seye owar go

¶ Þe emperour to him sende · after truage of hys londe
Þe kyng þou3te hou he mi3te best · apaye hym of sonde
Pilatus he sende þuder · as hyt were in hostage 25
Vor þe emperour him scholde sle · whanne he fayllede of
   is truage
He sende him word þat he nadde · chyldren bote him on
& for al þe good alyue · his lyf he nolde forgon
& bote 3ef he at is daye · sende hym hys truage
Bi his sone do what he wolde · as hit ri3t was bi hostage 30

¶ Þe emperour him louede · ak of his schrewhede nuste he
   no3t
Þe kynkes sone of Fraunce ek was · in hostage þuder
   ibro3t

---

4 [dou3ter]] wyf C¹; dou3ter H   7 Þer] om. H   8 hii made]
me makede anne H   10 womman] moder H   12 Þe ... hym]
Bi þe quene he hadde H   19 vnder3et] ihurde H   20 sone]
so add. H   24 of] þis add. H

He was bet biloued þan Pylatus · felawes þey hii were
& for þe on was good · & þe oþer was schrewe · good
   neuere he nere

¶ Þe schrewe awaytede wel is time · vor he was fel ynou3 35
Bitwene hem sulue priuelyche · hys felawe he slou3
Þe emperour him nom anon · he nuste what mid him do
He wolde him sle ak his consayl · ne 3ef him no3t þerto
Ak sede þat he was toward · suyþe hardi man mid alle
Of such man my3te muche god · in to al þe contreye
   biualle 40

¶ Scholle we lete quaþ þe emperour · a manquellere alyue go
Sire sire queþ þys oþere · þou hast mony a fo
& such man 3ef he bileueþ forþ · greot god he mai þe do
& 3ef lawe of londe nele · þat þou lete him go so

¶ Wel þou wost þat in þe yle of Pounce · schrewen beoþ
   inowe 45
Þer ne com neuere no Iustise · þat hii sone ne slowe
Þer vore þou my3t him sende þuder · to beo Iustise of
   þulke yle
& bote he beo queyntore þan eny oþer · he ne scapeþ no3t
   a gile

¶ & 3ef he þat lond chasteþ wel · & bryngeþ al vnder vote
He worþ mon wyþoute per · 3ef he dury mote 50

¶ Þo Pilatus was þuder isend · wel he wuste þe gyle
& þe manere enquerede of þe lond · þe he com into þe yle
He spak vayre · & was mylde · & was euere stille
Wyþ vayr speches & quoyntises · he hadde of 3ham is
   wylle
Hii dude aftcr hym al is wylle · & huld hine þere Iustise 55
Þer ne mi3te so neuer non · beo in none wyse
Þo þe emperour ihurde þat · þat he mi3te þe luþere volk
   so þewe
He ne heold nowhar so quoynte man · as he huld þe schrewe
Of his quoyntyse me spak wyde · bi daye & by ny3te
Hou he maystrede þe yle of Pounce · so neuere non ne
   my3te 60

¶ Vor he amaystrede & chastede [·] þe yle of Pounce so wel

34 *second* good] gode felawes H   he] hi H   36 priuelyche]
stilleliche H   58 nowhar] non H

Pounce Pylat me clupeþ him · in crede & in gospel
Þe kyng He[re]des þat was þo kyng · of þe londe of Iude
& also of Ierusalem · & of Galyle

¶ Of Pilatus he hurde ilome · of is wyt · and is quoyntise 65
Glad & prout he wolde beo · to habbe a such Iustise
Noble ȝiftes he him ȝaf · & fondede in alle wise
Ȝef he wolde out of is londe · & bileue in his seruise
So þat Pilatus com to hym · & such conseyl hii toke
Þat more þan half his kynedom · he tok him to loke   70
To beo maister of Ierusalem · & also of Iude
In is owe warde he athuld · þe lond of Galile

f. 216ª ¶ Þo Pilatus hadde þer longe · þe maystrye veor & neor
He gan to cuþe what he was · þo he ysey is poer
Vor a schrewe wole abide his time · to cuþe is felonye 75
He gaderede tresur · & oþer god ynouȝ · in hys baylye
& wende to Cesar þe emperour · þat mayster was ouer þe
    kynge
Of tresour & of oþer good ynouȝ · largeliche he gan him
    bringe
& ȝef him wyþ þat he moste · þe baylye holde þere
Of him as he dude of He[re]des · his kynedom as þey hyt
    were   80

¶ Þe emperour þat was þe kynges louerd · sone him biþouȝte
& gladliche nom þat tresour · þat Pilatus him brouȝte
& graunted Pilatus al þat lond · to holde bi maystrye
Þat he huld er of He[re]des · þat was great trycherye
He wende aȝen to Ierusalem · & to Iude also   85
Hys louerd he dude al his hesten · þo he com þerto
He[re]des sende after hym · to counti after wylle
Pilatus spak þoru þe emperour · & ne ȝaf noȝt worþ a ville

¶ Þo He[re]des isey þe tricherye · & þe luþere valshede
He huld hym bitrayed þoru felonye · he nuste what to
    rede   90
He sey þat he ne myȝte vndo · þe emperoures dede
Pilatus he corsede ilome · vor his luþere valshede

63 He[re]des] *written* Hedeʳes; *see also ll.* 80, 84, 87, 89 C¹   of
the londe of Iude] bi kynde H   64] Of þe lond of ierusalem ·' &
of Galilee & ynde H   71 Iude] I *written over* Y C¹; Ynde H   72
warde] hond H   þe lond of Galile] Galilee of his kynde H   85
Iude] ynde H   86 Hys] As H

¶ & þo he ne myȝte him oþer do · bote wraþþe him bar wyþ
　ryȝte
So gret wraþþe hem was bitwene · þat no mon telle ne
　myȝte
Þe wraþþe ilaste vorte oure Louerd [·] to þe deþe scholde
　go　　　　　　　　　　　　　　　　　　　　　　　　95
Ac vor ȝare eyþer to oþer sende · acor[d]ed hii were þo
Þe whule Pilatus in is lond · louerd & sire was
Iudas þat oure Louerd solde · to him com bicas
¶ His styward he hym made anon · gode freondes hii were
Vor twei schrewen wolleþ beo freond · þei noman elles
　nere　　　　　　　　　　　　　　　　　　　　　　　100
Iudas was þere hys stiward · vorte he his fader slouȝ
& vorte he weddede is owe moder · wyþ greot strengþe
　& wouȝ
¶ Suþþe God was inome · & scholde beo to deþe ido
Pilatus þorw þe Gywene wylle · him dempnede þerto
Vor þe Gywes at Ierusalem · in ȝare poer him nome　　105
Þer vore hii ne myȝte him quelle noȝt · bote þoru is
　dome
Longe after þat he was ded · he repentede him ilome
He ne dorste noȝt vor þe emperour [·] þer uore come at
　Rome
¶ Ak euere huld him at Ierusalem [·] among þe Gywes vaste
Ak sore he dradde þe emperour · leste he him slowe
　attelaste　　　　　　　　　　　　　　　　　　　110
Longe hyt veol þer afterward · þat þe emperour lay sore
　syk
In strong vuel & wel long · þat he nas noman ylyk
¶ Leches he let vecche wyde · ak hym ne myȝte hele non
So þat his o messager · to Ierusalem com goon
Longe & wyde he eȝste þer [·] after som god leche　　115
To a womman he com þat het Veronie · þat ȝeo scholde
　him to some teche
¶ Alas quaþ þe womman [·] ȝef þou haddest hyder ygon
Þe wule þe prophete her was · þy wylle hadde beo idon

93 he] *above line* C¹　94 mon] tonge hit H　96 acor[d]ed]
acorsed C¹; acorded H　111 lay sore] was H　116 some]
sum on H

A whare whare quaþ þe messager · þe prophete beo
bicome

Certes quaþ þis Veronye · þe Gywes him habbet inome 120

To deþe hii brou3te him in þe rode [·] þoru Pilatus dome

Þer vore he ne dorste neuereft · biuore 3ou come at Rome

¶ Þe whule þe prophete her was · gret ioye ich hadde wyþ
alle

Hym to kome & ney3 him beo · 3if hit mi3te so bivalle

& me my3te ney3 him beo · ich him bad a bone   125

Þat ich my3te his fourme ofte iseo · & he me grauntede
sone

¶ Mi keuerchef ich him bitok · & he wond hyt aboute his
face

Þer echman my3te wel iseo · hys my3tc & hys grace

Vor þer bileuede his owe fourme · þat in is face was

f. 216ᵇ   In ech poynt þo he hyt me bitok · no defaute þer nas 130

¶ Þulke fourme me is bileued · þat ich mi3te igladed beo

Þorw þe si3t þat is him so liche · whanne y ne may hym
elles iseo

Hadde þy louerd þe emperour · þe fourme yseye ene

Ichot he were hol anon · & of his vuel al clene

¶ Dame merci quaþ þe messager · wher þulke ymage my3te
ou3t   135

Vor eny gold oþer seluer · to þe emperour beo ibrou3t

Þat nis nou3t quaþ þis wyf · vor al his gold ywys

Ne mi3te þe leste hurne bugge [·] þat þer on ys

Ak ichulle to sauy þe emperour · wyþ þe to him wende

3if oure Louerd wole him bote · þorw his fourme sende 140

3eo vende vorþ wyþ þis messager · & þo 3eo com to Rome

Þe emperour hii tolde al þis · þo hii to hym come

¶ Anon so he þe ymage isey · he was hol anon

He honurede wel Veronye · 3eo ne moste fram him gon

¶ Þe ymage he huld vorþ · hyt ne com neuere out of
Rome   145

In sey[n]t Petres churche hyt is · as men seyþ ilome

119 *second* whare] *om.* H   124 Hym . . . beo] Him to ne3 beo
H   125 & me my3te] & þo ynemi3te H   129 bileuede] he
leuede H   135 wher] mai H   my3te] *om.* H   139 to sauy
þe emperour] quaþ þat wyfe H   145 huld vorþ] athuld þat H
146 sey[n]t] seymt C¹

¶ Þo eȝste he whar oure Louerd were · & whar he suþþe
   bicom
Veronye sede hou þe Gywes [·] to stronge deþe him nom
& hou Pilatus þe Iustise · þe dom ȝaf þer to
A luþer mon quaþ þe emperour · haþ he itake on so   150
¶ Encentede he to þe Gywes · whanne he nas noȝt of her
   lawe
Ichulle ȝef ich to him come · anhonge oþer todrawe
Alas þulke holy mon · he lette brynge of dawe
Ichot þe Giwes beoþ wel luþer · hii wolde beo þer of vawe
In vaire manere he lette sende · after Pilatus sone   155
Þat he com to him as to his louerd · as riȝt was to done
¶ Ac Pilatus sende an lettere · to his louerd er
Þat he vorȝeue him his wraþþe · þat he to him ber
& þat he was gulteles of þe deþ · þat me vpe him sede
& þat þe Giwes him slowe · al wyþoute his rede   160
¶ Ak a strong tempest in þe se · is messager gan dryue
Into [þ]e lond of Galile · & þer he gan ariue
Ak Waspasion þat was þer mayster · þe messager vaste
   nom
So þat neyȝ þe emperour · þe messager neuere ne com
¶ Þo þe emperoures messager · to Pilatus was icome   165
& Pilatus hadde of him · his erande ynome
He wende þat his owe messager · to þe emperour hadde
   iwend
& þat he hadde vorȝiue him his wraþþe · & after him isend
¶ Oure Louerdes curtel he dude on · þat he wuste euere wel
Þat vnsowe[d] was of þred · as hit seyþ in þe gospel   170
Wyþ wel glade cherc hc wende · to þe emperour
& grette him þo he com him to · mid wel greot honour
¶ So wroþ mid noman vnder sonne · þe emperour nas biuore
As he wiþ Pilatus was · vor his deþ he hadde iswore
Ak vor oure Louerdes curtel he hadde on · þo he biuore
   him com   175
His heorte was al asuaged · wyþ greot ioye he him nom
& mad myd him al þe ioye · þat man myȝte myd oþer do

150 A] Ou H   151 Encentede] Assentede H   152 ich] mai
add. H   anhonge] him *add.* H   153 he] þat he H   162
[þ]e] le C¹   170 vnsowe[d]] s *for* d C¹

Vor vertue of þe holi curtel · & al his men also
Anon so he was of his siȝt · his oþ he suor anon
Þat to strong deþ he wolde him bringe · ȝef he him
    myȝte ofgon   180
Ak greot ioye he made wyþ alle · whanne he to him com
Ak euere whanne he fram him was · he iugede him strong
    dom
Þis manere ilaste longe · þat alle þat hurde þis cas
Wondrede much of þe emperour · þat he vnstable was
¶ So attelaste Pilatus · as oure Louerd hyt wolde   185
His curtel strupte of bi cas · as he neuere ne scholde
& com so biuore þe emperour & he anon him nom
& suor his more oþ anon · þat he to wroþer hele þer euer
    com
¶ Seye he seyde þou wrecche man · what hauestou ido
Slowe þou þe holy prophete · to wroþer hele dostou so 190

f. 217ᵃ   Certes sire quaþ Pilatus · y ne dude him neuere to deþe
Beo iknowe quaþ þe emperour · vor þou miȝt as eþe
Bote þe luþere Gywes quaþ Pilatus · to þe deþe him
    brouȝte
Wyþoute þe quaþ þe emperour · such þing neuere hii ne
    þouȝte
¶ Certes sire quaþ Pilatus · y ne may noȝt asake þis   195
Þat ich ne dempnede him to deþe · ak ich moste nede
    ywys
Vor þe enqueste vpe him sede · þat he struyde oure lawe
& lawe ȝef þat alle suche · me scholde brynge of dawe
& ich þar þat þi Iustise was · þorw þin heste & þi rede
Moste nede ȝiue þe dom · whanne þe enqueste sede   200
Whanne þou vnderȝete quaþ þe emperour · þe Gywene
    valshede
Why naddestou ispeke þer aȝen · & destourbed þe luþere
    dede
God hyt wot quaþ Pilatus · and Ierusalem also
Þat ich was þer aȝen myd my myȝte · þat he nere to
    deþe ido
Ak hii were vp him so vaste · þat me ne miȝte mid no
    lawe   205

189 what] sai what H   199 rede] r *written over* d C¹; rede H

Whanne þe queste passede · bote he were ibrouȝt of dawe
¶ Ȝef þou mid ryȝte ne myȝtest hym saue · þe emperour þo
  sede
Hou dorstestou wyþþoute my red · do such a greot dede
Certes sire quaþ Pilatus · me ne may þe wyþsegge nouȝt
Þat ich þer of ne mysdude · in gult icham ibrouȝt   210
& me schal bi þe quaþ þe emperour · as bi a gulty man do
Þou schelt passi þoru iugement · vor þou toke on so
In stronge prison & deork · anon he lette hym caste
Þat he ne seyȝ vot ne hond · & lette him bynde vaste
So longe he lay in prisoun · in honger & in pyne   215
Þat his lymes clongge awey · his body gan al vordwyne
¶ He hadde leuere his deþ þan his lyf · so he clonge to nouȝt
So hii dude alle byvore ȝare deþ · þat oure Louerd to deþe
  brouȝt
¶ A day as þe gayler · in to prisoun com
Pilatus cryde so deoluolyche · þat greot deol to him he
  nom   220
Haue ruþe of me sire he sede · vor þyn owe gentrise
Wel þou wost knyȝt ich am · & whule hey Iustise
& nou here ich clyngge awey · & no syȝt ne seo wyþ eyȝe
Let me ene par charite iseo lyȝt · ar ich deyȝe
¶ Þe gayler hadde ruþe of him · such man he hadde ibeo 225
& of prisoun he ladde hym out · þe world vorto seo
Þo Pilatus com to lyȝte · as þe bok vs haþ itold
& iseyȝ his bodi al vorswarted · hys heorte veol wel cold
¶ Alas he seyde þis day abide · þat ich euere com in lyȝt
So vorswarted as ich am · þat was whule a noble knyt 230
Sire gayler vor þi cortesy · graunte me one bone
Ȝef me an appel to mete · vor ich hyt may do sone
Þe gayler him tok an appel · & he sede hyt ys vnriȝt
Vnpared eny appel to take · heyȝ man oþer knyȝt
¶ Such wrecche as ich nou am · ich was wule hey Iustise 235
Len me a knyf þis appol to parye · vor þi gentrise

208 greot] liþer H   209 me] y H   213 &] swiþe add. H
217 lyf] lymes H   so he clonge] so forclonge H   clonge] e written
below line, short word, was (?), written above line C¹   220 he] above
line C¹   224 ene] enes H   lyȝt] siȝt H   225 ruþe] e above line
C¹   229 euere] short word above line C¹   231 gayler] Renald
H   234 eny] an H

Þo þe gayler him tok a knyf · him sulf he slou3 anon
& smot deope in to þe body · & lay ded as a ston

¶ Þo þe tiþingge com to þe emperour · þat bodi he lette take
& caste hyt wyþoute þe toun · amang olde walle[s]
vorsake   240
Þer ne wende noman þer vorþ · aboute in none side
Þat he nas lame oþer wod · oþer som messauntre him gan
bitide

¶ Þer was þonder & ly3tyngge · & greot tempest þer aboute
Þat men were wytles & adrad · þat hii ne dorste uour route
So þat þe emperour let take · þe wrecche lycame atte
laste   245
& bere hyt to þe watere of Tybre · & þer inne hit caste
Þo com þer so greot tempest · þat þer aboute wel wyde

¶ Þe schipes dreynte þer monyon · þer aboute in eche side
Þat þe contreye hadde þer of doute · & nome 3ham to rede

f. 217ᵇ & into a water al fram men [·] þis lycame gonne lede   250
Bitwene hulle & wyldernesse · & þer inne hii hyt caste
Þe þondre smot þer to anon · & þe ly3tyngge wel vaste
Þat body rollede vp & doun [·] icast here & þere
Myd weder & tempest of watere · þat echmon hadde fere

¶ Amidde þe water was a roch · & þo þe lycame was þer
ney3   255
Þe roch toclef amydde atwo · as al þat folk ysey3
& as an arwe schet of a bowe · þat bodi schet þer inne
Þe roch smot togadere anon · þo þe bodi was wyþinne
And þe wrecche licame þer lyþ · 3ut to þysse day
Muche wo þer is of aboute · as monimon 3ut ysay   260

¶ Þus Pilatus endede hys lyf · as he wel wourþe was
God schulde eche Cristineman · fram so deoluol cas   Amen.

---

240 walle[s]] s *om.* C¹; walles H   242 messauntre] auenture
H   244 þat . . . route] þat hi neþerfte nowhar atroute H
249 Þat . . . doute] Al þe contray þer aboute hem dradde H   250
al] fur H   253 rollede] flet H   255 *first* was] þer stod H
258 smot] schet H   259 licame] bodi H   260] Moche wo 3ut
þer is þer aboute; as me iseo mai H   262 *Continuation of St.
Thomas of Canterbury follows* C¹; Hic finiuntur gesta maledictorum
Iude et Pilati H

EARLY ENGLISH TEXT SOCIETY

THE Subscription to the Society, which constitutes full membership for private members and libraries, is £3. 3s. (U.S. members $9.00) a year for the annual publications, due in advance on the 1st of JANUARY, and should be paid by Cheque, Postal Order, or Money Order made out to 'The Early English Text Society' and crossed 'National Provincial Bank Limited', to the Hon. Secretary, R. W. Burchfield, 40 Walton Crescent, Oxford. Individual members of the Society are allowed, after consultation with the secretary, to select other volumes of the Society's publications instead of those for the current year. The Society's Texts can also be purchased separately from the Publisher, Oxford University Press, through a bookseller, at the prices put after them in the List, or through the Secretary, by members only, for their own use, at a discount of 2d. in the shilling.

The Early English Text Society was founded in 1864 by Frederick James Furnivall, with the help of Richard Morris, Walter Skeat, and others, to bring the mass of unprinted Early English literature within the reach of students and provide sound texts from which the New English Dictionary could quote. In 1867 an Extra Series was started of texts already printed but not in satisfactory or readily obtainable editions.

In 1921 the Extra Series was discontinued and all the publications of 1921 and subsequent years have since been listed and numbered as part of the Original Series. Since 1921 nearly a hundred new volumes have been issued; and since 1957 alone more than seventy volumes have been reprinted at a cost of £30,000.

In this prospectus the Original Series and Extra Series for the years 1867–1920 are amalgamated, so as to show all the publications of the Society in a single list. In 1963 the prices of all volumes down to O.S. 222, and still available, were increased by one half, and the prices of some texts after O.S. 222 were also increased, in order to obtain additional revenue for reprinting.

LIST OF PUBLICATIONS

Original Series, 1864–1966. Extra Series, 1867–1920

2

3

O.S. 75. Catholicon Anglicum, an English-Latin Wordbook, from Lord Monson's MS., A.D. 1483, ed., with Introduction and Notes, by S. J. Herrtage and Preface by H. B. Wheatley. (*Out of print.*) 1881

76, 82. Ælfric's Metrical Lives of Saints, in MS. Cott. Jul. E vii, ed. W. W. Skeat. Parts I and II. (*Reprinted as one volume 1966.*) 60s. „

E.S. 37. Charlemagne Romances: 4. Lyf of Charles the Grete, ed. S. J. Herrtage. Part II. (*Out of print.*) „

38. Charlemagne Romances: 5. The Sowdone of Babylone, ed. E. Hausknecht. (*Out of print.*) „

O.S. 77. Beowulf, the unique MS. autotyped and transliterated, ed. J. Zupitza. (*Re-issued as No. 245. See under 1958.*) 1882

78. The Fifty Earliest English Wills, in the Court of Probate, 1387–1439, ed. F. J. Furnivall. (*Reprinted 1964.*) 42s. „

E.S. 39. Charlemagne Romances: 6. Rauf Coilyear, Roland, Otuel, &c., ed. S. J. Herrtage. (*Out of print.*) „

40. Charlemagne Romances: 7. Huon of Burdeux, by Lord Berners, ed. S. L. Lee. Part I. (*Out of print.*) „

O.S. 79. King Alfred's Orosius, from Lord Tollemache's 9th-century MS., ed. H. Sweet. Part I. (*Reprinted 1959.*) 45s. 1883

79 b. Extra Volume. Facsimile of the Epinal Glossary, ed. H. Sweet. (*Out of print.*) „

E.S. 41. Charlemagne Romances: 8. Huon of Burdeux, by Lord Berners, ed. S. L. Lee. Part II. (*Out of print.*) „

42, 49, 59. Guy of Warwick: 2 texts (Auchinleck MS. and Caius MS.), ed. J. Zupitza. Parts I, II, and III. (*Reprinted as one volume 1966.*) 84s. „

O.S. 80. The Life of St. Katherine, B.M. Royal MS. 17 A. xxvii, &c., and its Latin Original, ed. E. Einenkel. (*Out of print.*) 1884

81. Piers Plowman: Glossary, &c., ed. W. W. Skeat. Part IV, completing the work. (*Out of print.*) „

E.S. 43. Charlemagne Romances: 9. Huon of Burdeux, by Lord Berners, ed. S. L. Lee. Part III. (*Out of print.*) „

44. Charlemagne Romances: 10. The Foure Sonnes of Aymon, ed. Octavia Richardson. Part I. (*Out of print.*) „

O.S. 82. Ælfric's Metrical Lives of Saints, MS. Cott. Jul. E vii, ed. W. W. Skeat. Part II. (*See O.S. 76.*) 1885

83. The Oldest English Texts, Charters, &c., ed. H. Sweet. (*Reprinted 1966.*) 63s. „

E.S. 45. Charlemagne Romances: 11. The Foure Sonnes of Aymon, ed. O. Richardson. Part II. (*Out of print.*) „

46. Sir Beves of Hamtoun, ed. E. Kölbing. Part I. (*Out of print.*) „

O.S. 84. Additional Analogs to 'The Wright's Chaste Wife', O.S. 12, by W. A. Clouston. (*Out of print.*) 1886

85. The Three Kings of Cologne, ed. C. Horstmann. (*Out of print.*) „

86. Prose Lives of Women Saints, ed. C. Horstmann. (*Out of print.*) „

E.S. 47. The Wars of Alexander, ed. W. W. Skeat. (*Out of print.*) „

48. Sir Beves of Hamtoun, ed. E. Kölbing. Part II. (*Out of print.*) „

O.S. 87. The Early South-English Legendary, Laud MS. 108, ed. C. Horstmann. (*Out of print.*) 1887

88. Hy. Bradshaw's Life of St. Werburghe (Pynson, 1521), ed. C. Horstmann. 18s. „

E.S. 49. Guy of Warwick, 2 texts (Auchinleck and Caius MSS.), ed. J. Zupitza. Part II. (*See E.S. 42.*) „

50. Charlemagne Romances: 12. Huon of Burdeux, by Lord Berners, ed. S. L. Lee. Part IV. (*Out of print.*) „

51. Torrent of Portyngale, ed. E. Adam. (*Out of print.*) „

O.S. 89. Vices and Virtues, ed. F. Holthausen. Part I. (*Out of print.*) 1888

90. Anglo-Saxon and Latin Rule of St. Benet, interlinear Glosses, ed. H. Logeman. (*Out of print.*) „

91. Two Fifteenth-Century Cookery-Books, ed. T. Austin. (*Reprinted 1964.*) 42s. „

E.S. 52. Bullein's Dialogue against the Feuer Pestilence, 1578, ed. M. and A. H. Bullen. (*Out of print.*) „

53. Vicary's Anatomie of the Body of Man, 1548, ed. 1577, ed. F. J. and Percy Furnivall. Part I. (*Out of print.*) „

54. The Curial made by maystere Alain Charretier, translated by William Caxton, 1484, ed. F. J. Furnivall and P. Meyer. (*Reprinted 1965.*) 10s. „

O.S. 92. Eadwine's Canterbury Psalter, from the Trin. Cambr. MS., ed. F. Harsley, Part II. (*Out of print.*) 1889

93. Defensor's Liber Scintillarum, ed. E. Rhodes. (*Out of print.*) „

E.S. 55. Barbour's Bruce, ed. W. W. Skeat. Part IV. (*Out of print.*) „

56. Early English Pronunciation, by A. J. Ellis. Part V, the present English Dialects. (*Out of print.*) „

O.S. 94, 114. Ælfric's Metrical Lives of Saints, MS. Cott. Jul. E vii, ed. W. W. Skeat. Parts III and IV. (*Reprinted as one volume 1966.*) 60s. 1890

95. The Old-English Version of Bede's Ecclesiastical History, re-ed. T. Miller. Part I, 1. (*Reprinted 1959.*) 45s. „

E.S. 57. Caxton's Eneydos, ed. W. T. Culley and F. J. Furnivall. (*Reprinted 1962.*) 30s. „

58. Caxton's Blanchardyn and Eglantine, c. 1489, ed. L. Kellner. (*Reprinted 1962.*) 42s. „

O.S. 96. The Old-English Version of Bede's Ecclesiastical History, re-ed. T. Miller. Part I, 2. (*Reprinted 1959.*) 45s. 1891

97. The Earliest English Prose Psalter, ed. K. D. Buelbring. Part I. (*Out of print.*) „

E.S. 59. Guy of Warwick, 2 texts (Auchinleck and Caius MSS.), ed. J. Zupitza. Part III. (*See E.S. 42.*) „

60. Lydgate's Temple of Glas, re-ed. J. Schick. (*Out of print.*) „

O.S. 98. Minor Poems of the Vernon MS., ed. C. Horstmann. Part I. (*Out of print.*) 1892

99. Cursor Mundi. Preface, Notes, and Glossary, Part VI, ed. R. Morris. (*Reprinted 1962.*) 25s. „

E.S. 61. Hoccleve's Minor Poems, I, from the Phillipps and Durham MSS., ed. F. J. Furnivall. (*Out of print.*) „

62. The Chester Plays, re-ed. H. Deimling. Part I. (*Reprinted 1959.*) 37s. 6d. „

O.S. 100. Capgrave's Life of St. Katharine, ed. C. Horstmann, with Forewords by F. J. Furnivall. (*Out of print.*) 1893

4

6

Other texts are in preparation including three further English versions of the Ancrene Riwle.

June 1966.

Publisher: LONDON · THE OXFORD UNIVERSITY PRESS, ELY HOUSE, W. 1

The manufacturer's authorised representative in the EU for product
safety is Oxford University Press España S.A. of El Parque Empresarial
San Fernando de Henares, Avenida de Castilla, 2 - 28830 Madrid
(www.oup.es/en or product.safety@oup.com). OUP España S.A. also acts
as importer into Spain of products made by the manufacturer.
Printed and bound by CPI Group (UK) Ltd, Croydon, CR0 4YY

05/05/2026

02103007-0008